CHARLES MAURICE

De Bende van Nijvel Ontmaskerd

Vertaling door Mireya van Dongen

Rayem

Copyright © 2019 by Charles Maurice

Alle rechten voorbehouden. Geen enkel deel van dit boek mag worden gebruikt of gereproduceerd zonder schriftelijke toestemming van de houder van het copyright, tenzij voor verwijzingen in boekbesprekingen.

Gepubliceerd door Rayem Press

ISBN: 978-1-9994519-2-9
eBook ISBN: 978-1-9994519-3-6

www.charlesmaurice.net

EERSTE DRUK

Voor Bruno die veel te vroeg is heengegaan…

Contents

Hoofdpersonages 1

Inleiding 7

Deel I: De Eerste Golf (1982-1983) 15

    1. Winkeldiefstal, Autodiefstal en Inbraak (Maart-Mei 1982) 17
    2. Kruidenierszaak in Maubeuge (14 Augustus 1982) 24
    3. Wapenhandel Dekaise in Waver (30 September 1982) 28
    4. Herberg "Het Kasteel" (23 December 1982) 42
    5. Taxirit van Elsene naar Bergen (9 Januari 1983) 46
    6. Delhaize Supermarkt in Genval (11 Februari 1983) 52
    7. Delhaize Supermarkt in Ukkel (25 Februari 1983) 58
    8. Colruyt Supermarkt in Halle (3 Maart 1983) 62
    9. Autohandelaar in Eigenbrakel (8 Juni 1983) 87
    10. Textielfabriek in Temse (10 September 1983) 94
    11. Colruyt Supermarkt in Nijvel (17 September 1983) 100
    12. Restaurant Aux Trois Canards in Ohain (2 Oktober 1983) 114
    13. Delhaize Supermarkt in Beersel (7 Oktober 1983) 120
    14. Juwelier in Anderlues (1 December 1983) 136

Deel II: De Pauze (1984) 147

    15. Afpersing en de Bende van Bouhouche 149
    16. De Dood van Paul Latinus 156
    17. Moeilijkheden voor de Bende van Bouhouche 165

18. De Nieuwe Bende van Haemers en De Staerke 170
19. Pretpark Walibi 174

Deel III: De Tweede Golf (1985) **185**
20. De Diefstal van een golf in Erps-Kwerps (22 September 1985) ...187
21. Delhaize Supermarkten in Eigenbrakel en Overijse
    (27 September 1985) 188
22. Delhaize Supermarkt in Aalst (9 November 1985) 207

Deel IV: De Zoektocht (1986-) **235**
23. De Moord op Juan Mendez 237
24. De Ontdekking in Ronquières (November 1986) 250
25. Terrorisme en Gladio 267
26. De Rijkswacht 295
27. Het Opzetten van een Rechtszaak 304
28. Bewijs 316
29. Met Wapens, met Geweld, met Haat 321
30. Zoeken naar de Echte Moordenaars 340

Kaarten **351**

Audiovisuele bronnen **357**

Eindnoten **359**

Index **375**

Bibliografie **380**

Het bonzen heeft sinds eenigen tijd opgehouden...
De stilte is indrukwekkend hoorbaar.

— Virginie Loveling (1836 – 1923)

Hoofdpersonages

LIJST VAN DE VERDACHTE GROEPERINGEN

Deze worden in alfabetische volgorde weergegeven.

Dit is niet onze eigen lijst van verdachten. Het zijn alle groepen die op een gegeven ogenblik verdacht werden van betrokkenheid bij de misdaden van de Bende van Nijvel. Alle verdachten die werden beschreven, worden onschuldig geacht en we hopen dat dit boek bijdraagt aan het bewijzen van de onschuld van sommige verdachten. Zelfs als er bewijs bestaat dat wijst op de betrokkenheid van een groep bij de misdaden, betekent dit nog niet dat alle leden betrokken waren.

VERDACHTEN #1: DE BENDE VAN BAASRODE

Een bende die zich specialiseerde in het overvallen van postkantoren in Vlaanderen.

Johnny De Staerke – individueel aangeklaagd voor de misdaden van de Bende van Nijvel, later vrijgesproken

Dominique S. – sigaretten- en autodief

Leopold van Esbroeck – fraudeur met gestolen cheques

"Stereo" P. – beste vriend van Johnny De Staerke

VERDACHTEN #2: DE BORAINS

De enige bende die ooit gearresteerd werd voor een aantal misdaden van de Bende van Nijvel, hun zaak werd verworpen.

Michel Cocu – ex-politieagent, werd ervan verdacht leider te zijn van de bende

Adriano Vittorio – Fransman, bezat een restaurant dat failliet ging

Jean-Claude Estiévenart – dagloner

Michel Baudet – werkloos

Kaci Bouaroudj – barmanager

VERDACHTEN #3: DE BENDE VAN BOUHOUCHE[1]

Een criminele bende met connecties bij de Rijkswacht

Madani 'Dani' Bouhouche – ex-rijkswachter en leider van de bende van Bouhouche

Gangster A

Gangster B

Gangster C

VERDACHTEN #4: DE ENTOURAGE VAN VINCENT L.

Deze groepering werd gelinkt aan rijkswachter Martial Lekeu.

---

[1] We hebben besloten om niet alle namen van de bende van Bouhouche te noteren omdat niet alle leden werden beschuldigd van gewelddadige misdaden zoals de leden van de andere bendes. We moeten ervan uitgaan dat deze personen onschuldig zijn, tenzij het tegendeel wordt bewezen. Bouhouche had contacten met politieagenten, criminelen en moordenaars. De meesten van hen weten niets over de bende van Bouhouche.

Vincent L. – junkie

Francis V. (Gekke Peter) – gewapende overvaller en politiegetuige

Vicky V. – gewapende overvaller

VERDACHTEN #5: DE BENDE HAEMERS

Een bende gespecialiseerd in overvallen op gewapende konvooien van postvrachtwagens. Beroemd omwille van de kidnapping van de ex-premier van België.

Patrick Haemers – de meest beruchte crimineel van België

Thierry S. – chauffeur van de vluchtauto

Philippe L. – het brein van de bende

VERDACHTEN #6: WESTLAND NEW POST

Clandestiene extreemrechtse organisatie

Paul Latinus (alias 'Orf') – Generaal en betaalde informant voor de Staatsveiligheid

Michel Libert (alias 'Wagner') – Kapitein en betaalde informant voor de Staatsveiligheid

Marcel Barbier (alias 'Von Salza') – Kapitein en veroordeeld in een dubbele moordzaak

Éric Lammers (alias 'Het Beest') – Junker en beschuldigd in een dubbele moordzaak

ANDEREN

RIJKSWACHT

De Rijkswacht was een speciale politieafdeling die zich bezighield met de belangrijkste misdaden in België. De Rijkswacht maakte officieel deel uit van het leger. De onderzoeksafdeling van de Rijkswacht droeg de naam BOB (Bewakings- en opsporingsbrigade).

Christian Amory – rijkswachter in Bergen

Robert Beijer – rijkswachter van de drugsbrigade van de BOB, later privédetective bij de ARI

Gérard Bihay – rijkswachter, gelinkt aan het controversiële rapport van augustus 1985

Claude Dery: ballistisch expert (officieel lid van de intelligentiedienst van het leger)

Guy Goffinon – commandant bij de Rijkswacht, hoofd van de gerechtelijke afdeling

Martial Lekeu – rijkswachter.

Herman Vernaillen – majoor bij de Rijkswacht, verantwoordelijk voor discipline

STAATSVEILIGHEID

Interne intelligentiedienst van de Belgische overheid, met als een van de taken de surveillance van extremistische groeperingen.

Albert Raes – administrateur-directeur-generaal

(alias: 'de Eend') – commissaris

(alias: 'het Konijn') – commissaris

(alias: 'de Hond') – agent

ANDEREN:

Mohammed Asmaoui – belangrijke informant voor de Rijkswacht tegen de Borains

Jean Bultot – ex-directeur van een gevangenis

Juan Mendez – vertegenwoordiger van wapenfabrikant FN in Zuid-Amerika en Spanje

Willy Pourtois – wapenhandelaar, betaalde informant voor de Staatsveiligheid

Inleiding

De Bende van Nijvel teisterde België tussen 1982 en 1985. De Bende staat internationaal bekend om de bloedbaden die werden aangericht in drie supermarkten in 1985 – alles voor een belachelijk lage buit. In totaal waren de bendeleden verantwoordelijk voor achtentwintig doden en veertig gewonden. Ze pleegden de overvallen in Brabant, de rijke rand rondom Brussel, een streek waar criminaliteit nauwelijks voorkomt.

Zoals Jack the Ripper, die het voorzien had op prostituees en hen gruwelijke verwondingen toebracht, en de Zodiac Killer, die voornamelijk tieners en jongvolwassenen aanviel en raadsels naar de autoriteiten stuurde, ontwikkelden de leden van de Bende van Nijvel hun eigen, specifieke manier om misdaden te plegen en verkregen zo een reputatie als seriemoordenaars (serial killer branding). De bende pleegde overvallen op supermarkten van Delhaize, deed dat net voor sluitingstijd en de bendeleden arriveerden in een donkere, gestolen Volkswagen Golf GTI. Het ging altijd om een groep van drie personen waarvan er één zo opvallend groot was, dat getuigen hem een reus noemden. De bendeleden droegen donkere trenchcoats, zwarte hoeden en carnavalsmaskers. Ze hadden geen haast, renden nooit, en leken altijd erg kalm en beheerst wanneer ze de kassa's aan de voorkant en de kluis in het kantoor achter in de winkel leegmaakten. Ze droegen riotguns, waarmee ze zonder pardon op werknemers en klanten binnen en buiten de supermarkten schoten en ze droegen een aantal andere wapens die op hun lichamen bevestigd waren. De bendeleden gebruikten altijd dezelfde wapens, dus was het erg gemakkelijk om een forensisch verband te leggen tussen de overvallen. Elke keer dat de Bende een supermarkt overviel, werden mensen gegijzeld, ongeacht leeftijd of geslacht, en werd er op omstanders geschoten. De drie bendeleden gingen altijd samen tewerk tijdens een overval, nooit bleef er een bendelid achter in een vluchtauto. Na het overvallen van de supermarkten liepen de bendeleden in een rustig tempo terug naar hun auto, die vaak ver van de ingang was geparkeerd, en daarna verdwenen ze in het donker.

De bevolking werd opgeschrikt door de willekeurige aanvallen en de autoriteiten konden niets doen om de overvallen te voorkomen. Alle supermarkten in het land troffen voorzorgsmaatregelen tegen de aanvallen van de Bende van Nijvel. De winkels waren voorzien van beveiliging en de politie plaatste scherpschutters met infraroodbrillen op de daken van de supermarkten. Toch kon de Bende van Nijvel een supermarkt van Delhaize overvallen – en niemand slaagde erin dit te voorkomen. De bendeleden maakten geen onderscheid tussen mannen, vrouwen of kinderen. Ze moordden, schopten, trokken aan haren en dwongen slachtoffers op hun knieën. Geschokte omstanders waren getuige van vreselijke taferelen en schietpartijen en moesten toezien hoe hersenweefsel van het plafond van de supermarkt naar beneden kwam.

Tientallen jaren later is de zaak omtrent de Bende van Nijvel nog steeds niet opgelost.

In dit boek vind je volledige en actuele informatie over de zaak van de Bende van Nijvel. In tegenstelling tot andere landen heeft België een verjaringstermijn op moord. Vanwege de gruwelijke aard van deze moorden was de overheid echter bereid in deze zaak een uitzondering te maken en de verjaringstermijn te verlengen. Zoals het er nu voor staat - als niemand in de zaak vervolgd wordt voor 2025 - zullen de leden van de Bende van Nijvel vrijuit gaan. De tijd die nog rest om deze complexe zaak op te lossen is dus kostbaar.

Motief

Het motief voor de daden van de Bende van Nijvel is echter nog altijd onbekend. Er werden een aantal motieven naar voren geschoven, maar er is nog steeds geen consensus. Twee motieven waar men vaak aan denkt, zijn terrorisme en het idee dat het om een gewone overval ging. Waarom terrorisme? Omdat men vermoedens had dat de aanvallen werden gesponsord door Washington, de NAVO of andere westerse intelligentiediensten. Andere partijen profileren de Bende echter als een bende gangsters die met overvallen geld probeerde binnen te rijven. Men denkt dat het doel van de overvallen geld was, met name het geld uit de kassa's en de kluis, maar dat de Bende van Nijvel eenvoudigweg net iets gewelddadiger was en meer mensen vermoordde dan andere misdadigers tijdens hun overvallen.

Het feit dat men de motieven niet kon achterhalen en dat een oplossing zo lang uitbleef, zorgde voor een gespannen situatie. Het wantrouwen groeide tussen de bevolking en de media aan de ene kant en de onderzoekers aan de andere kant. Hoewel de Bende van Nijvel wel degelijk geld buitmaakte, suggereerden hun kleine winsten en het extreme geweld andere motieven. Het motief terrorisme kwam vooral in de jaren negentig op de voorgrond, toen er onthullingen waren dat de NAVO, de CIA, MI6 en andere westerse inlichtingendiensten al decennialang geheime legers financierden in Europese landen.[1] Noch de ministers, de volksvertegenwoordigers, de media of de bevolking waren op de hoogte van deze geheime groeperingen. Deze geheime legers waren bewapend en hadden toegang tot geavanceerde communicatiemiddelen. Officieel moesten deze geheime legers wachten op een invasie van Rusland. Wanneer dit zou gebeuren en alle Europese landen bezet zouden zijn door het communistische Rusland, dan zouden de geheime legers het verzet organiseren. Maar de Russen vielen deze landen nooit binnen. Daardoor rees de vraag wat die geheime legers gedurende al die jaren deden. Waren ze gewoon eindeloos aan het wachten? Had een van de geheime legers besloten om het verkeerde pad op te gaan en wreedheden te plegen voor vermaak en/of persoonlijk gewin? Werden ze gebruikt om terroristische aanslagen te plegen voor de westerse intelligentiediensten zoals bijvoorbeeld de CIA?

In de jaren tachtig was er sprake van een serie aanvallen van terroristische aard in Europa. De aanvallen waren verschrikkelijk, maar werden nooit opgeëist door een of andere groepering. Zo was er de bomaanslag tijdens het Oktoberfeest in München in Duitsland in 1980, waarbij zesentwintig personen om het leven kwamen en meer dan tweehonderd gewonden vielen. Ook Italië werd getroffen door terreur. Daar werd in 1981 een bomaanslag gepleegd in het treinstation van Bologna. Het dodental bedroeg vijfentachtig en meer dan tweehonderd mensen raakten gewond. Een jaar later begon de Bende van Nijvel met overvallen. Er vielen niet zoveel slachtoffers als bij de bomaanslagen in Duitsland en Italië, maar het feit dat de terreur van de Bende van Nijvel drie jaar lang aanhield en onrust en paniek zaaide onder de bevolking, is misschien wel ernstiger. Maakten de aanvallen in Brabant deel uit van de aanvallen waarvan de geheime legers werden beschuldigd? Waren dit aanvallen die als doel hadden onrust te zaaien in Europa? In vergelijking met de andere Europese aanvallen is de zaak van de Bende van Nijvel waarschijnlijk de zaak waarbij tijdens het onderzoek de minste vooruitgang werd geboekt.

Om te begrijpen wat er precies fout was gelopen, werden er in 1988 en in 1997 in België twee openbare onderzoekscommissies ingesteld. Deze bleven zonder resultaat. In 1991 werd er een afzonderlijk onderzoekcommissie ingesteld naar de geheime legers van de NAVO waarbij indirect ook de betrokkenheid van de Bende van Nijvel werd onderzocht. De twee overheidsfiguren die de namen kenden van de personen bij de geheime groeperingen, weigerden deze namen te geven. Ze konden dus nooit vergeleken worden met de verdachtenlijst die was opgesteld met betrekking tot de misdaden die gepleegd werden door de Bende van Nijvel.

Bewijs

Wat onvoorstelbaar is, is dat er nooit DNA gevonden werd dat als bewijs kon worden gebruikt, ondanks het feit dat de aanvallen op verschillende locaties plaatsvonden. Hoe kon dit gebeuren? Sommige cruciale bewijsstukken waarop waarschijnlijk vingerafdrukken of DNA te vinden waren, verdwenen zomaar in het niets tijdens het onderzoek. Andere zaken die werden getest door de onderzoekers bevatten wel degelijk DNA, maar er werd geen verband vastgesteld tussen deze zaken en de Bende van Nijvel. Dit is uiteraard ontmoedigend voor de slachtoffers en de speurders. Studies bij andere cold cases wezen echter uit dat DNA alleen behulpzaam was bij een klein percentage van zaken die uiteindelijk toch werden opgelost. Statistisch gezien wordt slechts vijf procent van alle cold cases opgelost door middel van DNA-overeenkomsten. Cold cases worden op verschillende manieren afgerond, meestal door een nieuwe kroongetuige, door informatie van een oude getuige die niet voldoende werd onderzocht of door het opbouwen van een nieuwe theorie met betrekking tot de misdaad... in principe klassieke gevallen van onderzoekswerk.[2]

Twee kenmerken die mogelijk het oplossingspercentage zouden kunnen verhogen, zijn niet aanwezig in de zaak van de Bende van Nijvel. Zo is er geen motief bekend en is er nooit een hoofdverdachte aangewezen. Uiteraard is een motief niet noodzakelijk om iemand aan te klagen, maar dit helpt natuurlijk bij het oplossen van de zaak. Bij de zaak van de Bende van Nijvel ontbreekt een consensus over verschillende kernzaken, wat tot heel verschillende analyses leidt. Een aantal specifieke acties van de Bende van Nijvel tijdens de aanvallen worden op verschillende manieren geïnterpreteerd. Hierdoor komen de onderzoekers niet tot een overeenkomst met betrekking tot de gedragspatronen.

Had de extreme gewelddadigheid een doel tijdens de aanvallen? Hielp het hen te volbrengen wat ze wilden? Wanneer ze bepaalde mensen doodden, was het dan het feit dat er veel doden waren dat hen tevreden maakten? Was er een patroon in hoe ze de slachtoffers uitzochten? Was dit gedrag 'nodig om de misdaad uit te voeren' of voelden ze zich gedwongen om deze misdaad volgens een 'bepaalde routine uit te voeren?'[3] Werden hoeden, jassen en andere zaken opzettelijk op de plaats delict achtergelaten?

Een belangrijk punt waarbij de interpretaties in het geval van de Bende van Nijvel nogal verschillen, is de kwestie van enscenering van de plaats delict om de onderzoekers te verwarren of om andere redenen. Een aantal van de zaken die de bendeleden stalen, zoals bijvoorbeeld de olie uit de supermarkt en de alarmklokken bij de juwelier, waren een ongewone keuze voor overvallen van zo'n agressieve aard. Uitgebreid onderzoek van de plaats delict wees uit dat ze kleinere, gemakkelijk transporteerbare zaken én spullen van grote waarde lieten liggen. Waarom?

Bijna alles wat te maken heeft met de typische werkwijze van de Bende is een bron van meningsverschillen. Waarom vielen de bendeleden altijd supermarkten aan en gingen ze niet voor doelwitten met een grotere opbrengst, zoals bijvoorbeeld banken of geldtransporten? Waarom kozen ze de supermarktketen Delhaize en niet een andere keten? Waarom droegen ze op zijn minst zeven wapens met zich mee tijdens een nachtelijke inbraak in een winkel? Was het hoofddoel moord of geld? Een belangrijke vraag die de onderzoekers zich stellen is of het bewijsmateriaal dat men vond opzettelijk werd achtergelaten door de Bende. Met zoveel onopgeloste vragen moet het ware verhaal over de Bende van Nijvel nog geschreven worden.

Terwijl we nog steeds geen exclusieve DNA-overeenkomsten hebben, is het doel van dit boek het aanleveren van het beste, meest actuele bewijsmateriaal in de zaak. We hebben getuigen geïnterviewd en we hebben alle informatie die ooit gepubliceerd werd onderzocht. Hieronder bevinden zich de honderden politieverklaringen en de verslagen van openbare onderzoekscommissies. Door het geven van een accurate inkijk in alle feiten en hoofdverdachten[1], zullen we wellicht het kaf van het koren kunnen scheiden.

Voor alle duidelijkheid: dit boek gaat over het bewijsmateriaal van de misdaden die zijn begaan door de Bende van Nijvel en niet over het onderzoek. Onze intentie was om alle puzzelstukjes van deze gigantische puzzel te identificeren, maar het oplossen van het mysterie aan de lezer over te laten. We hadden het bewust bij de feiten gehouden en wilden op geen enkele manier onze mening geven over de zaak. Tijdens het schrijven van dit boek zijn er echter dingen veranderd en hebben we veel verder kunnen graven dan we aanvankelijk voor mogelijk hielden.

Er zijn een aantal goede boeken geschreven met betrekking tot de valkuilen in het onderzoek en er waren twee openbare onderzoeken. We heb-

---

[1] We adviseren om waar nodig terug te gaan naar de inhoudsopgave en de lijst met de verdachten aan het begin van het boek.

ben onszelf niet de vraag gesteld of het onderzoek meer bewijsstukken zou hebben opgeleverd als het onderzoek anders gelopen was. We bekeken enkel het bewijsmateriaal dat door onderzoekers ontdekt werd.

Er zijn vele boeken over doofpotoperaties en complottheorieën in deze zaak. Vaak beschrijven deze de politieke situatie van België in die tijd en hoe de Bende van Nijvel hierdoor beïnvloed zou kunnen zijn. Dit is een 'top-down' benadering. Dit boek kijkt daarentegen naar de zaak vanuit een 'bottom-up' benadering.[2]

De enige keer dat we aandacht zullen besteden aan de complottheorieën en de doofpotoperaties is wanneer we er sterk van overtuigd zijn dat deze van de Bende van Nijvel zelf afkomstig zijn en dat deze noodzakelijk zijn om de zaak te begrijpen. Verder houden we geen rekening met beslissingen van politici en onderzoekers in deze zaak.

Het verhaal van de Bende van Nijvel is complex. Om de zaken wat gemakkelijker te maken, hebben we gebruik gemaakt van een lineaire tijdslijn. Andere boeken scheiden hoofdstukken met betrekking tot gebeurtenissen. Onze aanpak betekent dat we beginnen bij de start van de carrière van de Bende van Nijvel, toen de misdaden nog kleiner leken. Deze zijn echter essentieel om de hele zaak te begrijpen. Houd bij het lezen enkele belangrijke zaken in gedachten. Wat zie je in deze misdaden? Zijn er patronen? Waarom gebruikten ze deze modus operandi en niet een andere? Zijn er al typische criminele kenmerken?[4] De lezer moet kunnen zoeken en kijken naar de kleine dingen om zo te proberen het grotere geheel te begrijpen. Wanneer we besloten hebben om een detail te geven van een kleine misdaad, is dat omdat we het gevoel hebben dat het een belletje zal laten rinkelen een paar hoofdstukken later.

Het verhaal van de Bende van Nijvel kan opgesplitst worden in twee periodes of 'golven'. De eerste golf vond plaats van 1982 tot 1983.[3] Het

---

[2] Voor een boek met een 'top-down' benadering verwijzen we u graag door naar "De loden jaren. De Bende van Nijvel gekaderd" (2018) door Paul Ponsaers, emeritus professor criminologie aan de universiteit van Gent.

[3] Er is een geografische kaart voor beide golven aan het einde van het boek.

is een mix van verschillende misdaden, met verschillende graad van ernst, variërend van autodiefstallen tot moord. Waarom hebben de bendeleden al deze misdaden gepleegd? Is er een logische verklaring voor hun waanzinnige gedrag? Het feit dat er gedurende deze periode drie grote schietpartijen met de politie plaatsvonden, zegt veel over de bendeleden. Waarom gingen ze de confrontatie aan met de politie? Hoe was het mogelijk dat de bendeleden altijd als winnaars uit de bus kwamen en ongedeerd bleven, terwijl de politieagenten gewond of gedood werden? Daarna verdween de Bende voor een periode van bijna twee jaar. Er werd nooit een spoor gevonden en er werd hiervoor ook nooit een verklaring gevonden. In 1985 verscheen de Bende van Nijvel weer op het toneel en veroorzaakte in verschillende supermarkten ware bloedbaden. Daarna verdween de bende plots opnieuw en er werd nooit meer iets van hen vernomen. Het waarom is voor iedereen een raadsel.

Deel I:
De Eerste Golf (1982-1983)

Kasteel van Beersel,
Vlaams-Brabant

HOOFDSTUK 1

WINKELDIEFSTAL, AUTODIEFSTAL EN INBRAAK (MAART-MEI 1982)

Net zoals elke woedende vuurzee met een klein vonkje begint, begon de Bende van Nijvel hun schrikbewind met een kleine misdaad. Om te begrijpen hoe de Bende van Nijvel begon met het terroriseren van België, moet er onderzocht worden waar ze de misdaden pleegden en hoe ze te werk gingen. Het duurde veel te lang voordat de autoriteiten zich realiseerden dat verschillende misdaden overeenkomsten vertoonden. Het duurde nog langer voor het door middel van ballistisch onderzoek bewezen kon worden dat de misdaden met elkaar waren verbonden.

Het publiek, de media en de Rijkswacht wisten niet wie er achter de misdaden zat. We zullen de bewijzen bespreken, de verschillende aanwijzingen en verdachten onderzoeken en dit alles volgens een chronologische tijdslijn. Deze manier van werken zal in het begin misschien verwarrend lijken, maar wij zijn ervan overtuigd dat dit de beste manier is om de zaak beter te begrijpen. Er is tijd nodig om door alle informatie heen te spitten en te begrijpen waarom de onderzoekers, net zoals de bevolking, jarenlang in het ongewisse bleven.

Het begon allemaal op zaterdagmiddag 13 maart 1982. Twee mannen rennen snel over straat in het centrum van Dinant, in het zuiden van België. De eerste man is lang, tussen de 30 en 40 jaar oud, met warrig blond haar. De tweede man is kleiner, zijn haar beginnend grijs en hij lijkt tussen de 40 en 50 jaar oud.[5] Ze zijn op weg om de eerste misdaad te plegen in de lange reeks van misdaden die aan de Bende van Nijvel toegeschreven worden. Het is de aanloop naar een gewelddadige periode in het land.

Wanneer de twee mannen dichtbij de wapenhandel Bayard komen, een speciaalzaak in jacht- en vismateriaal, gaan ze iets langzamer lopen. Ze kijken snel links en rechts voor ze de deur openen en naar binnenlopen. De bel rinkelt. Dit kondigt hun komst aan en de twee mannen verstoppen zich snel in de hoek van de toonzaal.[6]

De eigenaar is in zijn werkplaats, waardoor de indringers hem eerst niet zagen. Hij snelt naar de showroom vanuit een ander deel van de winkel. Hij kijkt rond, maar merkt de twee inbrekers in de hoek niet op, en dus keert hij terug om verder te doen waar hij mee bezig was.

Op dat ogenblik komen de twee mannen tevoorschijn. De winkel heeft geen beveiligde uitstalkasten waar de wapens in worden tentoongesteld. Deze liggen dus gewoon voor het grijpen. De mannen pakken een lang, dubbelloops jachtgeweer uit de voorste uitstalkast en ze haasten zich de winkel uit. De bel rinkelt nogmaals, de eigenaar loopt opnieuw richting het jachtgedeelte en ziet de lege uitstalkast. Verbaasd kijkt de man door de voordeur naar buiten. Op straat wijst iemand hem op de twee vluchtende mannen met het dubbelloops jachtgeweer. Helaas is hij te laat om actie te ondernemen en kan hij niets anders doen dan de mannen nastaren.

De wapenhandel Bayard werd duidelijk gekozen omwille van de makkelijke toegang. De Bende van Nijvel wist dat de eigenaar even tijd zou nodig hebben om van de ene kant naar de andere kant van de winkel te lopen en dat ze hierdoor de tijd zouden hebben om de winkel te beroven.

HET DUBBELLOOPS JACHTGEWEER

Deze misdaad werd gepleegd ver van de regio waar de Bende van Nijvel hun andere misdaden pleegde. Dinant ligt kilometers van Brussel en Brabant verwijderd. De diefstal van het jachtgeweer is de eerste bekende misdaad van de Bende van Nijvel en ook hun enige misdaad in deze regio. Later zou blijken dat de Bende de loop van dit jachtgeweer afgezaagd had om het te gebruiken bij andere misdaden.

We weten niet of de Bende van Nijvel gewapend was tijdens de beroving van de wapenhandel Bayard. Dit was ook de enige keer dat er geen vluchtauto werd gezien in de buurt en dat er maar twee daders waren. Bij de meeste misdaden van de Bende van Nijvel waren er drie daders aan het werk.

Het gestolen wapen was een kaliber 10 FAUL-jachtgeweer. Het was een van de zeventien FAUL-jachtgeweren om op klein wild te jagen die door de Belgische firma Centaure geproduceerd werden. De zestien andere jachtgeweren werden later gelokaliseerd. Het FAUL-jachtgeweer had niet alleen weinig afvuurkracht, het was ook een heel omvangrijk wapen met een zware terugslag.[7] Daarom deed het wapen het dan ook niet zo goed op de zwarte markt.

Er bestaan een aantal theorieën over waarom precies de FAUL gestolen werd. De eerste en de meest voor de hand liggende theorie is dat de mannen het eerste het beste geweer hebben meegenomen dat ze te pakken konden krijgen. Ze waren niet kieskeurig en hadden geen verstand van wapens. Dat blijkt uit het feit dat er een veel beter en duurder wapen naast de FAUL lag, een jachtgeweer dat wel vijf keer zoveel waard was.[8]

Een andere theorie is dat ze de FAUL hebben gestolen omdat het er zo indrukwekkend en intimiderend uitzag; een wapen dat deed denken aan het wapen van Mad Max in de legendarische actiefilms en zelfs nog meer nadat de loop ervan af werd gezaagd. Een dubbelloopsgeweer met lopen van elke circa 2 cm diameter kon dan makkelijk verstopt worden onder een jas. Daarbij komt nog dat de zware greep van de FAUL gebruikt kon worden om de slachtoffers te slaan. Zo werden de slachtoffers van de Bende van Nijvel immers behandeld tijdens de gewelddadige aanvallen.

Was de overval op de Dial-budget supermarkt een warming-up voor de Bende van Nijvel?[9]

Een paar weken later, op dinsdag 6 mei, lopen twee gewapende mannen Dial-Budget binnen, een kleine supermarkt in het Brusselse Anderlecht.

Het is dan 18:50 uur. De overvallers eisen geld van de kassière en dwingen drie klanten op de grond. De mannen lopen vervolgens naar het kantoor achterin de supermarkt en dwingen twee medewerkers de kluis te openen. Er worden geen schoten gelost en niemand raakt gewond. De overvallers vertrekken met 100.000 BEF[4] (ongeveer 2.479 euro) en vluchten te voet. Er is geen vluchtauto.

Belangrijk om te weten is dat de Dial-Budget supermarkt deel uitmaakte van de grote Delhaize supermarktketen. Opvallend is dat het de allereerste keer was dat er een overval gepleegd werd in een Delhaize supermarkt in België. De indeling van de supermarkt vertoonde destijds veel overeenkomsten met de indeling van de grote Delhaize supermarkten.

De overval wordt niet altijd toegeschreven aan de Bende van Nijvel. Toch vertoont de manier waarop de overvallers tewerk gingen grote overeenkomsten met het patroon van de overvallen die later gepleegd zouden worden. De overval vindt plaats in de vooravond, de indringers gaan eerst naar de kassa's waar ze iedereen op de grond dwingen en lopen vervolgens naar het kantoor waar ze de medewerkers dwingen om de inhoud van de kluis in een zak te deponeren.

Maar er zijn ook verschillen met de latere overvallen die aan de Bende van Nijvel worden toegeschreven: bij de overval op de Dial-Budget supermarkt worden er geen schoten gelost en raakt niemand gewond. Net zoals bij de eerdere overval in Dinant, waar het jachtgeweer werd gestolen, zijn er hier twee daders én is er geen vluchtauto. Deze overval op de Dial-Budget supermarkt vindt plaats in Anderlecht, in het westen van Brussel en dit is een heel andere regio dan deze waar de latere overvallen zouden gepleegd worden.

Zonder sluitend bewijs kan deze overval dan ook niet worden toegeschreven aan de Bende van Nijvel. Omdat er geen schoten afgevuurd werden, kon nooit bewezen worden dat hetzelfde wapen gebruikt werd als bij de andere overvallen van de Bende van Nijvel. De overeenkomsten kunnen er echter op wijzen dat twee leden van de Bende van Nijvel al

---

[4] Belgische frank.

veel eerder betrokken waren bij de overvallen op de supermarkten dan wordt beweerd. Het zou er ook op kunnen wijzen dat deze overvallen winst als uitgangspunt hadden en niet geweld.

ELSENE

Op maandag 10 mei om 22.20 uur lopen twee leden van de Bende van Nijvel af op een man die zijn auto parkeert in de parkeerplaats van het gebouw waar hij woont. Dit gebeurt in Elsene, een buitenwijk van Brussel. De mannen zijn gewapend. Een van hen heeft zwart haar en een snor en draagt een gebreide muts. De andere man heeft een snor en grijzend, krullend haar.[10] Beiden lijken rond de 40 jaar oud. Ze dragen geen maskers, maar het lijkt erop dat ze pruiken en make-up dragen om zich onherkenbaar te maken. Beide overvallers dragen een wapen. Een van deze wapens lijkt op een revolver met lange loop. Mogelijks is dit het gestolen jachtgeweer uit Dinant, waar de loop van afgezaagd werd. Het kan echter ook een ander wapen zijn waarop een geluidsdemper werd bevestigd. Belangrijk om te weten is dat Elsene ten zuiden van Brussel ligt en dat dit het terrein was van de Bende van Nijvel.

Een van de bendeleden richt zijn wapen op de man en draagt hem op zijn sleutels van de metaalgrijze Austin Allegro af te geven. De man wordt ook gedwongen om zijn portemonnee af te geven en op zijn buik op de grond te gaan liggen.[11] Een slachtoffer dwingen om op de grond te gaan liggen is een typische techniek van de Bende van Nijvel.

De gestolen Austin Allegro verkeert in slechte staat en de benzinetank is bijna leeg, maar toch vertrekken de overvallers met de auto.[12]

LEMBEEK

De twee overvallers van middelbare leeftijd rijden ongeveer 25 kilometer met de gestolen Austin Allegro. Ze parkeren de auto dichtbij een Volkswagenverdeler in Lembeek. De mannen forceren het slot aan de onderkant van de glazen deur en verschaffen zich toegang tot de toonzaal. Daar stelen ze snel een blauwe Volkswagen Santana uit het jaar 1982 waarvan de sleutels in het contact zitten.[13] De gestolen Austin Allegro laten ze achter.

De motivatie voor het stelen van auto's

Als de Bende van Nijvel een auto steelt, wordt deze gebruikt bij een misdaad. Ze stelen nooit een auto om deze door te verkopen. Volgens journalist Gilbert Dupont had de Bende eerder ingebroken in een andere auto in dezelfde straat in Elsene, maar deze auto namen ze niet mee. Dupont verklaart dat ze hebben geprobeerd deze auto te stelen, maar dat ze de auto niet konden starten, waardoor ze het opgaven.[14] Dit is het enige incident dat bekend is waarbij de Bende van Nijvel geprobeerd heeft een auto te stelen zonder sleutels. In de jaren tachtig wist een doorsnee autodief perfect hoe men een auto kon starten zonder sleutels, en dus waren car-jackings erg uitzonderlijk.

Sommigen geloven dat de mannen beseffen dat de auto zijn beste tijd had gehad en dat de tank bijna leeg was toen ze Elsene uitreden. Daarop besloten de bendeleden een andere auto te stelen. Misschien was dat ook wel de reden waarom ze naar de autohandelaar in Lembeek zijn gereden. Daar konden ze een nieuwe auto stelen die niet voor problemen zou zorgen.

Een andere theorie is dat de twee overvallers gepland hadden om de Austin Allegro simpelweg te gebruiken als vervoermiddel naar de Volkswagenverdeler. Als ze deze autohandelaar al eerder hadden ontdekt, dan was de diefstal van de Austin Allegro enkel een praktische zaak en elke versleten auto zou volstaan hebben om hen naar de autohandelaar te brengen.

Volkswagen Santana

De Volkswagen Santana die de mannen hebben gestolen bij de dealer was een zeldzaam model. Op dat ogenblik waren er maar 358 van deze wagens in België, allemaal donkerblauw of metallic van kleur.[15] De Santana had een flinke koffer en een grotere opslagruimte dan andere auto's. Handig dus om gestolen goederen te vervoeren na een overval.

De Santana wordt in de maanden daarna een aantal keer gezien in Elsene, altijd voorzien van valse nummerplaten die gekopiëerd werden van een andere Santana uit dezelfde stad. Dit wijst op de werkwijze van de Bende van Nijvel: valse nummerplaten op gestolen auto's. Het kenteken is altijd dat van een auto met dezelfde kleur en uitvoering als deze van de gestolen auto.

Hoofdstuk 2

Kruidenierszaak in Maubeuge (14 Augustus 1982)

In de vroege ochtend van vrijdag 13 september rijdt de Bende van Nijvel met de gestolen Volkswagen Santana, die van valse Belgische nummerplaten werd voorzien, de Franse stad Maubeuge binnen. Deze stad ligt op zo'n negen kilometer van de Belgische grens.[16] Het is 3.30 uur 's morgens. Met gedoofde lichten rijdt de Bende naar een klein pleintje omgeven door winkels en een wooncomplex. De auto wordt geparkeerd dichtbij een sportwinkel.[17]

Twee gewapende mannen stappen uit de Santana en lopen richting kruidenierszaak Piot, niet ver van de sportwinkel. Dit keer wacht een gewapende, derde man bij de vluchtauto. De twee mannen proberen de deur aan de zijkant van de kruidenierszaak te openen. Wanneer dit niet lukt, slaan ze het raam van de voordeur in.[18] Meteen worden de telefoonlijnen in de kruidenierszaak gesaboteerd. De overvallers vullen de kofferbak van de Santana met flessen wijn en champagne.[19] Ook nemen ze wat thee en ganzenlever mee.

Twintig minuten later ontvangt het lokale, Franse politiebureau een anoniem telefoontje.[20] De beller meldt de dienstdoende agent dat er iets aan de hand is in kruidenierszaak Piot. Drie politieagenten gaan een kijkje nemen. Omdat de kruidenierszaak op nauwelijks 100 meter van het politiebureau ligt, gaan de agenten te voet.[21] Agent Christian

Delacourt vertrekt als eerste. Enkele minuten later volgen nog twee agenten. Deze agenten nemen een andere route naar de kruidenierszaak dan Delacourt.[22]

Wanneer Delacourt bijna ter plaatse is, ziet hij de blauwe Santana en een man met een bivakmuts die op de uitkijk staat. Hij besluit terug te keren om zijn collega's te waarschuwen. De man met de bivakmuts heeft hem echter opgemerkt en begint te schieten. Kogels vliegen in de richting van Delacourt. Hij gooit zichzelf achter een fontein, maar wordt geraakt in de maagstreek. In kritieke toestand ligt hij op het asfalt.[23]

Op dat ogenblik bereikt de tweede agent het plein, een paar meter voor de derde agent. Hij wordt drie keer beschoten en heeft nauwelijks tijd om op de grond dekking te zoeken. Alert vanwege het geluid van de schoten, schiet de derde agent terug. Daarop begint een tweede lid van de Bende meteen te schieten.

De mannen blijven schieten terwijl ze zich naar hun vluchtauto, de Volkswagen Santana, haasten. Terwijl de auto wegrijdt van het plein, blijft een lid van de Bende doorgaan met het afvuren van kogels. De Santana zet koers richting afrit, terug naar België. Ondanks telefoontjes naar het politiekorps rond de grens, slaagt de Bende erin om België weer binnen te komen zonder opgepakt te worden.[24]

STELEN VAN ALCOHOL

De schietpartij in de buurt van kruidenierszaak Piot in Maubeuge is de eerste misdaad van de Bende waarbij er slachtoffers vallen. Het is ook het eerste vuurgevecht met de politie. Er zullen meer vuurgevechten volgen in de toekomst, maar dit is de enige confrontatie met veiligheidsdiensten waarbij de Bende niet in staat is om volledig de overhand te krijgen. Een reden hiervoor kan zijn dat de Bende op dat ogenblik slechts een minimaal aantal wapens in haar bezit had. Net zoals de Franse politieagenten, die een standaard 7.65 mm pistool gebruikten, gebruikte de Bende ook vuurwapens met een klein kaliber. Het afgezaagde jachtgeweer, gebruikt door een van de leden, was niet toereikend voor het schieten op lange afstand.

Een van de drie leden van de Bende was veel groter dan de andere twee. Hoewel het een nachtelijke inbraak was, droegen alle drie de mannen een bivakmuts om hun gezichten te verbergen. Ze waren er zich dus heel goed van bewust wat de gevolgen konden zijn wanneer hun identiteit werd ontdekt. Wanneer ze overdag overvallen pleegden, maakten de bendeleden gebruik van make-up, pruiken en andere hulpmiddelen om te voorkomen dat ze werden herkend. Soms was het overduidelijk dat de mannen pruiken en make-up droegen. Net omdat de mannen zo goed waren in het gebruik van camouflage om hun identiteit te verbergen, waren ook de tekeningen van de daders, gemaakt volgens de verklaringen van slachtoffers en getuigen, van weinig waarde.

De schietpartij in Maubeuge was waarschijnlijk een uit de hand gelopen inbraak. Toch bestaan er verschillende theorieën die beweren dat het trio werkelijk een vuurgevecht met de politie wilde uitlokken. Er was een telefooncel dichtbij de kruidenierszaak, dus zou het kunnen dat een van de leden van de Bende de politie anoniem heeft getipt over de inbraak. De anonieme beller werd nooit geïdentificeerd.

Hoewel Piot bekend stond als kruidenierszaak, was het eigenlijk een winkel gespecialiseerd in alcoholische dranken. De rekken waren dan ook gevuld met talloze flessen wijn, champagne en likeur. De Bende verliet de kruidenierszaak met honderden flessen. De waarde was vergelijkbaar met de waarde aan geld die buit maakt werd bij gelijkaardige inbraken door normale bendes die alcohol stelen.

De manier waarop de Bende bij de inbraak meteen de telefoonlijnen saboteerde, wordt een standaard voorzorgsmaatregel bij alle inbraken en overvallen van de Bende.

Hoewel de inbraak bij kruidenierszaak Piot in Frankrijk plaatsvond, kan de regio worden gezien als een uitbreiding van de Borinage in het westen van België. In 1982 waren er tussen Frankrijk en België geen open grenzen; alle hoofdgrensovergangen hadden grenswachters. Het feit dat de Bende via lokale zijwegen terug naar België vluchtte, bewijst dat minstens een van de Bendeleden de Borinage zeer goed kende.

'S GRAVENBRAKEL

Op 18 september 1982, om drie uur, parkeren twee overvallers hun auto in de buurt van de parkeerplaats van een Volkswagenverdeler in 's Gravenbrakel op de Zinnikse Steenweg (Chaussée de Soignies). Tijdens hun inbraak op het terrein, wekken ze de oude eigenaar die tegenover het bedrijfspand woont. Hij kijkt door de gordijnen van zijn slaapkamer en ziet twee gewapende indringers, waarvan er één een jachtgeweer bij zich heeft. De eigenaar pakt zijn eigen geweer, opent zijn raam en schiet in de lucht om de indringers te verjagen. Een van de indringers schiet zonder waarschuwing terug en raakt de man in het hoofd en de maagstreek. De eigenaar valt op de slaapkamervloer en wordt later in kritieke toestand gevonden. Hij overleeft ternauwernood en loopt als gevolg van dit voorval blijvende fysieke schade op. De bandieten springen in hun vluchtauto en rijden ervandoor.[25]

Het beschieten van de ramen

De onopgeloste aanval in 's Gravenbrakel werd nooit officieel aan de Bende van Nijvel toegeschreven. Toch vertoont deze misdaad gelijkenissen met een aanval die een jaar later, in september 1983, in Temse zou plaatsvinden. De Bende zou er huizen beschieten van bewoners, niet om mensen bang te maken maar daadwerkelijk om te doden.

Voor de eigenlijke aanval had de Volkswagenverdeler in 's Gravenbrakel al een tijdje een stijging van inbraken opgemerkt in zijn bedrijf. Wielen en andere voorwerpen waren op onverklaarbare wijze verdwenen en er was ook recent een auto gestolen. Er waren geen getuigen, dus kon de auto die tijdens de overval gebruikt werd niet geïdentificeerd worden. Er kon dan ook niet met zekerheid beweerd worden dat dit de Santana was. Wanneer er echter in oktober papiersnippers worden gevonden van de Bende, lijkt het erop alsof er verwezen wordt naar deze aanval. "Braine-le-Comte" ('s Gravenbrakel) en "Soignies" (Zinnik) worden vermeld, en ook een deel van een nummerplaat. Deze nummerplaat zou kunnen verwijzen naar een auto van de Volkswagenverdeler of naar één van de valse nummerplaten die de Bende gebruikte op gestolen auto's.

HOOFDSTUK 3

WAPENHANDEL DEKAISE IN WAVER (30 SEPTEMBER 1982)

Op 30 september 1982, iets voor 10.30 uur, staat de eigenaar van wapenhandel Dekaise in de winkel te praten met twee klanten. Deze wapenhandel bevindt zich in een drukke, smalle eenrichtingsstraat in het centrum van Waver, de hoofdstad van de provincie Waals-Brabant.

De Bende van Nijvel parkeert de blauwe, gestolen Volkswagen Santana, die inmiddels voorzien werd van Franse nummerplaten, een paar meter bij de wapenhandel vandaan. Drie gewapende mannen stappen uit.[26] Twee van hen lopen meteen richting de winkel, een van hen blijft wat achter. De eerste man houdt een van zijn handen in zijn jaszak. Wanneer hij de deur van de winkel opent, trekt hij een wapen uit zijn zak, richt de loop op het gezicht van de eigenaar en schreeuwt: "Niet bewegen!"[27]

De tweede man steekt de straat over. Terwijl hij de winkel binnengaat, haalt hij vanuit de binnenzak van zijn jas een afgezaagd dubbelloops jachtgeweer. Met het handvat van het geweer slaat hij de eigenaar in het gezicht. De eigenaar valt hevig bloedend op de grond. Het bendelid slaat ook de twee klanten in het gezicht en schreeuwt hierbij: "Op de grond of ik vermoord jullie!"[28]

De bendeleden kijken snel de winkel rond en eisen de sleutels van de eigenaar. De man probeert op te staan om de sleutels te pakken, maar wordt murw geslagen door de tweede indringer. Hij maakt daarbij gebruik van het jachtgeweer met afgezaagde loop. De aanvaller richt zijn pistool op de nek van de eigenaar en schreeuwt: "Nu ga je eraan!"[29] Op dat ogenblik verschijnt het derde bendelid en hij gaat op uitkijk staan bij het raam. Ondertussen kan een van de andere bendeleden de sleutels bemachtigen.

De aanvallers trekken de telefoonkabels uit de muur en het bendelid met het afgezaagde jachtgeweer begint met het inslaan van de glazen uitstalkasten. De bendeleden stelen handpistolen en machinepistolen, maar laten de geweren en de jachtgeweren liggen. In totaal stoppen ze achttien wapens in twee tassen. Daarna dwingen ze de drie gewonde slachtoffers op de vloer en eisen ze hun portefeuilles.[30] De eigenaar krijgt nog meer klappen in het gezicht. Hierbij wordt zijn oogkas gebroken en hij belandt in een coma.

Een voetganger merkt dat er iets aan de hand is in de wapenhandel. Hij rent naar een nabijgelegen autogarage en vraagt een monteur om de politie te bellen. De monteur ziet een politiecombi langs de wapenhandel rijden, trekt de aandacht en wijst er agent Claude Haulotte op dat er wat aan de hand is in de wapenhandel. De agent parkeert de combi dubbel en haast zich naar de wapenhandel, pistool in de hand. In zijn haast heeft de agent zijn wagen opengelaten. De sleutels zitten nog in het contact.[31]

Het derde bendelid staat nog steeds op uitkijk en ziet de agent naar de winkel toe rennen. Hij opent de deur om in de aanval te gaan. Alleen een Toyota-busje scheidt het bendelid van de agent. De man schiet een 7.65 mm-kogel door het raam van het busje. De kogel mist agent Haulotte, die het busje gebruikt als schild. Haulotte schiet terug, maar mist.[32]

Een tweede bendelid verlaat de winkel en vergezelt de man die op uitkijk staat bij het Toyota-busje. Een van de bendeleden dirigeert de andere om achter het busje heen te lopen terwijl hij zelf via de voorkant van het busje gaat. Agent Haulotte, die nu tussen de twee mannen ingesloten staat, wordt in het bovenlijf geraakt en valt neer op het asfalt. Een van de bendeleden loopt richting de gewonde agent en schiet hem dood met een 7.65 mm-kogel.[33]

DE VLUCHT

De bendeleden haasten zich terug naar de blauwe Volkswagen Santana en gooien de twee tassen met de gestolen wapens in de koffer van de auto. Twee van hen springen in de Santana terwijl de derde achter het stuur van de dubbel geparkeerde politiecombi plaatsneemt om deze te verplaatsen.[34] Daarna stapt hij ook in de Santana en de drie vluchten, richting Brussel.[35]

Ondertussen werden alle politie-eenheden in de buurt gewaarschuwd. Ze worden gevraagd om uit te kijken naar een donkere Audi 80 – de Volkswagen Santana is zeldzaam en wordt vaak verward met een Audi 80. Twee rijkswachters in een ongemarkeerde Renault R4 rijden naar de splitsing die uitgeeft op de doorgangsweg naar Brussel.[36]

Wanneer de donkerblauwe Volkswagen Santana hen met razende snelheid voorbijrijdt, zetten ze meteen de achtervolging in. De Santana is echter veel sneller en de Renault R4 loopt een flinke achterstand op. Eenmaal uit het zicht, parkeren de bendeleden de Santana. De Franse nummerplaten worden vervangen door Belgische nummerplaten die afkomstig zijn van een andere blauwe Santana uit Elsene. Daarna verlaten ze het parkeerterrein en hervatten ze hun vlucht naar Brussel.[37]

Toevallig zien de agenten in de Renault R4 de Santana nogmaals wanneer deze weer de weg oprijdt vanop het parkeerterrein. Dichtbij de stad Overijse, ongeveer in het midden tussen Brussel en Waver, begint de hogesnelheidsachtervolging opnieuw. De Renault R4 kan de Santana ongeveer 10 minuten bijhouden.[38] Beide auto's slalommen tussen het verkeer en de obstakels in de smalle straten van Overijse, waarbij de Santana net op tijd een bus kan ontwijken. De Renault R4 ontwijkt de bus door op de stoep te rijden. De agenten proberen assistentie te vragen, maar alle lijnen zijn drukbezet. De passagier op de achterbank van de Santana kijkt vaak achterom naar de Renault R4.[39]

DE KRUISING IN HOEILAART

Om 10.50 uur naderen beide auto's een verkeersopstopping bij de kruising in Hoeilaart. De gebouwen staan zo dichtbij de kruising, dat het onmogelijk is om langs de wachtende auto's te komen.[40] De Renault R4 slaagt erin om voor de Santana te komen. De Santana botst tegen de achterkant van de Renault waardoor beide auto's tot stilstand komen.[41] De agenten trekken hun pistool, een 7.65 mm met een inhoud van acht kogels.

Een paar meter verder stappen echter ook de gewapende bendeleden uit. Ze zoeken beschutting achter de open deuren van de Santana. Tientallen mensen zijn getuige van het ganse schouwspel. Agent Roland Campine en de passagier vooraan in de Santana, starten het vuurgevecht. Campine leegt de hele inhoud van acht kogels, maar de 7.65 mm-kogels zijn niet krachtig genoeg om door de deur van de Santana heen te komen en blijven vastzitten in het metalen koetswerk.

De 9 mm-kogels van de bendeleden richten meer schade aan: van de negen kogels die worden afgevuurd, raken vier kogels Campine. Hij wordt tweemaal in de linkerdij getroffen, krijgt een kogel in de onderarm en een in de maagstreek, net tussen zijn lever en long. Een vijfde kogel wordt weerkaatst door zijn riem. De bendeleden komen dichterbij en richten op de knie van de agent. De kogel ketst af en komt terecht in zijn kruis.

Zijn partner, agent Sartillot, vuurt ook zijn acht kogels af, maar kan de bendeleden niet raken. Zonder kogels en met zijn partner uitgeschakeld, probeert Sartillot weg te rennen. Een van de bendeleden richt zijn wapen, maar hij heeft zojuist zijn laatste kogel afgevuurd. Daarop haalt hij het afgezaagde jachtgeweer tevoorschijn en schiet ermee. Sartillot krijgt tweeënzeventig hagelkorrels in de rug en raakt hierdoor ernstig gewond. Gelukkig komen de drie bendeleden zonder kogels te zitten. Ze springen in de Santana, rijden langs de Renault R4 en gaan ervandoor. Wanneer de Santana verdwijnt richting Brussel, komt er rook vanonder de motorkap vandaan.

De bendeleden hadden geen maskers op, maar waarschijnlijk droegen ze make-up en andere attributen om hun identiteit te verbergen. Een getuige verklaarde dat een van de bendeleden een pruik droeg.[42] Doordat de radiator van de Santana was geraakt en de auto was gaan roken na de schietpartij bij de kruising, wordt ervan uitgegaan dat de bendeleden zich in de buurt hebben verstopt en nooit in Brussel zijn aangekomen. Volgens rijkswachter Thompsin kon de Santana met een geraakte radiator maximaal zo'n 7 kilometer verder hebben gereden en bevond de Bende zich nog steeds in de buurt van Hoeilaart.[43]

Uitbreiding van het wapenarsenaal

De Bende van Nijvel gebruikte twee pistolen met een kaliber 9 mm om de agenten te overmeesteren. De bendeleden gebruikten ook een kaliber 7.65 mm FN-pistool, hetzelfde pistool dat zij afvuurden in de kruidenierszaak in Maubeuge in Frankrijk op 14 augustus samen met het afgezaagde jachtgeweer. Er wordt aangenomen dat dit het jachtgeweer was dat op 13 maart werd gestolen uit de wapenhandel in Dinant. Het zou een verklaring kunnen zijn waarom rijkswachter Sartillot de aanval overleefde. De FAUL was immers een jachtgeweer om op klein wild te jagen, zoals bijvoorbeeld tijdens de eendenjacht. Het bendelid dat had geschoten met het afgezaagde jachtgeweer was diegene die de twee tassen met gestolen wapens uit de winkel droeg. De man op de uitkijk droeg een 7.65 mm pistool en het derde bendelid gebruikte een 9 mm pistool.

De Bende van Nijvel probeerde de inhoud van de kassa niet te bemachtigen. Het motief voor deze misdaad was dus waarschijnlijk de diefstal van de wapens. Eerder dat jaar probeerden dieven in te breken in dezelfde wapenhandel, maar het lukte hen niet om binnen te komen. Er wordt gespeculeerd of de Bende van Nijvel, waarvan de misdaden escaleerden op dat ogenblik, misschien geen andere keuze had dan de wapenwinkel te overvallen. Het was het enige wapen dat gelinkt kon worden aan de bende vanwege de overval op de wapenhandel in Dinant. De Bende van Nijvel kocht nooit wapens op de zwarte markt, maar koos ervoor wapens te stelen. Misschien had de Bende geen connecties op de zwarte wapenmarkt of was dit te riskant omdat de wapens dan naar hen geleid zouden hebben.

Onder de achttien gestolen wapens, waren negen revolvers, vijf pistolen en vier machinepistolen. De wapens werden door de Bende zelf gebruikt en waren niet bedoeld om door te verkopen. Er wordt aangenomen dat de wapens later gebruikt werden, aangezien de kalibers perfect overeenkwamen. Een voorbeeld hiervan is de Smith and Wesson revolver, die zowel .38 speciale kogels kan afvuren als .357 Magnum-kogels. Een paar pistolen die waarschijnlijk door de Bende van Nijvel werden gebruikt in latere misdaden, waren onder meer een kaliber .45 Colt Government, een Smith and Wesson 9 mm Para Model 559, een kaliber .22 kaliber LR FN 150 Concours en een 7.65 mm Bernadelli Model 60.[44] Daarnaast hebben ze hoogstwaarschijnlijk ook gebruik gemaakt van de gestolen machinepistolen en de Ingram geluidsdemper.

HET ONDERZOEK VAN DE RIJKSWACHT VAN WAVER

Een team van drie onderzoekers van de Rijkswacht van Waver leidt het onderzoek en komt in juli 1983 met een eerste verslag. De onderzoekers besluiten dat de overvallers niet uit waren op de wapens, maar waarschijnlijk geïnteresseerd waren in het prototype van de geluidsdemper voor Ingram-wapens. Een van de getuigen van de overval op de wapenwinkel had verklaard dat de overvallers op het ogenblik dat ze de wapens stalen ook de geluidsdemper meenamen en de getuige hoorde één van de overvallers zeggen: "Oké, laten we gaan, we hebben waar we naar op zoek waren".[45] Hierdoor vermoeden de onderzoekers dat de Bende specifiek uit was op het prototype. Daarnaast zijn ze ervan overtuigd dat deze winkel werd overvallen omdat de eigenaar een groot aandeel had in de internationale wapenhandel. Helaas verklaart de eigenaar dat hij de overvallers niet heeft herkend.

Bij onderzoek naar de administratie van de wapenhandel, stellen de onderzoekers vast dat de verkoop van wapens maar een klein deel uitmaakte van de winst van de zaak. De eigenaar verkocht vooral allerlei hoogtechnologische gadgets en gespecialiseerde producten voor de internationale markt. Het prototype geluidsdemper dat de bende had gestolen, was onlangs ontworpen door de eigenaar. Het was een op maat gemaakt prototype van een geluidsdemper voor de Ingram machinepistolen en de onderzoekers zijn ervan overtuigd dat een geschil over de geluidsdemper de reden was voor de aanval op wapenhandel Dekaise.

De onderzoekers ontdekken dat de eigenaar van de wapenhandel contact had opgenomen met Willy Pourtois, een illegale wapentrafikant, om voor hem klanten te vinden voor het prototype. Pourtois zou afgevaardigden van de Libanese politieke partij Phalange – een van de grote spelers in de Libanese burgeroorlog – hebben uitgenodigd om de geluidsdemper te komen bekijken. Daarnaast contacteerde Pourtois ook een Belgische firma met connecties bij de veiligheidsfirma New York International Security Associates (ISA), die op hun beurt weer werkten voor een Colombiaanse cliënt die geïnteresseerd was in 250 geluidsdempers van Dekaise. De betrokkenen kwamen tot de overeenkomst dat Dekaise 1.000 dollar op voorhand zou krijgen en 400.000 BEF (ongeveer 9.915 euro) in september 1982 voor de eerste productiekosten. De totale omvang van de overeenkomst was 1.250.000 BEF (ongeveer 30.987 euro). Om de productie mogelijk te maken, leende Pourtois vijf Ingram machinepistolen uit, zodat Dekaise daarmee zou kunnen werken. Eind september 1982 had Dekaise nog steeds de 400.000 BEF niet ontvangen voor de kosten van de productie. Waarschijnlijk verdween de Europese vertegenwoordiger van de ISA met het geld van het hoofdkantoor. Dekaise stopte de productie van de geluidsdempers.

In het Waver-onderzoek wordt er gespeculeerd over het feit of Dekaise wel of niet zou hebben geweigerd de 1.000 dollar en de vijf semi-automatische machinepistolen terug te geven. De onderzoekers denken dat een van de betrokkenen uit was op wraak op Dekaise. In dit scenario zou de Bende van Nijvel het prototype van de geluidsdemper gestolen hebben zodat een andere wapenmaker het prototype zou kunnen produceren. De rest van de wapens zou zijn gestolen als afleiding.

Omdat de ISA bij de operatie betrokken was, zijn er vermoedens dat de CIA op de hoogte was van het feit dat de eigenaar mishandeld werd. Daarnaast stond Willy Pourtois bekend als een betaalde informant van de Staatsveiligheid. De Staatsveiligheid was waarschijnlijk op de hoogte van het contact dat Pourtois had met de wapentrafikant, en dat zou misschien betekenen dat dit alles deel uitmaakte van een westerse inlichtingenoperatie.

Er zitten echter gaten in deze theorie. Ten eerste werden de vijf Ingram machinepistolen teruggegeven door Dekaise toen Pourtois hierom vroeg. Ten tweede mislukken dit soort van deals vaak, maar dit leidt meestal niet tot geweld. Daarnaast ontving Dekaise maar 1.000 dollar op voorhand en was hij niet degene die het contract heeft verbroken. Het is niet heel waarschijnlijk dat iemand een heel team misdadigers zet op een bedrag van slechts 1.000 dollar en vijf wapens. Ook het tijdschema kwam niet overeen. Als Dekaise de productie al in september stopte, waarom was de overval dan pas dertig dagen later? Daarbij komt nog dat de geluidsdempers van Dekaise nooit op grote schaal werden geproduceerd door andere partijen.

De entourage van Vincent L.

In 1983 begint de zoektocht naar de verdachten van de overval op Dekaise iets op te leveren. Francis V. vertelt aan de politie dat zijn vriend, de overleden junkie Vincent L., de overval heeft gepleegd. Tijdens het onderzoek naar deze beschuldigingen wordt er een foto gevonden met daarop Vincent L., Francis V. en de veroordeelde crimineel Vicky V. Op de achtergrond staat een Enfield-wapen als pronkstuk op de schouw in het huis van Vicky V. De politie stelt vast dat de Enfield in het huis van Vicky V. hetzelfde model is als het wapen dat werd gestolen uit de wapenhandel Dekaise.

Er vindt een huiszoeking plaats bij Vicky V. en de onderzoekers vinden de Enfield op de schouw, net zoals op de foto. Het wapen werd onbruikbaar gemaakt en heeft geen serienummer en dus kan er geen ballistische link gevonden worden naar de wapenhandel Dekaise. Onderzoekers vinden het wel vreemd dat Vicky V. niet vertelt waar of van wie hij de Enfield heeft gekocht. Het onderzoek loopt dood, aangezien deze onbruikbaar gemaakte Enfield erg populair is bij wapenliefhebbers en gemakkelijk aangekocht kan worden.

Jaren later verdenken de onderzoekers Vincent L. en Francis V. ervan dat zij drie wapens van de overval op de wapenhandel Dekaise hebben geleverd aan rijkswachter Martial Lekeu, die in 1989 een hoofdverdachte zal worden. Lekeu werkte tot 1978 bij de drugssectie van de BOB. Later werd hij omwille van disciplinaire redenen overgeplaatst naar verschillende rijkswachtbrigades in Wallonië.

Na deze beschuldiging verhuisde Lekeu naar het platteland. Hij had gevraagd om overgeplaatst te worden naar Tenneville. Hij wilde weg uit Brussel.

Bruno Vandeuren

De kleine crimineel Bruno Vandeuren beweert dat hij betrokken was bij de overval op de wapenhandel Dekaise. Zijn bekentenis is aannemelijk, maar hij geeft meerdere versies van wat er is gebeurd en trekt andere verklaringen weer in. Hij zegt dat hij betrokken was bij de aanval op de wapenhandel, maar hij beweert ook dat hij alleen maar heeft geholpen om de wapens te transporteren na de aanval. Zijn beweringen lijken geloofwaardig omdat deze overeenkomen met het Waver-onderzoek; daarin wordt gesteld dat de wapenwinkel werd aangevallen omdat de eigenaar gestraft moest worden nadat hij een contract had verbroken en geld in ontvangst had genomen.

De autoriteiten verrichten geen verder onderzoek naar Vandeuren omdat hij een sluitend alibi heeft. Later zou blijken dat dit alibi vals was.

Wanneer de onderzoekers besluiten een verder onderzoek te verrichten naar Vandeuren is het eind de jaren tachtig. Ze komen erachter dat Vandeuren niet lang geleden werd vermoord. Hij kreeg een kogel door de nek. De moord werd nooit opgelost. De naam Vandeuren komt steeds meer naar voren in het onderzoek en hij blijft dan ook een verdachte.[46] De wapens zijn via Elsene gekomen, waarvan nog steeds aangenomen wordt dat dit de thuisbasis is van de Bende van Nijvel. Vandeuren bezocht vaak hetzelfde café De Pomp als andere verdachten. Naast indirecte bewijzen vinden de speurders echter niet voldoende redenen om Vandeuren definitief aan de anderen te koppelen en hem als bendelid te beschouwen.[47]

Dani Bouhouche

Een van de twee rijkswachters van de Renault R4, die de achtervolging hadden ingezet op de Santana tussen de wapenhandel en de kruising bij Hoeilaart, is overtuigd dat hij de identiteit van de overvallers kent. Agent Campine heeft altijd beweerd dat de man op de achterbank zijn collega van de Rijkswacht Dani Bouhouche was. Volgens Campine had zijn collega donkere make-up op.

Bouhouche werkte als rijkswachter in Ukkel op het ogenblik van de overval op Dekaise. Dit is op loopafstand van het Flageyplein in Elsene, het epicentrum van de Bende van Nijvel. Oorspronkelijk was Bouhouche lid van de drugsbrigade van de BOB, maar in 1981 werd hij omwille van disciplinaire redenen overgeplaatst en werkte hij als gewone agent. In een bizar incident plaatste Bouhouche afluisterapparatuur om zo de gesprekken tussen onderzoekers en een informant af te luisteren. Hij werd, afgezien van dit voorval, altijd gezien als een rechercheur die zijn werk goed deed, zich niet inliet met drank of drugs en nooit op stap ging.

Voor het afluisterincident had Bouhouche een andere berisping gekregen die snel in de doofpot werd gestopt. In 1980 rijdt Bouhouche met twee andere rijkswachters in een Renault R4 in het hartje van Brussel. Een taxi rijdt hen veel te snel voorbij en snijdt de auto van de rijkswachters de pas af. Alsof er iets knapt in het hoofd van Bouhouche, pakt hij zijn eigen 9 mm GP pistool en leegt twee volle magazijnen illegale dumdumkogels op de taxi, in het midden van een drukke straat. De taxichauffeur, Costas Giannikis, overleeft als bij wonder de aanval ondanks het feit dat een kogel in de hoofdsteun van zijn stoel is blijven steken.

De dumdumkogels boren grote gaten in de auto. De Rijkswacht begint een intern onderzoek naar het voorval. Bouhouche beweert dat hij de taxichauffeur even voor een misdadiger aanzag en verklaart zo zijn gedrag.

Het ballistisch onderzoek wordt geleid door commandant Claude Dery, een goede kennis van Bouhouche. Beiden houden ze van wapens en samen voeren ze vaak ballistische testen uit. Dery zorgt ervoor dat er niet wordt gerapporteerd dat Bouhouche zijn eigen 9 mm pistool heeft gebruikt in plaats van het minder krachtige 7.65 mm pistool. Hij ontkent daarnaast ook dat Bouhouche de illegale dumdumkogels heeft gebruikt en schrijft in het verslag dat hij de standaard Winchester High Velocity kogels heeft gebruikt. De Rijkswacht sluit het intern onderzoek.

HET ZONIËNWOUD

Laat op de avond van 30 september 1982, de avond van de overval op wapenwinkel Dekaise, rijdt de Bende van Nijvel met de versleten Volkswagen Santana naar het Zoniënwoud in het zuiden van Brussel. De Bende overgiet de auto met benzine en steekt deze in brand. Om 22.30 uur wordt de nog steeds smeulende auto gevonden. Aan de zijkant en in het dashboard van de auto zitten kogelgaten. De achterbank wordt verwijderd en er worden acht kogelhulzen gevonden op de vloer van de auto. De hulzen zijn dezelfde als die van het 9 mm pistool dat eerder gebruikt werd om op de politie te schieten. Ook worden er metalen balletjes gevonden die worden gebruikt om lopen te dichten wanneer wapens worden uitgestald in een toonzaal. Er wordt ook een kleine weegschaal gevonden.[48]

Dumpplaats

Volgens agent Charles Thompsin was de Bende oorspronkelijk van plan om de Santana het water in te rijden, maar is de auto vast komen te zitten in de modder.[49] Hierdoor waren de mannen genoodzaakt de auto in brand te steken om zo hun sporen uit te wissen. Wat betreft de kleine weegschaal zijn er twee theorieën: een theorie is dat de kleine weegschaal gebruikt zou zijn bij het afwegen van drugs. Een andere theorie is dat deze gebruikt werd bij het herladen van de ammunitie die de Bende soms afschoot.

De plaats in het Zoniënwoud waar de auto werd achtergelaten, is dezelfde plaats waar eerder een gestolen Toyota-busje werd gedumpt nadat het werd gestolen in Elsene, een busje van een winkel van Paris-XL. Jaren later wordt beweerd dat de overval gelinkt is aan rijkswachter Bouhouche. Een paar maanden na het schietincident op de taxichauffeur in 1980 was Bouhouche klaarblijkelijk op het verkeerde pad terechtgekomen. Hij zou in het misdaadmilieu verzeild zijn geraakt en een bende samengesteld hebben met een basisstructuur die leek op die van de georganiseerde misdaad. De bende van Bouhouche huurt garageboxen om gestolen auto's en wapens op te slaan. Daarnaast huurt de bende ook onderduikadressen. Deze bevinden zich in twee delen van de stad, in het zuidelijke gedeelte van Brussel (Elsene) en in het westen van Brussel (Woluwe[5]). De bende van Bouhouche steelt ook identiteitskaarten.

De bende van Bouhouche steelt op 7 oktober 1981 het Toyota-busje van Paris-XL. Een week eerder stal de bende op een gelijkaardige manier in dezelfde straat een Mazda. Terwijl de chauffeur van het busje de winkel in Elsene bevoorraadt, laat hij de sleutels in het contact zitten en de motor draaien. De bende van Bouhouche kan gewoon instappen en wegrijden. De witte Toyota HiAce busje zit vol voorraad voor Paris-XL en de inhoud wordt gedumpt in het Zoniënwoud. De overvallers parkeren het busje in een van de garageboxen in Elsene. De bende past het busje zodanig aan dat deze kan worden gebruikt als mobiele basis voor alle operaties die ze willen uitvoeren. Dit doen ze door een gat in het dak te boren, stickers op de zijkant te plakken en het busje te voorzien van valse nummerplaten.

Jaren later wordt in het huis van Bouhouche een kaart teruggevonden over het Zoniënwoud. De plaats waar de uitgebrande Volkswagen Santana werd gevonden, staat aangeduid op een plan. Bouhouche heeft nooit een alibi kunnen geven voor de dag waarop de overval op wapenhandel Dekaise had plaatsgevonden. Hij had zich die dag ziekgemeld.[50]

OPNIEUW HET ZONIËNWOUD

Op 16 oktober, twee weken na de overval op wapenhandel Dekaise, worden er op een andere plek in het Zoniënwoud een aantal voorwerpen

---

[5] Het gaat eigenlijk over een kleine enclave die zich verspreid over verschillende regio's, onder andere Sint-Lambrechts-Woluwe. De campus geneeskunde van Université Catholique de Louvain (UCL) ligt in deze enclave.

gevonden die verband kunnen houden met de overval. Deze plek is ver weg van de plek waar de uitgebrande Santana werd gevonden. Speurders vinden er onder meer een bankpas van de eigenaar van de wapenhandel, een bankpas van een van de klanten en documenten en cheques op naam van de eigenaar.[51]

Ook de valse Belgische nummerplaat van de Santana wordt gevonden. Dit is dezelfde als de nummerplaat afkomstig van een andere Santana met dezelfde kleur uit Elsene. De nummerplaat is in zevenentwintig stukjes geknipt. Andere voorwerpen die worden gevonden zijn de frames van twee hoofdsteunen van de achterbank, schuimrubber afkomstig van de achterbank van de Santana en een bril zonder glazen. Dit suggereert dat de bende attributen gebruikte om hun ware uiterlijk te verbergen.[52] Er wordt een kaart uit de Esso-kalender uit de jaren '70 gevonden en een plastic zak van de gadget-winkel Casine in Waterloo.[53] Verder worden ook een verknipte schoen, een Spaanse krant en een vies poloshirt gevonden. Deze werden oppervlakkig begraven vlakbij de wortels van een boom.[54] Het shirt wordt geanalyseerd en er wordt dierlijk bloed gevonden. Dit kan erop wijzen dat de eigenaar van het shirt een jager is. De schoen, maat 44, is van het merk Ambiorix.[55] Door de vondst van een sticker van een garage gelegen tegenover een schietclub alsook een ledenpasje van een andere schietclub, denken de speurders dat één van de verdachten graag schietbanen bezoekt om te oefenen.[56]

HANDSCHRIFT

Een opvallende vondst zijn deeltjes van een handgeschreven brief in een sierlijk handschrift. Het briefje lijkt op een afspraak die is gemaakt. De woorden die op het briefje staan lijken op: 'Wauthier-Braine', 'Soignies', 'Iez' en 'Pilori'. De woorden kunnen verwijzen naar plaatsnamen. Naast het woord "Pilori", staan er ook delen van Franse zinnen op het briefje: 'Gendamerie à côté'. Het zou ook een deel van een zin kunnen zijn: 'Quelle était la consigne' (wat was de instructie?) of 'Qui était le soussigné' (wie was ondergetekende?).

De meest voor de hand liggende verklaring is dat deze stukken verwijzen naar de aanval in 's Gravenbrakel op 18 september. De bendeleden zouden elkaar hebben getroffen in Pilori, een plaats die dicht bij een kazerne van de Rijkswacht lag.

HOOFDSTUK 4

HERBERG "HET KASTEEL" (23 DECEMBER 1982)

O P 22 DECEMBER, NET VOOR MIDDERNACHT, PLEEGT DE BENDE VAN Nijvel een overval op de herberg "Het Kasteel". De overvallers breken de deur van de keuken open met een breekijzer.[57] Het restaurant ligt tegenover het afgelegen kasteel van Beersel aan de uiterst zuidelijke rand van Brussel.

De 71-jarige conciërge van de herberg, José Vanden Eynde, slaapt op de eerste verdieping en wordt gewekt door een geluid dat van beneden komt. De dieven realiseren zich dat er nog iemand in het gebouw aanwezig is. Ze lopen Vanden Eynde tegen het lijf. Deze is gekleed in enkel een T-shirt en een onderbroek. De overvallers slaan hem meerdere malen hardhandig op het hoofd. Vanden Eynde probeert terug te vechten, maar wordt overmeesterd. De Bende gebruikt losgetrokken telefoonkabels om Vanden Eynde vast te binden.[58] De knopen die men hiervoor gebruikt, zijn dezelfde knopen die door sommige speciale politie-eenheden worden gebruikt. Met een sjaal die de overvallers in de kamer gevonden hebben, binden ze de man vast aan het bed.[59]

De indringers zijn nog niet klaar met Vanden Eynde. Met sigaretten brengen ze hem op de dijen en het bovenlijf brandwonden toe en de man wordt meerdere keren geslagen. Op een gegeven ogenblik steekt een van de overvallers een plastic handschoen in de mond van de man om hem te laten ophouden met schreeuwen. Ook wordt er een bruin laken over zijn hoofd getrokken. Een van de indringers schiet acht kogels in het linkeroor van de man.[60] Het bloed spat in het rond.

De daders gaan weer naar beneden waar ze champagne drinken, zich tegoed doen aan een hertenbiefstuk en fruittaart eten. Ze verlaten de herberg en nemen hierbij verschillende flessen alcohol mee. Daarnaast nemen ze ook een dozijn Royal Schwab borden, een paar pakken koffie, een jas, washandjes en wat gereedschap mee.

Grand Cru wijnen

Door de aard van het gevecht gaan de onderzoekers ervan uit dat er twee daders betrokken zijn bij de aanval op Vanden Eynde. De conciërge sliep met een alarmpistool onder zijn kussen, maar hij was te laat om dit te gebruiken. Volgens een van de eerste verslagen van de onderzoekers zetten de daders de maaltijd in scène om het te laten lijken alsof de overval gepleegd werd door kleine criminelen.[61]

Het motief kon een eenvoudige overval zijn geweest. De waarde van de gestolen alcohol en goederen waren van een vergelijkbare waarde als deze van de overval in Maubeuge in Frankrijk in augustus 1982. De flessen die de daders meenamen waren onder andere Roederer champagne en Grand Cru wijnen. De totale waarde van de buit werd geschat op zo'n 150.000 BEF (ongeveer 3.718 euro).

Gedurende dertig jaar werd er nooit ingebroken in de herberg. Deze verschrikkelijke overval was echter al de derde inbraak in het laatste jaar.[62] Bij elke inbraak werd een breekijzer gebruikt om de achterdeur te forceren. In december van het jaar ervoor werden veertig flessen Grand Cru wijn gestolen en werd de kassa meegenomen. De kassa werd gedumpt in een klein meer in Sint-Genesius-Rode. Na de eerste inbraak nam het restaurant in juli de vader van de kok, José Vanden Eynde, in dienst als conciërge. Hij kreeg er een kamer boven het restaurant.[63]

Op 30 november werd er opnieuw ingebroken en werd de hele wijnkelder leeggehaald, waaronder twaalf flessen Cristal Rose champagne en een aantal dozen met andere soorten champagne.[64] De totale buit bedroeg zo'n 120.000 BEF (ongeveer 2.975 euro). Vanden Eynde sliep door deze inbraak heen. Omdat de herberg behoorlijk populair was, kon de eigenaar niets anders doen dan de voorraadkelder weer aanvullen.

Tijdens de derde inbraak hebben de bendeleden Vanden Eynde waarschijnlijk mishandeld om te weten te komen of er geld of andere waardevolle zaken te vinden waren in de herberg. De brandwonden van de sigaretten zouden het bewijs kunnen zijn dat ze Vanden Eynde verplicht hebben om te praten. Het gebruik van de telefoonkabels en de sjaal, een handeling die duidelijk geïmproviseerd was, duidt erop dat ze oorspronkelijk niet van plan waren om Vanden Eynde te doden. Ze schoten hem neer met acht kogels. Het kaliber .22 LR-pistool dat ze gebruikten voor de moord zou het FN Concours 150 pistool geweest zijn dat op 30 september werd gestolen bij wapenhandel Dekaise.

De onderzoekers richten zich op meerdere motieven. Ze onderzoeken de achtergrond van Vanden Eynde en komen erachter dat hij een gokliefhebber was. Als de bendeleden hem van tevoren hadden gekend, waren ze er misschien van overtuigd dat de man veel geld had. Een van de buren zag een wit busje rond het tijdstip van de moord het parkeerterrein afrijden in de richting van de snelweg. De bendeleden hadden op dat ogenblik geen bekende auto in gebruik. De gestolen Santana was achtergelaten en in brand gestoken in september 1982. Een tijdje na de inbraak kwamen nepagenten een kijkje nemen bij de herberg. Er is nooit een spoor gevonden van de indringers en ze werden nooit geïdentificeerd.

Het onderzoek dat hierop volgt, wordt heel slordig uitgevoerd. Verschillende bewijsstukken verdwijnen. Het is belangrijk op te merken dat rijkswachter Bouhouche deel uitmaakt van het onderzoeksteam.

De entourage van Vincent L.

Eind 1983 beschuldigt Francis V. – de man die zijn inmiddels overleden vriend Vincent L. beschuldigde van betrokkenheid bij de overval op de wapenhandel Dekaise – Vincent L. ook van medeplichtigheid bij de moord in herberg "Het Kasteel". Volgens Francis V. behoorde de 71-jarige Vanden Eynde tot de entourage van Vincent L. Vanden Eynde moest vermoord worden omdat hij te veel wist over de activiteiten van de Bende.

In een verslag uit april 1984 wordt beschreven hoe men ontdekt had dat de eigenaar van de herberg "Het Kasteel" (niet Vanden Eynde, die was aangenomen als bewaker) vroeger een beroemde speler was bij voetbalclub Anderlecht. Dit trok de aandacht van de onderzoekers. De vader van een ander vermeend lid van de bende van Vincent L. was immers ooit ondervoorzitter bij voetbalclub Anderlecht.

Hoofdstuk 5

Taxirit van Elsene naar Bergen (9 Januari 1983)

In de nacht van vrijdag 9 januari meldt taxichauffeur Constantin Angelou bij zijn centrale dat hij een rit heeft nabij het Flageyplein in Elsene. Het is dan 1.15 uur. Een bendelid van de Bende van Nijvel zit op de achterbank van de taxi, achter de chauffeur.[65] Na nauwelijks tien kilometer stopt de taxichauffeur op een verlaten deel van een weg, ten zuiden van Brussel. De passagier schiet vier .22 LR-kogels direct in het achterhoofd van de taxichauffeur, drie kogels net boven de nek en een net iets onder het linkeroor. De kogels doorboren de schedel van de taxichauffeur, maar gaan niet volledig door de schedel heen. Niets wijst op een gevecht in de taxi.

Het lichaam van Angelou wordt langs de auto gesleept en dubbelgevouwen in de koffer gedumpt. Het bendelid rijdt dan richting de Borinage in het westen, dichtbij de plaats waar de overval in het Franse Maubeuge plaatsvond in augustus 1982. De aanvaller steelt de portefeuille van de chauffeur met daarin 10.000 BEF (ongeveer 248 euro).[66]

Een paar dagen later, op 12 januari, wordt de verlaten auto van Angelou gevonden in het centrum van Bergen, de hoofdstad van de Borinage, ongeveer honderd kilometer van Brussel.[67] De auto staat illegaal geparkeerd op een parkeerplek voor diplomaten net naast het Franse Consulaat. De taxi is nog steeds voorzien van de Brusselse taxiplaten.[68] Angelou's lichaam wordt dood aangetroffen in de kofferbak.

Impulsieve actie of gepland?

In de taxi zat geen CB-radio, omdat Angelou vond dat deze te duur was. In plaats daarvan gebruikte hij telefooncellen om de telefooncentrale te bellen voor zijn ritten.[69] De taximeter werd uit de wagen getrokken door de moordenaar, maar de 92 kilometer die werd geregistreerd klopte met de afstand van de rit.[70] Angelou reed normaal alleen in en rondom Brussel. Het Brusselse Taxi logo werd achtergelaten op de grond voor de achterbank, net zoals de met bloed doordrenkte schoenen en jas van Angelou. De autoriteiten vonden zowel langs de binnenkant als aan de buitenkant van de auto bloeddruppels. Het bendelid had er waarschijnlijk de voorkeur aan gegeven om het lichaam in de koffer te gooien dan met het lichaam op de stoel verder te rijden. Algemeen wordt aangenomen dat er maar een bendelid betrokken was bij de moord op Angelou. Zijn lichaam werd immers over de grond gesleept en niet gedragen naar de achterkant van de auto.

Het bendelid reed de hele weg met de taxi die ongetwijfeld doordrenkt was van bloed en hersenweefsel. Waarschijnlijk had hij zelf ook bloedspatten op het gezicht. Het feit dat hij naar Bergen in de Borinage reed is opmerkelijk. Dit kan erop wijzen dat hij er zelf woonde of dat hij er iemand kende om de rommel op te ruimen, hem te laten douchen en schone kleding te geven. In dit scenario belde hij zijn handlanger waarschijnlijk vanuit een telefooncel op om hem te helpen. Die nacht werd de zwarte Mercedes op verschillende plaatsen in Bergen gezien.[71] Belangrijk om weten is dat de Rijkswacht van Bergen de moord onderzocht, ook al werd de moord nabij Brussel gepleegd. De taxi werd immers in Bergen teruggevonden.

Het kaliber .22 LR-pistool was waarschijnlijk het FN Concours 150 dat in september 1982 in de wapenhandel Dekaise werd gestolen en was hetzelfde wapen dat werd gebruikt voor de moord op de conciërge in de herberg "Het Kasteel" in december 1982. Dit wijst erop dat de moord niet op voorhand was gepland. Aangenomen wordt dat bij de moordenaar de stoppen doorsloegen. De drang om te moorden werd groter dan de angst om opgespoord te worden als gevolg van het ballistische onderzoek. Het bendelid heeft waarschijnlijk een pistool getrokken en de taxichauffeur gedwongen om te stoppen aan de zijkant van de weg. Toen Angelou stopte, werd hij vermoord door de schietgrage moordenaar. Het is weinig waarschijnlijk dat hij vermoord werd om zijn dagloon.

De Bende van Nijvel heeft nu een tweede, aparte reeks van overvallen die aan elkaar gekoppeld kunnen worden door het ballistisch onderzoek. Om het gemakkelijk te maken zullen we de termen 'Ballistiek van de publieke aanvallen' en 'Ballistiek van de seriemoordenaar' gebruiken. Onder de 'Ballistiek van de publieke aanvallen' vallen de overval op de kruidenierszaak in Maubeuge in augustus 1982 en de overval op de wapenhandel Dekaise in september 1982. Onder de 'Ballistiek van de seriemoordenaar' vallen de moord in de herberg "Het Kasteel" in december 1982 en de moord op de taxichauffeur. We maken hierin een onderscheid omdat de misdaden binnen elk van deze reeksen overvallen van de Bende van Nijvel over een periode van maanden op elkaar voortbouwden, en omdat sommige aanvallen op het eerste zicht niet gerelateerd lijken te zijn aan andere.

Het feit dat het bendelid het .22 LR-pistool in een aanval van woede gebruikte, is misschien te begrijpen. Maar waarom droeg hij een wapen dat al bij een andere moord was gebruikt? Hij had immers de keuze uit de talloze, ongebruikte wapens die gestolen werden uit de wapenhandel Dekaise. Het antwoord is waarschijnlijk dat deze .22 LR het enige klein kaliber pistool uit het wapenarsenaal was met een geluidsdemper. Het risico om meer getuigen achter te laten was een groter risico voor de dader dan gepakt te worden door het ballistisch onderzoek. Of misschien was het net de bedoeling om de moorden opzettelijk met elkaar in verband te brengen.

In de zoektocht naar een ander motief werd het verleden van het slachtoffer onderzocht. Misschien was het toch moord met voorbedachten rade? Er gingen geruchten de ronde dat Angelou voor drugssmokkelaars werkte.[72] Een gedetineerde suggereerde dat Angelou in zijn taxi heroïne verkocht rondom Brussel.[73] Een andere link tussen het slachtoffer Angelou en de conciërge in Beersel was dat beiden hadden gewerkt als taxichauffeur[74] en dat ze elkaar hierdoor kenden. Meer werd er nooit gevonden.

Delhaize Sint-Lambrechts-Woluwe

Op vrijdag 21 januari 1983 lopen overvallers binnen in de supermarkt Delhaize in Sint-Lambrechts-Woluwe en schreeuwen: "Geld!". Ze lopen naar het kantoor waar ze de inhoud van de kluis eisen. De dieven vertrekken met een bedrag van 1,3 miljoen BEF (ongeveer 32.226 euro). Er worden geen schoten gelost.[75]

De overval op de supermarkt in Woluwe is de eerste overval op een grote Delhaize supermarkt in België.[76] Omdat er geen schoten zijn gelost, kan er geen ballistisch onderzoek gedaan worden en kan deze overval dus ook niet vergeleken worden met andere misdaden van de Bende van Nijvel. Er zijn echter tal van overeenkomsten in de manier waarop ze tewerk gaan. Ze stelen het geld uit de kassa's aan de voorkant van de winkel waarna ze doorlopen naar het kantoor van de manager om de inhoud van de kluis buit te maken. Ze stelen geen sloffen sigaretten of alcohol. De overval in Woluwe wordt ook uitgevoerd vlak voor het begin van een reeks van overvallen op supermarkten. Toch past deze overval geografisch niet in het plaatje van de Bende van Nijvel.

WATERMAAL-BOSVOORDE

Op 28 januari om 20.30 uur parkeert Raymond Dewee zijn Peugeot 504 voor zijn huis in Watermaal-Bosvoorde. Wanneer hij uitstapt wordt hij geconfronteerd met een bendelid met donker krulhaar en een bril met een donker montuur. Het bendelid richt een geweer met houten handvat op de man. Dewee wordt opgedragen zijn sleutels af te geven en op de grond te gaan liggen. Hij bevindt zich in een benarde positie tussen de auto en de muur waardoor hij niet meteen kan gaan liggen. De overvaller schreeuwt nogmaals dat hij op de grond moet gaan liggen.[77]

Het bendelid neemt plaats achter het stuur en opent de deur aan de passagierskant. Een andere man, die zich verborgen hield in het donker, stapt in. De passagier heeft een zaklamp bij zich. Voor de mannen wegrijden, stapt het bendelid uit, richt het pistool weer op Dewee en dwingt hem zijn portefeuille af te geven. Als het bendelid de portefeuille heeft, stapt hij weer in en rijdt hij weg met de Peugeot.[78]

Noord-Afrikanen?

Net zoals de vorige keren, stelen de overvallers een auto met sleutels en proberen ze niet om een onbeheerde auto zonder sleutel aan de praat te krijgen. Ook deze keer wordt het slachtoffer opgedragen om op zijn buik op de grond te gaan liggen. Op dat ogenblik is het niet bekend dat de Bende weer een auto heeft. De vorige auto waar ze gebruik van maakten was de gestolen Volkswagen Santana die ze hadden laten uitbranden in september 1982. De enige andere auto die wordt gelinkt aan de Bende is het witte busje dat werd gezien op de parkeerplaats bij de herberg "Het Kasteel" in december 1982. De Bende had uiteraard een nieuwe auto nodig om hun misdaden te kunnen plegen.

Na deze autodiefstal doen er meerdere geruchten de ronde over de afkomst van de mannen: minstens één van de leden van de Bende zouden van Noord-Afrikaanse afkomst zijn. De man met het geweer heeft dik, krullend haar, draagt een bril met een donker montuur en is netjes gekleed. Hij praat met een Arabisch accent tegen het slachtoffer. De andere man heeft een Afrikaans kapsel en draagt een hoornen bril. Jaren later wordt dit door de vrouw van Dewee echter ontkend. Zij verklaart: "Dat is verkeerd. Ze hadden zwart haar, maar leken niet van het Arabische type".[79]

Nogmaals kan de waarde van de politietekeningen van de verdachten van de Bende in vraag gesteld worden. Het probleem is dat de mannen erg voorzichtig waren en voorzorgsmaatregelen namen om niet herkend te worden. Zo droegen ze vaak make-up en pruiken en probeerden ze te praten met een buitenlands accent zoals Arabisch, Roma of Marokkaans. Meestal klonk hun accent echter vrij ongeloofwaardig. Verschillende getuigen en slachtoffers verklaarden specifiek dat de bendeleden een vals accent gebruiken.

Bij deze autodiefstal merken we weer de impulsiviteit van een van de bendeleden. Dit keer is het de bestuurder van de auto. Terwijl de Bende vrij georganiseerd lijkt te zijn, is een van hen erg impulsief. Het plan was om de auto te stelen, maar de bestuurder onderbreekt hun vlucht om de portefeuille van het slachtoffer te eisen om wat extra geld te kunnen bemachtigen. Naarmate er meer misdaden worden gepleegd door de Bende, wordt het steeds duidelijker dat op zijn minst een van hen een psychopaat is. Hij wordt door de Franstalige onderzoekers 'le tueur' genoemd en door de Vlaamstalige onderzoekers 'de killer'. Alle leden zijn moordenaars, maar een steekt er met kop en schouders bovenuit als mentaal gestoord. Van een aantal moorden die gepleegd werden door 'de killer' zijn er geen getuigen. Het is allemaal speculatie. De andere twee mannen worden door de onderzoekers 'de oude man' en 'de Reus' genoemd.

HOOFDSTUK 6

DELHAIZE SUPERMARKT IN GENVAL (11 FEBRUARI 1983)

Op 11 februari om 19.10 uur rijdt de Bende van Nijvel het parkeerterrein op van de Delhaize supermarkt in Genval. De Peugeot 504 stopt dichtbij de voordeur van de supermarkt en drie mannen lopen naar de winkel toe.[80] Twee van de bendeleden dragen carnavalsmaskers van een lachende man met een grote neus en ronde wangen.[81] Het derde lid draagt een donkergrijze bivakmuts. Twee van de mannen hebben pistolen bij zich, de derde man een geweer.

De twee mannen met de maskers hebben krullend haar en een donkere huidskleur. Een van de twee lijkt ongeveer 40 jaar oud, de andere man ziet er jonger en kleiner uit. Wanneer de drie mannen de winkel binnenlopen, nemen ze een vrouw onder schot en gijzelen ze haar. De twee mannen met de pistolen dwingen haar door te lopen naar het kantoor van de manager op de eerste verdieping.[82] Ondertussen loopt de andere man met zijn geweer naar de kassa's. Tegen de winkelmanager, de kassamedewerkers en de klanten schreeuwt hij dat ze zich niet mogen bewegen.[83]

Boven treffen de twee bendeleden twee medewerkers aan die geld aan het tellen zijn. De medewerkers worden gedwongen om de kluis te openen en daarna op de grond te gaan liggen. Een bendelid neemt het geld uit de kluis en propt het in een plastic zak.[84] De andere man knipt de telefoonlijnen door en schiet op de computer. Wanneer ze terug naar beneden gaan, lopen ze de winkelmanager tegen het lijf. Schijnbaar heeft het derde bendelid bij de kassa's hem toegelaten om terug naar het kantoor te lopen. De twee mannen dwingen de man weer naar de kassa's te lopen. Daar aangekomen wordt hij gedwongen om weer op zijn buik te gaan liggen.[85] Dan schieten de mannen eenmaal naar het plafond en verdwijnen ze met 692.384 BEF (ongeveer 17.163euro) .

Jacques Culot, een nietsvermoedende klant van Delhaize, ziet de drie gemaskerde mannen in de achteruitkijkspiegel van zijn geparkeerde Audi 100. Hij start de auto en een van de leden schreeuwt tegen hem dat hij moet stoppen. Het bendelid begint op de Audi te schieten. Meerdere kogels raken de voorkant, de banden en de zijkant van de auto. Culot kan net op tijd onder het dashboard kruipen. De voorruit sneuvelt en de kogels raken de stoel van de bestuurder. "Vergeet het, laten we gaan"[86], roept een van de andere mannen. De schutter schreeuwt tegen Culot: "Als je ons probeert te volgen, schieten we je neer..."[87] De Peugeot 504 verlaat het parkeerterrein, richting Brussel.

OBSERVATIES

Deze overval is de eerste overval op een supermarket die officieel wordt toegeschreven aan de Bende van Nijvel. De overval vindt plaats in de regio van Brabant, het werkterrein van de Bende. Dit is een van de rijkere buurten rondom Brussel. Geografisch gezien vinden de misdaden meestal plaats in het zuidelijke gedeelte van Brabant. De Bende van Nijvel staat bekend als Franstalig, maar de Reus spreekt ook Vlaams. Het grootste deel van de achtentwintig moorden vinden plaats in Vlaanderen.

De overval op de supermarkt Delhaize in Genval heeft net als de andere overvallen een aantal karakteristieke eigenschappen. De overval vindt vroeg in de avond plaats, net voor sluitingstijd. Er wordt gebruik gemaakt van een gestolen auto met valse nummerplaten en de overvallers verbergen hun gezicht. De overval wordt uitgevoerd door drie personen en allemaal hebben ze een eigen rol tijdens de overval. Niemand blijft achter in de auto. Dit is typisch voor hun manier van werken: niemand blijft achter als bestuurder van de vluchtauto.

De overvallers waren goed op de hoogte van de indeling van de supermarkt en waren er waarschijnlijk eerder een kijkje gaan nemen. Elk van de daders had zijn eigen rol. Een van de mannen bleef bij de kassa's terwijl de andere twee naar het kantoor van de manager liepen. Een van de medewerkers werd gedwongen om de kluis te openen, alle andere medewerkers werden opgedragen om op de grond te gaan liggen. Systematisch werden de telefoons onbruikbaar gemaakt en de overvallers gijzelden een persoon om daarmee door de winkel naar het kantoor te lopen. Wie tegenwerkte, werd met geweld behandeld. Een vrouw werd geduwd en de Audi werd doorzeefd met kogels. Ze schoten in het wilde weg op het plafond en op een computer.

Er zijn echter ook verschillen met latere overvallen. Niemand merkte de Reus op. Het bendelid dat bij de kassa's achterbleef, liet de manager opstaan en richting zijn kantoor lopen. Dit zou bij latere overvallen ondenkbaar zijn geweest en zeker niet getolereerd worden. Hij zou meteen neergeslagen of neergeschoten worden als hij zou proberen op te staan en weg te lopen.

Wat wapens betreft, maakten ze gebruik van twee nieuwe kalibers – een .38 Special en een .357 Magnum. Volgens een onderzoeksrechter hadden de mannen problemen met de .38 Special. "De bijzondere moeilijkheid... is dat men te doen had met zelf geladen munitie en dat men de lading kruit niet kende".[88] De Bende van Nijvel droeg een geweer en gebruikte een 9 mm pistool dat eerder gebruikt werd bij de overval op wapenhandel Dekaise in september 1982. Wellicht had de bende voor deze overval geen andere keuze dan de pistolen te hergebruiken. Toen hadden ze immers nog geen grote keuze aan wapens. Na de overval op de wapenhandel Dekaise is er echter geen reden meer om wapens te hergebruiken. Het lijkt er dan ook op dat ze bewust het 9 mm pistool hergebruikt hebben.

In het ballistisch onderzoek valt Genval onder 'Ballistiek van de publieke aanvallen', net zoals de overvallen in Maubeuge in augustus 1982 en wapenhandel Dekaise in september 1982. Volgens onderzoeksrechter Guy Wezel die de zaak van de Delhaize in Genval toegewezen kreeg, was dat op dat ogenblik echter nog niet duidelijk. Hij zou later verklaren:

"Destijds was nog geen verband aangetoond met de zaak-Dekaise in Waver (september 1982)."[89] En natuurlijk waren er geen duidelijke bewijzen te vinden dat de moord op de conciërge in de herberg "Het Kasteel" en de moord op de taxichauffeur in Bergen met elkaar te maken hadden omdat de wapens die werden gebruikt totaal verschillend waren.

LASNE

Het is 14 februari, 19 uur wanneer Geneviève Van Lidth de Jeugd van haar werk in Elsene naar huis rijdt. Ze rijdt in een gloednieuwe, donkerkleurige Volkswagen Golf. Twintig minuten later parkeert ze op de oprit voor haar huis. Ze merkt een donkere Peugeot op die dicht achter haar auto stopt.[90]

Wanneer ze de auto uitstapt, springt een bendelid uit de Peugeot 504 en hij trekt een wapen uit zijn jas. Hij richt het pistool op de buik van de vrouw en zegt: "Mevrouw, u kan maar beter niet bewegen. Laat de sleutels op de auto zitten."[91] De autodief lijkt in de dertig en heeft een normaal postuur. Zijn handlanger blijft in de Peugeot achter het stuur zitten.

Geneviève Van Lidth doet wat haar opgedragen wordt en laat de sleutels op het instrumentenbord steken. De autodief stapt in de gloednieuwe Golf, zet de auto in achteruit en rijdt ervandoor. Zijn handlanger in de Peugeot maakt rechtsomkeer en haalt de Golf in.

Printbedrijf

De gewapende autodief heeft een zuiders uiterlijk, dik, donker krullend haar en ziet er atletisch uit. De Bende van Nijvel beschikt nu over twee auto's: de nieuwe Volkswagen Golf en de Peugeot die werd gestolen op 28 januari. De donkergrijze Golf is een vierdeurs met een extra deur voor de kofferruimte, een zonnedak en getinte ramen.

De Bende heeft als regel dat ze alleen nieuwe auto's stelen. De enige uitzondering was de oude Austin Allegro die ze gestolen hadden om bij de autohandelaar te komen. Als ze inbreken bij een autohandelaar, betekent dit dat ze eerst onderzoek moeten gedaan hebben. Ze stelen de auto's altijd met de sleutels in het contact.

Een vriend van Dani Bouhouche, die ook rijkswachter was, was een cliënt van het printbedrijf in Elsene waar Geneviève van Lidth de Jeugd werkte.[92] Later opende deze vriend een bedrijf in Elsene, niet ver van dit printbedrijf.

WATERLOO

Op 15 februari worden de smeulende resten van de Peugeot 504 gevonden op het platteland nabij Waterloo, op slechts een paar 100 meter van het chique restaurant Aux Trois Canards. De bendeleden hebben de Peugeot achtergelaten in een smalle straat met aan weerszijden dikke bomen. Vanaf de hoofdweg is het onmogelijk om de auto te zien. De speakers van de auto, de radio en de aansteker zijn verwijderd en de daders hebben sigarettenpeuken achtergelaten.

HET BESCHIETEN VAN HET RESERVOIR

Voor ze de Peugeot achterlieten probeerden de bendeleden de auto in brand te steken door op de gastank te schieten, maar dit werkte niet. Het is typisch voor de Bende om verschillende zaken uit de auto te verwijderen voor ze de gestolen auto achterlaten. Uit onderzoek blijkt dat de gestolen auto minder dan 100 kilometer had gereden sinds deze werd gestolen. Dit duidt erop dat ze de auto alleen maar gebruikten bij hun misdaden en deze verder verborgen hielden. De Volkswagen Golf die ze net hadden gestolen was een betere auto dan de Peugeot. Misschien hadden de mannen maar een plek om hun auto te verbergen en moeten ze hierdoor een keuze maken.

AUDI 100[93]

Op 22 februari breken dieven in bij een Volkswagenhandelaar in Waterloo. Eenmaal binnen verplaatsen ze een Audi Quattro omdat deze in de weg staat en vervolgens nemen ze een witte Audi 100 mee. De dieven kunnen makkelijk in de auto stappen omdat de deuren niet op slot zijn. De sleutels van de auto steken in het contact en ze rijden met de wagen de garage uit. Om 4.00 uur gaat het alarm af in de zaak.

De gestolen Audi 100 is de auto die bij de overval van de Delhaize in Genval met kogels werd doorzeefd. De auto stond in de garage omdat de onderzoekers de kogels wilden laten verwijderen voor ballistisch onderzoek.[94]

WEBSITE

Vanwege de omstandigheden van de diefstal werd deze lange tijd toegeschreven aan de Bende van Nijvel. De onderzoekswebsite over de Bende Van Nijvel schrijft deze diefstal nog steeds aan hen toe. Als het inderdaad om de Bende gaat, betekent dit dat de bendeleden van binnenuit toegang hadden tot de informatie van het politieonderzoek. De Audi stond er nog maar een week en men stond op het punt om de kogels te verwijderen voor analyse. Het was een gewaagde misdaad, niet zozeer omwille van de diefstal zelf, maar omwille van het onderscheppen van het bewijsmateriaal.

Jaren later verklaarde een crimineel dat hij de Audi 100 had gestolen met drie vrienden.[95] Als dit waar is, zou de diefstal van het lijstje van de Bende verwijderd moeten worden. Het is belangrijk om hierbij te vermelden dat het verhaal over de diefstal niet helemaal klopte met het politierapport. Het was trouwens ook niet de eerste keer dat andere mensen de verantwoordelijkheid opnamen voor misdaden van de Bende. Waarschijnlijk was dit om hun eigen reputatie in het milieu te versterken of om aandacht te krijgen. Het meest opmerkelijke voorbeeld hiervan was Jean-Marie Tinck, die zichzelf uitriep tot een lid van de bende. We zullen een asterisk plaatsen naast deze misdaad.

HOOFDSTUK 7

DELHAIZE SUPERMARKT IN UKKEL (25 FEBRUARI 1983)

Op 25 februari om 19.30 uur rijden de leden van de Bende van Nijvel het parkeerterrein op van de Delhaize supermarkt in een nette wijk in Ukkel. Ze rijden op dat ogenblik met de gestolen, donkere Volkswagen Golf. Twee mannen met bivakmuts stappen uit, een van hen wordt herkend als de Reus. Een derde man blijft in de vluchtauto achter. De Reus heeft twee wapens bij zich, zijn handlanger draagt een knuppel van 60 centimeter.

Wanneer de Reus de winkel binnenloopt, begint hij wild om zich heen te schieten waarbij hij een oudere persoon die een winkelkarretje voortduwt, verwondt. Medewerkers en klanten van de supermarkt raken in paniek bij de aanblik van de Reus met zijn kakikleurige bivakmuts en jas. De Reus roept dat niemand mag bewegen. Hij dwingt iedereen op de grond te gaan liggen en eist het geld uit de kassa's. Als een van de medewerkers begint te huilen, drukt hij een wapen tegen haar slaap en beveelt hij haar om stil te zijn.

De man met de knuppel loopt naar het kantoor van de manager. Hij draagt een bomberjack, een coltrui die hij over zijn gezicht heeft getrokken en kaki regenlaarzen. Eenmaal in het kantoor, pakt hij een medewerker bij de schouder en duwt haar in de richting van de kluis.[96]

Met een slechte imitatie van een Arabisch accent wordt er geëist dat ze de kluis opent. Ze kan de sleutels niet vinden. Het bendelid slaat uit woede met zijn knuppel tegen de telefoon.⁹⁷ Een andere medewerker pakt zijn sleutels om de man tot bedaren te brengen. Wanneer de medewerker de kluis heeft geopend roept de aanvaller dat ze moeten opschieten. Het geld wordt in een plastic zak gegooid. De aanvaller keert dan terug naar de voorkant van de winkel.

De Reus zorgt ervoor dat iedereen voorin de winkel blijft totdat zijn handlanger terugkeert. Voor de Reus vertrekt, vuurt hij nog eenmaal op de rekken. De Bende van Nijvel steelt hier 600.000 BEF (ongeveer 14.874 euro).

De overvallers verlaten de supermarkt terwijl ze hun wapens van de ene naar de andere kant zwaaien. Een oude man merkt de mannen op en rent naar het nabijgelegen benzinestation. Een van de mannen ziet hem en vuurt twee keer. Een kogel raakt hem in de knie en zal hem blijvend gehandicapt maken. Een andere kogel mist op een haar na een medewerker van het benzinestation.⁹⁸

De twee aanvallers springen in de vluchtauto waarin de derde handlanger op hen zit te wachten. De Volkswagen Golf rijdt het parkeerterrein af.

De Reus

Het is de eerste keer dat getuigen naar de Reus verwijzen. Hoewel sommige getuigen bij vorige aanvallen al spraken van een grote man, werd deze man eerder beschreven als dun en lang. Bij deze aanval wordt het verschil in lengte tussen deze man en de andere bendeleden uitdrukkelijk opgemerkt. Bij volgende aanvallen zal hij niet enkel worden beschreven als erg groot, maar ook als fysiek indrukwekkend.

De Bende van Nijvel laat weer die typische manier van werken zien. Mensen worden gedwongen om op de grond te gaan liggen, er wordt onnodig geschoten in de winkel en op mensen en er wordt niet getwijfeld bij het neerschieten van de oude man. Daarnaast proberen de overvallers een accent na te bootsen, wat eigenlijk mislukt.

Het was de enige overval van de Bende van Nijvel waar er maar twee leden de supermarkt betraden. De derde man wachtte op de andere twee in de vluchtauto. De meest voor de hand liggende verklaring hiervoor is dat de supermarkt slechts vijf kilometer verwijderd lag van het Flageyplein, het epicentrum van de bendeactiviteiten. Een of meerdere daders woonde of werkte waarschijnlijk in de buurt en de kans om herkend te worden was te groot.

De Bende van Nijvel maakte bij de overval gebruik van de kaliber .38 Special revolver dat werd afgevuurd bij de eerste overval op de supermarkt Delhaize in Genval op 11 februari. Deze overval valt hiermee dan ook onder 'Ballistiek van de publieke aanvallen'. Hiertoe behoren ook de schietpartij in Maubeuge, Frankrijk in augustus 1982 en de schietpartij bij wapenhandel Dekaise in september van hetzelfde jaar. Er wordt aangenomen dat de Bende zich bewust is dat de link gelegd kan worden, maar zich daar niets van aantrekt. Er bestaat vanaf nu dus een verband tussen de aanvallen in Maubeuge, Dekaise, Genval en Ukkel. De zaken die onder de 'Ballistiek van de seriemoordenaar' vallen zijn de overvallen in de herberg "Het Kasteel" en de taxi in Bergen. Deze misdaden blijven nog volledig gescheiden van de andere. Wat wapens betreft, verklaart een getuige dat hij een bendelid gezien heeft met een afgezaagd jachtgeweer.

Het onderzoek verloopt vrij rommelig. De werknemers van de supermarket krijgen van de Rijkswacht de opdracht om de plaats delict schoon te maken nog voor de gerechtelijke politie ter plaatse is. De ammunitie van de kaliber .38 Special revolver werd herladen, wat een belemmering veroorzaakt in het onderzoek. De kogels werden volledig vernietigd en dus kan de politie geen ballistisch onderzoek uitvoeren.[99] De aanval gebeurde op zo'n 100 meter van de rijkswachtkazerne van Ukkel, waar Bouhouche werkte.[100] De plek waar de Renault werd gestolen is ook in deze buurt, op wandelafstand zelfs.

FLAGEYPLEIN

Op 3 maart wordt omstreeks 11 uur de Audi 100 waar op geschoten werd bij de overval in Genval teruggevonden. De auto staat geparkeerd vlak bij het Flageyplein in Elsene en lijkt in goede staat.[101] De kogels werden verwijderd en de kogelgaten gedicht. Vergeet niet dat de bestuurder net op tijd onder het dashboard kon kruipen. De Audi 100 werd in beslag genomen door de politie en terwijl men wachtte op forensisch onderzoek werd de auto gestolen.

Eerder werd al vermeld dat er gespeculeerd werd of dit wel een van de misdaden was van de Bende van Nijvel. Als dit niet zo was, dan was het wel erg toevallig dat de auto gevonden werd in Elsene, het epicentrum van de Bende. Daarnaast zou het erg dom zijn om in te breken bij de handelaar om een auto te stelen met kogelgaten als het niet de bedoeling was om het bewijsmateriaal te laten verdwijnen. Als dit niet het werk was van de Bende, zou het vreemd zijn dat andere criminelen precies deze auto zouden willen: een auto die gebruikt werd tijdens een gewelddadige overval en die vol kogelgaten zat.

Hoofdstuk 8

Colruyt Supermarkt in Halle (3 Maart 1983)

Op 3 maart om 19.30 uur rijden de bendeleden het parkeerterrein op van de supermarkt Colruyt in Halle. In de Golf GTI zitten drie mannen. De mannen verlaten de auto en lopen richting ingang van de supermarkt. Ze dragen allemaal een zwarte bivakmuts met gele zijkant. Rond de ogen dragen ze donkere make-up.[102]

Terwijl ze naar binnen lopen, wordt er door een van de mannen een waarschuwingsschot afgevuurd in het plafond. Ze deden hetzelfde bij de twee voorgaande overvallen. Een van de overvallers blijft voorin de winkel bij de kassa's, bedreigt het winkelpersoneel en de klanten en met een kort pistool dwingt hij iedereen om op de grond te gaan liggen. Dit bendelid, dat lang en houterig is, draagt een grijsachtige jas met donkere stukken en zwarte schoenen. Hij schiet op een slagersbordje in de winkel zodat iedereen van schrik op de grond gaat liggen en de medewerkers de kassa's openen.

De twee andere mannen lopen door de winkel naar het kantoor op de verdieping. De pezige man draagt een knuppel bij zich en de andere, kleinere man in een donkere jas en een donkere coltrui, heeft een revolver in zijn handen. Het vierkante kantoor kijkt uit op de begane grond. Wanneer de twee het kantoor betreden, vinden ze er de manager, een medewerker en een verantwoordelijke van het hoofdkantoor van de winkelketen.

Een van de overvallers schreeuwt: "Niet bewegen, iedereen op de grond!"[103] De manager beseft wat er gebeurt en zegt: "Het kan niet waar zijn!"[104] Het bendelid met het wapen reageert: "Jij, meekomen!"[105] De verantwoordelijke komt overeind om te doen wat de overvaller zegt, en leunt op het bureau net naast de telefoon. Hij wordt meteen met de knuppel op zijn hand en hoofd geslagen. De man loopt hersenschade op en heeft verschillende botbreuken in zijn hand.[106]

Ondertussen wordt de manager meegenomen naar een andere kamer waar hij gedwongen wordt de kluis te openen. De kamer waarin de kluis zich bevindt, ligt op ongeveer 20 meter van de eerste kamer. De overvaller propt het geld in een grote reistas. Wanneer hij hiermee klaar is, schiet hij de manager in de keel en verlaat dan de kamer. De manager overleeft de aanval niet.

De Bende van Nijvel verlaat de supermarkt met 1.182.115 BEF (ongeveer 29.304 euro). De overvaller die het eerst bij de auto is, start de motor en wacht op zijn handlangers. Terwijl ze vertrekken, schieten ze wild in de richting van getuigen die naar het schouwspel staan te kijken. Daarna snellen ze in de richting van de snelweg.

HET VERMOORDEN VAN DE MANAGER

Omdat de kamer met de kluis te ver weg was van het kantoor waar de verantwoordelijke en de medewerker werden vastgehouden, kon niemand vertellen of er een woordenwisseling was of de situatie tussen het slachtoffer en het bendelid geëscaleerd was. Alleen het schot werd gehoord. Vond de moordenaar de manager een bedreiging? Of heeft de manager de moordenaar uitgedaagd? Het was wellicht de meest onnodige moord die werd gepleegd tijdens de eerste golf van aanvallen van de Bende.

Wat opvallend is, is dat deze overval plaatsvond in een Colruyt supermarkt. Het is de enige keer dat de Bende een andere supermarktketen overvalt dan die van Delhaize. De indeling van de Colruyt supermarkt verschilt van die van de supermarktketen Delhaize. De rekken en de kantoren bevinden zich op andere plaatsen. Het is ook vreemd dat niemand de Reus heeft gezien. Toch zijn er ook overeenkomsten met de eerdere overvallen. Zo zijn er de waarschuwingsschoten en ook bij deze overval werden de mensen gedwongen om op de grond te gaan liggen.

De Bende van Nijvel schiet met hetzelfde 9 mm pistool dat werd gebruikt bij de overval op de wapenhandel Dekaise in september 1982 en bij de overval op de Delhaize supermarkt in Genval op 11 februari. Ook de kaliber .38 werd nu bij alle drie de overvallen op supermarkten gebruikt. Dit zorgt ervoor dat deze aanval bijgeschreven kan worden bij de 'Ballistiek van de publieke aanvallen'. Eigenlijk zijn de volgende misdaden nu verbonden: Maubeuge-Dekaise-Genval-Ukkel-Halle. Terwijl de onderzoekers nog steeds van niets weten, hebben de bendeleden wel degelijk door dat er een verband bestaat tussen al deze misdaden, maar dit lijken ze niet erg te vinden. De ballistiek van de herberg "Het Kasteel" en de moord in Bergen zijn nog steeds van de andere aanvallen gescheiden.

Het management van de Colruyt is verontrust door de overval. Ze zijn geschokt door de dood van de filiaalmanager. De dag na de aanval looft de supermarktketen Colruyt een beloning uit van 5 miljoen BEF (ongeveer 125.000 euro) voor wie informatie kan geven die leidt tot een arrestatie van de daders.[107]

Haemers als een mogelijke verdachte

Terwijl de verantwoordelijke van het hoofdkantoor, die door de knuppel tijdens de overval gewond raakte, televisie zit te kijken, ziet hij een verslag over de beruchte crimineel Patrick Haemers. Hij is ervan overtuigd dat Haemers een van de overvallers was.[108] In 1989 was Haemers een van de beruchtste criminelen van het land. Hij had de ex-premier gekidnapt in ruil voor losgeld.

Patrick Haemers is een lange, knappe man. Hij heeft opvallende, blonde haren en blauwe ogen en is een graag geziene gast in het Brusselse nachtleven. Hij komt uit een rijke familie uit een buitenwijk van Brussel.[109] Haemers draagt altijd veel geld bij zich om drugs te kopen en de vrouwen om hem heen zijn heel gewillig door de cocaïne die wordt weggespoeld met alcohol.

In zijn jeugd wordt Haemers vaak aan zijn lot overgelaten. Zijn ouders werken veel en zijn druk bezig met het runnen van hun bedrijven. Haemers blijft vaak zonder toezicht alleen thuis. Zijn ouders proberen hun afwezigheid af te kopen met dure cadeaus en geld. Deze jongeman krijgt altijd wat hij wil. Hij stopt met school om een voltijds feestbeest te worden, verslaafd aan alcohol en drugs. Zijn leven bestaat voornamelijk uit het spenderen van het geld van zijn ouders.

In de jaren zeventig wordt Haemers beschuldigd van betrokkenheid bij de groepsverkrachting van een prostituee. Hij blijft zijn hele leven beweren dat ze hem enkel beschuldigde omdat ze op zijn geld uit was. Hij krijgt drie jaar cel en zit hiervan veertien maanden uit. Wanneer hij vrijkomt, probeert zijn vader, Achille, hem te betrekken bij het familiebedrijf. Hij krijgt een baan als manager in een van de twintig winkels van de familie.

Haemers werkt niet lang in de winkel. In plaats daarvan steelt hij geld uit de kassa om te gaan feesten en zich tegoed te doen aan champagne met een waarde van 10.000 BEF (ongeveer 248 euro) per fles. In die periode snuift hij ook vijf gram cocaïne per dag. Wanneer hij uit eten gaat in viersterrenrestaurants geeft hij de diensters rijkelijk veel fooi. Op een bepaald ogenblik krijgt Achille er genoeg van: "Bovenop het geld dat je krijgt voor je persoonlijke kosten, je auto, je huur en weet ik veel wat nog, heb je nog eens extra geld nodig voor je pleziertjes. In april 76.110 BEF (ongeveer 1887 euro), in maart 116.380 BEF (ongeveer 2885 euro), en geen betalingsbewijzen!"[110]

Naast de kledingwinkel bezit Achille ook nachtclubs en hij geeft zijn zoon een tweede kans als manager bij de club 'Happy Few'. Hij lijkt het belangrijk te vinden dat zijn zoon een succes wordt. Hoe dan ook, door wat dan ook. Het maakt eigenlijk niet uit. Wanneer ook dit baantje mislukt, introduceert vader Haemers zijn zoon in het wereldje van de gewapende overvallen.

In oktober 1981 deelt vader Achille een idee voor een gewapende overval met zijn zoon Patrick. Het plan is om een BBL-kantoor in Achille's thuisstad Deerlijk te overvallen. Haemers zou later verklaren: "Hij had mij verteld dat dit makkelijk zou zijn en mij uitgelegd hoe ik de kluizen kon openen."[111] Haemers had op dat ogenblik geen wapen en leende er een van zijn broer Éric. In een zeldzaam moment van zelfreflectie zegt Haemers later: "Het is vreemd dat een vader zijn eigen zoon zo behandelt."[112]

Haemers steelt voor de overval een BMW. De geïmproviseerde bendeleden hebben nu twee auto's: de BMW en … de auto van Achille. Het plan is om met de twee auto's naar de bank te rijden. Als ze klaar zijn met de overval zou het geld in de auto van Achille gedumpt worden en zou Haemers de BMW gebruiken om te vluchten. Dit was werkelijk het plan.

Op 22 oktober 1981 om 14 uur loopt Haemers samen met een handlanger de bank binnen. Hij houdt de bankbedienden onder schot en springt over de balie. Over zijn vaders plan zou Haemers later zeggen: "Eenmaal binnen, was te zien dat de uitleg van mijn vader helemaal fout was. We verlieten de bank met 350.000 frank (ongeveer 8676 euro).. We waren razend. Zoveel werk voor zo weinig geld."[113] Haemers dumpt het geld in een plastic zak, rent naar buiten en gooit de plastic zak door het open raam van zijn vaders auto. De twee auto's vertrekken zo snel als ze kunnen.

Haemers en zijn vader worden niet lang daarna gearresteerd. Haemers zou later zeggen: "Mijn stomme vader had er niets beter op gevonden dan zijn eigen auto voor de bank te parkeren om het werk van zijn zoon te zien. Natuurlijk schreef iemand de nummerplaat op en de volgende morgen hadden ze ons te pakken."[114]

Haemers is belangrijk omdat hij zal beslissen om zijn eigen bende op te richten. Vanaf 1984 begint deze bende misdaden te plegen. De bende Haemers wordt ervan verdacht de misdaden van de Bende van Nijvel uitgevoerd te hebben. Het gaat dan vooral over de overvallen van de tweede golf in 1985. Haemers wordt veroordeeld tot twee jaar cel, maar wordt na een jaar vrijgelaten.

Het is belangrijk om te weten dat de periode dat Haemers in de gevangenis zit, hem een alibi verschaft voor de overvallen van de Bende van

Nijvel van 1982. De rechter geeft de vader een voorwaardelijke straf. Het ziet ernaar uit dat de vreemde opvoedingstechnieken van Achille grote gevolgen hebben. Voor de eerste keer in zijn leven ontdekt Haemers dat er iets is wat hij echt graag doet: overvallen plegen. Hij werkt echter nooit meer samen met zijn vader: "Hij heeft toch alleen maar slechte ideeën."[115]

DE BORAINS

In de laatste dagen van april wordt er in een café dichtbij de Franse grens in een klein stadje in de Borinage een schijnbaar onschuldige koop gedaan van een tweedehands wapen. Dat is het begin van een reeks vreemde gebeurtenissen. De verkoper is Michel Cocu, die zijn Ruger Police kaliber .38 Special voor 10.000 BEF (ongeveer 250 euro) verkoopt aan de werkloze Jean-Claude Estiévenart. Deze deal zou niet alleen hun leven veranderen, maar ook het verhaal van de Bende van Nijvel. Zowel Estiévenart als Cocu ontvangen een uitkering, maar Cocu heeft pas een baantje gevonden als chauffeur van lijkwagens. Beide mannen brengen veel tijd door met de lokale bevolking. Cocu is blut en zoekt een manier om aan geld te komen. Eerder in april laat hij mensen weten dat hij zijn wapen wil verkopen. Hij heeft de Ruger gekocht in 1979 bij een lokale wapenhandelaar. Nadat hij het wapen heeft gekocht, pronkt Estiévenart ermee in het dorpscafé.

De Borinage is gelegen in het zuidwesten van België. Het Franse stadje Maubeuge waar de eerste schietpartij tussen de politie en de Bende in augustus 1982 plaatsvond, ligt net over grens. De hoofdstad van de Borinage is Bergen, waar in januari 1983 de dode taxichauffeur Constantin Angelou in de koffer van zijn auto werd gevonden. Het is daarnaast ook het armste deel van België, een plaats waar veel mensen wonen die ontevreden zijn met het leven. De industrie in deze regio was enkele tientallen jaren eerder in verval geraakt, wat resulteerde in weinig hoop en weinig kansen op beterschap voor de mensen die hier wonen.

Estiévenart, de koper van het wapen, wisselt werken af met stempelen. Hij stopte met school toen hij 14 was en er werd vastgesteld dat hij een laag IQ heeft. Hij is gescheiden van zijn vrouw Josiane De Bruyne, maar ze zijn verplicht elkaar te blijven zien vanwege de kinderen en andere familiebanden. De zus van Estiévenart is getrouwd met de broer van De Bruyne. Estiévenart is een hevige drinker en telkens wanneer hij zijn ex-vrouw ziet, escaleert zijn drinkgedrag. Het rijkswachtkantoor van Bergen kreeg een aantal keer de melding van huishoudelijk geweld en moest er heen om dit te stoppen.

Agent Coulon behandelt het dossier van het koppel. Hij krijgt daarbij hulp van zijn collega Christian Amory die vroeger bij de drugspolitie van Brussel samenwerkte met Dani Bouhouche. Amory verliet Brussel om terug te keren naar de Borinage, waar hij opgroeide. In het onderzoek naar Estiévenart, maakt Amory gebruik van een informant met de naam Mohammed Asmaoui. Hij infiltreerde het afgelopen jaar in de vriendengroep van Estiévenart.

Josiane De Bruyne verneemt dat haar ex-man de Ruger heeft gekocht. Op 25 mei vindt ze het wapen in een van de broekzakken van Estiévenart. Ze geeft het aan een sociaal werker die het op zijn beurt inlevert op het rijkswachtkantoor in Colfontaine. De reden hiervoor was dat De Bruyne bang was nu haar man, die bijzonder gewelddadig kon zijn, een wapen bezat. Het rijkswachtkantoor in Bergen komt er meteen achter dat de Ruger werd afgegeven op het andere bureau.

De overste van de agenten Coulon en Amory, commissaris Beduwe, haalt de Ruger op bij het rijkswachtkantoor in Colfontaine en neemt het mee naar Bergen. De standaard registratieprocedure wordt volledig genegeerd. Beduwe noteert informeel de naam van Estiévenart en het merk Ruger op een notitieblok en hij noteert ook dat er twaalf kogels bijgevoegd waren. Beduwe dumpt vervolgens de Ruger in een van de lades. De Ruger blijft daar gedurende een aantal maanden liggen.[116]

De Ruger wordt een paar maanden later cruciaal in het dossier van de Bende van Nijvel. Het losse netwerk van mensen rond Michel Cocu, de verkoper en Jean-Claude Estiévenart, de koper, worden in het hele land bekend onder de naam de Borains. Ze zijn, net zoals de bende Haemers, grote spelers in de zaak van de Bende van Nijvel.

Bouhouche

Amory ziet Bouhouche nog steeds regelmatig, ondanks het feit dat deze de Rijkswacht heeft verlaten op 1 april. Een paar weken nadat Bouhouche de Rijkswacht verlaat, opent hij samen met ex-rijkswachter Robert Beijer een privédetectivebureau in Elsene. Het bureau wordt 'Agence de Recherche et d'Information' (ARI) gedoopt. ARI neemt het klantenbestand van een ander detectivebureau over dat eerder gesloten werd. Dit geeft het duo een voet tussen de deur bij de advocatenkantoren die zich bezighouden met echtscheidingen, in die tijd 'big business' voor detectivebureaus. Ze investeren bij de opstart van hun bureau 250.000 BEF (ongeveer 6200 euro). Een groot deel van het budget wordt gespendeerd aan spionageapparatuur en ze nemen ook personeel in dienst.

Op het vlak van spionageapparatuur heeft ARI toegang tot alles wat je je kan bedenken – zenders, afluistermateriaal, vermommingen en computers – allemaal zaken die erg zeldzaam zijn in deze periode. Ze beschikken ook over een indrukwekkend arsenaal aan technische hulpmiddelen. Zo zijn ze experts in het afluisteren van telefoons. Voor de telefoons in appartementencomplexen luisteren ze de algemene telefoonkast van het gebouw af. Voor gewone huizen maken ze gebruik van de buurttelefoonkast. Wanneer ze de goede lijn in de kast hebben gevonden, maken ze er een zender op vast die in verbinding staat met een busje dat dichtbij geparkeerd staat en die de telefoontjes registreert. Ze maken gebruik van de apparatuur van de telefoonbedrijven en ook het busje zit vol met afluisterapparatuur en andere toestellen.

ARI huurt iemand in die bij het telefoonbedrijf werkt om de illegale afluisterpraktijken uit te voeren. Deze persoon heeft gemakkelijk toegang tot de informatie over de telefoonkabels in de wijken. Zo bespaart ARI tijd en energie en kunnen ze zich focussen op andere aspecten van hun werk. Ze hebben de mogelijkheid om door middel van verschillende transmitters in de telefoonkasten gelijktijdig gesprekken op te nemen die plaatsvinden in verschillende steden. Daarnaast kunnen ze ook privégesprekken afluisteren door microfoons te plaatsen in de kamers die in verbinding staan met de afluisterapparatuur.

Van de buitenkant gezien lijkt het detectivebureau erg actief, maar de administratie laat echter iets anders zien. ARI maakt in 1983 maar een winst van 52.000 BEF (ongeveer 1289 euro), in 1984 is dit een bedrag van 76.000 BEF (ongeveer 1884 euro). en in 1985 bedraagt de winst 50.000 BEF (ongeveer 1239 euro). In 1986 geeft de boekhouding een verlies aan van 188.000 BEF (ongeveer 4660 euro). Dit bewijst dat de ARI eigenlijk een ramp is. Bouhouche, net gestopt als rijkswachter, krijgt geen salaris meer en had net veel geld geïnvesteerd. Toch is de realiteit anders. Bouhouche en zijn partner leiden een leven in luxe. Ze bezitten luxeappartementen, auto's en in het geval van Bouhouche een dure wapencollectie. Grote bedragen betalen ze altijd cash.

DE BENDE VAN BOUHOUCHE

Wanneer Bouhouche stopt met werken bij de Rijkswacht, gaat hij meer tijd besteden aan zijn bende. Hij heeft de opslagplaatsen die de criminele activiteiten van de bende moeten mogelijk maken al geregeld. De totale kosten van het netwerk van garageboxen worden geschat op ongeveer 1 miljoen BEF (ongeveer 25.000 euro). Het opzetten van dit netwerk begon in de tijd toen Bouhouche nog werkte als rechercheur bij de drugsbrigade. Deze huurcontracten werden persoonlijk door Bouhouche afgesloten onder een schuilnaam. Er waren echter vanaf het begin al sporen van andere personen die hierbij betrokken waren.

Het allereerste huurappartement van het netwerk was gelegen in Woluwe. Het werd van juli 1981 tot januari 1982 gehuurd door een Aziatische man met een valse identiteitskaart. De Aziaat kwam uit Londen, net zoals een goede vriend van een rijkswachter in de entourage van Bouhouche. Een handschriftanalyse toonde aan dat twee notities op twee verschillende briefjes geschreven waren door de Aziatische man. Aanvankelijk ontkende hij, maar later zou hij toegeven dat dit in opdracht was van deze vriend.

Het tweede appartement dat werd gehuurd door de bende lag ook in Woluwe en werd gehuurd vanaf september 1981. De handgeschreven woorden op het contract van een telefoonbedrijf zijn volgens een handschriftdeskundige waarschijnlijk geschreven door de vriend. Het andere handschrift is dat van Bouhouche.

Plundertocht bij de Rijkswacht

Wanneer Bouhouche de Rijkswacht verlaat, neemt hij een heleboel zaken met zich mee: een duplicaat van zijn Rijkswachtvergunning met het zegel van de Brusselse brigade, lege documenten met het logo van de Rijkswacht en postzegels. Daarnaast neemt hij ook arrestatieformulieren mee en een document dat als bewijs dient dat er een nummerplaat van de brigade gestolen is. Naast een formulier dat ervoor kan dienen dat iemand uit de gevangenis vrijgelaten of overgeplaatst kan worden, neemt hij ook apparatuur mee die door de Rijkswacht gebruikt wordt om drugs te identificeren.[117]

De bende van Bouhouche heeft scanners om politieradio's af te luisteren. Een van de scanners bevat een lijst van frequenties die toegang geven tot de kanalen van de Rijkswacht, de gerechtelijke politie en dat van de lokale beveiligingsbedrijven.[118] Ze zijn in het bezit van gespecialiseerde informatie over de antennes die gebruikt worden door de Rijkswacht, daarnaast ook buisvormige antennes en drie politieantennes. In 1983 installeert de bende van Bouhouche een radiocommunicatieantenne op het terras van een appartement zodat ze radiocontact kunnen houden tijdens de misdaden. Het huurcontract van het appartement wordt in juli 1983 beëindigd.

De bende bezit materiaal voor het opzetten van wegversperringen, zoals eigen borden en kegels.[119] Daarnaast hebben ze ook oranje stickers en blauwe lichten waarmee ze een gewone witte auto kunnen omvormen tot een auto van de Rijkswacht. Ze beschikken ook over officiële uniformen, inclusief de officiële regenjassen van de Rijkswacht. Als voorbereiding op hun misdaden, zijn ze ook in het bezit van bivakmutsen en geluidsdempers, zoals een .22 LR-geluidsdemper. Ze laten valse nummerplaten drukken en ontwikkelen een techniek waarbij ze gemakkelijk en snel nummerplaten kunnen verwisselen. Met het oog op forensisch onderzoek heeft de bende ook een heel arsenaal aan middelen die voor vals bewijsmateriaal kunnen zorgen: een zak afgevuurde kogelhulzen, make-up, pruiken en valse snorren. Alles wordt nauwkeurig voorbereid en niets wordt aan het toeval overgelaten. De bende heeft geologische kaarten, toegang tot gegevens van personen op basis van hun nummerplaat en poederblussers om hun vingerafdrukken uit te wissen.

Zoals eerder al vermeld, maakte de bende Bouhouche al sedert 1981 gebruik van gehuurde garageboxen en appartementen. In 1983 echter besluiten ze op een ander manier tewerk te gaan: ze zeggen alle garageboxen en appartementen in Woluwe op en brengen hun bezittingen over naar Brussel, in de zuidelijke regio Elsene. Sedert 1981 hadden ze al een opslagplaats in gebruik in het Elsene-complex, box 179. Vanaf nu bouwen ze hun netwerk uit rondom deze opslagplaats. Op 10 juli worden de boxen 144 en 150 gehuurd, waardoor hun bezittingen in het Elsene-complex worden verdrievoudigd. Ze zeggen ook de huur op van de appartementen in de buurt die uitgerust waren met antennes.

De leden van de bende beschikken over grote tonnen ongebruikt buskruit en verschillende dozen met slagassen in verschillende formaten en van verschillende merken. Ze zijn in het bezit van apparatuur om ammunitie te herladen, zoals een Hydro Punch. Bouhouche zelf heeft alles in huis om bijna alle soorten ammunitie te herladen.[120]

WAPENHANDEL

Bouhouche is een geregistreerde wapenhandelaar en kan dus wapens verhandelen. Hij beschikt over heel wat geld waarmee hij een eigen wapenarsenaal uitbouwt. Al in 1975 maakte Bouhouche in de schietclub van Ukkel kennis met Juan Mendez. Door hun gezamenlijke passie voor wapens konden ze het goed met elkaar vinden en ook hun echtgenotes raakten goed bevriend. Mendez werkte als vertegenwoordiger bij wapenfabrikant FN in Zuid-Amerika en Spanje. Onder meer via Mendez slaagde Bouhouche erin zijn wapenarsenaal uit te breiden.

Bouhouche heeft een plan voor het witwassen van de gestolen wapens van FN en krijgt daarbij hulp van zijn vriend Mendez. Deze moet potentiële klanten wapens schenken als teken van vertrouwen. Een fluitje van een cent voor Mendez, hij weet immers hoe hij pistolen kan achteroverdrukken zonder hierbij documenten achter te laten. Het achterhouden van de wapens gebeurt voornamelijk tijdens leveringen aan Zuid-Amerikaanse landen. Wanneer de wapens bij FN worden weg gesmokkeld, eindigen ze onder een valse afkomst in het officiële register van Bouhouche. De mannen gaan hierbij als volgt tewerk: Bouhouche noteert een bestelling van bijvoorbeeld tien wapens door een handelaar (drie pistolen, drie geweren, twee machinegeweren en twee semiautomatische geweren). Meestal heeft hij deze handelaar nog nooit ontmoet. Omdat hij echter gebruik maakt van een naam, lijkt alles legaal. Daarna worden de wapens geleverd aan Mendez die ze aan zijn eigen wapencollectie toevoegt.

DE GESCHIEDENIS VAN DE BENDE VAN BOUHOUCHE

De bende van Bouhouche begon deze activiteiten terwijl Bouhouche nog bij de Rijkswacht in dienst was. Nu, twee jaar later en zonder dat de bevolking en de onderzoekers ergens van op de hoogte zijn, hebben ze al een indrukwekkend aantal misdaden op hun naam staan. Wanneer dit boek gepubliceerd is, hebben ze deze misdaden bekend of zijn ze schuldig bevonden betrokkenheid bij aan deze misdaden.

Op 22 mei 1981 meldt een valse rijkswachter zich bij het gerechtshof in Brussel. Hij laat een gestolen badge van de Rijkswacht zien en geeft de bediende een aantal vervalste documenten. Daarop geeft de bediende de valse rijkswachter een tas met daarin meer dan 3 miljoen BEF in cash (ongeveer 74.368 euro) die zou gebruikt worden als bewijsmateriaal in een komende zitting wegens drugsfeiten. De bedrieger tekent de nodige documenten en gaat er met het geld vandoor. De autoriteiten ontdekken het bedrog pas veel later.

Op 11 juli 1981 wordt er ingebroken in het gemeentehuis van Chaumont-Gistoux. De inbrekers stelen identiteitskaarten en tal van andere documenten. Onder de gestolen identiteitskaarten zijn er een aantal kaarten die vanwege technische fouten ongeldig zijn. Er wordt ook een stempel gestolen. Dit was een belangrijke inbraak voor de bendeleden van Bouhouche, op deze manier kwamen ze immers aan valse identiteiten. Ze maken valse rijbewijzen en buitenlandse identiteitskaarten die ze kunnen gebruiken bij de huur van opslagplaatsen en appartementen binnen het netwerk, bij de aankoop van wapens en bij wapentransacties.

Op 1 oktober 1981 krijgt Bouhouche een disciplinaire straf voor het afluisterincident. Zoals eerder vermeld, had hij afluistermateriaal geplaatst in de verhoorkamer waar verhoren plaatsvonden met drugsinformanten. Bouhouche wordt zes dagen geschorst zonder salaris, overgeplaatst binnen het korps en hij moet weer de straat op. Terwijl hij vroeger in burgerkleding met een wapen op straat kon rondlopen, wordt hij nu gedwongen om een rijkswachtersuniform te dragen en rond te rijden in een rijkswachtersauto. Hij is razend en zijn woede is gericht tegen rijkswachtkolonel Herman Vernaillen, het hoofd van de Rijkswacht voor het arrondissement Brussel.

Voor de straf had Bouhouche een overplaatsing gekregen van de drugsbrigade naar de gerechtelijke dienst. Hij werkte daar een paar maanden onder zijn nieuwe baas adjudant Guy Goffinon. Deze overplaatsing vond echter plaats zonder medeweten van rijkswachtkolonel Vernaillen, die het eigenlijk voor het zeggen had. Vernaillen eiste dat Bouhouche een uitgebreid verhoor kreeg en dat hij werd gestraft voor de ernst van zijn daden.

Een andere lid van de Rijkswacht dat op een slecht blaadje kwam te staan bij Bouhouche was BOB-adjudant Guy Goffinon. Tijdens de paar maanden die ze bij de gerechtelijke dienst hadden samengewerkt, had Bouhouche een behoorlijke vijandschap opgebouwd jegens Goffinon.

Kort nadat Bouhouche wordt ingelicht over het besluit van de overplaatsing op 1 oktober die er voor zorgde dat hij terug als gewone agent de straat op moest, ontvangen zowel Vernaillen als Goffinon anonieme dreigtelefoons. Een aanklager die vaak de zaken van Goffinon behandelde, wordt ook gewaarschuwd door deze anonieme beller: "Goffinon gaat dood."

Tijd voor de afrekening

De leden van de bende van Bouhouche maken plannen om de twee mannen te vermoorden. Het eerste doelwit is Goffinon. Ze maken een bom die vanop afstand tot ontploffing gebracht kan worden en vullen deze met spijkers voor een zo destructief mogelijk eindresultaat. Als ontvanger gebruiken ze een nylondraad. Op 10 oktober 1981 krijgt de rijkswachtkazerne waar Goffinon werkt een anonieme oproep vanuit een café in het centrum van Brussel. De beller zou een tip hebben over een moord die enkele dagen eerder werd gepleegd en "Die waarschijnlijk adjudant Guy Goffinon zal interesseren."[121] De telefoonbediende van de kazerne belt rond om de Goffinon in te lichten, maar kan hem niet bereiken. In plaats daarvan krijgt een Peugeot 405 de opdracht om naar de informant te gaan.

De bende zet een val op met de op afstand bestuurbare bom. Tweehonderd meter van de kazerne vindt een kleine explosie plaats in een koffer en bomscherven raken drie rijkswachters. Terwijl de bom de koffer volledig vernietigt, hebben de drie rijkswachters geluk en komen ze ervan af met kleine verwondingen en een paar schrammen. Het onderzoek wijst uit dat de bommenmaker niet de juiste kennis had om een goede bom te maken, waardoor de agenten de aanslag overleefden.

Na de mislukte aanval starten de bedreigingen aan het adres van Goffinon weer. Volgens substituut Patrick Duinslaeger: "Enkele dagen na de feiten, op 13 oktober 1981, zouden nu telefonische bedreigingen geuit zijn tegen [Goffinon]."[122] En volgens eerste substituut van de procureur des Konings Robert Huenens: "men ervan overtuigd was dat Goffinon het doelwit was bij de aanslag. [Goffinon] had zich immers aan boord moeten bevinden van het ontplofte voertuig van de BOB."[123]

Het onderzoek

Bouhouche maakt deel uit van het team dat het onderzoek uitvoert naar de bomaanslag door zijn eigen bende. Sommige stukken van het materiaal dat werd gebruikt voor het maken van de bom, leiden de speurders de zaakvoerder van een lokale winkel met legermateriaal en hij wordt op 24 oktober 1981 beschuldigd van poging tot moord. Gedurende het onderzoek worden de gesprekken met de telefoonlijn van de verdachte getraceerd om zijn handlangers te pakken te krijgen. Er wordt ontdekt dat er verschillende telefoongesprekken werden gevoerd tussen hem en agent Bouhouche. Bouhouche heeft geen alibi voor het tijdstip van de bomaanslag en de Rijkswacht doet op 27 november 1981 een huiszoeking bij Bouhouche. Ze vinden echter niets dat bewijst dat Bouhouche iets met de aanslag te maken heeft.

De zoektocht naar bewijzen tegen de zaakvoerder van de winkel met legermateriaal loopt vast en met de bewijzen die de speurders tot nu toe hebben, kan de man niet vervolgd worden. De verdachte wordt op 5 februari 1982 vrijgelaten. Het duurt een aantal jaren voor er enige vooruitgang wordt geboekt in deze zaak. Omdat Goffinon verantwoordelijk was voor de vervolging van undercoveragenten in een spraakmakende zaak in verband met drughandel, wordt ervan uitgegaan dat de aanslag daar iets mee te maken heeft.

Vernaillen

Na de mislukte aanslag op Goffinon richt de bende haar aandacht op kolonel Herman Vernaillen. Deze wordt immers verantwoordelijk geacht voor de overplaatsing van Bouhouche naar de straatpolitie. Dit keer wordt er niet gekozen voor explosieven. Het plan is simpel: ze willen de auto van Vernaillen volgen en hem vermoorden terwijl hij van zijn werk naar huis rijdt.

Op 25 oktober 1981 parkeert een lid van de bende van Bouhouche zijn gestolen Mazda 626 aan de kant van de weg die Vernaillen altijd neemt om naar huis te rijden. Het is laat op de avond en de twee mannen in de auto doven de lichten. Vernaillen merkt de auto meteen op omdat er op deze plaats anders nooit een auto geparkeerd staat. Toevallig werd Vernaillen die avond door iemand naar huis gebracht. Tevergeefs blijven de twee mannen wachten op de auto van Vernaillen.

Vernaillen wordt thuis afgezet en gaat meteen naar bed. Na een tijdje denken de mannen dat hij misschien een andere route genomen heeft en ze besluiten om naar het huis van Vernaillen te gaan. Stoutmoedig bellen ze net na middernacht aan. Vernaillen stapt uit bed en loopt in de richting van de voordeur, waar hij naar buiten kijkt door de gordijnen vlak naast de deur om te zien wie er op dit tijdstip aanbelt. "Wie daar?"[124], vraagt Vernaillen. Een van de aanvallers probeert de deur open te krijgen door met de achterkant van zijn geweer op de klink te slaan. Bij het horen van dit geluid, komt de vrouw van Vernaillen beneden een kijkje nemen.

De aanvaller krijgt de deur niet open en begint op de deur en de ramen te schieten. Verschillende kogels van een geweer in Remington-stijl wordt afgevuurd. Vernaillen duikt de woonkamer in om dekking te zoeken. Helaas wordt hij in zijn rug geraakt en hij ligt bloedend op de grond. De mannen schieten nog meer kogels door het raam van de woonkamer en het glas vliegt in het rond. De kogels boren zich in de muren en het plafond van de woonkamer. De aanvallers lopen naar de andere kant van het huis en vuren daar nogmaals. De vrouw van Vernaillen wordt meerdere keren geraakt in de hal, richting de woonkamer.

De dochter van Vernaillen probeert gehaast haar moeder weg te trekken. Als de mannen al hun magazijnen hebben leeggeschoten, rennen ze terug naar hun auto en rijden ze weg. Hoewel Vernaillen in zijn rug en arm geraakt werd, heeft hij buiten zenuwschade geen andere blijvende letsels. Zijn vrouw Magda daarentegen is ernstig gewond nadat kogels haar longen perforeerden en in haar darmen terechtkwamen. Ze overleeft de aanval, maar is blijvend gehandicapt.

De aanvallers schieten acht .22 Remington Magnum patronen en twee 9 mm patronen. Onderzoekers verklaren dat tien patronen zijn afgevuurd die van twee tot vier geweren en een 9 mm pistool komen. Bijna alle ammunitie werd opnieuw geladen.

Onderzoek

De aanval bij het huis van Vernaillen vindt vijftien dagen na de mislukte aanval op Goffinon plaats. Volgens eerste substituut van de procureur des

Konings, Huenens: "Achteraf heeft men onmiddellijk een verband gelegd tussen beide zaken."[125]

De Brusselse Rijkswacht stuurt een onderzoeksteam en een onderzoeksrechter naar de plaats delict. Wanneer de onderzoeksrechter arriveert, wacht Bouhouche hem op.[126] Net zoals bij de bomaanslag op Goffinon was Bouhouche een van de agenten van het team dat erop uit werd gestuurd om een onderzoek te starten naar de misdaad van zijn eigen bende.

Claude Dery heeft de leiding over het ballistisch onderzoek. Bouhouche assisteert hem. Dery en Bouhouche hebben regelmatig contact tijdens het onderzoek en het is Bouhouche die de resultaten van het labo naar Dery brengt. De resultaten worden op 29 oktober 1981 uitgebracht in een rapport.

Zowel Goffinon als Vernaillen en zijn vrouw blijven anonieme telefoontjes krijgen na de aanval. De frequentie van de telefoontjes neemt toe net voor Vernaillen moet getuigen voor twee parlementaire commissies en in een zaak die betrekking heeft op de bende van Bouhouche.

In de eerste jaren na de aanval op Vernaillen blijft het onderzoek zonder resultaat. Net zoals bij de zaak Goffinon wordt ook deze aanval toegeschreven aan de werkzaamheden van Vernaillen. Hij is namelijk betrokken bij dezelfde zaak in verband met internationale drughandel waarbij undercoveragenten vervolgd werden. De disciplinaire actie tegen Bouhouche verschijnt nergens op de radar.

Wanneer hij terugkijkt op de twee aanvallen van de bende van Bouhouche, is Goffinon ervan overtuigd dat de bende de radio van de Mazda heeft vervangen door een Jet-radio om naar de rijkswachtfrequenties te kunnen luisteren. Verondersteld wordt dat een Jet-radio die in mei 1981 werd gestolen, werd geïnstalleerd in de auto die gebruikt werd tijdens de aanval.

INBRAAK BIJ HET SIE

Ergens tussen 31 december 1981 en 3 januari 1982 sluipen de bendeleden van de bende van Bouhouche binnen in het gebouw van het SIE, waar het eliteteam van de Rijkswacht is gevestigd. Dit team is gespecialiseerd in de publieke veiligheid in heel België. De agenten die hier werken, worden opgeroepen bij gijzelingen en om de meest gevaarlijke arrestaties te verrichten. In dit gebouw vindt men de beste apparatuur van de Rijkswacht.

De leden van de bende van Bouhouche lopen naar de eerste verdieping van de garage, waar zes volledig uitgeruste wagens van het eliteteam geparkeerd staan. In elke auto liggen speciale wapens die gebruikt worden bij de werkzaamheden van het team. De indringers gebruiken een metalen staaf om de wagens open te krijgen. De bendeleden roven de wagens helemaal leeg en zorgen ervoor dat ze daarbij geen vingerafdrukken achterlaten. Alle materiaal, wapens en ammunitie worden in een groene Mazda van de Rijkswacht geladen.

De bende van Bouhouche verlaat de garage met de groene Mazda en wordt niet opgemerkt door de bewaker van de garage. Ze rijden zo'n 10 kilometer naar een opslagplaats in Elsene waar ze de auto leeghalen. Daarna laten ze de auto achter in een nabijgelegen straat. Op 4 januari 1982 wordt de Mazda door de onderzoekers teruggevonden. De dieven gebruikten peper om te voorkomen dat de politiehonden hun geur zouden oppikken.

De bende is nu in het bezit van hoogtechnologische wapens, inclusief vijf HK-machinegeweren, tien HK-machinepistolen, vijf automatische FAUL-geweren en vier van de allernieuwste FN riotguns. Daarnaast hebben ze achtentwintig HK-magazijnen meegenomen, met elk vijfentwintig 9 mm para kogels. De dieven breiden hun collectie rijkswachtmateriaal ook uit met een sirene en twee signaalpistolen. De totale waarde van dit alles bedraagt 500.000 BEF(ongeveer 12.400 euro).

Bij de meest waardevolle zaken bevinden zich tien Heckler & Koch machinepistolen. Dit zijn de enige tien van deze wapens in België en ze worden normaal gezien alleen door de speciale eenheden gebruikt bij gevaarlijke operaties. Deze wapens maken geen geluid bij het afvuren. Arsène Pint, de oprichter van het SIE, zei over deze wapens: 'Die werden alleen voor Duitse eenheden gemaakt. Niemand anders in België had die wapens en je kon ze ook niet in de normale handel krijgen. Ze waren een beetje het neusje van de zalm'.[127] Het nadeel van het verwerven van deze wapens voor het ultramoderne arsenaal van de bende van Bouhouche is dat ze te opvallend zijn voor alledaagse misdaden en dat het gevaarlijk is om ze te verkopen.

Pint zei verder: 'Ik zat er enorm mee verveeld toen ze werden gestolen. We hadden ons erewoord gegeven toen we die wapens kochten. Ze mochten niet in andere handen terechtgekomen, zeker niet in die van gangsters of terroristen. Bij GSG 9 [de Duitse SWAT unit]en bij Heckler zullen ze nogal een gezicht getrokken hebben'[128]

Opnieuw onderzoek naar zijn eigen bende

Onderzoekers denken dat de dieven kopieën gemaakt hebben van de sleutels voor de groene Mazda toen zij deze eerder hadden gebruikt. De originele sleutels en de documenten lagen nog steeds in het magazijn van het SIE. Onderzoekers gaan er al snel van uit dat de dieven leden of ex-leden van het SIE zijn of dat het om rijkswachters gaat, omdat zij het terrein van het SIE zo goed kenden. De meeste Brusselse rijkswachters bezochten de terreinen van het SIE regelmatig en vele onder hen maakten gebruik van het parkeerterrein.

Bouhouche toonde erg veel interesse voor de wapens van het SIE. Hij zou regelmatig opduiken om een praatje te maken met Evance Collard, de wapenmeester en logistiekmanager van het SIE. Deze was verantwoordelijk voor het wapenarsenaal en de voertuigen. Bouhouche kwam speciaal op bezoek om te kijken of er iets nieuws binnen was gekomen en dan stelde hij altijd vele vragen over de nieuwste items. Het was geweten dat hij en Collard goed met elkaar overweg konden. Bouhouche deed ook mee aan de schietoefeningen van het elite team, waarbij hij graag tips gaf aan de leden van het team.

Nogmaals is Bouhouche betrokken bij het onderzoeksteam dat onderzoek doet naar zijn eigen inbraken.[129] Hij neemt deel aan ten minste één zoekactie. In 2000, nadat de zaak verjaard is, bekent Bouhouche dat hij de wapens gestolen heeft. Op de tijdsbalk zien we dat de bomaanslag op Goffinon, de aanval op het huis van Vernaillen en diefstal bij het SIE allemaal plaatsvonden voordat de Bende van Nijvel hun golf van misdaden startten.

Mechelen

De eerste vermeende misdaad van de bende van Bouhouche die in dezelfde periode valt als de aanvallen door de Bende van Nijvel, is de diefstal bij een veiligheidsagentschap in Mechelen. De bende van Bouhouche werd echter nooit schuldig bevonden aan deze misdaad en de leden hebben nooit bekend, ook niet nadat de zaak verjaard was. Daarom hebben we bij deze misdaad een asterisk geplaatst.

Wanneer we naar de tijdslijn kijken, zien we dat de Bende van Nijvel al begonnen was met het plegen van misdaden voor de zomer van 1982. Op 6 juli rijdt Antoine Brouwer, de beveiligingsman van het bedrijf Kirschen, met een Volkswagen Golf van het bedrijf op de snelweg ten noorden van Brussel. Hij vervoert waardevolle spullen naar het vliegveld van Zaventem. Een witte BMW met oranje strepen aan de zijkant steekt de Golf voorbij en gaat voor de Golf rijden. In de witte BMW bevinden zich drie nepagenten.

Een nepagent geeft Brouwer het teken om te stoppen. Wanneer beide auto's zijn gestopt, stappen de nepagenten uit en één van hen loopt op Brouwer af, steekt de loop van zijn revolver door het raam en houdt het tegen het hoofd van Brouwer. De beveiligingsman wordt gedwongen uit de auto te stappen. De nepagenten doen hem handboeien om en zetten hem in de valse politiewagen. Beide auto's vertrekken. Een van de nepagenten zit aan het stuur van de Golf van Brouwer. Beide auto's nemen de eerstvolgende afslag en rijden naar Perk, een dorp niet ver van Zaventem.

In een verlaten straat trekken de nepagenten Brouwer, die aan handen en voeten is vastgebonden, uit de witte BMW. Ze trekken een zak over zijn hoofd en duwen hem terug in de Golf. De nepagenten beginnen met het overladen van de waardevolle spullen en leggen alles in de witte BMW.

Ze duwen de Golf van Brouwer in een gracht naast de weg. Brouwer denkt dat hij een tweede auto heeft gehoord toen de nepagenten vertrokken. De buit bevat diamanten, 30 kilo aan goudstaven, Belgische frank en andere valuta. Daarnaast was er ook een cheque van vier miljoen BEF (ongeveer 100.000 euro) en coupons met een waarde van 736.000 BEF (ongeveer 18.245 euro).

Onderzoek

De diefstal van Kirschen lijkt opvallend veel op een aanval bij het vliegveld van Zaventem, een misdaad die later werd gepleegd door de bende van Bouhouche. Op de tijdlijn van de aanvallen door de Bende van Nijvel, vallen de confrontatie met de Franse politie in Maubeuge in augustus 1982 en de diefstal in wapenwinkel Dekaise in Waver in september 1982 tussen de overvallen in Mechelen en Zaventem.

Overval in Zaventem

De overval in Zaventem vind plaats op 25 oktober 1982. Om 20:35 uur krijgt Francis Zwarts, een beveiligingsman bij Sabena, de opdracht om waardevolle spullen van een vlucht uit Zürich te transporteren. Het gaat om een dagelijks vlucht vanuit Zürich die bekend staat om zijn waardevolle lading. Zwarts is opgeroepen voor dit klusje omdat de vaste collega die dit normaal doet naar een ander incident is geroepen aan boord van een vliegtuig vanuit München. Zwarts gebruikt een normaal busje om de waardevolle lading te transporteren. De gewapende truck wordt immers hersteld.

De route van de plek waar uitgeladen wordt naar het beveiligde pakhuis bedraagt een paar honderd meter en deze leidt door een tunnel onder de landingsbaan. Om 21:20 uur start Zwarts met het uitladen van de speciale kluis in de laadruimte van het vliegtuig. Om 21:26 uur geeft hij aan de centrale door dat hij klaar is met het laden en rijdt in de richting van het beveiligde pakhuis.

Een witte Ford Taunus is gestopt in de tunnel die Zwarts moet nemen om bij het pakhuis te komen. De Taunus heeft een geel-oranje streep. Hierdoor lijkt deze op een rijkswachtauto zonder zwaailicht. Drie leden van de bende van Bouhouche staan naast de auto in uniformen van de Rijkswacht met machinepistolen in hun handen.

De drie nepagenten laten een ander Sabena voertuig dat vanuit de andere kant komt door. Zwarts gaat de tunnel in en verdwijnt. De centrale geeft een aantal minuten later door aan Zwarts dat er een andere vracht moet uitgeladen worden van een vliegtuig uit Duitsland. Ze krijgen geen antwoord en proberen het nog drie maal. Bij de vierde poging krijgen ze een antwoord: 'Ja, ja.'[130] Het is het laatste contact ooit met het voertuig van Zwarts. Wanneer ze beseffen dat Zwarts niet meer reageert, licht de centrale de Rijkswacht van het vliegveld in.

Het busje verlaat het vliegveld in tandem met de witte Ford Taunus van de bende van Bouhouche. De dag erop wordt het busje teruggevonden op een openbare vuilnisbelt in Diegem. De waardevolle lading bestaande uit goud, diamanten en horloges is verdwenen. De totale buit is ergens tussen de 80 en 90 miljoen BEF (tussen 1.983.146 en 2.231.039 euro). Het lichaam van Zwarts wordt nooit gevonden.

Onderzoek

Volgens de logboeken van de Rijkswacht was het onmogelijk dat er een echte rijkswachtwagen in de tunnel heeft gestaan. De Ford Taunus die werd gebruikt door de bende van Bouhouche werd op 6 juni 1984 gevonden in Sint-Lambrechts-Woluwe (dichtbij de UCL en het Saint-Luc ziekenhuis). De Taunus heeft een twee centimeter groot gat in het dak waar normaal gesproken de antennes worden geplaatst op de auto's van de Rijkswacht.

De bende verdeelt de buit onder de leden die meewerkten aan de overval en de levensstijl van de mannen verbetert aanzienlijk. Bouhouche gebruikt een deel van het geld voor de renovatie van zijn huis. Volgens een forensisch accountant hebben Bouhouche en zijn vrouw in 1982 een bedrag van 413.000 BEF bij elkaar gezameld (ongeveer 26.823 euro in 2018). In 1983 kopen ze een nieuw huis en hiermee spenderen ze in dat jaar een totaal van 1.600.000 BEF (ongeveer 103.917 euro in 2018) . Bouhouche houdt een aantal gestolen horloges voor zichzelf en deelt de rest met de andere bendeleden.

De diefstal in Zaventem heeft grote overeenkomsten met de overval op de wagen van het bedrijf Kirschen in juli van hetzelfde jaar. Terwijl de diefstal in Zaventem is gekoppeld aan de bende van Bouhouche, kan er geen definitieve link gelegd worden met de diefstal in Mechelen. In beide gevallen gaat het echter om drie nepagenten die de diefstal plegen. Ze maakten gebruik van een witte auto met oranje strepen en binden het slachtoffer vast voordat ze deze in de witte auto stoppen. Een van de agenten stapt dan in de auto van de beveiligingsman. De twee auto's vertrekken samen. Bij beide overvallen wordt er goud en diamanten buitgemaakt en deze waardevolle spullen werden door Swiss Air getransporteerd.

De Ford Taunus die werd gebruikt in Zaventem werd eind februari 1982 gestolen. Er bestaan vermoedens dat hetzelfde voertuig op 26 februari is gebruikt om het terrein van het vliegveld te inspecteren. Wanneer ze een andere beveiligingsman, die waardevolle spullen transporteert van een vliegtuig vanuit Zurich, achtervolgen, alarmeert de beveiligingsman de autoriteiten via de radio. De auto verdwijnt, maar men zag dat er drie mannen in de Taunus zaten.

Op 10 november 1982 wordt er ingebroken in het kantoor van de onderzoeksrechter die de zaak van Kirschen behandelt. Het hele Kirschen dossier wordt gestolen. Vandaag is de zaak al lang verjaard, maar nog steeds interessant. Was de bende van Bouhouche erbij betrokken? Gebruikten de nepagenten in juli ook machinepistolen? Indien dit niet het geval was, waar heeft de bende van Bouhouche de wapens dan vandaan die werden gebruikt in Zaventem? Onthoud dat gelijkaardige wapens een paar weken eerder werden gestolen in Waver door de Bende van Nijvel.

Net zoals de bende Haemers en de Borains zal ook de bende van Bouhouche enkele jaren later verdacht worden in de zaak van de Bende van Nijvel.

Een einde aan de reeks overvallen op supermarkten

Laten we de tijd vooruitspoelen naar 1983. Na de drie overvallen op supermarkten in februari en maart 1983, verandert de Bende van Nijvel het patroon van haar misdaden. Tijdens het vervolg van de eerste golf van aanslagen (1982-1983) overvallen de bendeleden nog maar één andere supermarkt, in november 1983. Voordat ze begonnen met overvallen op supermarkten, pleegden ze eerst nachtelijke overvallen voor alcohol, zoals bij de kruidenier in Maubeuge en bij de herberg "Het Kasteel" in 1982. Daarna zijn er geen nachtelijke inbraken meer voor alcohol. Vanaf nu is de Bende van Nijvel uit op specifieke zaken in plaats van op geld. De bendeleden stelen auto's om te gebruiken tijdens hun misdaden, daarnaast stelen ze ook kogelvrije vesten, een gasbrander, grote verpakkingen voor olie en pakken koffie. Ook stelen ze alarmklokken en waardeloze juwelen. Dit alles gaat gepaard met extreem geweld.

EEN GASBRANDER IN EIGENBRAKEL

Op 28 mei 1983 om 2 uur rijdt de Bende van Nijvel naar Centre du Bois Paul André, een doe-het-zelfzaak in Eigenbrakel. Ze verlaten de auto en lopen naar de achterkant van de winkel waar ze een frame verwijderen bij de achterdeur. Daardoor kunnen ze het glas uit de deur halen. Wanneer het glas is verwijderd, sluipen ze naar binnen en zo bereiken ze de showroom aan de voorkant. Ze nemen een gasbrander van het merk Oxypack mee en twee cilinders. Verder laten ze alles liggen.[131] Wanneer ze om 2:20 uur met de auto vertrekken, gaat het alarm af.

Technische vragen

Er wordt van uit gegaan dat de Bende van Nijvel verantwoordelijk is voor deze inbraak en de gestolen gasbrander wordt later in hun bezit gevonden. Het is het enige wat ze die nacht stelen. Waarom nemen ze zo veel risico voor een gasbrander en twee cilinders? Het is opmerkelijk dat ze niet geïnteresseerd waren in geld of in andere items uit de winkel. Ze kwamen specifiek voor wat ze nodig hadden en niets meer. Geld was niet het motief. Het motief was het verkrijgen van de gasbrander en de cilinders. Wat zou er gebeurd zijn als de politie was komen opdagen? Hadden ze zich dan weer al schietend een ontsnappingsroute gecreëerd? Dit alles ondanks de lage buit?

De eigenaar kan zich een klant herinneren die een aantal dagen voor de diefstal allerlei vragen stelde over de gasbrander. Er is wellicht een connectie, want de winkel verhuurde de gasbranders zelden. De klant die informatie inwon was een man in de dertig en hij was goed gekleed. Hij droeg geen bril of masker. Hij praatte in perfect Frans, zonder een regionaal accent. Als het inderdaad ging om een van de bendeleden van de Bende van Nijvel, dan droeg de man waarschijnlijk een pruik, valse wenkbrauwen en andere hulpmiddelen die zijn identiteit verborgen konden houden. De Bende is nog steeds in het bezit van de Golf die de bendeleden op 14 februari gestolen hadden in Lasne.

HOOFDSTUK 9

AUTOHANDELAAR IN EIGENBRAKEL (8 JUNI 1983)

Op 8 juni om 1 uur rijdt de Bende van Nijvel naar een autodealer in Eigenbrakel. Een van de bendeleden gaat naar de achterkant van het gebouw om zo op het dak te komen. Daar komt hij Ben tegen, de Duitse herdershond die de wacht houdt. Hij schiet 11 keer met kaliber .22 LR-kogels op de hond. Dit is een enorme hoeveelheid kogels enkel om een hond te doden.

Dan klimt het bendelid op het dak. Hij opent een raam dat toegang geeft tot de werkplaats. Hij laat zich neerdalen op de werktafel. Eenmaal in de werkplaats opent hij de deur voor zijn handlangers. Het kantoor is in de hoek van de werkplaats. Ze proberen de deur te forceren, maar slagen hier niet in. Daarom breken ze een raam. Een van de bendeleden steekt zijn hand naar binnen om de sleutels te nemen die naast de deur hangen. Een van de sleutels is van de Saab 900 Turbo.[132]

Ze gaan door de dubbele deuren die toegang geven tot de showroom. Eenmaal aan de voorkant van de showroom verplaatsen ze een aantal auto's om zo doorgang te verlenen aan de Saab 900 die ze willen stelen. Een van de bendeleden rijdt weg met de Saab.

OBSERVATIES

Het kaliber 22 LR-pistool dat gebruikt werd om de hond te doden, werd ook gebruikt bij de moord op de conciërge van de herberg "Het Kasteel" in Beersel en de taxichauffeur in Bergen. De indeling 'Ballistiek van de seriemoordenaar' bevat nu de herberg "Het Kasteel" in Beersel, de taxi in Bergen en de autohandel in Eigenbrakel. Dit alles staat nog steeds volledig los van de 'Ballistiek van de publieke aanvallen'. Er is geen overeenkomst in het gebruik van wapens tussen de serie van misdaden. In theorie volgen de onderzoekers nu langs de ene kant het spoor van een gevaarlijke, moordlustige bende en daarnaast zijn ze op zoek naar een seriemoordenaar die een golf van misdaden pleegt. In werkelijkheid zijn de enige twee misdaden waartussen de autoriteiten een verband leggen de aanval in Maubeuge in augustus 1982 en de overval op de wapenwinkel Dekaise in september 1982. Alle andere zaken lijken een serie van niet gerelateerde misdaden.

Ondanks het feit dat potentiële getuigen dichtbij lagen te slapen, heeft niemand gehoord hoe de hond met 11 schoten werd gedood. Dit impliceert dat de kaliber .22 LR die ze gebruikte waarschijnlijk voorzien is van een geluidsdemper. De Bende verkiest het risico dat er een link wordt gelegd in het ballistisch onderzoek boven het risico om gepakt te worden vanwege de harde knallen. Ze hebben daarom geen andere keuze dan werken met een geluidsdemper. Opmerkelijk is dat de autoriteiten voor deze misdaden geen focus leggen op forensische testen.

De inbraak bij de autodealer in Eigenbrakel wordt slechts 10 dagen na de diefstal van de gasbrander in Eigenbrakel uitgevoerd. Beide vinden plaats in de Ophainstraat in Eigenbrakel, een straat waar weinig verkeer is. Om naar Eigenbrakel te rijden, gebruikte de Bende van Nijvel waarschijnlijk de Golf die werd gestolen in Lasne op 14 februari. In tegenstelling tot wat gebruikelijk was bij de andere gestolen auto's, gebruikte de Bende de gestolen Saab 900 vaak. Met deze wagen rijden ze kris kras door België en plegen inbraken voor items die ze nodig hebben. Er werden echter geen overvallen meer gepleegd en er was geen diefstal van alcohol.

Het koppel

Later in oktober 1983 brengt een politieagent een bezoek aan de eigenaars van de autohandel met foto's van mogelijke verdachten om te kijken of er een belletje gaat rinkelen. De echtgenoot gelooft dat hij Istvan Farkas herkent, en ook zijn vrouw Berthe De Staerke, de zus van de beruchte crimineel Johnny De Staerke. Het gezicht van Farkas komt de eigenaar bekend voor, maar hij kan niet zeggen waar of wanneer hij de man gezien heeft. Zijn vrouw, die ook in de autohandel werkt, herkent niemand.

Er zijn niet veel aanwijzingen, maar de vermeende informatie zal achteraf gezien het eerste teken zijn dat de crimineel Johnny de Staerke aan de Bende van Nijvel kon worden gekoppeld. Later zal hij een hoofdverdachte worden in de zaak. Johnny zat echter in de gevangenis in 1982, wanneer de Bende van Nijvel haar eerste misdaden pleegde. Dat is het beste alibi. Johnny werd op 10 mei 1982 vrijgelaten. Dit is de dag dat de Bende haar eerste auto steelt in Elsene. De Staerke blijft niet lang op vrije voeten en zit weer vast tijdens de overval in Maubeuge in augustus 1982. En in december van dat jaar ontvangt Johnny een straf van drie jaar voor een gewelddadige overval. Op het moment van het incident bij de autohandel in Eigenbrakel moet hij nog steeds een aantal jaren uitzitten.

Johnny is de jongste uit een groot zigeunergezin. Zijn oudste broer Léon staat al bekend als gangster. De meeste leden van de familie zijn in zijn voetsporen gevolgd. Zelfs zijn zus Berthe vindt haar weg naar de misdaadwereld vanwege haar huwelijk met Farkas. De familie leeft een traditioneel, nomadisch zigeunerbestaan. Johnny breekt uiteindelijk echter met dit zigeunerleven en Brussel wordt zijn nieuwe, criminele thuisbasis.

In 1980 heeft Johnny al aardig wat op zijn kerfstok en hij is vaak in de gevangenis. In 1972 begon hij zijn criminele leventje en hij wordt gearresteerd voor een aantal inbraken. In 1975 wordt hij gearresteerd voor een gewapende overval en in 1976 wordt hij veroordeeld voor 2 jaar voor gewapende overvallen. Kort nadat hij vrijkomt, wordt hij opnieuw opgepakt voor zware mishandeling. Later komt hij in de problemen voor het bezit van illegale wapens en de verkoop van illegale wapens.

Johnny handelt in drugs in een drukke wijk in Brussel. Hij investeert zijn criminele inkomsten in een nachtclub. Maar het grootste deel van zijn geld spendeert hij snel. Hij wordt vaak gezien bij paardenraces en bouwt een vreselijke reputatie op. Hij wordt echter nooit beschuldigd of bestraft in een moordzaak. Veel is van horen zeggen. In oktober 1980 werd een juwelier thuis in de rug geschoten en beroofd. Drie gangsters die van deze misdaad verdacht werden, worden kort daarna vermoord. Er wordt gedacht dat er onenigheid was ontstaan tussen de drie dieven. Deze zouden tegelijkertijd ook verstrengeld zijn in allerlei criminele activiteiten die gelinkt werden aan Léon de Staerke, de oudere broer van Johnny. Sommigen verdenken Johnny ervan betrokken te zijn geweest, maar er is nooit bewijs gevonden. Niemand werd veroordeeld voor de drievoudige moord.

BOS VAN HOURPES

Op 9 juni 1983 besluiten de bendeleden zich te ontdoen van de donkere Golf die ze op 14 februari hebben gestolen in Lasne. De wagen wordt gedumpt en in brand gestoken in het Bos van Hourpes, dat in het zuidoostelijke gedeelte van de Borinage ligt, op zo'n 32 kilometer van Bergen. Ze verwijderen alle onderdelen die ze kunnen verwijderen uit de Golf. Net zoals bij de andere hatchback auto's die ze gebruikten, verwijderen ze de achterbank. De Blaupunkt radio, de speakers en de versterkers zijn weg. De koplampen, de accu en het stuur zijn ook verwijderd.

OBSERVATIES

De dag voordat de grijze Golf werd achtergelaten, werd de Saab gestolen in Eigenbrakel. De Golf is nu niet meer nodig omdat ze een andere auto hebben om te gebruiken bij hun misdaden. De in brand gestoken Golf was een vierdeurs hatchback in goede conditie. De wagen had een zonnedak en getinte ramen. Het feit dat het stuur, de accu en de lichten zijn verwijderd, kan erop wijzen dat ze deze items hebben verwijderd op de dumpplaats en daarna gebruikt hebben in een andere auto.

Gewelddadige discussie

Op 16 augustus 1983 raakt de in Brussel wonende Marcel Barbier in discussie met zijn broer Robert. Ze zijn al een paar uur aan het drinken in het appartement van Marcel. Het begint grimmig te worden en de broers zetten hun discussie buiten voor het appartement voort. Barbier slaat zijn broer en trekt een wapen. Heldhaftige voorbijgangers proberen tussen beiden te komen en hen uit elkaar te halen, maar Barbier is daar niet van gediend en dreigt ermee een van de omstanders neer te schieten. In zijn woedeaanval schiet hij een keer, en mist rakelings een buitenlandse arbeider. Barbier probeert daarna een auto te stelen die voorbij komt gereden, maar slaagt daar niet in.

De politie verschijnt en Barbier wordt gearresteerd. Ze doorzoeken zijn appartement en zijn erg bezorgd door wat ze vinden. Allereerst vinden ze wapens. Maar ze zijn meer geschrokken over de aanwezigheid van vreemde lidmaatschapsparafernalia van een extreemrechtse organisatie genaamd de Westland New Post. Vanwege de toename van extreemrechtse incidenten de laatste jaren, hadden de Belgische autoriteiten een oude wet weer in werking gesteld waardoor privémilities nu illegaal waren. Alles wat ze vinden in het appartement van Barbier wijst op een soort van privémilitie.

Erg verontrustend voor de onderzoekers is de ontdekking van een aantal dozijn geheime NAVO-documenten, waaronder samenvattingen van gevoelige NAVO informatie. De ontdekking van deze ondergrondse militie bereikt de voorpagina's van de kranten. De volledige omvang van hun criminele activiteiten is niet bekend. Bekendmakingen over de beweging zijn al tientallen jaren aan de gang en ze worden lang verdacht van betrokkenheid bij de misdaden van de Bende van Nijvel.

Westland New Post

De bevolking zal snel op de hoogte gebracht worden van het bestaan van deze vermeende illegale militie, die door de leden Westland New Post wordt genoemd. De groep staat onder leiding van oprichter Paul Latinus, die al bekend is bij de autoriteiten als een oud-lid van het Front de la Jeunesse. Dit was de belangrijkste extreemrechtse beweging van België voordat deze verboden werd naar aanleiding van de wet tegen privémilities. Het Front de la Jeunesse was een anticommunistische en anti-immigratie beweging die flyers verspreidde en demonstraties organiseerde. Latinus was gedeeltelijk verantwoordelijk voor de val van de beweging omdat hij bij zijn toetreden in 1979 meer extreme politieke ideeën introduceerde.

Latinus zette de meest gewelddadige en beïnvloedbare leden van het Front de la Jeunesse ertoe aan om politieke aanvallen te plegen. Het was niet meer voldoende om enkel flyers uit te delen. Discussiëren in met rook gevulde zalen volstond niet meer. Plotseling haalt extreemrechts regelmatig de krantenkoppen. Een tiener die meedoet aan een communistische demonstratie wordt gekidnapt en tot moes geslagen. De kantoren van extreemlinkse organisaties worden met vuurbommen aangevallen. De ambassade van Angola, een land dat de Sovjet Unie steunt, wordt aangevallen. Latinus had een paar weken eerder de map van de ambassade in handen gekregen en had andere leden opgedragen om een tekening te maken van alle belangrijke punten in de buurt van het gebouw. Er werd nooit iemand gearresteerd.

Nu ze zich bedreigt voelen door de aandacht van de autoriteiten, doen de leiders van het Front de la Jeunesse een poging om de beweging terug mainstream te maken. Leider Francis Dossogne probeert legaal te blijven door een politieke partij op te richten met de naam Parti des Forces Nouvelles, maar Latinus en de gewelddadige vleugel van de beweging zijn niet geïnteresseerd. De doodsklok van het Front de la Jeunesse klinkt op 5 december 1980, wanneer twee van Latinus's protegés samen uitgaan in de bar La Rotonde in Laken, een buitenwijk van Brussel.

Er ontstaat een discussie met vier Algerijnse arbeiders. Een van de leden van het Front de la Jeunesse schiet op hen, dood hiermee Hamou Baroudi en verwondt zijn vriend. Een derde man wordt geraakt door rondvliegend glas. De krant Le Soir pakt uit met de krantenkop: 'Racistische misdaad in Laeken', en de misdaad krijgt aandacht in heel België.

Over het gehele land gaan er zo'n 50.000 demonstranten de straat op tegen racisme. Latinus's naam wordt uitgebreid genoemd in de media als een verdachte in de moordzaak in Laeken. Hij verdwijnt uit het zicht in december 1980.

Nu het Front de la Jeunesse opgedoekt is, wordt er een nieuwe militie opgericht met de meest gewelddadige leden. Deze nieuwe militie is opgestart in 1981 door Latinus en wordt de Westland New Post genoemd. Anders dan bij het Front de la Jeunesse, gaat het hier om een ondergrondse beweging. Als onderdeel van de inwijding, moeten de nieuwe leden een misdaad begaan. Dit zorgt ervoor dat de nieuwe leden gechanteerd kunnen worden door de WNP. Sommige leden zijn afkomstig van het Belgische leger, de meesten onder hen van de afdeling communicatie. Op zijn minst zeven van de militieleden zijn betrokken bij het stelen van honderd NAVO-documenten. Hieronder bevinden zich 70 documenten die als vertrouwelijk geclassificeerd zijn en 17 documenten die geheim zijn. Er is geen verklaring waarom juist deze documenten gestolen zijn. De dieven stalen waarschijnlijk gewoon de documenten waartoe ze de gelegenheid kregen om ze te stelen. De leden van de Westland New Post zullen later belangrijke verdachten worden in de zaak van de Bende van Nijvel.

Hoofdstuk 10

Textielfabriek in Temse
(10 September 1983)

Het is zaterdag 10 september 1983, 2.30 uur wanneer de Bende van Nijvel met de gestolen Saab 900 turbo opduikt bij de textielfabriek Wittock in Temse.[133] De fabriek is gelegen op een industrieterrein dat omgeven is door woonhuizen. Het is onmogelijk om het gebouw te zien vanaf de straat. Er is vanaf de woonwijk een lange, smalle straat die toegang geeft tot de fabriek, maar de Saab neemt niet deze weg. In plaats daarvan parkeren de bendeleden de Saab aan de zijkant van het fietspad dat recht voor de smalle doorgang loopt.

De bendeleden wandelen helemaal tot het einde van de smalle straat, zo'n 3 minuten wandelen. Ze breken in bij de fabriek. Eenmaal binnen, lopen ze naar de opslagplaats en openen ze daar kartonnen dozen. De mannen vinden niet waar ze naar op zoek zijn en gaan naar het atelier dat zich in een ander gedeelte van de fabriek bevindt. Het conciërgekoppel Jozef Broeders en Linda Van Huffelen woont in een appartement dat deel uitmaakt van de fabriek.[134] Wanneer ze het geluid van brekend glas horen, springt Broeders uit bed om te gaan kijken wat er aan de hand is. Hij opent de deur en ziet de gewapende mannen. Hij raakt verwikkeld in een gevecht met de bendeleden en probeert zich te verzetten. Hij trekt daarbij aan de blonde haren van een van de bendeleden. Uiteindelijk slaagt Broeders erin zich los te maken uit het gevecht. Hij rent terug naar zijn appartement en trekt de deur achter zich dicht. De bendeleden zetten de achtervolging in, ze schieten met een riotgun op de voordeur van het appartement en raken Broeders in de maag. Hij strompelt naar de slaapkamer en waarschuwt zijn vrouw.

Op dit ogenblik stormen de bendeleden het appartement binnen en doden Broeders met vier kogels in het hoofd. De vrouw van Broeders, Linda Van Huffelen, ziet hoe de overvallers haar man neerschieten. Zelf probeert ze haar hoofd te beschermen met haar handen. Een kogel ketst af op haar duim en belandt in haar long. Van Huffelen valt op de grond. Dan verschijnt de drie jaar oude dochter Sharon die uit haar kamer was gelopen. Een van de bendeleden pakt haar op en stopt haar terug in bed. Daar blijft Sharon samen met haar 2-jarige zusje Patricia huilend achter. De vader is dood en de moeder eindigt in het ziekenhuis. Ze zal twee maanden in coma blijven.

De bendeleden keren terug naar het atelier en zetten hun zoektocht verder. Uiteindelijk vertrekken ze met zeven kogelvrije vesten, een rookkleurige vest en camouflage overalls. Ze schieten de vier banden van de Toyota van het conciërgekoppel lek en schieten ook op de straatverlichting langs hun vluchtroute.

Wanneer de bendeleden door de smalle straat terug naar hun wagen lopen, wordt een oudere man gewekt door het tumult. De man woont dichtbij de plek waar de gestolen Saab staat geparkeerd. De man gaat ervan uit dat het een auto met autopech is. Hij stapt uit bed en kijkt door het raam van zijn slaapkamer. Hij ziet de Saab dichtbij de smalle weg geparkeerd staan en roept om te vragen of hij kan helpen.

Een van de bendeleden begint meteen met het beschieten van het slaapkamerraam van de oude man waardoor het glas breekt. De kogels missen de oude man, die net op tijd op de grond is gaan liggen.[135] Een straatlantaarn die automatisch aangaat als er fietsers voorbijrijden, wordt ook kapotgeschoten door de Bende. Al deze commotie wekt een andere buurtbewoner. Een van de bendeleden ziet de gordijnen van de slaapkamer bewegen en schiet richting het huis. De voorkant van het huis wordt geraakt, maar niemand raakt gewond.[136]

De Bende van Nijvel rijdt weg richting het centrum van Temse en maakt een aantal vreemde omwegen voor ze helemaal verdwijnen.

Kogelvrije vesten

De Bende maakte voor deze inbraak gebruik van de Saab die op 8 juni werd gestolen bij de autohandelaar in Eigenbrakel. De locatie van de fabriek was ideaal omdat deze helemaal verscholen lag achter de huizen. Als je niet weet waar je heen gaat, zou je de fabriek niet kunnen vinden. De bende had de plek waarschijnlijk van tevoren bezocht. Bronnen beweren dat de bendeleden bivakmutsen droegen, maar duidelijkheid daarover kon niemand verschaffen.

De bendeleden schoten met een riotgun door de deur van de woning van de conciërge. Hierbij werd de man geraakt. De onderzoekers geven deze riotgun het label RG-1. Met de RG-1 schoten ze ook op de huizen van de buren die door het raam keken. De conciërge wordt door het hoofd geschoten met dezelfde .22 LR die gebruikt werd in de herberg "Het Kasteel" op 23 december 1982, in Bergen op 9 januari 1983 en in Eigenbrakel op 8 juli 1983.

We kunnen deze aanval van de Bende plaatsen onder de 'Ballistiek van de seriemoordenaar' en niet onder de 'Ballistiek van de publieke aanvallen'. We hebben nu dus de fabriek in Temse, de herberg "Het Kasteel", de taxi in Bergen en de autohandelaar in Eigenbrakel. Deze misdaden worden echter niet meteen aan elkaar gelinkt door de onderzoekers en op dat ogenblik schrijft niemand ze op het lijstje van de misdaden van de Bende van Nijvel. Ze worden beschouwd als op zichzelf staande misdaden. Alleen de overvallen in Maubeuge en Dekaise van het jaar ervoor zijn aan elkaar verbonden door het ballistisch onderzoek.

Eenmaal in de fabriek wisten de mannen precies wat ze zochten. Ze gingen meteen voor de vesten en lieten de kluis, waarin stapels geld bewaard lag, links liggen. Ze zochten op een aantal plekken en vonden dan de kogelvrije vesten in een metalen kist in het kantoor. Nadat ze het koppel voor dood achterlieten en de kinderen nog leefden, raakten ze niet in paniek. Ze keerden terug en gingen verder met hetgeen waarvoor ze waren gekomen. Eenmaal ze de vesten hadden, vertrokken ze. We weten niet hoe lang ze binnen in de fabriek zijn gebleven.

Waarom waren de vesten zo belangrijk voor de Bende? Deze kledingstukken hadden een geringe waarde, dus werd er in eerste instantie van uitgegaan dat dit een zinloze misdaad was. In de krant 'De Voorpost' van 16 september 1983 werd het volgende geschreven: "Er werd een ongehoorde slachting aangericht voor een paar kledingstukken. Want de brandkast in het bedrijf liet men onaangeroerd." Waarom zou men hiervoor moorden?

Al snel veranderde het verhaal echter. Het kogelvrije vest dat werd gestolen was een prototype dat pas goedgekeurd was en daarom dus uniek en van onschatbare waarde. Er werd voor dit prototype een ultralicht materiaal gebruikt dat ook gebruikt werd bij het produceren van zeilen. Dat deze vesten bestonden, was een goed bewaard geheim binnen de fabriek. Er werd dan ook gespeculeerd dat de bendeleden afwisten van dit vest door informatie die ze kregen van iemand intern.

Ondanks het feit dat dit prototype de laatste verbeteringen bevatte, verschilde dit niet zoveel van het vorige model. In de Gouden Gids werd er reclame gemaakt voor de fabriek Wittock: "Kogelvrije vesten - Camouflagenetten." De medewerkers van de fabriek waren waarschijnlijk op de hoogte van de nieuwe kogelvrije vesten, maar niet van de plaats waar deze verborgen zaten, namelijk in metalen kisten. De fabriek had flink wat reclame gemaakt voor het nieuwste kogelvrije vest waardoor velen op de hoogte waren van deze nieuwste ontwikkeling en veel vertegenwoordigers waren al een kijkje komen nemen. Onder deze vertegenwoordigers zaten personen van het leger, Securitas en andere beveiligingsbedrijven, daarnaast ook een aantal politieafdelingen en wapenhandelaars.

In de pers werd vermeld dat ook de Rijkswacht geïnteresseerd was in de kogelvrije vesten. De vertegenwoordiger van de fabriek Wittock bevestigde dat er een aantal personen van de Rijkswacht een bezoek hadden gebracht aan de fabriek. De Rijkswacht zelf echter ontkende dat ze de fabriek bezocht hadden om het prototype te zien. Er wordt van uitgegaan dat er een aantal agenten na het werk naar de fabriek zijn gegaan of dat de personen die de vertegenwoordiger hadden bezocht valse rijkswachters waren.

WILLY POURTOIS

Wapenhandelaar Willy Pourtois bezocht samen met een Libanese koper de textielfabriek Wittock om het prototype van de vest te bekijken. Belangrijk om te weten is dat Pourtois verwikkeld was in het onderzoek naar de wapenhandel Dekaise toen er door de Rijkswacht werd ontdekt dat hij als tussenpersoon had gehandeld voor de verkoop van de geluidsdempers uit wapenhandel Dekaise. Het motief voor de overval op wapenwinkel Dekaise in Waver was nog steeds dat ze uit waren op het prototype van de geluidsdempers. Op het ogenblik van de inbraak in de fabriek in Temse zit Pourtois echter in de gevangenis. Hij werd gearresteerd voor illegale wapenhandel. Pourtois was ook een betaalde informant voor de Staatsveiligheid. Er werd gespeculeerd dat de Staatsveiligheid op de hoogte was van de connecties van Pourtois en Wittock, wat de deur opent voor weer een hele reeks nieuwe interpretaties.

DE ENTOURAGE VAN VINCENT L.

Als eind 1983 de crimineel Francis V. wordt gearresteerd, vertelt hij de politie dat hij zijn pas overleden vriend Vincent L. ervan verdenkt deel te hebben genomen aan de inbraak in de textielfabriek in Temse en dat deze lid is van de Bende van Nijvel. Francis V. komt op de proppen met een naam van een handlanger die Vincent L. over de opslagplaats van de kogelvrije vesten in de fabriek zou hebben verteld. In een rapport uit 1984 wordt vermeld dat de stiefzus van de handlanger als manager in de fabriek werkte. Wanneer dit onderzocht wordt, ontkent de familie van de handlanger dit en wordt er verklaard dat de stiefzus niet in de fabriek werkte.

Francis V. beweert dat hij samen met Vincent L., na de diefstal in de fabriek in Temse, naar het uiterste zuiden van België is gereden, naar de Ardennen. Daar overhandigde Vincent L. drie kogelvrije vesten die gestolen werden uit de fabriek aan een rijkswachter. Hij bezorgde de rijkswachter ook drie wapens die gestolen werden bij wapenhandel Dekaise. Volgens Francis V. had de rijkswachter vroeger als rechercheur gewerkt bij de Brusselse drugsbrigade. Onderzoekers maken de optelsom en komen terecht bij rijkswachter Martial Lekeu.

Later verklaart Francis V. ook dat Hage Maroun, de drugsdealer van Vincent L., twee vesten aan majoor Guy Goffinon heeft gegeven, de rijkswachter die het doelwit was van de mislukte bomaanslag door de bende van Bouhouche in 1982. Zowel Goffinon als Maroun ontkennen deze transactie.

Daarnaast verklaart Francis V. ook dat Robert 'Balou' Becker, een kleine crimineel van zigeunerafkomst, deel uitmaakte van de entourage van Vincent L. Wanneer de Rijkswacht onderzoek verricht in de wijk in Temse om verdachten te ondervragen, hebben ze een aantal foto's van verdachten bij zich. Twee getuigen denken 'Balou' Becker te herkennen. Een van hen of beiden zouden Becker een dag voor de inbraak hebben gezien in de buurt van de Wittock fabriek.

Hoofdstuk 11

Colruyt Supermarkt in Nijvel
(17 September 1983)

Op 17 september 1983, ergens tussen middernacht en 1.00 uur, rijden de mannen van de Bende van Nijvel met de gestolen Saab discreet naar de achterkant van een Colruyt supermarkt in Nijvel. Het gebouw van de supermarkt is rechthoekig en maar 100 meter verwijderd van de invoegstrook naar de snelweg.[137] De Saab wordt dicht bij de metalen deur aan de achterkant geparkeerd en drie bendeleden stappen uit de auto. Een van hen maakt met een brander een gat in de deur.[138]

Eerder op de avond verlaten Jacques Fourez en Elise Dewit Parijs. Het koppel van middelbare leeftijd rijdt met hun Mercedes richting België. Fourez, die zakenman is, en Dewit, een secretaresse, waren in Parijs om de schilderwerken in een gehuurd appartement te bekijken. Tijdens de terugrit doet Dewit haar schoenen uit om wat comfortabeler te zitten. Wanneer het koppel dichtbij Nijvel komt, nemen ze de afrit bij de Colruyt om er te tanken. Het is precies naast de plek waar de Bende van Nijvel aan het inbreken is.

De Mercedes bereikt het benzinestation om 1.10 uur. Fourez stapt uit om te tanken en zijn vrouw blijft in de auto wachten. Een van de bendeleden ziet de auto bij het benzinestation. Hij neemt een paar passen om dichterbij de Mercedes te komen en probeert dan met zijn 7.65 mm pistool op Fourez te schieten, maar zijn pistool hapert. Hij verwijdert twee kogels uit het pistool, neemt nog een paar stappen dichterbij en schiet dan Fourez recht in zijn gezicht. Fourez valt op de grond en de schutter vermoordt hem met twee .22 LR-kogels door het hoofd.

Dewit is getuige van de gruwelijke moord op haar man en stapt uit de auto. Ze neemt niet de tijd om haar schoenen aan te trekken. Ze opent de deur en probeert weg te komen. Het bendelid schiet meteen met zijn 7.65 mm op Dewit, maar mist. De huls valt op de grond net naast de Mercedes.

De moordenaar probeert haar dan te pakken te krijgen in plaats van meteen nog een keer te schieten. Dewit verzet zich en verliest daarbij haar bril. Het bendelid sleurt haar mee naar de achterkant van de supermarkt waar hij haar afmaakt met twee .22 LR-kogels door het hoofd. De bendeleden negeren de dure juwelen die ze draagt en slepen haar lichaam nog verder naar de achterkant van het gebouw van de supermarkt.

De bendeleden keren terug en proberen nogmaals met de brander toegang te verkrijgen tot het gebouw. Ze slepen ook het lichaam van Fourez achter het gebouw waar ze nogmaals drie kogels door zijn hoofd schieten en proberen dan zijn lichaam over een hek te gooien. Wanneer dit niet lukt, laten de bendeleden zijn lichaam naast de achterste muur van het gebouw achter. Een paar meter verderop schiet een bendelid nog drie kogels door het hoofd van Dewit. Ze slepen haar lichaam in de richting van dat van Fourez en proberen de lichamen achter enkele winkelwagentjes te verbergen.

Een paar minuten later slagen ze erin om een vierkant gat in de deur te maken. Ze kruipen door het gat en bereiken de achterkant van de winkel. Een stil alarm dat connectie heeft met het beveiligingskantoor gaat af om 1.23 uur. Om 1.26 uur belt het bedrijf de lokale Rijkswacht en licht hen in over de inbraak.[139]

Een patrouillewagen wordt naar de supermarkt gestuurd. Het alarm blijft tot 1.35 uur bewegingen registreren in de supermarkt. De indringers stelen 45 kilo koffie in grote verpakkingen, vijf blikken arachideolie van 50 liter, vijf blikken maisolie van 50 liter, vijf dozen chocolade en twee flessen gin. De bendeleden laden deze producten in de gestolen Saab en in de Mercedes van het vermoorde koppel.

Wanneer ze bijna klaar zijn met het inladen van de auto's, rijdt een politiewagen het benzinestation op. Het is dan 1.30 uur. De politieagenten knipperen met het grote licht van hun combi en rijden dan naar de achterkant van het gebouw. Ze zien twee auto's dicht bij elkaar geparkeerd staan en stoppen zelf op zo'n 300 meter van de donkerblauwe Saab 900 Turbo. Op dat ogenblik zijn de dieven bijna klaar met het inladen van de auto's.

Als ze de politie opmerken, begint een van de bendeleden meteen te schieten met verschillende wapens. Rijkswachter Jean-Marie Lacroix zoekt dekking achter de openstaande deur van zijn combi. Een reeks van kaliber 12 schoten raakt de bovenkant van de linker deur. Lacroix schiet terug, op zijn minst tweemaal met zijn 7.65 mm pistool.[140] Hij verplaatst zich naar de achterkant van de combi om nogmaals te schieten.

De dieven blijven met hun riotgun en hun .22 LR schieten op de rijkswachters. Terwijl rijkswachter Marcel Morue vanaf de rechter zijkant van de combi schiet met zijn UZI semiautomatische wapen schreeuwt hij: "Bel voor assistentie!" Een paar seconden later wordt Morue door twee kaliber .45 mm-kogels geraakt in zijn enkel. Hij valt op de grond en zijn UZI belandt op het asfalt. Dan wordt hij vermoord door een schot van een riotgun dat hem in de keel raakt.

De bendeleden richten zich daarna op rijkswachter Lacroix. Ze schieten met een 9 mm wapen, een .357 Magnum, zeven Colt .45 kogels en schieten acht keer met een riotgun. Een bendelid met een baard en een lange, lichtgekleurde jas kruipt in de richting van de combi. Lacroix schiet twee keer op de man met de baard voor hij zelf in de hand wordt geraakt door meerdere kogels.[141] Hij vouwt zich tussen het dashboard en de passagiersstoel in de combi. Lacroix doet alsof hij dood is door zijn benen buiten de combi te laten hangen. Wanneer de bendeleden beseffen dat de rijkswachter gestopt is met terug te schieten, staken ook zij het vuren en lopen ze richting de combi.

Lacroix is gewond, maar hij is wel bij bewustzijn. Hij hoort de bendeleden zeggen: "Oh, de klootzakken, ze hebben een UZI."[142] Het bendelid schiet dan nogmaals Morue door het hoofd. In totaal bevat het lichaam van Morue nu vierendertig stukken lood. Een van de bendeleden neemt Lacroix bij zijn riem en draait hem om. Hij maakt de riem los en verwijderd de houder van zijn pistool. Voor ze definitief vertrekken, loopt een van de mannen echter nog in de richting van Lacroix en trekt het 7.65 mm pistool uit zijn rechterhand voor hij vuurt om hem te doden. Wonderbaarlijk genoeg ketst de kogel af op een schouderbandje en Lacroix overleeft zonder dat de bendeleden dit beseffen. Terwijl ze vertrekken, nemen de bendeleden de sleutels uit het contact van de combi en nemen ze de wapens en de walkietalkies van de agenten mee.

Vertrek

De moordenaars verlaten het parkeerterrein van de supermarkt in twee auto's: de gestolen Saab Turbo en de Mercedes van het vermoorde koppel. Agent Lacroix, die de aanval overleefd heeft met slechts een verwonding aan zijn linker duim, meldt om 1.34 uur over de radio dat Morue is vermoord en dat ze versterking nodig hebben. Er wordt een algemeen alarm uitgestuurd naar alle politiebrigades in Waals-Brabant. Daarnaast contacteren ze de hulpdiensten. Deze vinden de drie dode lichamen en ook een heleboel kogelhulzen op het asfalt.

De achtervolging

De politie sluit de wegen af in de regio en zorgt ervoor dat iedere agent uitkijkt naar de witte Mercedes.[143] Helaas kon agent Lacroix niet vertellen van welk merk de andere auto was. Zes minuten later zien de agenten Marc Lemal, Ben Ruys en André Bernier twee auto's veel te hard rijden over de snelweg. Ze weten niet zeker of dit de auto's zijn waarvoor ze moesten uitkijken, maar zetten toch de achtervolging in.[144]

Het duurt echter een paar seconden voor ze reageren. De twee auto's liggen al een heel eind voor en de politieagenten zien de achterlichten in de verte. De dieven rijden 100 meter over de snelweg die tussen bomen en velden loopt. Ze minderen vaart en stoppen bij de nachtclub Le Diable Amoureux. De Mercedes stopt aan de linkerkant van de weg en de Saab stopt een paar meter verder aan de rechterkant.[145] Zo wordt er een hinderlaag opgezet voor de agenten.

Ongeveer 20 meter voor agent Ruys de Mercedes en de Saab bereikt, ziet hij hoe een van de bestuurders uitstapt. Hij heeft achterovergekamd, zwart haar met een terugtrekkende haargrens. De agenten, die verward zijn door deze actie van de Bende, minderen vaart en twijfelen over de volgende stap. De bendeleden openen het vuur op de naderende politieauto. De bestuurder van de Mercedes schiet met zijn riotgun de voorruit van de politieauto aan diggelen. Agent Lemal wordt geraakt in zijn schouder en kogels scheren rakelings over zijn hoofd. Aan de andere kant van de weg, in de beschutting van de Saab, begint het andere bendelid te vuren, maar deze mist de politieauto.

Ondanks zijn verwondingen, behoudt Lemal de controle over de auto en hij rijdt langs de geïmproviseerde wegversperring verder en komt zo buiten het bereik van de Bende. In plaats van te vluchten met beide auto's, laten de bendeleden de Mercedes achter en rijden ze verder met de Saab. De Saab maakt rechtsomkeer en rijdt de andere kant op.[146] Eenmaal uit het zicht, slaan de mannen af in een klein, nauw straatje dat leidt naar de andere kant van de stad.[147]

Alleen

De bendeleden rijden nog enkele kilometer verder met de Saab tot er een klep van de motor stuk gaat. De voortvluchtigen kunnen hierdoor niet meer naar de derde versnelling schakelen en de Saab kan niet sneller meer dan 70 km per uur. Ze kunnen nog net een benzinestation bereiken. Met toiletpapier van het benzinestation vegen de bendeleden het bloed van de slachtoffers weg.

Ze verlaten het benzinestation en de Saab rijdt verder via een zandweg die naar Eigenbrakel leidt. Onderweg krijgt de Saab een lekke band en moeten de mannen stoppen. Ze proberen de band te verwisselen, maar slagen hier niet in. Ze gooien de reserveband dan maar over een hek en laten de Saab achter. De krik hebben ze aan de kant geworpen. Ze schieten nog tweemaal op de tank van de auto om deze in brand te steken. Wanneer dit ook niet lukt, vertrekken ze zonder verdere actie.

Weggaan

Onderzoekers gaan ervan uit dat de bendeleden zich een paar uur in de nabijheid van de Saab hebben opgehouden, wellicht om de auto te strippen en te ontdoen van bewijsmateriaal. Ze wachtten totdat de politie minder alert was met het uitkijken naar de twee auto's in de buurt en zorgden voor een lift van een handlanger met een andere auto. Een buurtbewoner meldde dat hij geluiden had gehoord die van de zandweg kwamen. Dit zou rond 7 uur geweest zijn. Er zijn vermoedens dat dit de schoten waren van de bende op de gastank. De buurtbewoner die de Saab had gezien, zag verder niemand en ging terug naar bed. De onderzoekers werden pas later ingelicht.

Om 9.30 uur vindt de politie de auto. De auto zit onder de vingerafdrukken, zowel aan de binnenkant als aan de buitenkant. Er zijn bloedvlekken van de slachtoffers en er wordt een haar gevonden. Ze vinden ook de gereedschapskist van de auto, de krik en het reservewiel. Er zijn een aantal zaken achtergelaten in de auto, zoals een kakigroene gastank van 10 liter met metalen tuit, twee gastanks voor een gasbrander en een groene safarihoed. De auto beschikte over CIBIE chromen mistlampen die de bendeleden hebben verwijderd. Andere zaken die werden achter gelaten zijn de UZI die werd gestolen van de dode agent bij de supermarkt, 45 kilo koffie en bussen olie van 50 liter van de Colruyt. Vijftien andere bussen olie worden in de Mercedes gevonden.

De bendeleden hebben ook de twee kaliber 7.65 mm pistolen meegenomen van de twee rijkswachters. Ze zijn met een arsenaal aan wapens en walkietalkies van de Rijkswacht verdwenen.

De hoofdsteunen en de veiligheidsriemen werden uit de Saab verwijderd om het schieten gemakkelijker te maken. De remlichten werden bedekt met tape. Dit zorgde voor het verrassingseffect bij de hinderlaag voor de Rijkswacht, waardoor deze geen tijd had om te reageren. De radioantenne werd verwijderd en het gat werd zorgvuldig opgevuld. Ook de toeter met twee tonen en de 6V-batterijen werden uit de auto verwijderd, net zoals het originele radiosysteem met één versterker en twee boxen, een Jenssen equalizer en de Blaupunkt autoradio. Ook de spoilers waren verdwenen.

De Saab Turbo was opgevoerd. Hij had valse nummerplaten die gekopieerd werden van een andere Saab 900 in de buurt van Elsene en het Zoniënwoud en had 700 kilometer gereden sinds hij was gestolen. Die dag alleen stond er 38,4 kilometer op de teller.

De naam 'de Bende van Nijvel'

De aanval in Nijvel is groot, nationaal nieuws. Niemand kan begrijpen waarom er zoveel doden vielen voor zo weinig buit. De Bende krijgt officieel een naam na deze aanval: de Franse media betitelen de Bende als 'Les Tueurs fous du Brabant' en de Vlaamse pers noemt de overvallers 'de Bende van Nijvel'. De Bende van Nijvel is nu een mediaconcept en wordt bekend bij het grote publiek.

De aanval is op verschillende punten schokkend. De bendeleden vermoordden het koppel tien minuten voor ze de winkel binnengingen. Dit is bekend aangezien het horloge van Fourez gestopt was tien minuten voor het stille alarm afging op het hoofdkantoor.[148] Onderzoeksrechter Jean-Marie Schlicker, die belast werd met het onderzoek, zou later verklaren: "Uit alle gegevens bleek evenwel dat het gedode echtpaar benzine kwam tanken en dat het bij toeval op de dieven is gestoten."[149]

Net zoals in Temse vermoordden de bendeleden de slachtoffers met veel geweld om vervolgens verder te gaan met de inbraak alsof er niets gebeurd was. Advocaat Jean-Paul Moerman vraagt zich tijdens de eerste commissie af: "Waarom werd in Nijvel de diefstal na de moordpartij nog voorgezet? (normaal zou men verwachten dat de dieven er in paniek vandoor gaan)."[150] Na de dubbele moord gingen de bendeleden gewoon door met het stelen van olie en pakken koffie – net zoals ze verder hadden gezocht naar de kogelvrije vesten met een lage straatwaarde nadat ze een moord hadden gepleegd.

Iedere crimineel weet dat alcohol en sigaretten de meest lucratieve zaken zijn die je midden in de nacht kunt stelen bij een supermarkt. En de Bende van Nijvel wist dit ook wanneer ze in augustus 1982 alcohol stalen in Maubeuge en in december in de herberg "Het Kasteel". Maar dat was waarschijnlijk niet wat ze zochten en ze zochten ook geen geld. Ondanks de lange tijd die ze in de supermarkt doorbrachten en het feit dat ze een gasbrander bij zich hadden, was er nooit een spoor van een mislukte poging om de kluis te openen.

Er werden winkelwagens gevuld met flessen whisky en pakken sigaretten, maar het lijkt erop dat ze pas later op dit idee zijn gekomen. Ze hadden namelijk niet voldoende tijd om dit in te laden in de Mercedes van het koppel omdat ze verrast werden door de politiewagen. Aan hetgeen ze achterlieten in de Mercedes hechtten ze de meeste waarde: olie en koffie. Voor ze de Mercedes stalen, hadden ze nooit het plan om met twee auto's te vertrekken, dus hebben ze ook nooit de intentie gehad om sigaretten en alcohol te stelen. De Mercedes gaf hen gewoon meer opslagplaats en dus vulden ze deze met meer olie. Toen ze voldoende olie hadden en er nog steeds ruimte in de auto was, kwamen ze op het idee om de alcohol en de sigaretten mee te nemen. Ze deden compleet het tegenovergestelde van wat een normale dief zou doen.

Doordat de gasbrander ongeveer vier maanden eerder gestolen was op 28 mei in Eigenbrakel, was het onwaarschijnlijk dat dit gebeurde voor het branden van een gat in de deur van de Colruyt. De gestolen Saab werd meegenomen in Eigenbrakel op 8 juni. Deze had echter weinig opbergruimte en was minder goed te manoeuvreren dan de Golf. De Saab was sneller en had meer PK, waardoor deze beter voor lange afstanden kon worden gebruikt. In 1982 lagen hun prioriteiten elders: ze stalen een Santana met een grote koffer om er meer waardevolle spullen in te kunnen laden.

De kilometerteller gaf aan dat de Saab Turbo 700 kilometer had gereden. Er werd gespeculeerd dat de Bende van Nijvel hiermee naar de fabriek in Temse en terug was gereden. Er werd gedurende deze periode echter nooit een inbraak in een supermarkt toegeschreven aan de Bende van Nijvel waarbij alcohol buit werd gemaakt. Ze braken in op zoek naar specifieke zaken, zoals een eenmalig bruikbare gasbrander en gastanks, zeven kogelvrije vesten en nu ook pakken koffie en bussen met olie. De marktwaarde van deze zaken is minimaal, maar voor de Bende was de buit om één of andere reden wel heel waardevol.

ZEVEN WAPENS

Wanneer de Bende van Nijvel de kranten en het nieuws halen, is de bevolking geschokt door het feit dat de daders zoveel vuurkracht bij zich hadden tijdens hun misdaden. Advocaat Moerman, die later bij de zaak betrokken raakt, stelt zich tijdens de eerste commissie de vraag: "Waarom gebruik maken van een arsenaal van liefst zeven verschillende wapens om bij nacht een diefstal te plegen in een warenhuis?"[151] Onderzoeksrechter Schlicker kan dit ook niet logisch verklaren: "...men niet begreep waarom zoveel verschillende kalibers waren gebruikt om voedsel te stelen..."[152]

Het koppel werd als eerste geraakt door een 7.65 mm-pistool en later vermoord door een schot in het hoofd met verschillende kogels van een kaliber .22 LR-pistool. Het FN 7.65 mm-pistool werd ook gebruikt in Maubeuge en Dekaise. Het komt er dus op neer dat deze aanval onder de 'Ballistiek van de publieke aanvallen' valt. Ook alle andere overvallen op supermarkten vallen onder deze categorie.

Opvallend is het gebruik van het .22 LR-pistool. Dit is hetzelfde pistool waarmee de conciërge van de herberg "Het Kasteel" werd vermoord in december 1982, de taxichauffeur in Bergen in januari 1983, de conciërge van de fabriek Wittock in september 1983 en de Duitse herdershond (bewakingshond) bij de autohandelaar in Eigenbrakel in juni 1983. Deze misdaden vallen allemaal onder de 'Ballistiek van de seriemoordenaar'. Dit is de allereerste keer in het onderzoek naar de Bende van Nijvel dat er overeenkomsten zijn gevonden in het ballistisch onderzoek tussen de

'Ballistiek van de publieke aanvallen' en de 'Ballistiek van de seriemoordenaar'. De 7.65 mm werd gebruikt in het rijtje van de publieke aanvallen. Het .22 LR FN-pistool werd gebruikt in het rijtje van de aanvallen van de seriemoordenaar. De laatste misdaad, de aanval in Nijvel, zorgt voor een koppeling tussen de twee categorieën vanwege ballistisch bewijs. Alles is nu met elkaar verbonden. Alles wijst naar dezelfde wapens die werden gebruikt bij de gewelddadige misdaden.

De Bende van Nijvel maakte gebruik van een nieuwe Colt .45 semiautomatische 1911. De Colt .45 werd zeven keer afgevuurd op agent Morue en raakte hem twee keer in de enkel. Ze gebruikten een .357 Magnum die eerder afgevuurd werd bij de Delhaize in Genval op 11 februari. Het is waarschijnlijk een Smith & Wesson revolver. En ze gebruikten ook een 9 mm pistool dat Nijvel koppelt aan Halle, Genval, Ukkel en Dekaise. Een 7.65 mm werd ook gebruikt.

De Bende van Nijvel gebruikte twee riotguns. Ze werden door de onderzoekers geïdentificeerd door RG-1 en RG-2. De RG-2 werd gebruikt om meerdere malen de rijkswachter te beschieten aan de achterkant van de Colruyt supermarkt. Het is een kaliber 12 met een herlader die op zijn minst zes kaliber 12 patronen bevat. Het was nog nooit eerder gebruikt.

Tijdens de hinderlaag bij Le Diable Amoureux gebruikte de Bende drie RG-1 en zeven RG-2 patronen. Dit is de eerste keer dat er die nacht met de RG-1 geschoten werd, maar het wapen werd al eens gebruikt tijdens de inbraak in de fabriek in Temse. Het is een kaliber 12 riotgun met kenmerken die sterk op die van de RG-2 lijken.

De hinderlaag

De hinderlaag van de Bende heeft heel wat stof doen opwaaien. Sommigen zijn ervan blijven gaan dat de leden van de Bende amateurs waren, anderen zijn er van overtuigd dat de Bende professioneel opgeleid was. Waar de meesten het wel over eens waren, is dat de Bende een niet-gangbare tactiek hanteerde.

Als het inderdaad ging om een techniek die opzettelijk gebruikt werd, dan overwegen de experts of dit een slechte techniek was om in dit geval te gebruiken. De hinderlaag zou een improvisatie kunnen geweest zijn, maar tegelijkertijd vertoonde deze ook tekenen van een basis in doctrine. Deze tactiek wordt bijvoorbeeld een V-formatie genoemd in het jargon van de Amerikaanse Marine Corps.[153]

Net zoals andere hinderlagen heeft deze formatie vooral tot doel om 'de vijand te isoleren, in te sluiten en uit te roeien'.[154] Volgens het handboek van het Amerikaanse leger: "Het grote voordeel is dat de hinderlaag moeilijk gezien kan worden door de vijand tot deze zich in de gevarenzone bevindt." Er zijn echter ook een aantal voorzorgsmaatregelen die genomen moeten worden, want deze tactiek is niet zonder gevaar: "Bij de V-formatie moet men alert zijn dat de groepen die de V-formatie vormen niet op elkaar schieten."

De onderzoekers vragen zich af of de bendeleden deze hinderlaag opzettelijk gevormd hebben of dat ze er toevallig opgekomen zijn tijdens hun misdaad. Toen de bendeleden wegvluchtten van hun misdaad zagen ze wellicht in de verte de flikkerende politielichten die een wegversperring aan het opzetten waren. Hierdoor stopten de bendeleden misschien langs de kant van de weg en openden ze impulsief het vuur. Na deze hinderlaag vluchtten ze meteen in de richting van waar ze vandaan kwamen.

Medeplichtige

De meest voor hand liggende verklaring waarom de Bende erin slaagde om ongezien het gebied te verlaten, is dat er een medeplichtige werd gebeld om de bendeleden te komen ophalen. Dit gebeurde waarschijnlijk vanuit een telefooncel. In de buurt werd omstreeks 4 uur een zwarte taxi gezien, een BMW. Maar als ze er daadwerkelijk in geslaagd waren om vroeg weg te komen, rest natuurlijk nog het schot dat om 7 uur door een buurtbewoner werd gehoord.

Een andere verklaring is dat ze in de buurt misschien een schuilplaats hadden. Een interessant detail is dat de politie een anonieme melding had gekregen van een gevecht op een feestje in Ophain en dat hierdoor de politie van Waterloo en Eigenbrakel weggeleid werden van het zoekgebied.

De bende van Bouhouche

Agent Lemal, de bestuurder tijdens de hinderlaag, is er zeker van dat hij werd beschoten door een rijkswachter die hij kende. Hij denkt ook de tweede schutter herkend te hebben, maar hier is hij niet helemaal zeker van. Beide verdachten behoren tot de entourage van Bouhouche. Een van hen had een baard en een terugtrekkende haarlijn, net zoals de verdachte in de entourage van Bouhouche, die toestemming had gekregen om een baard te laten staan terwijl hij werkte als rijkswachter. De verdachte had immers huidproblemen in zijn gezicht en in die tijd ongeveer sedert drie maanden een baard. Sedert een aantal jaren werd hij ook wat kaal. De Saab Turbo had valse nummerplaten met dezelfde technische fout als bij de nummerplaten die werden gebruikt door de bende van Bouhouche. De nummerplaten waren met dezelfde techniek bewerkt om ze ouder te laten lijken.

De techniek van de hinderlaag die gebruikt werd, zou dezelfde techniek zijn die bedacht was voor het commando geleid door Bouhouche in het geval dat ze op heterdaad betrapt zouden worden. Het ging om de diefstal van een rubberen bootje, niet lang voor de overval in Nijvel. Een vriend van Bouhouche, die op de hoogte was van deze diefstal, werd door een journalist gevraagd of het plan om te reageren op confrontatie met de politie hetzelfde was als wat er uiteindelijk gebeurd was bij de overval in Nijvel, waarop hij antwoordde: "Ja, iets dergelijks."[155]

De entourage van Vincent L.

Volgens het verhaal van Francis V. was de bende van Vincent L. verantwoordelijk voor de overval op de Colruyt. Ze wilden olie en andere etenswaren stelen om een vermeend lid van de bende te voorzien van boodschappen. Het escaleerde toen ze werden gestoord door het koppel dat wilde tanken en daarna door de rijkswachters.

De vlucht van De Staerke

Vijf uur voor de overval in Nijvel, ontvluchten een aantal criminelen de maximum beveiligde gevangenis van Doornik. De gevangenisbewaarders staken die dag en worden vervangen door tien rijkswachters. De gevangenen zien hun kans schoon en maken een gat in de muur van de gevangenis. Daarna gebruiken ze ladders en touwen om over de gevangenismuur te klimmen die zo'n 4 meter hoog is. Om 19.45 uur zijn er achtendertig gevangenen ontsnapt. Pas om 21.00 uur gaat het alarm af. Een van de ontsnapte gevangenen is Johnny De Staerke, die later beschouwd zal worden als een belangrijke verdachte in de zaak van de Bende van Nijvel. De meeste ontsnapte gevangenen worden al snel weer opgepakt, De Staerke blijft op vrije voeten.

De Staerke is een soort van boeman. In zijn latere jaren wordt hij berucht en hij wordt beschouwd als een van de gevaarlijkste criminelen van het land.[156] De Staerke creëerde zijn imago van bad boy gedeeltelijk zelf. Omdat hij net ontsnapt was, wordt hij een verdachte in een aantal misdaden, zoals onder meer in de overvallen door de Bende van Nijvel. Er waren echter geen ooggetuigen en er geen concrete bewijzen die hem in Nijvel plaatsten. En hoe waarschijnlijk is het trouwens om te ontsnappen uit een maximaal beveiligde gevangenis om vervolgens enkele vrienden met gestolen wapens, een gestolen gasbrander en een gestolen auto te ontmoeten om daarna met hen naar de Colruyt in Nijvel te rijden en dat allemaal in een tijdsbestek van nauwelijks vijf uur? Volgens Léon Van Esbroek, een pas vrijgelaten vriend van De Staerke, was de waarheid helemaal niet zo spannend. Van Esbroek vertelt dat Johnny voor zijn deur stond met niets anders dan zijn gevangeniskleren om het lijf.

Zelfdestructie van de Westland New Post

Op 23 september is de radicale groepering Westland New Post weer in het nieuws. Er loopt een onderzoek naar de extreemrechtse groepering in verband met de betrokkenheid bij enkele verdachte gebeurtenissen en de diefstal van NAVO-documenten. Paul Latinus, de leider van Westland New Post, uit in de kranten zijn bezorgdheid over een onopgeloste dubbele moord die werd gepleegd in februari 1982. Het betreft de aanval op een koppel dat in hun appartement op de eerste verdieping van een appartementencomplex in de Herderliedstraat in Brussel op gruwelijke wijze werd vermoord. Ze werden eerst neergeschoten waarna ze vervolgens de keel werden overgesneden. De twee werden op hun knieën zittend en elkaar aankijkend, in het midden van de woonkamer gevonden. Getuigen hebben twee onbekende mannen het appartement zien binnengaan. De onderzoekers merkten al snel dat er niets gestolen werd uit het appartement en waren behoorlijk geschokt door de gruwelijke daad. Er werd onderzoek verricht naar de achtergrond van het koppel, veel aanwijzingen werden nagetrokken, maar dit alles leidde tot niets.

Latinus verklaart dat de twee moordenaars deel uitmaken van zijn Westland New Post en geeft zelfs namen vrij. Een van de moordenaars zou Marcel Barbier zijn, de man die betrokken was bij het dronken voorval dat voor de allereerste keer de aandacht richtte op de WNP. De andere, Éric Lammers, heeft als bijnaam het Beest. Latinus wil Barbier er zelfs van overtuigen om te bekennen bij de politie. Beide verdachten worden gearresteerd. Zowel de autoriteiten als de bevolking beginnen zich af te vragen welke andere gewelddadige misdaden deze gevaarlijke, ondergrondse privémilitie kan gepleegd hebben. Zou het kunnen dat zij betrokken zijn bij de overvallen van de Bende van Nijvel?

Hoofdstuk 12

Restaurant Aux Trois Canards in Ohain (2 Oktober 1983)

In de nacht van 1 oktober 1983, net na middernacht om 00.30 uur, verlaat eigenaar Jacques Van Camp zijn restaurant Aux Trois Canards. Hij wil de jobstudenten die geen auto hebben een lift geven naar huis. De medewerkers hebben de zaak net gesloten. Het viersterrenrestaurant is gelegen op het platteland. Van Camp stapt net over de drempel wanneer hij wordt verrast door twee gemaskerde mannen.

Hij wordt door een van de mannen onder schot genomen en gedwongen zich naar de parking aan de voorkant te begeven. De tweede indringer, met een masker van een man met een blauw oog en scheve tanden, dwingt de rest van het personeel naar de keuken, net naast de voordeur. Hij draagt een pistool met lange loop en heeft roze rubber handschoenen aan. Hij heeft een normaal postuur en draagt een blauwe broek met wijde pijpen.[157]

Met een vals zigeuneraccent of een Arabisch accent blaft hij in het Frans:[158] "Iedereen op de grond!"[159] Hij eist hun sleutels en geld.[160] De kok denkt dat het een grap is en aarzelt om op de vloer te gaan liggen. De overvaller schiet op de koelkast en de kok beseft meteen dat het menens is.[161] De enige persoon met autosleutels is de kok en niemand van de medewerkers heeft geld op zak.[162]

Ondertussen is de andere indringer samen met Van Camp naar de parking aan de voorkant gelopen. Van Camp probeert zich te verzetten.¹⁶³ Het bendelid heeft een 7.65 mm-kogel in het achterhoofd van Van Camp geschoten. Van Camp heeft de sleutels van zijn dochters nieuwe, rode Volkswagen Golf GTI op zak en het bendelid neemt deze mee. Zijn handlanger verlaat de keuken, waar het personeel nog steeds op de vloer ligt, zonder naar de inhoud van de kassa te vragen.¹⁶⁴ Nadat banden van alle auto's op het parkeerterrein zijn lek geschoten, verdwijnen de bendeleden met de Golf GTI.¹⁶⁵

De sleutels

Het restaurant Aux Trois Canards ligt op het platteland in het zuiden van Brussel, ver weg van woonwijken en ongeveer 500 meter verwijderd van de plek waar maanden eerder een auto werd achtergelaten door de bendeleden. Aux Trois Canards wordt gerund door architect Jacques Van Camp en zijn echtgenote Germaine Doom, een welgesteld koppel van middelbare leeftijd. De 27-jarige dochter Catherine, die net is teruggekeerd uit Australië, helpt mee in de zaak. Bijna alle personeelsleden zijn studenten.¹⁶⁶

Volgens onderzoeksrechter Schlicker heeft Van Camp zich verzet en werd hij misschien vermoord omdat hij niet onmiddellijk gehoorzaamde. De dochter van Van Camp, Catherine, is ervan overtuigd dat dat een mogelijkheid is: "Misschien heeft hij zich inderdaad verweerd, en die ene dader zijn masker afgerukt ? Dan zou hij hem gezien hebben, en werd hij een hinderlijke getuige."¹⁶⁷ Een andere theorie is dat Van Camp de sleutels van de auto niet wilde afgeven. Zou hij niet zijn vermoord als hij had gedaan wat de overvallers van hem verlangden?

Een belangrijke vraag is welke auto de bendeleden wilden stelen. Ze rijden weg met de Golf GTI, maar er zijn ook aanwijzingen dat ze eigenlijk voor de Porsche kwamen. De dochter van het slachtoffer en eigenares van de Golf verklaart: "Ik denk dat de daders echt die wagen wilden, de Porsche. Misschien dat ze razend werden toen ze merkten dat mijn vader de sleutels niet had."¹⁶⁸ Van Camp was net op weg naar de rode Golf van zijn dochter om de studenten naar huis te brengen.

De gestolen rode Golf GTI heeft zwarte strepen aan de zijkant en op de achterruit zit een sticker met daarop de tekst: "I love Australia" Het is niet geweten of de Bende van Nijvel in het bezit was van een auto nadat zij de Saab hadden achtergelaten net na de aanval in Nijvel op 17 september. De donkere Porsche zou een veel logischere keuze zijn geweest als ze op zoek waren naar een dure auto, vergelijkbaar met de Saab Turbo. De Golf GTI was felrood en dus niet ideaal om te gebruiken bij nachtelijke inbraken. De Bende zal de Golf echter in het zwart overspuiten. De Volkswagen Golf wordt vaak beschouwd als het favoriete wagentype van de Bende van Nijvel.

Van Camp wordt neergeschoten met een van de pistolen van de rijkswachter die voor dood werd achtergelaten op de parkeerplaats bij de Colruyt in Nijvel. Het is een FN 7.65 mm pistool van de Rijkswacht. Een lichtbeige Burberry regenjas wordt later gevonden op de plaats delict. Deze jas kan achtergelaten zijn door een van de leden van de Bende. Oorspronkelijk geloven de onderzoekers dat de 7.65 mm dezelfde 7.65 mm is die de rijkswachter had gedood in Nijvel. Deze stelling wordt overgenomen door de media omdat de aanval in Nijvel nog bij iedereen vers in het geheugen ligt en omdat er ondertussen bekend is dat de Bende van Nijvel de wapens die ze in hun bezit hebben hergebruiken. Ballistisch onderzoek wijst echter anders uit.

Onderzoekers bekijken de boekhouding van Aux Trois Canards en ontdekken dat sommige luxeproducten werden ingekocht tegen een lage inkoopprijs en oorspronkelijk gestolen werden bij luchtvaartmaatschappij Sabena. Er kan echter geen verband gevonden worden tussen de Bende van Nijvel en de diefstal bij Sabena.

De entourage van Vincent L.

Volgens Francis V., de kroongetuige in de zaak van de entourage van Vincent L., had deze hem verteld dat Jacques Van Camp, de eigenaar van Aux Trois Canards, een van de bendeleden was. Het lijkt vreemd dat een 19-jarige drugsverslaafde deel uitmaakt van dezelfde bende als een succesvolle architect en zakenman, maar deze aanwijzing wordt wel onderzocht. Er wordt gespeculeerd dat de bende van Vincent L. de conciërge van de herberg "Het Kasteel" in december 1982 zou hebben vermoord omdat die te veel zou afweten van de vermeende criminele activiteiten van Van Camp. Van Camp was in deze theorie degene die Vincent L. vertelde waar ze de kogelvrije vesten konden vinden bij de textielfabriek in Temse in september 1983. De olie en de voedingsmiddelen die bij de Colruyt in Nijvel werden gestolen zouden voorraad geweest zijn voor Van Camps restaurant Aux Trois Canards. De Bende was bang dat Van Camp hen zou verraden en dus moest hij uit de weg geruimd worden. In dat geval was de autodiefstal een afleidingsmanoeuvre. Vincent L. vermoordt Van Camp samen met een andere crimineel, Balou Becker. Sommige getuigen van de overval op de textielfabriek in Temse zouden Becker uit een foto line-up hebben gepikt als iemand die ze die dag hadden gezien.

Vincent L. zou het moordwapen, de GP 9 mm, verkocht hebben aan de Libanese drugsmokkelaar Hage Maroun. De zaak wordt onderzocht en er wordt bevestigd dat Vincent L. inderdaad de GP 9 mm heeft verkocht aan Maroun. Deze betaalde Vincent L. met juwelen en een horloge. Maroun verkoopt het pistool op zijn beurt door aan een koper in Libanon. De Belgische justitie onderneemt stappen om contact te krijgen met de Libanese autoriteiten om te helpen bij de zaak. De Libanese politie traceert de koper die nog steeds in het bezit is van de GP 9 mm. De Belgische autoriteiten laten het hierbij en doen geen verder ballistisch onderzoek.[169]

Wanneer Francis V. wordt gearresteerd, begint hij te praten over de entourage van Vincent L. Hij hoopt waarschijnlijk om zo een deal te kunnen sluiten met de politie. Zijn plan mislukt echter en hij krijgt een gevangenisstraf van zeven jaar. Het verhaal van Francis V. over Vincent L. is vrij onduidelijk. Nog onduidelijker is zijn eigen aandeel in de hele zaak. In eerste instantie weigert hij zijn verklaring te ondertekenen en uiteindelijk trekt hij deze later helemaal in. Er werd nooit bewijsmateriaal gevonden dat het verhaal van Francis V. kon ondersteunen. Wanneer de zus van Vincent L. samen met Francis V. wordt gearresteerd, verklaart zij dat deze alles heeft verzonnen.

Toch hebben de verklaringen van Francis V. grote gevolgen. Ze leiden namelijk naar twee zaken die op het eerste gezicht niets met elkaar te maken hebben.

Dit roept vragen op. Als de verklaringen van Francis V. allemaal verzonnen zijn, hoe kan het dan dat ze de onderzoekers toch naar de juiste verdachten leiden?

De connecties die rijkswachter Martial Lekeu maakt de inbraak in de fabriek in Temse en Vicky V's connectie met wapenhandel Dekaise vloeien allemaal voort uit de onbevestigde verklaringen van Francis V.

Lekeu kende Francis V. en Vincent L. wel degelijk van toen hij nog in Brussel werkte, maar hun interactie bleef beperkt en was naar aanleiding van een drugszaak.

De WNP en de Staatsveiligheid

Op 7 oktober komt het schokkende nieuws naar buiten dat de extreemrechtse groepering Westland New Post was geïnfiltreerd door de Staatsveiligheid. Nog maar pas had de WNP de dubbele moord in de Herdersliedstraat van februari 1982 opgeëist. Drie leden van de WNP, waaronder de leider Paul Latinus en zijn hoofdluitenant Libert, waren betaalde informanten voor de Staatsveiligheid.

Sinds 1981 hebben minstens drie agenten van de Staatsveiligheid regelmatig contact met de Westland New Post. Ze gebruiken de volgende codenamen: de Eend, de Hond en het Konijn. Maar wat nog ongelooflijker is, is dat de Eend, een agent met een managementfunctie, een lid was van de WNP onder zijn eigen naam. Hij gaf zelfs privélessen aan leden van de WNP in het achtervolgen van een doelwit, en zelfs een maal een praktijkles op het terrein.

Het nieuws schokt het land en de Staatsveiligheid schudt op zijn grondvesten. Onderzoekers die de zaak van de gestolen NAVO-documenten en de dubbele moord in de Herdersliedstraat onderzoeken, moeten erachter zien te komen of de Staatsveiligheid bij deze misdaden betrokken is of zelfs opdracht hiertoe gaf. Het publiek en de media schreeuwen om antwoorden van de overheid en de Staatsveiligheid. Hebben zij de WNP opgezet om zo een eigen team van moordenaars samen te stellen? Er gaan geruchten de ronde over de betrokkenheid van de WNP bij de moorden door de Bende van Nijvel en de verantwoordelijkheid van de Staatsveiligheid hierbij en zelfs van deze van de Belgische staat zelf.

Als Latinus, de leider van de WNP, wordt ondervraagd, geeft hij cryptische, vaak onsamenhangende antwoorden.[170] Enerzijds verklaart hij dat de WNP onder leiding staat van de Eend van de Staatsveiligheid, en beweert hij dat zij de dubbele moord hebben beraamd. Anderzijds beweert hij dat het doel van de Westland New Post was om op te treden tegen de communistische spionnen bij de Staatsveiligheid, voornamelijk administrateur-directeur-generaal Albert Raes en de Eend. Volgens Latinus zou hij deze opdracht hebben gekregen van de DIA, de Amerikaanse militaire inlichtingendienst.

De WNP leden Marcel Barbier en Éric Lammers zaten al in de gevangenis voor de dubbele moord in de Herdersliedstraat. Lammers blijft in de gevangenis tot juni 1984 en mag dan in vrijheid zijn proces afwachten. Nummer twee van de WNP, Michel Libert, zit op hetzelfde ogenblik vast. Hij werkte voor het leger, op de afdeling waar de geheime NAVO-documenten werden gestolen. Dit betekent dat voor het einde van de eerste golf van aanvallen door de Bende van Nijvel, Barbier, Lammers en Libert vastzitten.

HOOFDSTUK 13

DELHAIZE SUPERMARKT IN BEERSEL (7 OKTOBER 1983)

OP VRIJDAG 7 OKTOBER 1983, OM 19.50 UUR RIJDEN DE LEDEN VAN de Bende van Nijvel in de gestolen, rode Golf, die inmiddels zwart gespoten werd, naar de Delhaize in Beersel. De Golf stopt in de verste hoek van het parkeerterrein. Drie gewapende mannen met hoeden en maskers van Franse politici stappen uit.[171] Twee van de mannen zijn lang, maar een van de twee is werkelijk gigantisch. Een derde man is veel kleiner. De Reus draagt een donkere regenjas[172] en heeft een bijl met een lang handvat bij zich. Een andere aanvaller draagt een blauwe broek met wijde pijpen en heeft een tatoeage op zijn onderarm.[173] Allemaal dragen ze handschoenen.[174]

Twee van de mannen lopen over het parkeerterrein, richting de supermarkt. Een van de mannen blijft bij de auto rondhangen. Als de twee mannen bijna bij de supermarkt zijn aangekomen, loopt ook de derde man naar de supermarkt. Op weg naar de voordeur loopt de achtergebleven man een medewerker tegen het lijf die net de winkelwagentjes terugzet op het parkeerterrein.[175] Het bendelid zet de loop van zijn riotgun in de nek van de medewerker en dwingt de jongen om mee te lopen naar de voordeur. De andere twee wachten bij de voordeur op hun vriend en de gijzelaar.[176]

Ze lopen als een eenheid naar binnen met de gijzelaar en beginnen in het rond te schieten. Winkelmanager Freddy Vermaelen hoort het rumoer tot in zijn kantoor en gaat een kijkje nemen. Wanneer hij bijna bij de eerste kassa aankomt, merkt hij de geknielde gijzelaar op die nog steeds het pistool tegen zijn nek heeft. Hij spreidt zijn armen om de bendeleden te kalmeren[177] en duwt een van hen opzij.[178] Het bendelid met de bijl staat klaar om de manager te lijf te gaan, maar een ander bendelid vuurt op Vermaelen met zijn riotgun.[179] Vermaelens gezicht wordt helemaal aan flarden geschoten en zijn lichaam valt op de grond. Stukjes vlees hangen aan het plafond. Rondvliegende brokstukken hebben een kassière[180] en een klant van middelbare leeftijd geraakt en verwond.

De man met de gijzelaar loopt richting de kassa's en de andere twee lopen richting de kluis. De gijzelaar wordt weer op zijn knieën gedwongen met het pistool tegen zijn nek. Hij wordt van kassa naar kassa meegetrokken terwijl hij op zijn knieën zit. Het bendelid loopt erg langzaam en doelgericht. Hij dwingt twee medewerkers het geld uit de elf kassa's te halen. De kassières ontvangen deze boodschap luid en duidelijk; zonder protest of geluid openen ze snel de kassa's en deponeren ze het geld in de tas van de aanvaller. Daarna worden er nog meer schoten afgevuurd.

De twee andere mannen bereiken het kantoor met de kluis aan het einde van de gang.[181] Een man loopt naar binnen, de andere blijft op de gang staan. Met zijn bijl hakt de eerste man de telefoonlijnen door en pakt dan het geld dat op de tafel ligt. Een medewerker wordt gedwongen de kluis te openen en de inhoud wordt in een rode plastic tas gegooid. De overvaller heeft ook een kleine groene tas, waar nog meer geld en cheques in kunnen.[182]

De twee overvallers keren terug naar de kassa's waar de andere man nog steeds de jongen gegijzeld houdt. Ze verlaten de supermarkt en keren terug naar de Golf aan de andere kant van het parkeerterrein. Ze nemen de gijzelaar mee naar de vluchtauto en daar wordt hij uiteindelijk vrijgelaten.[183] Zonder al te grote haast, verlaten ze met de Golf GTI het parkeerterrein. De bendeleden hebben een bedrag van ongeveer 1.200.000 BEF (29.747 euro) buitgemaakt.[184]

De tatoeage

De supermarkt ligt op loopafstand van de herberg "Het Kasteel" waar de bewaker werd geslagen en vermoord in december 1982. Opvallend is dat een van de bendeleden een tatoeage op zijn onderarm heeft, maar dat hij deze niet bedekt. Nochtans neemt de Bende altijd voldoende voorzorgsmaatregelen, zo dragen ze handschoenen om vingerafdrukken te voorkomen. Een van de mannen heeft een opvallende moedervlek, maar het lijkt erop dat deze moedervlek verspringt van plaats en van bendelid tijdens de verschillende overvallen.

De bendeleden opereren voorzichtig en voeren hun acties doelbewust uit, meer dan tijdens de eerste drie overvallen op supermarkten in het begin van 1983 (Delhaize Genval, Delhaize Ukkel en Colruyt Halle). Het is de eerste overval tijdens de eerste golf die meer lijkt op een gestructureerde commando-opdracht dan op een gewapende overval. Deze overval wordt ook wel het oefenrondje genoemd voor de moordpartijen in de supermarkten in 1985. Ze maken gebruik van dezelfde riotgun dat werd gebruikt bij de overval op de Nijvel Colruyt, een kaliber 12 Winchester Western.

Net zoals bij de vorige overvallen maken ze ook hier de telefoons in het kantoor onklaar. Bij vorige overvallen sneden ze hiervoor de telefoonkabels door of rukten ze deze uit de muur, hier vernietigen ze deze met een bijl. Dit is trouwens de enige keer dat ze een bijl bij zich hebben. Het is alsof ze een boodschap voor de politie hebben: "Wij zijn de Bende van Nijvel. Wij nemen de tijd om de telefoonkabels door te hakken met een bijl omdat dat erg belangrijk is voor ons."

De bendeleden zijn misschien krankzinnig, maar ze hadden waarschijnlijk niet de intentie om Vermaelen te vermoorden tot hij een van de aanvallers duwde. Ze hadden hem gewaarschuwd, maar hij bleef duwen. Vermaelen was ook het hoofd van de bewakers van de supermarktketen Delhaize. Degenen die hem kenden vonden hem stoer en meedogenloos.

Losgeld

Na deze aanval komen een aantal supermarktketens, waaronder de Delhaize en de Colruyt, met een dringend verzoek aan de bevolking. Ze vragen om elk stukje informatie dat kan leiden tot de arrestatie van de overvallers mee te delen aan de politie. Er wordt een beloning van 10 miljoen BEF (ongeveer 250.000 euro) uitgeloofd. De volgende tekst verschijnt in de kranten:

> *"Een oproep tot de bevolking:*
>
> *"De directies van de supermarkten en de grootwarenhuizen van België, hevig ontsteld om de wrede moordaanslag op dhr. Freddy Vermaelen, neergeschoten tijdens het uitoefenen van zijn functie, in de hold-up die op vrijdag 7 oktober 1983 werd gepleegd in de Delhaize De Leeuw van Beersel, doen een dringende oproep tot het publiek:*
>
> *Een globale vergoeding van 10 miljoen frank wordt aangeboden aan degenen die inlichtingen verschaffen die bij zullen dragen tot de identificatie en arrestatie van de daders van deze onaanvaardbare aanslag."*[185]

Eerder, direct na de overval op de Colruyt supermarkt in maart 1983 waarbij de winkelmanager ook werd vermoord, loofde de supermarktketen Colruyt een beloning uit van 5 miljoen BEF (ongeveer 125.000 euro) voor informatie die kan leiden naar de daders. Na deze laatste aanval neemt de supermarktindustrie de daden zo serieus dat deze beloning wordt verdubbeld.

Rijkswachtactie

In de tijd tussen de overval op Aux Trois Canards op 1 oktober en de aanval op de supermarkt in Beersel on 7 oktober, stelt de Rijkswacht een geheim team samen om de Bende van Nijvel op te sporen. Op 3 oktober wordt het nieuws naar de leidinggevenden van de Rijkswacht verspreid dat er een geheime missie wordt opgezet waarbij de gebruikelijke methodes en structuren aan de kant worden geschoven. Het team zal ook de veiligheid van de supermarkten controleren en het onderzoek coördineren. Om het zo geheim mogelijk te houden worden zelfs de onderzoeksrechters die op de zaak van de Bende van Nijvel werken niet ingelicht. Op 4 oktober gaat er een telex uit naar de rijkswachtkazernes dat er een eerste nationale teamvergadering zal plaatsvinden op 5 oktober die zal worden geleid door commissaris Maurice Gilbert. De overval op de supermarkt Delhaize in Beersel vindt plaats op 7 oktober.

Meteen na de overval in Beersel ontdekt de Rijkswacht van Bergen dat de overvallen van 1983 in Genval, Ukkel en Halle met elkaar te maken hebben. Omdat commandant Claude Dery de wapendeskundige van de Rijkswacht was, belt Gilbert hem op. Gilbert wist niets af van de Ruger in de rijkswachtkazerne van Bergen. Hij wist helemaal niets van het contact tussen Bergen en Halle. Het enige waarvan hij op de hoogte was in Bergen, was de zaak Angelou, waarbij de taxichauffeur in januari 1983 teruggevonden werd in de koffer van zijn taxi. De eigenaar van de Ruger, Estiévenart, op dat moment in de gevangenis, wordt vrijgelaten en nauwkeurig in de gaten gehouden. Op 10 oktober informeert commandant Dery, die de leiding heeft over de afdeling ballistiek bij de Rijkswacht, een andere rijkswachter in Bergen dat er een overeenkomst is gevonden met betrekking tot de Ruger. Het wapen was gebruikt tijdens de overval van de Delhaize in Genval door de Bende van Nijvel in februari 1983.

ONTDEKKING VAN BEERSEL

Vier dagen na de aanval op de supermarkt in Beersel vertelt een onbekende getuige dat de Bende van Nijvel de achterbank van de Golf op het parkeerterrein heeft achtergelaten tijdens de overval. De man was getuige van de overval en probeerde de Bende te achtervolgen toen de Golf wegreed. Hij verloor de auto echter uit het zicht en hij keerde terug naar de supermarkt waar hij de achterbank zag. Hij was vroeger een personeelslid van de Volkswagenfabriek en kon zo vertellen dat het patroon op de achterbank alleen maar werd gebruikt bij de rode uitvoering van de Golf GTI. Dat betekende dus dat de Bende de rode Golf zwart had gespoten. Het verband met de overval op Aux Trois Canards in oktober was meteen duidelijk.

De politie keert terug naar het parkeerterrein en daar wordt inderdaad de achterbank gevonden. De bank wordt onderzocht en de haren die worden gevonden komen overeen met de haren van de hond van de eigenaar van het restaurant. Na de aanval in Beersel van 7 oktober betreden onderzoekers het terrein en sluiten dit af voor het publiek. Gedurende de hele nacht wordt het parkeerterrein door de gerechtelijke politie, de Rijkswacht, onderzoeksrechters en forensische onderzoekers onderzocht en ook wordt de hele omgeving uitgekamd. Niemand had eerst de achterbank opgemerkt, zelfs de vuilnismannen van de Delhaize niet.

Er wordt gespeculeerd dat het anonieme telefoontje van een van de bendeleden afkomstig was. Tijdens het telefoontje werden er immers details gegeven die alleen de aanvallers konden weten. Daarnaast was de bank in het bezit van de Bende van Nijvel en werd die pas een paar dagen later achtergelaten voor de onderzoekers. Hoe dan ook, we weten dat de Bende de bank achtergelaten heeft en dat ze daar een goede reden voor gehad moeten hebben. Het achterlaten van zo'n achterbank is geen spontane actie. De bank weegt een paar honderd kilo en is moeilijk te verplaatsen. Het feit dat de bank achtergelaten werd voor de politie, was niet typisch voor de werkwijze van de Bende van Nijvel.

De Bende van Nijvel was er opzettelijk op uit om het verband te maken tussen de overval op Aux Trois Canards en de overval op de supermarkt in Beersel. De onderzoekers vragen zich af wanneer de Bende dat precies wilde doen: meteen toen ze het parkeerterrein opgereden kwamen of pas later toen ze de bank achterlieten en het anonieme telefoontje gepleegd werd. Het meest voor de hand liggende is dat de overval op Aux Trois Canards helemaal uit de hand is gelopen. Aanvankelijk was de Bende niet van plan om Van Camp te vermoorden, maar alleen om de Porsche te stelen. Toen Van Camp tegenwerkte, werd hij echter door de Bende vermoord. Er werd maar een keer geschoten en niet meerdere keren van dichtbij zoals bij de andere slachtoffers wel het geval was. De bendeleden hadden hem uit de weg geruimd en achteraf realiseerden ze zich dat ze er een boeltje van gemaakt hadden.

Het hele land is op de hoogte van het bestaan van de Bende van Nijvel en experts komen met forensische bewijzen dat er een verband bestaat tussen de verschillende aanvallen. De enige aanval die niet in het rijtje thuishoort is de aanval op Aux Trois Canards. Op dat ogenblik geloven de onderzoekers dat de 7.65 mm gebruikt werd om te moorden in Nijvel en bij de overval op Aux Trois Canards. De Bende van Nijvel weet echter dat dit niet het geval is. Het is slechts een kwestie van tijd voor de onderzoekers hierachter zullen komen. Misschien beslissen de onderzoekers een afzonderlijk onderzoek te voeren naar de overval op Aux Trois Canards? De Bende is niet blij met de gedachte van een apart onderzoek naar deze aanval. Is het mogelijk dat ze wisten dat de politie dichtbij een arrestatie zat? Toevallig had commandant Claude Dery pas een dag ervoor ontdekt dat de Ruger was gelinkt aan de Bende van Nijvel. De enige aanval waar de Ruger niet indirect mee verbonden kon worden, was bij de moord in het restaurant Aux Trois Canards. Als dit is wat er gebeurde, zijn de dode manager en de twee gewonden in de Delhaize in Beersel slachtoffers van een duister plan.

Het opmerken van de Golf

In november 1983 wordt de Volkswagen Golf van Van Camp een aantal keer opgemerkt in de buurt van Namen. Namen valt buiten het operatiegebied van de Bende van Nijvel. Opmerkelijk is dat de sticker met "I love Australia" niet werd verwijderd. Het is vreemd dat de gestolen auto overspoten werd, maar dat de sticker niet werd verwijderd.

De eigenaar van een garage merkt de auto op, zo'n 5 kilometer van het Bos van Hourpes. De Golf werd overgespoten en de achterbank werd verwijderd. Een lange man die gewond lijkt, zit op de achterbank. Zijn been wordt recht gehouden met een spalk.[186]

De Bende van Nijvel komt uit Elsene, maar toch proberen ze zo vaak mogelijk gezien te worden in andere delen van het land, tenzij ze denken dat het overspuiten van de Golf voldoende is om niet herkend te worden en dat ze hiervoor de enorme "I love Australia" sticker niet hoeven te verwijderen.

De Borains

Pas op 23 oktober 1983 ontdekt onderzoeksrechter Guy Wezel, die de leiding heeft over het onderzoek naar de overvallen in het begin van 1983, het verband tussen de Ruger en de Bende van Nijvel. Hij is met stomheid geslagen. Waarom heeft hij niet eerder gehoord over dit wapen dat uit het niets opgedoken lijkt te zijn? De pers beschrijft het als het wapen dat "uit de lucht is komen vallen." Wezel ontdekt dat de bevindingen uit het ballistisch onderzoek van commandant Claude Dery kloppen en dat er een verband bestaat tussen de kogels die zijn afgevuurd tijdens de overvallen in de omgeving van Brussel en de Ruger die opduikt tijdens een echtelijke ruzie in de Borinage.

Het is dezelfde Ruger die door de Borain Jean-Claude Estiévenart op café werd aangekocht van Michel Cocu in april 1983 en later door zijn ex-vrouw De Bruyne aan een sociaal werker werd gegeven. Hoe het wapen uiteindelijk terecht is gekomen bij ballistisch expert Dery is een heel ander verhaal. De details zijn saai, maar erg belangrijk. Op 25 mei 1983 brengt De Bruyne de Ruger naar haar sociaal werker die het vervolgens inlevert op het rijkswachtkantoor in Colfontaine. Ze geeft ook de ammunitie voor de Ruger af en twee nummerplaten die in de auto van Estiévenart lagen. Waarom ze ook deze nummerplaten meenam en inleverde is onbekend.

Op 26 mei wordt agent Beduwe van het rijkswachtkantoor in Bergen ingelicht over de Ruger op het bureau in Colfontaine. Beduwe gaat zelf het wapen ophalen. Hij weet niet precies meer wie hem vroeg om het pistool op te halen. De Bruyne dient even later een officiële klacht in tegen haar man en Beduwe is hierbij. Beduwe neemt het pistool niet meteen mee.

Rond 28 mei keert Beduwe terug naar het bureau in Colfontaine. Hij neemt de Ruger mee, samen met een dozijn kogels en de nummerplaten. Hij geeft alles af op het kantoor in Bergen. Onderzoeksrechter Guy Wezel zegt dat De Bruyne onder druk gezet werd door de Rijkswacht van Bergen om het wapen van Estiévenart af te geven in Colfontaine.[187]

De Rijkswacht van Bergen doet onderzoek naar de nummerplaten en ontdekt dat deze zijn gestolen in Enghien, waar een overval plaatsvond in een casino. In eerste instantie was de Rijkswacht van Bergen niet geïnteresseerd in de Ruger. Het wapen werd nooit geregistreerd en ligt in het rijkswachtkantoor in Bergen. Op 4 juli gaat agent Beduwe met vakantie en geeft hij het wapen af aan agent Daniel Choquet. Op het bureau van Bergen was algemeen bekend dat Choquet een informant had in de vriendenkring van Estiévenart. Choquet krijgt de opdracht om uit te zoeken of er ooit eenzelfde soort wapen is afgevuurd en zo ja, om het ballistisch onderzoek in handen te krijgen. Volgens Beduwe: "Ik heb hem het wapen gegeven zodat hij verder kon met zijn onderzoek. Ik heb hem gezegd dat als het onderzoek positief was, hij een expertise moest aanvragen bij het substituut in Bergen."[188]

Wat Beduwe doet is omwille van een aantal redenen ongebruikelijk. Er staan in het politieregister een heleboel andere wapens geregistreerd. Waarom deze ene Ruger onderzoeken en niet alle andere wapens? Estiévenart was nog nooit gearresteerd. En waarom geeft hij het aan Choquet? Amory werkt voor Beduwe en ook hij heeft een informant die geïnfiltreerd is in de vriendenkring van Estiévenart en dit zelfs al veel langer dan de informant van Choquet. Informant Mohammed Asmaoui had onderzoek gedaan naar de verkoper van de Ruger, Cocu, en naar de koper van de Ruger, Estiévenart en anderen. In feite was Amory's informant Choquets informant, Kaci Bouaroudj, aan het bespioneren!

Asmaoui hield Amory op de hoogte van de acties van Bouaroudj die mensen probeerde te ronselen voor een aantal overvallen nabij Brussel. De mensen aan wie hij dit vraagt, maken deel uit van de vriendenkring van Estiévenart en Cocu. Later geeft Bouaroudj een trotse Choquet alle details. Maar het bureau in Bergen was al op de hoogte. De informant van Amory, Asmaoui, had meegeholpen met de voorbereidingen voor de overvallen in Brussel: "Ik deed mee om zo Coulon en Amory in te lichten."[189] Daarnaast was de beginnende agent Choquet pas 26 jaar oud. Hij werkte pas achttien maanden op het bureau. Hij was niet zo goed op de hoogte van de lopende onderzoeken en was nog steeds aan het bijleren.

Nadat agent Choquet de Ruger in zijn bezit krijgt, blijft het wapen een paar dagen in zijn lade liggen. Wanneer hij uiteindelijk met de Ruger aan de slag gaat, onderzoekt hij of er in de buurt van Brussel ooit een kaliber .38 Special werd afgevuurd tijdens andere misdaden. Hij ontdekt dat er een .38 Special werd afgevuurd bij de Delhaize in Halle. Het is een aanval van de Bende van Nijvel, maar daar is hij, net zoals de rest van België, niet van op de hoogte. De overval wordt op dat ogenblik beschouwd als een typisch geval van een uit de hand gelopen overval. Choquet zoekt contact met de rijkswachtkazerne in Halle voor meer informatie. Op 10 juli ontvangt Choquet de details van het bureau.[190] Hij stuurt de Ruger naar het schietlabo van de lokale gerechtelijke politie voor onderzoek en vertelt erbij dat het hier gaat om een zaak in verband met een overval waarbij van Estiévenart en zijn vriend Jean-Louis Dramaix betrokken zijn. Waarom hier de naam van Jean-Louis Dramaix is genoemd, blijft onduidelijk. Dramaix zal later worden gelinkt aan het losse netwerk van de Borains.

Er worden twee referentieschoten gelost met de Ruger en de ammunitie van Estiévenart. Een kogel met huls blijft in het labo en de andere wordt teruggegeven aan Choquet.

Op 19 juli is Choquet ervan overtuigd dat er overeenkomsten zijn met de kogels die zijn afgevuurd in Halle, ondanks het feit dat de ammunitie die is afgevuurd in Halle en die in het labo verschillend zijn. Op 20 juli rijdt Choquet naar de rijkswachtkazerne in Halle voor een ballistische expertise. Hij geeft de Ruger en de ammunitie af aan de ballistisch expert Claude Dery. Ondertussen wordt Choquet geïnformeerd over verdachte connecties tussen een wapen dat is afgevuurd in Halle en de incidenten in Genval en Ukkel. Op 22 juli vraagt Choquet aan Dery voor bijkomende ballistische vergelijking van Genval en Ukkel met de Ruger. Deze verzoeken werden echter nooit officieel genoteerd in een verslag. Wanneer Dery klaar is met zijn onderzoek, geeft hij de kogels en de Ruger terug aan Choquet. Dan bekijkt commandant Dery de resultaten en vertelt hij de gerechtelijke politie dat de resultaten negatief zijn en dat er geen overeenkomsten zijn met de Ruger van Estiévenart.[191]

Op 14 augustus gaat Choquet met vakantie. Hij overhandigt de Ruger en de ammunitie weer aan Beduwe. Terwijl Choquet op vakantie is, wordt de Ruger weer naar Halle gestuurd voor onderzoek. Halle ontvangt de Ruger op 29 augustus. Volgens Amory: "Ik ontdekte het wapen per toeval en ik heb het parket op de hoogte gebracht, want het kon een wapen zijn dat gebruikt werd bij een misdaad."[192] Het feit dat Amory een goede vriend was van Bouhouche en dat Dery nauw samengewerkt had met Bouhouche en een vriend van hem, zorgt na de feiten dat de hele zaak de indruk geeft dat het om een enorm belangenconflict gaat. Wanneer Bouhouche later als verdachte wordt beschouwd in de zaak, zorgt dit ervoor dat de Ruger onbruikbaar wordt bij de vervolging van andere verdachten.

Wanneer Choquet op 31 augustus terugkeert na zijn vakantie, ontdekt hij dat de Ruger terug is bij Dery, in Halle. Op 10 oktober, net na de aanval op de Delhaize in Beersel, vertelt Dery aan Choquet dat de Ruger een match is.[193] Deze resultaten waren negatief toen de Ruger de eerste keer naar Dery gezonden werd om getest te worden in de rijkswachtkazerne in Halle. Maar nu, maanden later, nadat de Ruger voor de tweede keer naar Dery werd gestuurd, veranderen de resultaten. Nu is het resultaat positief.

De leidinggevenden in Bergen komen dit pas te weten nadat ze op 17 oktober het rapport ontvangen van Dery. Onderzoeksrechter Wezel, die hiervan niet op de hoogte was gebracht, ontdekt later dat Francesco Nardella, een kennis van Estiévenart, al eerder afgeluisterd werd. Niemand weet wie deze opdracht had gegeven of waarom. Net zoals Dramaix wordt Nardella beschouwd als één van de Borains. Het is vreemd dat zijn naam zo vroeg in het onderzoek opduikt. Er wordt op 17 oktober een crisisteam van de regio Brabant opgeroepen voor een intern onderzoek. Dit team bestaat uit twee mannen van de Rijkswacht van Bergen: rijkswachter Raymond Grandhenri, die niets van de zaak afweet, en Choquet.

Beiden wordt verteld dat ze binnen twee dagen een lijst moeten opstellen van verdachten die onder toezicht moeten worden gehouden door het team van het SIE. Omdat Grandhenri helemaal niets afweet van de zaak, krijgt Choquet hulp van Amory bij het opstellen van de lijst. Er bestaat geen politierapport van deze gebeurtenis; niets werd ooit genoteerd. Alles werd geheimgehouden.

Verschillende medewerkers van verschillende politiebureaus kregen te maken met de Ruger. Alle onderzoeken gebeurden informeel. Er werden geen gegevens genoteerd van de inbeslagname of het in bezit hebben van de Ruger. Alle vaste procedures werden genegeerd. Niemand kon meer achterhalen wie de Ruger in handen had gehad en wanneer. De Ruger zwierf nog twee maanden doorheen het land voor het wapen uiteindelijk officieel volgens de standaard protocollen in het wapenregister belandde.

Nadat de lijst werd opgesteld, worden de vrienden van Estiévenart in de gaten gehouden door het SIE. Volgens het protocol moet het dossier eerst afgegeven worden bij de onderzoeksrechter, die dan op zijn beurt een besluit neemt over hoe en wanneer men in actie moet komen. Dit protocol werd echter nooit gevolgd. De Rijkswacht van Bergen bemoeit zich met de surveillance en Amory werkt hier actief aan mee.[194] Na toezicht van langer dan een week, wordt de beslissing genomen om een inval te doen bij de Borains. Volgens de Rijkswacht van Bergen hebben ze gehandeld omdat het team van het SIE niets bijzonders kon vinden. Een andere verklaring kan zijn dat Estiévenart had opgemerkt dat hij in de gaten werd gehouden.

Er bestonden niet eens documenten voor de aanvraag van het ballistisch onderzoek van de Ruger, wat de aanleiding van het hele verhaal was! Voor er een inval kan gebeuren, wordt er door Choquet op 26 oktober een rapport geschreven. Uiteraard moet hij een andere datum vermelden in dit rapport. De datum die hij vermeldt is 20 juli, de datum van zijn eigen verzoek aan Dery wat later negatief bleek te zijn. Maar eigenlijk werd het onderzoek aangevraagd op 29 augustus, terwijl Choquet op vakantie was. Iemand anders binnen de Rijkswacht van Bergen heeft de aanvraag naar Dery verzonden, met de positieve resultaten meer dan een maand later als gevolg. Op 27 oktober, de dag nadat Choquet het rapport heeft geschreven, wordt er bij de Borains binnengevallen.

Op 29 oktober wordt Estiévenart gearresteerd. Amory uit Bergen neemt deel aan deze arrestatie. Het is duidelijk waarom Estiévenart wordt gearresteerd; hij was immers in het bezit van de Ruger. Daarnaast wordt vreemd genoeg ook Josiane De Bruyne gearresteerd, de mishandelde ex-vrouw van Estiévenart. Blijkbaar was het feit dat zij degene was die het wapen weggehaald had bij haar drinkende ex en het naar de Rijkswacht gebracht had geen reden om haar niet te verdenken. Uiteindelijk werd Cocu, degene die het wapen aan Estiévenart had verkocht, persoonlijk door Amory gearresteerd.[195] Hij had de Ruger in 1979 legaal aangekocht bij een wapenhandelaar. Volgens de Rijkswacht in Bergen was Cocu de leider. Omdat niet kon worden vastgesteld wie het wapen in zijn of haar bezit had op het moment dat de schoten werden gelost, wordt iedereen gearresteerd.

Cocu wordt opgesloten en ondervraagd. Ooit was hij politieagent in een klein plaatsje in de Borinage. Niet lang daarna werd zijn vrouw ziek en verloor ze haar baan. De familie kon niet leven van één salaris en kreeg het bijzonder moeilijk. Om aan extra geld te komen raakte Cocu betrokken bij een fraudezaak. Hij werd gearresteerd en ontslagen als politieagent. Hij solliciteerde bij het Franse vreemdelingenlegioen, maar werd geweigerd vanwege hartproblemen. Daarna leefde hij van uitkeringen en diverse baantjes. Al op de middelbare school had Cocu leerproblemen, hij moest elk jaar overdoen en geraakte dus nooit aan een diploma. Hij had het dan ook moeilijk om een vaste baan te vinden.

De Rijkswacht is er heilig van overtuigd dat ze de man opgepakt hebben die de Ruger gebruikt heeft in Halle en Genval en Cocu wordt stevig onder druk gezet. Volgens advocaat Jean-Paul Moerman, werden Cocu en de andere Borains "soms gedurende 35 uur aan één stuk werden ondervraagd".[196] Op 16 november kan hij de druk niet meer aan, hij vertelt alles wat de politie wil weten en hij bekent. Volgens Cocu: "Ik wilde dat ze me met rust lieten. Ik was bereid om alles te zeggen wat ze maar wilden horen. Je kunt het je waarschijnlijk niet voorstellen, maar als je dag en nacht wordt ondervraagd, dan weet je gewoon niet meer wie je bent. Je bent fysiek en geestelijk kapot. Je hoort vragen, echo's van vragen, en je ziet ondervragers, de schimmen van ondervragers. En je hebt er alles voor over te kunnen slapen."[197]

Net zo snel als hij heeft bekend, ontkent Cocu weer alles. Dit is de eerste van vele bekentenissen en ontkenningen. Telkens hij bekent, wordt hij onder druk gezet om details te vertellen. Wie? Hoe? Waar? Volgens Cocu: "Maar nee, ik heb nooit een verhaal verteld. Ik hoefde zelfs niks te verzinnen, dat deden zij wel voor mij. Zij stelden vragen, ik antwoordde met ja en nee, en aan de hand daarvan schreven zij de kroniek van de Bende van Nijvel. Maar als je die Pv's las, dan leek het alsof zij de hele tijd naar mij hadden zitten luisteren, dat ik zovéél had verteld dat ze me niet eens hadden durven onderbreken."[198]

Als men de bekentenissen goed naleest, merkt men al gauw een probleem. Allereerst wordt Cocu door de politie woorden in de mond gelegd, of deze nu waar zijn of niet. Volgens Moerman: "Er werden hen verklaringen dat Michel Cocu bekende een slachtoffer met een kogel van kal. 7.65 te hebben afgemaakt. De wetsdokter had dat inderdaad in zijn verslag geschreven, maar achteraf bleek dat hij zich vergist had!"[199]

Ten tweede zijn de bekentenissen van Cocu niet logisch. Laat ons even de zaak van de overval op de Colruyt in Nijvel nemen als voorbeeld. Cocu bekent dat hij de bestuurder was van de BMW 520. Er was echter nooit een BMW 520 bij deze zaak betrokken. Cocu zegt dat hij daar is met zijn vrienden uit de kroeg, Vittorio, Baudet, Dramaix en Bouaroudj, de informant van rijkswachter Choquet, om in te breken bij de achterkant van de winkel. Dat zijn vijf verdachten, en dat is meer dan wat ooggetuigen beschreven. Maar er is meer: Cocu zegt ook dat ze een bruine Peugeot 604 gebruikten in de buurt van de Colruyt en dat deze bestuurd werd door Nardella, de zesde verdachte. Ook van een Peugeot 604 is er in deze zaak nooit sprake geweest.

De enige auto die door de Bende van Nijvel werd gebruikt om bij de Colruyt te komen was de Saab Turbo. Wie bestuurde deze auto? Volgens

Cocu zaten er in de Saab vier andere "gevaarlijke" mannen. Cocu geeft echter nooit de namen van deze personen. Dus dat maakt een totaal van tien daders die de olie en de koffie stalen, en rondhingen aan de achterkant van de supermarkt. Onderzoeksrechter Jean-Claude Lacroix, die later bij de zaak van de Borains betrokken raakte, legt uit hoe men omgaat met bekentenissen: "Zo werden er voor de feiten van Colruyt-Nijvel 41 verklaringen van bekentenissen opgesteld voor 3 beschuldigden; ze bevatten flagrante onjuistheden die werden geakteerd en niet werden rechtgezet."[200]

Daarnaast spraken ze elkaar ook allemaal tegen.[201]

Maar de details zijn niet meer zo belangrijk. De onderzoekers beweren dat ze alle leden van de Bende van Nijvel hebben gevonden. Volgens Cocu: "Ze wilden namen? Oké, ik gaf ze namen. Namen van mensen ik kende : van hier uit de buurt, van in de cafés waar ik kwam. Ik wilde dat het ophield. Ik wilde slapen."[202] De namen die Cocu laat vallen zijn van arme, zieke, niet-geschoolde mensen zonder baan. Geen van deze mensen spreekt goed Frans, ze praten allemaal in een Waals dialect.

Ondanks dit alles, leidt de bekentenis van Cocu tot de arrestatie van Baudet, Bouaroudj, Vittorio en enkele anderen. Ze worden allemaal aan een uitgebreid verhoor onderworpen. Michel Baudet heeft de school verlaten toen hij veertien was en woont nog bij zijn moeder. Een psychiater stelt vast dat hij een laag IQ heeft en dat hij erg beïnvloedbaar is. Kacy Bouaroudj is nooit naar school gegaan en kan niet lezen of schrijven. Adriano Vittorio lijkt op een sumoworstelaar en heeft een lichamelijke ongeschiktheid van zeventig procent. Hij is niet in staat om te rennen en kan geen enkele krachtsinspanning verrichten. Hij woont in een woonwagenpark dicht bij de Franse grens. Het feit dat deze zwaarlijvige man met astma en een slechte conditie nooit voorkwam in de getuigenbeschrijvingen van leden de Bende van Nijvel leken de onderzoekers niet zo belangrijk te vinden. Daarnaast heeft hij een gespleten gehemelte en ook hiervan is nooit sprake geweest in beschrijvingen van de bendeleden.

Bij de ondervraging van de mannen wordt dezelfde techniek gebruikt als bij Cocu. De mannen ontkennen, waarna de politie de druk opvoert. Daarop volgt een bekentenis en de onderzoekers verlagen de druk. Ten slotte wordt de verklaring ingetrokken. En dan begint het allemaal van voorafaan. Volgens Cocu: "Al mijn bekentenissen zijn onder bedreiging en in een toestand van totale uitputting tot stand gekomen." Maar het duurt nooit lang: "Als ik me de volgende dag realiseerde wat ik verteld had, wou ik mijn verklaringen intrekken. Maar men luisterde niet meer naar me."[203] Baudet beweert dat hij werd geslagen terwijl er een plastic zak van de Delhaize over zijn hoofd was getrokken.[204] Estiévenart beweert dat hij alleen gelaten werd, naakt, op de grond met zijn handen op zijn rug gebonden en dat gedurende drie dagen. Zonder pauzes om naar het toilet te gaan, had Estiévenart geen andere keuze dan zo zijn behoefte te doen.

Wanneer onderzoeksrechter Wezel de Borains ontmoet in de gevangenis is hij ontzet over hoe de mannen eruitzien; ze lijken "compleet groggy". Wezel meldt zijn verdenkingen over de aard van de ondervragingen bij zijn leidinggevenden.[205]

De Borains maken een hele reeks van officiële bekentenissen die ze dan nadien weer intrekken. Buiten de Ruger, die onbruikbaar werd als bewijsmateriaal, en de ingetrokken bekentenissen, slagen de onderzoekers er niet in om ook maar één tastbaar bewijs te vinden. Daarnaast is er nooit een getuige geweest die ook maar een van de verdachten heeft gezien tijdens de aanvallen. Sommige van de Borains worden tot in 1985 vastgehouden, en als ze worden vrijgelaten is dat in afwachting van hun proces.

Hoofdstuk 14

Juwelier in Anderlues (1 december 1983)[206]

Donderdag 1 december, 18.40 uur. De duisternis valt over de winkelstraat van het kleine plaatsje Anderlues. De winkel van juwelier en klokkenmaker Szymusik sluit om 19 uur. De familie die de twee bedrijven runt, woont in het winkelpand. Het is een typische doordeweekse avond. De twee dochters, de 16-jarige Sylvie en de 12-jarige Carine, maken boven hun huiswerk. Moeder Maria Krystina Szymusik is in slaap gevallen op de bank in de woonkamer, de lichten in de woonkamer zijn uit. Haar man Jean Szymusik is aan het werk in de werkplaats achter in het gebouw. Er bevindt zich niemand in de winkel, die bijna wordt afgesloten voor de nacht.

Als de voordeur wordt geopend, rinkelt de bel van de winkel. Drie leden van de Bende van Nijvel lopen de juwelierswinkel binnen. Ze dragen geen maskers of handschoenen. Een van hen draagt een kaki vest en heeft erg kort blond haar. Een andere man draag een groene loden jas, de derde man loopt mank. In de donkere woonkamer die door een schuifdeur van de winkel gescheiden wordt, schrikt Maria Krystina op uit haar slaap. De mannen trekken de bewakingscamera's los die beelden doorsturen naar een monitor achterin de werkplaats.

Maria Krystina opent de schuifdeur, ziet de drie gewapende mannen en draait zich om zodat ze naar de achterkant van het huis kan rennen. Ze komt tot halverwege de woonkamer, waarna ze wordt neergeschoten door een van de bendeleden. Terwijl Maria Krystina naar de keuken probeert te kruipen, wordt ze door nog meer kogels in het bovenlijf en de benen geraakt. De bendeleden lopen op haar af en doden haar met twee kogels in het hoofd.

In de werkplaats, aan de andere kant van het gebouw, hoort de juwelier de schoten. Jean grijpt naar zijn Arminius .38 wapen. Hij opent de deur van de werkplaats die uitkomt in de keuken. Hij ziet een van de bendeleden al knielend over het lichaam van zijn vrouw gebogen, klaar om nogmaals te schieten. Jean schiet op de moordende indringer, maar mist. Een van de bendeleden zoekt dekking en schreeuwt in het Frans: "Schiet, kom op, schiet!"[207]

Jean wordt geraakt door een kogelregen en valt op de grond. Een van de bendeleden loopt op hem af en schiet twee kogels door het hoofd. Vervolgens pakt hij de Arminius .38 uit de handen van de juwelier.

Bij deze overval nemen de bendeleden goedkope klokken, horloges en kettingen mee die zomaar voor het grijpen liggen. Ze proberen niet om de uitstalkasten met de duurdere juwelen te openen. De Bende vertrekt met de gestolen Golf GTI en rijdt in de richting van het Bos van Hourpes, aan de rand van Anderlues. Een van de mannen heeft nog steeds het wapen van de juwelier bij zich.

Klokken en ballistiek

Een gebruikelijke misvatting in de verhalen over de winkel die werd overvallen in Anderlues is dat het een typische juwelierswinkel was. De winkel wordt echter beter omschreven als een klokkenwinkel waarin ook juwelen worden verkocht. De klokken worden prominent in de toonzaal tentoongesteld. De eigenaar begon de winkel als klokkenmakerij en breidde die later uit met juwelen. De broer van Jean verklaarde: "Wij waren arm en mijn broer herstelde horloges en wekkers. Hij kreeg een goeie reputatie en kon zich opwerken en zelf een winkel beginnen."[208]

Terwijl andere juwelierszaken gebruik maakten van een systeem waarbij de klanten moesten aanbellen om toegang te krijgen tot de winkel, hadden de Szymusiks niet eens een elektrische bel. Ze waren bang dat de mensen hierdoor niet meer naar binnen zouden komen en de verkoop zou verminderen.

Het is mogelijk dat de Bende van Nijvel er niet op uit was om de Szymusiks te vermoorden. Als Maria Krystina niet in de donkere woonkamer had liggen slapen, hadden de bendeleden gewoon naar binnen kunnen lopen om mee te nemen wat ze wilden. Jean was immers in de werkplaats aan het werk en zou zich pas later gerealiseerd hebben dat er ingebroken was. Wanneer Maria Krystina in de winkel komt, twijfelen de bendeleden echter geen moment om haar te vermoorden. Ze zijn even meedogenloos voor Jean die vanuit de werkplaats met zijn wapen in de hand komt aanrennen.

Er worden in totaal vijftien kogels afgevuurd tijdens de overval. Ballistisch onderzoek wijst uit dat de Bende vijf verschillende wapens gebruikte. Er kan van uitgegaan worden dat elke overvaller twee wapens bij zich had, net zoals tijdens de overval in Nijvel. Ze gebruikten de Colt .45 die was gebruikt en afgeschoten in Nijvel, het 7.65 mm pistool dat was gestolen van de politieagent in Nijvel en dat ook gebruikt werd in het restaurant Aux Trois Canards in oktober en de Magnum .357 Magnum revolver die werd gebruikt tijdens zowel de overval op de Delhaize in Genval in februari als tijdens de overval op de Colruyt in Nijvel in september. De twee fatale schoten in Maria Krystina's hoofd werden afgeschoten met dezelfde .22 LR die de Bende van Nijvel gebruikt had om vijf andere mensen te vermoorden.

Blijkbaar wist de Bende niet dat de dochters van de juwelier zich op de eerste verdieping bevonden. Of als ze zich daar wel van bewust waren, dan waren ze niet ongerust over het feit dat de twee meisjes getuige zouden zijn van de dubbele moord op hun ouders. De 16-jarige dochter Sylvie was inderdaad getuigen van de moord op haar vader. Wanneer ze het lawaai hoorde dat veroorzaakt werd door de moord op haar moeder, kroop Sylvie stilletjes naar de bovenkant van de trap en keek naar beneden. Ze ziet hoe haar vader wordt neergeschoten. Geschokt neemt ze haar kleine zusje mee naar de slaapkamer en de twee meisjes verstoppen zich daar. De krankzinnige moordenaars merken hun aanwezigheid niet op.

Er worden twee moorden gepleegd voor een buit van niets. Wanneer de onderzoekers op de plaats delict aankomen is er zo weinig weg, dat ze zelfs niet merken dat er iets gestolen werd. Er is een uitgebreid administratief onderzoek nodig om te achterhalen wat er precies werd meegenomen. Bij het vergelijken van de aanwezige items met de inventaris van de winkel, komen ze erachter dat de dieven slechts enkele klokken, horloges en goedkope kettingen hebben meegenomen. Ondanks dat ze hier voldoende tijd voor hadden, namen de bendeleden geen waardevolle zaken mee. Misschien hadden ze toch haast of misschien hadden ze helemaal geen verstand van juwelen. De overvallers hebben ook niet geprobeerd om het geld te pakken uit de kassa.[209] De opbrengst van deze overval was dus vrijwel nihil.

De aanval op deze kleine klokkenmaker en juwelier in Anderlues zou de onderzoekers het bewijs moeten leveren dat de Borains, die op dat ogenblik vastzitten, niet verantwoordelijk zijn voor de gewelddadige overvallen. Is dit immer niet het bewijs dat zij niet de Bende van Nijvel zijn? Maar de onderzoekers zien het zo niet. Integendeel, ze beschouwen het juist als een bewijs dat de Borains andere handlangers hebben, die nog vrij zijn en die hen uit de cel proberen te krijgen. Er wordt gespeculeerd dat de overval in Anderlues een plan was om de Borains van een alibi te voorzien. Sommige onderzoekers zijn bang voor nog meer gewelddadige aanvallen omdat er zo weinig buitgemaakt was. Ze denken dat er nog meer overvallen zullen volgen om de Borains van geld te voorzien. Maar waarom zouden de daders in Anderlues enkel waardeloze, grotere voorwerpen stelen, wanneer ze meer dan genoeg tijd en mogelijkheid hebben om kleinere, gemakkelijk draagbare voorwerpen mee te nemen die veel waardevoller zijn?

Diamanten en bloedgeld

Omdat de overvallers geen waardevolle zaken hebben meegenomen, werd er algauw vermoed dat er misschien meer aan de hand was. Szymusik zou betrokken zijn geweest bij een illegale handel. Tussen Antwerpen en Milaan zouden goud, juwelen en diamanten via Zwitserland vervoerd zijn.[210] Juweliers in België zouden gedwongen zijn om mee te werken met de Italiaanse maffia, die de leiding had over dit hele netwerk. De theorie was dat als Szymusik zich niet aan de regels zou houden, hij als voorbeeld zou worden gebruikt door de maffia voor andere leden. Er bestaat echter maar mager bewijs voor deze theorie. De enige piste die gevolgd kan worden is dat Szymusik zich bedreigd voelde en daarom een wapen had gekocht.[211] Als deze theorie zou kloppen, dan blijft nog steeds de vraag waarom professionele moordenaars het riskeerden om ook een tweede slachtoffer te maken, namelijk de vrouw van hun doelwit.

WESTLAND NEW POST

In 1990 wordt er beweerd dat leden van Westland New Post betrokken waren bij de overval op de juwelierszaak in Anderlues. Hiervoor werd echter nooit concreet bewijs geleverd. Naarmate de WNP bekender wordt en de leden naar voren komen, worden er een aantal connecties ontdekt tussen de slachtoffers van de Bende en de WNP. Zo had iemand uit de entourage van de WNP ooit samengewerkt met zowel het slachtoffer van de aanslag op de herberg "Het Kasteel" in december 1982 als met de taxichauffeur die in januari 1983 in Bergen vermoord teruggevonden werd in de koffer van zijn taxi. Een van de leden van de WNP was in het bezit van een soortgelijk kogelvrij vest zoals deze die gestolen werden uit de fabriek Wittock, maar later zou blijken dat hij dit vest legaal had aangekocht. In 1989 verklaart een van de leden van de WNP dat hij gevraagd werd om het kentekennummer op te schrijven van de Volkswagen Golf en dit te geven aan iemand anders die bij de WNP betrokken was. De man beweert dat dit hetzelfde kentekennummer was als dat van de overgespoten Golf die in oktober 1983 gestolen werd bij Aux Trois Canards. De onderzoekers vinden echter niets concreets en blijven met lege handen achter.

BOS VAN HOURPES

De Bende van Nijvel verlaat de juwelier met de gestolen Golf en rijdt in de richting van het Bos van Hourpes. Ze laten de Golf achter en steken deze in brand. Volgens een aantal bronnen lieten ze een aantal klokken en juwelen achter in de auto.

DE OVERGESPOTEN GOLF

De bendeleden rijden met de Golf naar een plek waar ze eerder een andere auto hebben achtergelaten in juni 1983, de Golf die gestolen werd in Lasne. De achterbank werd eerder al uit deze tweede Golf gehaald en achtergelaten op de parkeerplaats van de Delhaize in Beersel. De nummerplaat van de Golf was een kopie van een andere Golf afkomstig uit Elsene. Er is niet bekend of ze van plan waren de auto te verbranden of dat dit impulsief gebeurde.

Als het niet gepland was, dan was het doordat ze zich betrapt voelden en bang waren dat politie-eenheden naar hen op zoek waren. Ze zijn niet zo bekend met de wegen hier zoals ze dat zijn in Brabant of in Brussel. Men speculeert dat ze óf naar een andere vluchtauto op weg waren óf naar een onderduikadres dicht in de buurt.

GEHEIM TRAININGSKAMP

Marcel Barbier, het lid van de Westland New Post dat de dubbele moord in de Herdersliedstraat van april 1982 heeft bekend, beweert in 1989 dat Latinus hem heeft gevraagd om de plaats in het Bos van Hourpes te bekijken waar de Golf werd achtergelaten. Volgens Barbier werd het Bos van Hourpes gezien als een mogelijke plaats om wapens te verstoppen en een geheim kamp op te zetten.

EINDE VAN DE EERSTE GOLF

Met de overval op de juwelierszaak in Anderlues komt er een einde aan de eerste golf misdaden. Het zou bijna twee jaar duren voor de Bende van Nijvel weer toeslaat. In de jaren 1984 en 1985 leidt geen enkele misdaad naar de Bende van Nijvel. Deze periode staat bekend als de 'pauze', een tijd waarin de Bende van Nijvel verdwijnt.

Zoals eerder al vermeld werd het ballistisch onderzoek van de misdaden lange tijd niet afgerond. In januari 1983 stelt de Franse politie een eerste verband vast tussen de overval in Maubeuge, Frankrijk in augustus 1982 en de overval op de wapenhandel Dekaise in september 1982. Andere links werden in oktober 1983 gelegd door de overval op de Colruyt in Nijvel die veel aandacht kreeg in de media. Volgens aanklager Wezel is het pas in 1984 dat alle ballistische onderzoeken klaar zijn en alle overvallen aan elkaar gekoppeld worden.[212]

Bedreigingen

In het lopende onderzoek naar de Bende van Nijvel is het schokkend om te vernemen hoeveel bedreigingen er plaatsvinden. Niet alleen onderzoekers en onderzoeksrechters worden bedreigd, maar ook slachtoffers en hun familie, getuigen en zelf buitenstaanders. Iedereen die over bruikbare informatie kan beschikken over het onderzoek naar de eerste golf wordt bedreigd. De bedreigingen vinden systematisch plaats zodat op de achtergrond van het onderzoek naar de Bende van Nijvel een voortdurende angst heerst.

Een omstander die getuige was van de overval op de wapenhandel Dekaise in september 1982 wordt diezelfde middag nog bedreigd. Iemand belt hem op in het restaurant waar hij werkt als kok en vraagt hem of hij in het bezit is van een groene Range Rover.[213] De beller deelt hem de volgende boodschap mee: "We zullen je villen."[214] Ook Dekaise ontvangt doodsbedreigingen op 30 juni 1983. Dit is één jaar na de overval op zijn wapenwinkel.

Na de aanval op de herberg "Het Kasteel" in december 1982 ontvangt de zoon van de conciërge bedreigingen. Belangrijk om weten is dat deze misdaad toen nog op zichzelf stond en dat er wat betreft de ballistiek nog geen verband met de andere misdaden bestond. De man ontving deze boodschap voor de andere misdaden die door de pers werden benoemd als misdaden door de Bende van Nijvel. Hij is zo bang dat hij het land verlaat.

Van Camp, het slachtoffer dat viel bij de aanval op het restaurant Aux Trois Canards in oktober 1983, ligt in kritieke toestand in het ziekenhuis. Er werd nooit bekend gemaakt in welk ziekenhuis Van Camp wordt behandeld. Toch ontvangt het ziekenhuis twee uur na de aanslag dreigtelefoontjes. De boodschap is duidelijk: "Er is daar bij u iemand met een kogel in zijn lijf… We komen hem afmaken."[215] Twee uur later overlijdt Van Camp. Ook een cafébaas die de politie na de aanval helpt met het onderzoek, ontvangt doodsbedreigingen.

Na de overval op klokkenhandel Szymusik, ontvangt ook de broer van het slachtoffer in 1984 bedreigingen. "Ik werd verteld wat ze met me zouden doen, het was over de telefoon." De man vertelt ook: "Ik werd op een avond achtervolgd in mijn auto. Er was een auto die op mijn achterbumper botste en er werd getoeterd. Dit is drie keer gebeurd en op verschillende plaatsen." De broer adopteerde de jonge dochters van de Szymusiks. Ook de meisjes werden niet met rust gelaten. Hij vertelt: "Een van mijn nichtjes ging naar school en vertelde me dat ze achtervolgd werd door een auto toen ze naar de bus liep. Ze was bang. Het was een manier om druk uit te oefenen." Ook onderzoeksrechter Schlicker, zijn vrouw en zijn kinderen ontvangen bedreigingen. Er werd een brief gestuurd naar de school van de kinderen met de boodschap: "Dit keer een enveloppe, de volgende keer een bom."[216]

Dit soort bedreigingen worden wel vaker gebruikt door georganiseerde criminelen, zoals de Italiaanse maffia of motorbendes. Omwille van het feit dat deze meteen na een aanval geuit worden, zijn deze bijzonder beangstigend. Het geeft ook aan dat men vertrouwelijke informatie ter beschikking heeft, zoals de locatie van de getuigen en de slachtoffers. Verzinnen al deze mensen deze bedreigingen? Kan een gewone criminele bende deze bedreigingen uiten? Misschien is het de Staatsveiligheid of misschien wel de Rijkswacht zelf? Wie heeft de mogelijkheden om dit uit te voeren?

Wie deze bedreigingen ook uit, men slaagt erin angst aan te jagen bij de slachtoffers. Szymusiks broer zegt zelfs: "Ik ben een beetje te ver gegaan en moest een stapje terug doen. Ik heb iets aangeraakt wat ik beter met rust had gelaten."

Martial Lekeu: speculaties over de leden van de Bende van Nijvel

In december 1983 beschuldigt Francis V. een rijkswachter in de Ardennen ervan dat hij drie kogelvrije vesten in beslag heeft genomen en ook wapens die buit werden gemaakt tijdens de aanval in Temse in september 1983 en tijdens de aanval op de wapenhandel Dekaise. De rijkswachter, Martial Lekeu ontkent dit alles maar geeft wel zijn mening: "Ik weet wie de doders van de Bende zijn. Ik kan het niet bewijzen, maar ik heb vermoedens, heel zware vermoedens."[217]

Hij vertelt aan de Rijkswacht in Waver die nog steeds onderzoek voert naar de aanval op wapenwinkel Dekaise van 1982: "Vermoedde ik dat de feiten gepleegd konden zijn door een groepering die door het [Front de la Jeunesse] was opgeleid en door rijkswachters was opgezet." Het Front de la Jeunesse was een extreemrechtse beweging waaruit de WNP haar meest extreme leden rekruteerde. In tegenstelling tot de WNP, was het Front de la Jeunesse een publiek bekende organisatie die opgedoekt werd nadat vastgesteld werd dat het ging om een privémilitie. Een paar jaar eerder werd Lekeu uitgenodigd om deel uit te maken van een groep rijkswachters die lid waren van het Front de la Jeunesse. Er zat toen een half dozijn rijkswachters in deze groep. Tijdens een bijeenkomst ontdekt Lekeu dat het Front de la Jeunesse verduisterde documenten van de Rijkswacht in handen heeft en dat ze erg gevaarlijk zijn. Hij vond dit afschuwelijk en besloot om klokkenluider te worden. Hij is ervan overtuigd dat de daden van de Bende van Nijvel eigenlijk daden zijn van de groep rijkswachters binnen het Front de la Jeunesse. Misschien gaat het niet om dezelfde personen als in 1977, maar volgens Lekeu gaat het om een vergelijkbare groep.

Volgens Lekeu: "Na twee weken begonnen de doodsbedreigingen. Door de taal die gebruikt werd, wist ik dat deze afkomstig waren van de Rijkswacht. Ik nam het erg serieus… Een aantal mensen werd al vermoord en ik werd bang."[218] Lekeu beweert dat hij vanwege deze bedreigingen in april 1984 de Rijkswacht heeft moeten verlaten. Toen de bedreigingen aanhielden, besloot hij het land te verlaten en verhuisde hij naar de Verenigde Staten.

Minder dan een maand na het vertrek van Lekeu naar de Verenigde Staten circuleert er een intern rapport bij de inlichtingendienst van de Brusselse BOB. Het bevat de namen van agenten die de extreemrechtse politiek steunen. Ondanks dat Bouhouche een jaar eerder de Rijkswacht heeft verlaten, staat zijn naam op de lijst.

Afpersing als motief

In 1999 komt zakenman Albert Mahieu met afpersing als mogelijk motief voor de eerste golf van misdaden van de Bende van Nijvel. Het is opmerkelijk dat drie van de vier supermarkten die overvallen werden van de supermarktketen Delhaize zijn. Of is dat gewoon toeval? Mahieu is verwikkeld in een rechtszaak tegen de verzekeringsmaatschappij Assubel. Aandeelhouder Mahieu beschuldigt het management van Assubel van fraude. Sommige leden van het management van Assubel zitten ook in het management van de supermarktketen Delhaize of bedrijven die met Delhaize verbonden zijn.

Mahieu dient een klacht in tegen een aantal van de leden van de raad van bestuur van Delhaize en beweert dat ze betrokken zijn bij criminele, frauduleuze praktijken tussen Delhaize en Assubel. Hij beschuldigd vijf personen uit de raad van bestuur van beide bedrijven van deze fraudepraktijken.

Ook beschuldigt Mahieu twee beheerders van de Delhaize ervan relaties te onderhouden met prostituees uit de hoerenbuurt van Brussel. Hij legt de aandacht vooral op A., de CEO van een Amerikaanse tak van Delhaize. Volgens Mahieu had deze een relatie met B., die sinds 1978 eigenares was van verschillende bordelen. De relatie van de CEO met B. was mogelijk centraal voor de eerste golf van aanvallen van de Bende van Nijvel. Specifieker kan worden gesteld dat dit de drie aanvallen zou kunnen hebben veroorzaakt, met name de aanvallen in Genval en Ukkel in februari 1983 en deze in Beersel in oktober 1983.

De CEO zou ook acht aankopen in de hoerenbuurt hebben gefinancierd. Deze worden allemaal gerund door B. Haar bars vormen een financiële ondergang voor de andere zaken in de buurt die geleid worden door de georganiseerde misdaad. Uiteraard gaat deze hard in de tegenaanval. De eerste stap: B. chanteren. Deze chantage wordt uitgevoerd door C., een hooggeplaatste generaal bij de Rijkswacht. Dit plan mislukt omdat de CEO van de Delhaize zijn politieke contacten aanwendt om ervoor te zorgen dat de rijkswachter stopt met deze chantage. Daaruit volgt dat het fortuin van A., dat voortvloeit uit zijn werkzaamheden als aandeelhouder van de supermarktketen Delhaize, het doelwit wordt. Leden van de georganiseerde misdaad dreigen ermee de supermarktketen aan te vallen als de aandeelhouder hen niet betaalt. Als de CEO weigert, worden er huurmoordenaars ingehuurd om de supermarkten van de Delhaize in Halle, Ukkel en Beersel aan te vallen.

Alle andere misdaden van de eerste golf hebben hier niets mee te maken. Ballistisch onderzoek toont aan dat de misdaden gepleegd werden door dezelfde groep huurmoordenaars die de wapens hergebruikten. Omdat er ook andere bedrijven worden aangevallen, wordt het voor de autoriteiten zo'n boeltje dat ze niet inzien wat er gaande is. Volgens Mahieu waren alleen degenen die bedreigd werden op de hoogte van dit alles en het is dan ook niet toevallig dat de eerste golf stopte nadat de CEO het losgeld betaalde.

Deel II:
De Pauze (1984)

Leeuw van Waterloo, Eigenbrakel

HOOFDSTUK 15

AFPERSING EN DE BENDE VAN BOUHOUCHE

DE BENDE VAN BOUHOUCHE IS OOK BETROKKEN BIJ EEN PLAN OM een supermarktketen af te persen. Ze stellen een uitgebreid schema op dat rekening houdt met alle aspecten van hun snode plan. Eind januari 1984 wordt een belangrijke stap gezet wanneer ze een verlaten gebouw aan de Washuisstraat ontdekken dat ze kunnen gebruiken als plaats om het geld van de afpersing te laten leveren.

Het gebouw geeft hen de mogelijkheid om te graven tot in het riolenstelsel van de stad. De mannen moeten goed op de hoogte geweest zijn van het riolenstelsel om dit gebouw te kunnen vinden. De locatie vereiste minimale graafwerkzaamheden. Dit is belangrijk, want graafwerken kosten geld, tijd en mankracht.

Iemand die de schuilnaam Miguel Lopez Garcia gebruikt en beweert dat hij een Spaanse zakenman is, huurt het gebouw. Hij geeft een vals adres op en laat de huisbaas een valse identiteitskaart zien. Hij geeft 90.000 BEF in cash (ongeveer 2231 euro) als huurwaarborg. Tot op de dag van vandaag is de echte identiteit van deze man niet gekend.

De bende bedenkt hoe ze de afpersing zullen uitvoeren. Bouhouche bezit een indrukwekkende lijst met alle stappen die ze zouden ondernemen. Hij had blijkbaar aan alles gedacht. Een persoon die afwist van de lijst verklaarde later: "Het was een Hollywood-waardig verhaal. Op alle vragen die men maar kon bedenken, had Bouhouche een antwoord."

De bende van Bouhouche overweegt eerst om de supermarkten te bedreigen door deze in brand te steken, maar zien hiervan af wanneer de bendeleden beseffen dat de tijd die nodig is voor het verzekeringsonderzoek naar de brand de ontvangst van de buit zou vertragen. Daarop besluiten ze de supermarkten op te blazen met een bom.[219] Het plan is om dit aan de leden van de raad van bestuur bekend te maken en een grote som geld te vragen om af te zien van de bomaanslagen op individuele supermarkten. Ze denken er ook aan om te dreigen met een voedselvergiftiging, maar houden het dan toch maar bij een bom. Ze besluiten om explosieven te stelen die ze kunnen verstoppen in grote tinnen vaten die ze dichtbij de elektriciteits- en gasleidingen kunnen achterlaten om een zo groot mogelijke schade aan te richten. De bende besluit om de bommen overdag tot ontploffing te brengen om zoveel mogelijk paniek te zaaien. Deze strategie zou ervoor moeten zorgen dat de media een sfeer van angst voor terreur creëert die gunstig is voor het afpersen van enorme sommen geld van de supermarktketen binnen een korte periode.[220]

Om de autoriteiten op afstand te houden tijdens hun vlucht, berekenen ze nauwgezet waar ze het beste het riolenstelsel kunnen betreden. Ze besluiten om onder de liftkoker van het gebouw in de Washuisstraat een gat naar de riolen te graven. Wanneer de speurders zouden binnenvallen, zouden ze hierdoor lang moeten zoeken naar hun vluchtroute.

Volle vaart vooruit

In 1984 is de Bouhouche bende al een heel eind gevorderd met het uitvoeren van het voorbereidingswerk. Sinds 1981 zijn ze van start gegaan met het verzamelen van een team. Er wordt de bendeleden 10 miljoen BEF (ongeveer 300.000 euro) beloofd van het afpersingsgeld. Vanaf het moment dat Bouhouche de Rijkswacht verlaat in april 1983, komt alles in een stroomversnelling. Nu kan hij zich volledig concentreren op het afpersingsplan.

De bendeleden moeten 30 meter of meer graven vanaf het gebouw naar het rioleringssysteem. Dit kan weken tot maanden in beslag nemen. Ze hebben mankracht nodig en stellen een groepje mensen samen. Om hun vluchtroute te creëren, hebben de criminelen verschillende materialen nodig, onder andere stalen scharen, beitels, boren, gasbranders, kruiwagens en zelfs cilinders benzine voor het speciale gereedschap. Ze hebben grote zakken cement nodig, troffels, schoppen, koevoeten, hamers en rollen met plasticzakken. Ander materiaal dat ze nodig hebben zijn zaklantaarns van hoge kwaliteit, emmers voor het zand, grote hoeveelheden handschoenen, schroevendraaiers, brillen en overalls. Ze hebben ook een grote dumpplaats nodig voor het vuil dat bij het graven zal vrijkomen.

Om succesvol te vluchten, hebben ze een of meer opblaasbare, gemotoriseerde, rubberen bootjes nodig en lichte, gemakkelijk hanteerbare wapens voor het geval ze in een vuurgevecht geraken met de autoriteiten in de kleine ruimtes. Verder hebben ze geluidsdempers nodig zodat niemand bovengronds de schoten hoort en ze dus niet gelokaliseerd kunnen worden in het rioleringssysteem. Het risico van een vuurgevecht met de autoriteiten is zo groot dat minstens een van de medewerkers van de bende van Bouhouche besluit uit het project te stappen.

De bende steelt een rubberen bootje uit een schuurtje dichtbij het huisje van Bouhouche in Knokke, aan de kust van de Noordzee. Die dag is de boodschap dat er geschoten kan worden om te doden als ze op heterdaad betrapt zouden worden. Zelfs een klein detail dat sporen naar de bende zou kunnen achterlaten, kan het plan in duigen laten vallen. De bende van Bouhouche wil geen getuigen.[221]

Als een konvooi verlaten ze 's avonds Brussel en ontmoeten een handlanger aan de rand van Knokke. Ze rijden naar het strand waar het schuurtje met het rubberen bootje zich bevindt en gebruiken een instrument dat de communicatiekanalen van de politie verstoord. Eenmaal op het eigendom, slopen ze deur van het schuurtje. Iemand houdt de wacht terwijl de anderen de rubberen boot vanuit het schuurtje naar het Toyota busje verplaatsen. Het Toyota busje wordt terug geëscorteerd naar Brussel en rijdt daarna in opslag box 179 van het opslagcomplex in Elsene met de rubberen boot in de laadruimte.

Het plan verfijnen

Wanneer de bendeleden eenmaal in het bezit zijn van al het materiaal dat ze nodig hebben, is het tijd voor de andere delen van hun plan. Ze besluiten ook om de persoon die het losgeld komt afleveren te gijzelen. Dit zou immers zorgen voor een vertraging van de politie-interventie aangezien in dit geval bepaalde protocollen nageleefd moeten worden.[222] Door hun kennis van de interne werking van de Rijkswacht weten ze welke procedures het SIE volgt bij gijzelnemingen. Dit zullen ze gebruiken om te voorkomen dat het SWAT team van het SIE het gebouw meteen zal binnenvallen.

Met een gemotoriseerde Zodiac zullen ze door de riolen varen waardoor ze een grote voorsprong zouden krijgen op de politie die hun zoektocht ongetwijfeld te voet zou uitvoeren. Ze zijn van plan om aan de Zenne uit de riolen te komen en te ontsnappen met een vluchtauto met diplomatieke nummerplaten, een diplomatensticker en een bestuurder met een buitenlands uiterlijk. Ze willen ook gebruik maken van materiaal om de communicatiematerialen van de politie te verstoren, net zoals ze dat deden bij de andere overvallen.[223] Wanneer de autoriteiten uiteindelijk zouden doorhebben wat er aan de hand is, zou de bende van Bouhouche al lang verdwenen zijn.

Normaal gesproken worden dit soort plannen gefinancierd door grote criminele organisaties. Zo'n plan kost immers miljoenen. De bende van Bouhouche, die geen banden heeft met de onderwereld, zal dus een manier moeten vinden om hun plan te financieren. Eerst en vooral zullen ze moeten betalen voor de opslagplaatsen voor auto's en materiaal. Deze moeten zich trouwens op verschillende locaties bevinden, zodat ze niet de aandacht trekken.

Maar wat heeft de bende van Bouhouche te maken met de Bende van Nijvel? Meerdere keren wordt er in de media gesproken over hoe verdacht het is dat een bende de supermarktketen afperst op hetzelfde moment dat de Bende van Nijvel haar aanvallen lijkt te focussen op supermarkten. Maar in tegenstelling tot de beschuldigingen die gemaakt werden door Mahieu, heeft de bende van Bouhouche nog geen bedreigingen geuit of losgeld geëist. Er zijn echter ook overeenkomsten tussen het afpersingsplan van de bende van Bouhouche en de Bende van Nijvel. Beide bendes schieten ook om te doden wanneer ze betrapt worden tijdens een overval. Twee bendeleden van Bouhouche zouden dit officieel verklaard hebben.

Bouhouche

Het lijkt misschien vreemd dat een rijkswachter als Bouhouche zo diep betrokken was bij criminele activiteiten, maar dit kwam niet helemaal uit het niets. Toen hij net bij de Rijkswacht begon, had hij al sociopathische neigingen.

Toen in 1978 de DEA (Drug Enforcement Administration) een trip van een maand naar de VS organiseerde voor de rijkswachters van de drugsbrigade, werd er een gezamenlijke pot voor de uitgaven gemaakt. Dit geld verdween en er werd van binnenuit iemand verdacht. Toen het team in Las Vegas was, viel het op dat Bouhouche wel erg veel geld te spenderen had. Niemand kon bewijzen dat Bouhouche het geld uit de pot had geroofd, maar toch hebben de rijkswachters Bouhouche altijd als een verdachte beschouwd.[224]

Later in het jaar 1978 steelt Bouhouche een wapen van de politieschool en een geweer dat hij op een bureau in een rijkswachtkazerne ziet liggen. Hij steelt ook twee politiebadges van een andere rijkswachter. Hij pleegt een inbraak in een auto en steelt onder andere identiteitskaarten. In 1979 had Bouhouche al een heel arsenaal aan identiteitskaarten. Sommige collega's wisten af van Bouhouche zijn criminele daden, al waren dit geen grote vergrijpen. Hij was ook niet verlegen om zijn plannen over grote criminele activiteiten met zijn vertrouwelingen te delen.

Een van zijn collega's bij de drugsbrigade, vertelt over een voorval met Bouhouche: "Aan het einde van 1978 tijdens een gesprek op het werk, vertelde ik aan Bouhouche, Beijer en de anderen die op dat ogenblik in het kantoor waren, dat ik net de op vijf na rijkste persoon van België had ontmoet. Ik vertelde erbij dat het ongelooflijk was dat er vandaag de dag nog mensen bestaan met zoveel geld. Ik zei ook dat ik gewoon maar bij de Rijkswacht blijf werken, terwijl het mogelijk is om veel meer te verdienen door het geld bij de rijken te halen.[225]

"Een paar dagen later patrouilleerden Bouhouche en ik niet ver van de Louizalaan [in Elsene], waar de miljardair in kwestie woonde, en we hadden een gesprek over de vrouw. Mijn vriend vroeg me op welk adres ze woonde ..." Bouhouche stelde allerlei vragen en wilde gedetailleerde antwoorden horen. "Zijn vragen klonken vrij verdacht en dus weigerde ik de informatie te geven waar hij naar vroeg". De collega voegt hieraan toe: "Op dat ogenblik begon ik vragen te stellen en vond het vreemd dat een agent zich zo zou gedragen. Twee of drie dagen later stelde Bouhouche voor om het huis van de oude vrouw te overvallen. Hij wilde het samen doen omdat de oude vrouw waarschijnlijk makkelijk de deur voor mij zou openen. Ik had hem zelf verteld dat de vrouw alleen woonde. Op dat ogenblik wist ik nog niet zeker of hij het wel meende, maar toen hij een paar dagen later met een plan kwam, wist ik het zeker."

HET OPLOSSEN VAN DE PUZZEL

Ook vertelde Bouhouche in 1979 aan zijn collega over een plan dat grote supermarkten als doelwit had: "Eind 1979 stelde Dani Bouhouche voor dat ik mee zou doen bij het overvallen van supermarkten. Het doel was om de supermarkten in brand te steken nadat er om losgeld was gevraagd, om vervolgens met een zodiac te verdwijnen in het riolensysteem."[226]

De bende van Bouhouche heeft explosieven nodig, veel explosieven. De explosieven halen ze uit verlaten steengroeven in het zuiden van België. Tijdens het stelen van de explosieven, krijgen de leden de 'schiet om te doden' opdracht mee voor iedereen die hen stoort.

Nu ze illegaal aan de explosieven zijn gekomen, hebben ze nog iemand nodig die verstand heeft van het maken van bommen. In juni 1981 misleiden ze Gerard Damseault, agent bij de Staatsveiligheid met een achtergrond als ingenieur, om zo informatie van hem te krijgen. Hij geeft hen instructies om bommen te maken uit zijn handboek militaire bouwkunde. Als Bouhouche in oktober 1981 van de Rijkswacht een disciplinaire straf ontvangt, gebruikt de bende deze verworven kennis om wraak te nemen op de Rijkswacht.

De mislukte bomaanslag op Goffinon in oktober 1981 heeft hen veel bijgeleerd voor hun plannen om bomaanslagen te plegen, zoals dat ze geen zaken moeten aankopen die naar hen kunnen leiden. Het probleem is dat de bende aan heel wat materiaal moet zien te komen. Terwijl sommige zaken makkelijk in kleine hoeveelheden kunnen worden gekocht zonder dat het verdacht is, lijkt het hen toch makkelijker om de materialen te stelen.

HOOFDSTUK 16

DE DOOD VAN PAUL LATINUS

O P 24 JANUARI 1984 WORDT MICHEL LIBERT, DE TWEEDE TOPMAN van de radicale groepering de Westland New Post, vrijgelaten omdat de onderzoeksrechter te weinig bewijzen verzamelen in de zaak van de dubbele moord in de Herdersliedstraat in april 1982. Ze hopen hem te kunnen pakken met andere bewijzen. Marcel Barbier en Éric Lammers zitten nog steeds vast voor de dubbele moord. Onderzoekers werken hard om bewijzen te vinden voor verschillende misdaden van de extreemrechtse groepering om ze achter de tralies te kunnen krijgen, waaronder de dubbele moord in de Herdersliedstraat en de diefstal van geheime NAVO-documenten. Daarnaast verzamelen de onderzoekers bewijzen die moeten aantonen dat de WNP een illegale militie is.

Libert is razend op Latinus en geeft hem de schuld voor de ernstige aantijgingen die hem boven het hoofd hangen, evenals boven het hoofd van Barbier en Lammers. Op het ogenblik dat Barbier had bekend, dacht hij dat het een soort truc van Latinus was en dat hij niet in de gevangenis zou belanden. Libert neemt de leiding van een splintergroep binnen de WNP die zich tegen Latinus keert. Ze beschouwen Latinus en zijn overgebleven aanhangers als verraders.[227] Lammers zegt over Latinus: "Hij deed er alles aan om eronderuit te komen, hij gedroeg zich als een rat, als een verrader die zijn eigen vrienden onder water duwt om zelf zijn hoofd boven water te kunnen houden. Dat is het. Voor mij, ik was in de gevangenis, en het enige waar ik aan dacht wanneer ik mijn ogen dicht deed, was hem ophangen aan een haak en hem langzaam villen..."[228]

Zijn leven verwoest

Wat we uit de documenten kunnen opmaken over de betrokkenheid van de Staatsveiligheid bij de WNP is dat de Eend, een topman van de Staatsveiligheid, vroeger dikke vrienden was met Latinus, maar dat de relatie in het midden van 1982 bekoelde, een paar maanden na de dubbele moord in de Herdersliedstraat. Wat de precieze reden was voor het verbreken van de vriendschap is niet bekend, maar Latinus werd bitter tegenover de Eend en administrateur-directeur-generaal Albert Raes, de mentor van de Eend bij de Staatsveiligheid. Latinus leek het gevoel te hebben dat de Eend veel meer aan hun vriendschap had dan hijzelf.

Achteraf gezien gelooft Latinus dat de Eend hem al vanaf het begin manipuleerde wanneer er in 1979 informatie gedeeld werd met hem. Op dat ogenblik was Latinus lid van het Front de la Jeunesse. Latinus vond het werken als informant zo interessant dat hij bij de Staatsveiligheid wilde gaan werken. We weten niet wat de Staatsveiligheid ervan vond om een extreemrechtse militant in dienst te nemen, maar ze laten Latinus in ieder geval deelnemen aan het eerste van twee toelatingsexamens. Als nucleair ingenieur slaagt Latinus gemakkelijk voor het eerste examen. Dan werd hij door de media in december 1980 bestempeld als een extremist naar aanleiding van een moord in Laken, waarbij een lid van het Front de la Jeunesse lukraak op een groep Algerijnse arbeiders schoot. Een persoon overleed hierbij en een andere raakte ernstig gewond. Dit was het einde van het Front de la Jeunesse. Latinus zou later de harde kern van het Front de la Jeunesse rekruteren om deel uit te maken van zijn ondergrondse groepering de Westland New Post.

Latinus is er nu van overtuigd dat de Eend de verhalen naar de media heeft gelekt. Volgens Latinus: "Ik verdenk de Staatsveiligheid ervan dat zij een document naar het weekblad Pour hebben gestuurd om mij te saboteren." De ontdekkingen verwoesten het leven dat hij had opgebouwd en kosten hem zelfs zijn baan. Zijn tweede toelatingsexamen voor de Staatsveiligheid was een paar maanden na de moord in Laken gepland. Latinus beweert: "Ik weet dat een man, de commissaris voor wie ik voorheen werkte, mijn toelating voor de Staatsveiligheid heeft gesaboteerd."[229] Latinus wil een nieuwe start en in januari 1981 verlaat hij het land en vertrekt hij naar Chili. In april 1981 keert hij terug naar België.

Er bestaat geen bewijs dat Latinus betrokken was bij de dubbele moord in de Herdersliedstraat, of dat hij op de hoogte was van de moorden voor ze plaatsvonden. Sommigen beweren zelfs dat toen Latinus voor het eerst hoorde over de moorden, hij het niet kon geloven dat iemand uit zijn groepering dit zou kunnen doen. Latinus schrok niet terug voor geweld en brandstichting, maar hij was geen voorstander van moord. Hij geeft de indruk dat hij werkelijk gelooft dat het de Eend is die verantwoordelijk was voor de moorden om zo de Westland New Post te saboteren. Er bestaat geen bewijs dat andere leden die direct betrokken waren bij de moorden in de Herdersliedstraat enige moeite hebben gedaan om zijn vermoedens tegenover de Eend tegen te spreken.

Wraak

In 1984 slaagt Latinus erin om een deel van de WNP af te splitsen, wat nog overblijft van de organisatie te vernietigen en het mogelijk te maken dat de verdachten van de moorden in de gevangenis belanden. Wat de Staatsveiligheid betreft, kunnen de media en de bevolking moeilijk begrijpen dat de Staatsveiligheid geïnfiltreerd was in een extreemrechtse beweging die moorden op haar geweten had. Dit kan voor de regering onmogelijk onder het tapijt geveegd worden en zorgt dan ook voor een groot schandaal.

Laatste maaltijd

Latinus houdt een speciale meeting met de kleine groep overgebleven WNP-leden die hem niet in de steek hebben gelaten. Tijdens deze discussie wordt ook de Bende van Nijvel besproken. Latinus verdenkt er leden van de anti-Latinus groep van de WNP van betrokken te zijn bij de Bende van Nijvel. Iedereen in de kamer weet dat Latinus het heeft over dezelfde personen die ook de dubbele moord in de Herdersliedstraat op hun geweten hebben.

Zoals eerder al vermeld, bestaat er geen bewijs dat Latinus van de moorden in de Herdersliedstraat afwist voor deze werden gepleegd. Hij verdenkt de leden die hierbij betrokken waren er ook van betrokken te zijn bij de moorden van de Bende van Nijvel. Hij verdenkt bovenal Éric Lammers van de aanval op de Colruyt in Nijvel.

Een van de leden aanwezig tijdens deze meeting verklaart: "En hij (Latinus) deelde zijn verdenkingen met ons over iemand van de Westland New Post. Hij deed dat zonder ons te vertellen hoe hij tot deze conclusie was gekomen, gewoon door ons te tonen dat deze persoon in staat was om een lid te zijn van de Bende en moorden te plegen." Het lid vervolgt: "We hadden door het gedrag, door wat er in de kranten werd vermeld, zelf al vermoedens dat het mogelijk om WNP-leden ging die we min of meer goed kenden."

De onderliggende boodschap die Latinus overbrengt bij zijn overgebleven aanhangers is dat de WNP groepering ontspoord is.

Het laatste hoofdstuk

Op 24 april belt Latinus de onderzoekers om een meeting te houden waarbij hij met een aantal openbaringen zal komen. Twee dagen later, voor hij met de politie kan praten, wordt Latinus opgehangen gevonden in zijn huis in Waals Brabant. De officiële doodsoorzaak wordt vastgesteld als zelfdoding. Sommige onderzoeksrechters geloven echter dat Latinus werd vermoord. De autopsie wees immers uit dat de telefoonkabel waarmee hij zichzelf had opgehangen, het gewicht nauwelijks kon dragen – een zwak rukje aan het koord zou voldoende zijn geweest om het te laten breken. Daarnaast leek de afstand tussen de vloer en het plafond te klein voor een zelfophanging van een volwassen man van zijn lengte; zijn voeten zouden de vloer hebben geraakt. De zaak wordt gesloten, maar er blijven twijfels bestaan over het feit of Latinus zelfmoord heeft gepleegd of vermoord werd.

Nu Latinus er niet meer is, beginnen de verdenkingen rondom de betrokkenheid van de Westland New Post bij de Bende van Nijvel pas goed.

VIELSALM

13 mei 1984, om 2 uur 's nachts knippen drie inbrekers de prikkeldraadversperring rondom de legerkazerne van Vielsalm door om toegang te krijgen tot het Belgische wapenarsenaal. Met een machinepistool schieten ze op Carl Freches, de bewaker van dienst. Hij wordt vier keer geraakt door .45 kogels. De inbrekers stelen een grote hoeveelheid wapens: twintig FAULS, vijf Vignerons, een paar FALO-machinepistolen en drie Lee Enfield. Ze laden de gestolen wapens in een Jeep en een Mercedes en rijden weg. Ondanks ernstige verwondingen overleeft Freches de aanval.

Het voorval zorgt voor veel politieke beschuldigingen in de context van de Koude Oorlog. De hoofdverdachten voor deze daad zijn extreemlinkse militanten. Linkse partijen verdenken de NAVO of de Amerikanen lange tijd ervan hierbij betrokken te zijn geweest. Sommigen, inclusief de overste van Freches, beweren dat de aanval in Vielsalm grote overeenkomsten vertoont met de werkwijze van de Bende van Nijvel – met name door de manier waarop de aanval gebeurt en door het verbergen van onderzoeksresultaten.

Er bestaan nog steeds geen harde bewijzen dat de Bende van Nijvel betrokken was bij de overval in Vielsalm. Velen zien het echter door de lens van de 'Strategie van de Spanning'. Deze theorie gaat ervan uit dat de NAVO of de Amerikanen samenwerken met extreemrechtse groeperingen om terroristische aanslagen te plegen in West-Europese landen.[230] Het idee was dat links de schuld zou krijgen van de aanslagen. Dit zou uiteindelijk de bevolking motiveren om te stemmen voor een sterke rechtse regering met strenge wetten en een harde ordehandhaving. Een aantal aanvallen van extreemrechtse groeperingen in Italië en Duitsland gedurende de laatste tientallen jaren van de Koude Oorlog, worden in het begin toegeschreven aan de linkse groeperingen. Er wordt nog steeds gedacht dat westerse intelligentiediensten deze extreemrechtse groeperingen financierden en bewapenden om de aanvallen uit te voeren en om zo de bevolking te manipuleren. Het is daarnaast ook mogelijk dat de Bende van Nijvel deel uitmaakte van deze 'Strategie van de Spanning'.

Wat we weten over de aanval in Vielsalm is dat in diezelfde nacht een militaire NAVO-oorlogsoefening met de codenaam 'Oesling 84' was gepland in de buurt van het wapenarsenaal. Het originele plan was om een gecombineerde operatie met ongeveer zesendertig Amerikaanse Special Forces en soldaten van het Belgische leger uit te voeren als oefening. Daarnaast waren er ook lokale huurkrachten ingehuurd voor de logistiek. Sommigen bekritiseren de manier waarop de autoriteiten handelden tijdens de aanval in Vielsam en vermoeden dat het een oefening met echte kogels was onder het mom van een gewone oorlogsoefening. Het gebruik van echte kogels zou de oefening zo realistisch mogelijk laten lijken op een communistische aanval op België door de leden van het Warschaupact. Critici wijzen ook op het feit dat er in die nacht soldaten waren die een kaliber .45 Thompson machinepistool gebruikten. Als het wapenarsenaal van Vielsalm daadwerkelijk het doelwit was, was Freches een ongelukkig slachtoffer.

De onderzoekers verdenken de Franse extreemlinkse terroristische groepering Action Directe van betrokkenheid bij de diefstal van de wapens. Deze groepering reisde eens om de zoveel tijd af naar België voor ontmoetingen met de Belgische extreemlinkse groeperingen. In augustus 1985 werden er door de onderzoekers in een gebouw in Brussel een FALO-geweer en een FALO-machinepistool gevonden, die gestolen werden in Vielsalm. In het gebouw vonden ze ook vingerafdrukken afkomstig van drie leden van Action Directe. In 1987 werd er in een boerderij die gebruikt werd als onderduikadres voor Action Direct, een ander pistool gevonden dat gestolen werd in Vielsalm.

De Belgische extreemlinkse militant Bertrand Sassoye, trekt eveneens de aandacht van de autoriteiten. Sassoye startte zijn militaire carrière in Vielsalm, maar verliet in maart 1982 het leger en sloot zich aan bij een ondergrondse groepering van extreemlinks. Sassoye kende het terrein dus goed en hij wordt dan ook verdacht van betrokkenheid bij de aanval. Er werden echter nooit vingerafdrukken van hem gevonden.

Rond de tijd van de overval in Vielsalm wordt de CCC, Cellules Communistes Combattantes, opgezet als de Belgische tegenhanger van Action Directe en Sassoye is een van de oprichters. In België wordt de CCC gelinkt aan de Bende van Nijvel, als twee kanten van hetzelfde medaille. Samen zorgden ze voor chaos en verdachte politieke vertakkingen. Velen geloven dat het dezelfde personen waren die bij beide groeperingen de touwtjes in handen hadden.

CCC

In oktober 1984 worden de ramen van het bedrijf Litton aan diggelen geslagen door een bomaanslag. Het bedrijf produceert precisie navigatiesystemen voor NAVO-rakketten. Leden van de CCC eisen de aanslag op. De modus operandi van de CCC: het bombarderen van gebouwen om een grote publieke reactie uit te lokken. Ze sturen politieke geschriften naar de media met een verklaring. Anders dan de Bende van Nijvel, vermoorden leden van de CCC nooit met voorbedachten rade.

In de dagen daarna wordt er op het terrein van de MAN-firma een bom tot ontploffing gebracht waarbij de vrachtwagens ernstige schade oplopen. Daarna gaat er een andere bom af bij Honeywell, waar elektronisch materiaal voor de precisie navigatiesystemen van de NAVO wordt gemaakt. De leden van de CCC bombarderen ook het hoofdkantoor van drie verschillende rechtse partijen in België. Bij één gebouw wordt de hele voorgevel vernietigd. Bij een andere bomaanslag worden er drie verdiepingen verwoest.

Mammoet

Naar aanleiding van de misdaden gepleegd door de Bende van Nijvel en de CCC ontstaat er steeds meer onrust en ongeduld onder de bevolking. Of deze aanvallen onderdeel zijn van de 'Strategie van de Spanning' of niet, de overheid wordt flink onder druk gezet om het geweld de kop in te drukken. Als reactie creëert de rechtse minister van Justitie Jean Gol in september 1984 een team van superspeurders om tegen de CCC te vechten. Er wordt gebruik gemaakt van extreme technieken om hun doel te bereiken.

Op 19 oktober 1984 geeft Gol groen licht voor operatie Mammoet, een grote zoekactie en inbeslagname onder linkse militanten. Het is allesomvattend en critici zien het als een erg hardhandige actie om te reageren op enkel schade aan gebouwen. Een aantal leden van de linkse partijen zijn het doelwit. Zelfs de huizen van twee linkse parlementaire vertegenwoordigers, de Groene partij en de Socialistische partij, zijn het doelwit van de zoekactie en inbeslagname. De linkse partijen zijn razend en beschouwen deze aanval als een aanval op hun eigen persoonlijke vrijheid. Ze beschouwen dit niet als vooruitgang in het onderzoek naar de CCC, maar als een manier om informatie te verzamelen over linkse militanten door de rechtse overheid. De onrust die dit alles teweegbrengt zorgt voor een voordeel bij de opiniepeilingen voor de rechtse politieke partijen.

Steeds vaker duiken er stemmen op die denken dat het gaat om een samenzwering die ervoor wil zorgen dat het lijkt alsof extreemlinks een dreiging vormt voor de stabiliteit van het land. Een populaire theorie onder de linkse militanten die het doelwit zijn, is dat de Amerikaanse en de Belgische soldaten het wapenarsenaal in Vielsalm arsenaal hebben gestolen. De opzet zou geweest zijn om de wapens aan de extreemlinkse partijen te geven of om de wapens daar neer te leggen waar de partijen opereren met de bedoeling om het gevaar van de linkse partijen te vergroten. Werd de aanval op Vielsalm in scène gezet om de positie van rechts te versterken? Daarnaast brengen de aanhangers van de linkse partijen een ander gevoelig punt ter sprake: waarom wordt de kracht van de staat alleen gebruikt om de CCC tegen te gaan en niet de Bende van Nijvel?

Volgens senator Roger Lallemand, hoofd van de Belgische parlementaire commissie naar operatie Gladio: "Er werd een soort van mediaterrorisme gecreëerd waarbij de media gebruikt werd om het publiek en de politieke partijen te choqueren. Deze vorm van terrorisme kon twee bronnen hebben: extreemlinks of extreemrechts. Of het zouden de buitenlandse regeringen en de buitenlandse intelligentiediensten kunnen zijn. Het is terrorisme bedoeld voor het destabiliseren van een democratische maatschappij."[231]

De tactiek van de regering om de CCC te vernietigen is echter niet doeltreffend. In november 1984 worden er bij de militaire basis in Bierset twee communicatietorens opgeblazen. De palen staan dichtbij de plek waar NAVO Mirage-5 vliegtuigen staan. In december worden er NAVO-pijpleidingen in vijf verschillende steden opgeblazen. De bombardementen leggen de brandstoftoevoer van de NAVO voor drie dagen stil. In januari 1985 wordt de voorgevel van het gebouw van Allied Military Commands in Europa verwoest. Cynici vinden het opvallend dat op het moment dat de Bende van Nijvel stopt met de aanvallen, de CCC begint. Terwijl de Bende van Nijvel schijnbaar inactief is gedurende 1984 en bijna het hele jaar 1985, blijft het geweld in het land toch bestaan.

Hoofdstuk 17

Moeilijkheden voor de Bende van Bouhouche

In april 1984 krijgt het afpersingsproject van de bende van Bouhouche concreet vorm wanneer ze een gat onder de liftkoker in het gebouw dat ze onlangs huurden in de Washuisstraat. Op 6 april stelen ze een metaalgrijze Renault R18 stationwagen in Etterbeek om hun plannen te kunnen uitvoeren. Ze voorzien de auto van een diplomatische nummerplaat en ze zijn van plan om een bendelid met een buitenlands uiterlijk in de auto te laten wachten tot de anderen de riolen van Brussel verlaten in hun rubberen bootje.

Er zijn echter verschillende zaken die hun plannen in de war brengen. Het graven van de tunnel is veel moeilijker dan gedacht door het gebrek aan mankracht. Dit is een probleem omdat de bende van Bouhouche slechts een kleine groep mensen voor deze taak heeft aangenomen om het zo geheim mogelijk te houden. Het verwijderen van het rioolrooster geeft hen nog meer problemen.[232] Rond midden mei zijn de bendeleden niet verder gekomen dan een klein gat onder de liftschacht, een gat van nauwelijks een halve meter breed bij twee meter diep. Er ontstaan vragen rond de haalbaarheid van het plan en dit brengt ernstige meningsverschillen met zich mee.

Ze overwegen het dure project helemaal af te blazen en de bendeleden beginnen met onderlinge doodsbedreigingen. Op 22 mei ziet de bende helemaal af van het plan om supermarkten af te persen. Ze hebben er veel geld, moeite en energie aan verspild. We weten niet of dit te maken heeft met het project van de bende, maar op 1 oktober 1984 verlaat Bouhouche officieel het ARI-agentschap dat hij tot dan toe als dekmantel gebruikte.

Juan Mendez

Bouhouche bezit een vergunning als wapenhandelaar. Tot in 1985 blijft hij wapens verzamelen en verhandelen. Hij bouwt een indrukwekkend wapenarsenaal uit, inclusief gestolen wapens. Naast zijn plannen voor het stelen van wapens met Juan Mendez, de commerciële agent van FN in Zuid-Amerika en Spanje, opent Bouhouche een kleine wapenwinkel in Jette. Interessant is dat Bouhouche zichzelf nog steeds voornamelijk ziet als onderzoeker en niet als wapenhandelaar. Zijn vriend Juan Mendez heeft zelf ook een flink wapenarsenaal verzameld, dat hij opslaat in zijn kelder. Hoewel hij nog maar in de dertig is en als commercieel agent een gemiddeld salaris heeft, wordt zijn wapencollectie op een waarde van 2,3 miljoen BEF (ongeveer 57.000 euro) of meer geschat. Zijn collectie bestaat uit verschillende soorten wapens, van zelfverdedigingswapens tot jachtgeweren en zelfs historische wapens.

De voorkeur van Mendez gaat uit naar wapens die niet legaal verkrijgbaar zijn, zoals het HK-machinepistool dat alleen verkocht wordt aan politie-eenheden. In België worden de HK-machinepistolen alleen gebruikt door het eliteteam van de Rijkswacht, het SIE. Dit zijn dezelfde in Duitsland geproduceerde wapens als deze die door de bende van Bouhouche in januari 1982 uit het gebouw van het SIE gestolen werden. Omdat deze diefstal bekendheid kreeg in de nationale media, konden deze wapens niet doorverkocht worden op de zwarte markt. In het verleden was Mendez al actief op zoek gegaan naar dit elitemachinepistool en hij had zelfs geprobeerd om het wapen te kopen van een Peruviaanse legerofficier. Wanneer hij uiteindelijk zo'n HK-machinepistool in zijn bezit krijgt, is het een wapen afkomstig van de diefstal in het gebouw van het SIE, uitgevoerd door de bende van Bouhouche. Ondanks dat de twee mannen goede vrienden zijn en samen wapens verhandelden, is dit een opmerkelijke transactie. Dit HK-machinepistool is namelijk afkomstig van een grote nationale misdaad. Het bezit van een wapen dat afkomstig is van de diefstal in het gebouw van het SIE heeft grote gevolgen; Mendez weet nu zeker – wat hij trouwens al vermoedde – dat zijn goede vriend Bouhouche een grote crimineel is.

Waarom gaf Bouhouche dit HK-machinepistool van het SIE aan Mendez? Wellicht wilde Bouhouche snel aan geld komen na de mislukte afpersingsplannen. Mendez betaalde waarschijnlijk een fortuin voor dit wapen. In plaats van zijn nieuwe aanwinst stil te houden, pronkt hij ermee bij vrienden, collega's, wapenhandelaren en vele anderen. Hij schaamt er zich niet voor dat hij dit wapen in zijn bezit heeft en vertelt iedereen die het horen wil dat de enige mensen die dit wapen hanteren leden van het eliteteam van de rijkswacht, het SIE, zijn.

COLLECTIE

Op 15 mei 1985 pleegt de bende van Bouhouche een inbraak in het huis van Mendez in Overijse. De meest waardevolle spullen worden gestolen, waaronder zijn wapencollectie die verzekerd was. Er werd echter veel meer gestolen dan hetgeen wat de verzekeringsmaatschappij hem kan vergoeden. En welk bedrag kan er trouwens toegekend worden aan een illegaal wapen zoals het HK-machinepistool? Mendez werd er zich steeds meer van bewust dat zijn wapencollectie een gigantische waarde kreeg en had besloten om een gewapende deur te laten plaatsen als beveiliging. Hij had dit gepland op 17 mei. Bouhouche was hiervan op de hoogte. Het is waarschijnlijk dus ook niet toevallig dat de diefstal twee dagen voor het plaatsen van de gewapende deur werd gepleegd. De inbraak wordt op klaarlichte dag gepleegd en de auto wordt in de voortuin geparkeerd. De bendeleden lopen naar de achterkant van het huis waar ze de keukendeur forceren. Ze roven de kelder leeg die dient als opslagplaats voor de meerderheid van de wapens. De dieven nemen ook een tv, een stereo-installatie, een videorecorder en een computer mee en daarnaast ook juwelen, twee walkietalkies en een schouderbandje voor een Nikon-camera. Er wordt ook beddengoed meegenomen. Dat hebben de inbrekers waarschijnlijk gebruikt voor het naar buiten dragen van alle spullen.

De vrouw van Mendez komt om 14.15 uur thuis en ziet de sporen van inbraak. Meteen belt ze Mendez op zijn werk. Hij is behoorlijk ontdaan en neemt de rest van de dag vrij. Mendez is geschokt als hij bij zijn thuiskomst merkt wat de dieven allemaal hebben meegenomen. Voor hij de politie belt, verstopt Mendez echter een aantal eerder gestolen zaken die de dieven niet hebben meegenomen.

Mendez belt Bouhouche om hem te helpen het huis in orde te maken voor de politie de inbraak komt onderzoeken. Een van de gestolen zaken die Mendez moet zien te verbergen voor de politie ter plaatse komt, is een pistool dat verborgen lag in een ladekast. Mendez geeft het pistool aan Bouhouche die het tijdens het bezoek van de politie in zijn bezit houdt.

Wanneer alles achter de rug is, ontvangt Mendez maar een klein bedrag van de totale waarde van de diefstal. Natuurlijk krijgt hij niet de waarde van de wapens uitgekeerd en bovendien miste hij de documenten met de serienummers van andere, legaal aangekochte wapens.

Mendez zou een goede vriend van Bouhouche zijn. Misschien is Bouhouche een echte psychopaat, als hij dit zijn vriend kan aandoen? Zou hij de HK aan Mendez hebben verkocht om snel aan veel geld te komen in de wetenschap dat hij de HK toch weer terug in zijn bezit zou krijgen na de diefstal? Zou het kunnen dat Mendez iets gedaan heeft waardoor de bende hem op deze manier terug wilde pakken? Omdat deze diefstal een aantal maanden na de mislukte afpersingsplannen plaatsvindt, lijkt het er sterk op dat de bende ten einde raad is om aan geld te komen. Meteen na de diefstal, start de bende van Bouhouche met het verkopen van de niet-traceerbare wapens uit de collectie van Mendez. Dit doen ze direct aan de kopers zelf of via agenten op de zwarte markt en wapenwinkels.

Kruisraketten

In overleg met de NAVO installeert de Belgische overheid op 14 maart 1985 zestien kruisraketten op Belgisch grondgebied. Er is veel verzet van de goed georganiseerde en populaire antinucleaire beweging en er vinden grote demonstraties plaats. Ruim 150.000 mensen gaan de straat op om te eisen dat de raketten worden verwijderd. De rechtse politieke partijen zijn minder populair en stevenen af op een verlies bij de verkiezingen.

Alsof ze de succesvolle, pacifistische linkse partij willen saboteren, begint extreemlinks met een nieuwe reeks terroristische aanvallen. In april wordt er een bomaanslag gepleegd op een gebouw van de NAVO door een groepering die zichzelf de FRAP (Front Révolutionnaire d'Action Prolétarienne) noemt. In mei start ook de CCC, de belangrijkste link extremistische terroristische groep in België, met nieuwe bomaanslagen. Hun eerste doelwit is het gebouw van het VBO (Verbond van Belgische Ondernemingen).

De CCC plaatst een bom in een vrachtwagen die naast het gebouw van het VBO wordt geparkeerd. Anders dan de gewelddadige Bende van Nijvel, probeert de CCC geen slachtoffers te maken. Ze laten een boodschap achter die luidt: "Gevaar. Vrachtwagen met hinderlaag. Waarschuw je collega's en maak dat je zo snel mogelijk weg komt! Raak de vrachtwagen zeker niet aan!" Daarnaast lichten ze ook meteen de autoriteiten in.

Terwijl iedereen op de hoogte zou moeten zijn van het aankomende gevaar, gebeurt er een fout in de communicatie tijdens het noodprotocol en de boodschap wordt nooit doorgegeven aan de eerste in lijn in dit protocol. Wanneer de brandweer het terrein bereikt, weten ze niets af van een hinderlaag en op het ogenblik dat ze de vrachtwagen proberen te openen, ontploft de bom. Twee brandweermannen komen ter plaatse om het leven en twee anderen raken ernstig gewond. Wanneer het nieuws over de aanval zich verspreidt, wordt de CCC publieke vijand nummer 1. De rechtse politieke partijen eisen snelle vergeldings- en ordemaatregelen.

HOOFDSTUK 18

DE NIEUWE BENDE VAN HAEMERS EN DE STAERKE

PATRICK HAEMERS – DE VERWENDE, RIJKE, KNAPPE JONGEMAN DIE HET criminele pad is opgegaan – heeft een bende gevormd met competente criminelen die hij uit het nachtleven kent. Terwijl de lange, blonde Haemers het gezicht wordt van de bende, is het genie achter de bende Philippe L. Met een lengte van meer dan 1,85 meter en een brede borstkas, ziet Philippe L. er ook uit als een gevaarlijke kerel. De chauffeur van de bende is de kleine, ietwat nerveus lijkende Thierry S. De leden van de bende Haemers zullen verdacht worden van het plegen van de misdaden van de Bende van Nijvel.

De specialiteit van de bende Haemers zijn gewapende overvallen en de bende is alleen uit op het grote geld. Volgens Haemers: "Ik overval alleen banken en postkantoren. Zij hebben nooit een tekort aan geld."[233] Postkantoren worden steeds vaker het doelwit vanwege het groot aantal cheques van het personeel en de overheid en alle pensioenen die samen op een vaste datum worden uitbetaald. De overvallen die op die dag gepleegd worden, hebben dan ook een bijzonder grote opbrengst.

Iets meer dan een maand later, nadat de Bende van Nijvel een bloedbad heeft aangericht in Nijvel in september 1983, overvalt de bende Haemers een postkantoor in Herstal. Op 2 november 1983 om 6.20 uur betreden ze gewapend het gebouw; ze dragen bivakmutsen en handschoenen. Een tiental personen worden onder schot gehouden.

Wanneer een bendelid een medewerker zo ver probeert te krijgen om de kluis te openen, realiseert de bende Haemers zich dat ze een groot probleem hebben. De kluis moet worden geopend met twee sleutels en de man die de tweede sleutel op zak heeft, is die dag te laat. De bendeleden besluiten om met de gijzelaars een half uur te wachten op de man met de sleutel. Hun geduld wordt beloond en de bende slaagt erin om 9.480.000 BEF buit te maken (ongeveer 235.000 euro). Haemers schept later op over de overval: "We hadden twintig mensen gegijzeld voor een half uur. Geen gewonden. Dat is klasse!"[234]

De bende Haemers doet zorgvuldig onderzoek vóór de uitvoering van de overvallen: "Alle plaatsen worden wekenlang in de gaten gehouden en ook het logistieke rooster wordt uitgebreid bestudeerd. We bespreken van tevoren wie er rijdt, wie er eerst schiet als dit nodig is en wie er dekking geeft. Ieder van ons heeft zijn eigen rol."[235] Ze staan midden in de nacht op en bestuderen om 4 uur 's nachts de routes van de postwagens. Hoeveel medewerkers zijn er aanwezig? Hoe veilig is de postwagen? Is er een politie-escorte? Hoeveel agenten zijn er aanwezig? Ze plannen het zo zorgvuldig mogelijk om zo snel mogelijk naar binnen en naar buiten te komen en zo de politie ver voor te blijven. "Alles was binnen 45 seconden klaar, ik hield altijd de tijd bij van de overvallen."[236]

In 1985 is de bende Haemers erg actief en op 1 maart om 6 uur 's ochtends zetten ze een hinderlaag op voor het konvooi naar het postkantoor vanuit Leuven. Ze hebben het konvooi wekenlang geobserveerd en hierbij de rijtijden zorgvuldig genoteerd. De postkantoren hebben de beveiliging opgeschroefd als reactie op de aanvallen. Iedere postwagen krijgt een combi van de Rijkswacht toegewezen. Wanneer het konvooi stopt bij het postkantoor van Wilsele, parkeert de postwagen aan de linkerkant. De rijkswachtcombi parkeert aan de rechterkant. De bende Haemers komt aangereden met een BMW en schiet tweemaal op de combi van de Rijkswacht voor ze de inhoud van de postwagen leegroven. De rijkswachters worden onder bedreiging van een UZI op hun plaats gehouden. De overvallers dragen bivakmutsen.

Wanneer de bende Haemers in geldnood dreigt te komen, vallen ze weer aan. Op 20 mei wordt een postwagen overvallen in Neufville.

De bendeleden hebben zich onherkenbaar gemaakt met bivakmutsen en rijden met een Golf Cabriolet. Ondanks het feit dat Haemers helemaal beneveld is door de cocaïne, loopt de overval van een leien dakje en ze gaan ervandoor met 10.520.000 BEF (ongeveer 260.783 euro). Eenmaal terug op hun schuiladres, controleren ze alle briefjes om na te gaan of ze genummerd zijn. De briefjes die genummerd zijn verbranden ze in het haardvuur.

Bende van Baasrode

Op 13 maart 1985 mag Johnny De Staerke voor 48 uur met penitentiair verlof. Hij zit sinds eind 1983 vast toen hij werd gearresteerd nadat hij uit de gevangenis van Doornik was ontsnapt. Hij heeft genoeg van het leven achter tralies en keert na zijn penitentiair verlof niet terug naar de gevangenis. De Staerke zoekt contact met ex-criminelen die hij in de gevangenis heeft ontmoet en waarmee hij heeft afgesproken om samen gewapende overvallen te plegen. Johnny De Staerke zal later een hoofdverdachte worden in de zaak van de Bende van Nijvel. De harde kern van De Staerke's nieuwe bende bestaat uit Léopold Van Esbroeck, "Stereo" P. en Dominique S..[237]

De Staerke is de laatste die uit de gevangenis komt. De andere drie leden zijn voor het penitentiair verlof van De Staerke al begonnen met gewapende overvallen. De intelligente Dominique S., door de politie 'de computer' genoemd, plant de overvallen. Terwijl De Staerke nog steeds vastzat, brak Dominique S. succesvol in bij een twintigtal supermarkten van Delhaize. Dit gebeurde steeds 's nachts. Overdag bezocht hij de supermarkten om te zien waar de toonbank met sigaretten zich bevond. Wanneer het donker werd, keerde Dominique S. terug en liep hij de supermarkt in en uit met sloffen sigaretten en flessen alcohol. "In vijf minuten konden we gemakkelijk twintig sloffen van vijfentwintig pakjes stelen."[238] Ze konden gemakkelijk 150.000 tot 200.000 BEF per overval buitmaken (tussen 3718 en 4958 euro). In nauwelijks twee jaar tijd steelt Dominique S. een totale waarde van meer dan 5 miljoen BEF (ongeveer

125.000 euro) aan sigaretten. Naast het plegen van diefstallen heeft S. geen bekende andere ondeugden en hij is de eigenaar van een tweedehandswinkel.

Van Esbroeck en Stereo P. zijn de krachtpatsers van de bende. Net zoals De Staerke is Van Esbroeck een gokliefhebber.[239] Daarnaast heeft hij een ontzettend grote mond. Over Van Esbroeck was geweten dat hij misdaden zonder geweld pleegde, zoals fraude. Stereo P. is een potige kerel met een blonde haardos die in de gevangenis had gezeten voor een aantal inbraken met een andere bende.

Zijn straatreputatie en zijn strafblad maken De Staerke tot het gezicht van de bende, zelfs al is hij niet de echte leider. Van Esbroeck beweerde: "Johnny organiseert niets, absoluut niets."[240] De Staerke zorgt er echter wel voor dat de bende meer risico's gaat nemen en voor het grote geld gaat. De criminele specialiteit van de bende zijn gewapende overvallen op postkantoren in Vlaanderen – ze overvallen echter alleen postkantoren en niet de konvooien zoals de bende Haemers.

In de media worden ze de bende van Baasrode genoemd, naar een stad waar de bende op 26 juni 1985 een overval pleegde op een postkantoor. Ze gebruikten machinegeweren, een riotgun en een jachtgeweer bij de overval, maar er werden geen kogels gelost en ze vertrokken met 1,4 miljoen BEF (ongeveer 34.705 euro).

Hoofdstuk 19

Pretpark Walibi

I 5 AUGUSTUS 1985 IS EEN WARME EN ZONNIGE DAG EN HET PRETPARK Walibi wordt drukbezocht. Zo'n 15.000 mensen gaan het park binnen en vullen de kassa's. Beveiligingsbewaker Willy Pans krijgt de taak om het derde geldtransport van Intergarde te escorteren om het geld van de kluis in het park naar de bank te brengen. Terwijl Pans op weg is naar het pretpark, rijdt er een donkere Honda Quintet naar de toegangsweg achter het pretpark, waar zich nog een ingang bevindt. Daar ligt ook een kleine parkeerplaats voor het personeel. Drie mannen stappen uit de Honda, gaan zitten en houden een picknick.

Om 14.15 uur bereikt Pans de personeelsparkeerplaats aan de achterkant van het pretpark. Hij gaat het pretpark binnen en haalt 1,3 miljoen BEF uit de kluis (ongeveer 32.500 euro). Wanneer Pans weer op het parkeerterrein is, verrast een van de mannen van de picknick hem en hij wordt in zijn hart en lever geraakt door een schot. Een kogel breekt de achterruit van een andere geparkeerde auto. Pans valt op de grond waar de moordenaar hem doodschiet met vier 9 mm-kogels in het hoofd. De moordenaar raapt het geld dat Pans moest transporteren op en loopt terug naar de Honda Quintet waar de andere mannen van de picknick op hem zitten te wachten.

Een reis naar Luxemburg

Deze moord is erg belangrijk en dit om twee redenen. Allereerst zijn er overeenkomsten met de andere moorden die gepleegd werden door de

Bende van Nijvel. Een overval als deze zou hen kunnen hebben geholpen bij de financiering van hun tweede golf van aanvallen. Deze moord werd echter nooit aan de Bende van Nijvel toegeschreven. Ten tweede werd de bende van Bouhouche ook lange tijd verdacht van deze overval. Zij hebben echter nooit bekend en ze werden er ook nooit voor vervolgd.

Wat we wel weten is dat tijdens de zomer, voor de aanval op Pans en de diefstal, twee nepagenten van de Rijkswacht het pretpark bezochten en vragen stelden over de beveiliging van het park.[241] Na de overval slaagt men er niet in om te achterhalen wie deze mannen waren.[242] De moordenaar gebruikte een zeldzaam HK P7-pistool om Pans te vermoorden. Eenzelfde pistool met een vervaagd serienummer zou later ontdekt worden in een huis van een kennis van Bouhouche. De man verklaarde dat hij het pistool had gekregen van een vriend van Bouhouche, maar deze vriend weigerde te vertellen waar het pistool vandaan kwam.

De onderzoekers denken dat het wapen afkomstig is van een partij geleverd aan handelaar Lorang in Luxemburg. De leden van de bende van Bouhouche worden verdacht van het aankopen van wapens met valse vergunningen en van het kopen van buitenlandse wapens. Twee Heckler und Koch P7-wapens werden gekocht door Roger Van Vliet, een schuilnaam die vaak gebruikt werd door de bende van Bouhouche in 1984. De bende gebruikte deze schuilnaam zelfs om zes dagen voor de aanval op het pretpark Walibi een opslagruimte te huren. De gegevens van Van Vliet staan in de agenda en in het klantenbestand van een connectie van de bende van Bouhouche. De bendeleden van de bende van Bouhouche gebruiken ook een valse identiteitskaart en een zegel die in 1981 gestolen werden uit het gemeentehuis van Chaumont-Gistoux.

De bende van Bouhouche is op dat ogenblik erg actief en het lijkt erop dat ze in geldnood zitten. Op 9 augustus 1985 breekt de bende in bij de Brusselse rechtbank en bereikt het kantoor van de bediende op de eerste verdieping. De bendeleden forceren de beveiligde sloten van acht houten deuren, halen met speciaal gereedschap de metalen deursloten uit elkaar en krijgen zo toegang tot de archieven waar bewijsmateriaal wordt bewaard. Ze waren waarschijnlijk uit op geld dat als bewijs werd opgeslagen, net zoals in 1981. Uiteindelijk stelen ze op zijn minst een Jaeger-LeCoultre horloge en een videorecorder.

Op het parkeerterrein aan de voorkant van het pretpark Walibi vinden de onderzoekers een Renault 4 die in november 1984 in Brussel werd gestolen. Deze Renault 4 heeft eenzelfde antenne op het dak als de gestolen Ford Taunus die werd gebruikt bij de ontvoering en moord op beveiligingsagent Zwarts in 1982.[243] Zwarts stond in voor de beveiliging op het vliegveld en werd ontvoerd door nepagenten, leden van de bende van Bouhouche. De auto heeft valse nummerplaten, geprint met dezelfde mal die werd gebruikt bij het maken van valse nummerplaten voor misdaden van de bende van Bouhouche.[244] In feite werden de nummerplaten van de Renault 4 gebruikt bij de Mercedes 4X4 die door de bende was gestolen en waarmee Bouhouche al in 1986 reed. De onderzoekers gaan ervan uit dat de Renault een alternatief was mocht er iets misgaan met de Honda Quintet.

De donkere Honda Quintet werd in december 1983 in Brussel gestolen. Later wordt de auto gevonden op de parkeerplaats van UCL in Woluwe, waar de garageboxen werden gehuurd door de bende van Bouhouche. De overval op het pretpark Walibi wordt persoonlijk onderzocht door een rijkswachter die betrokken is bij de bende van Bouhouche, maar werkt in een ander arrondissement. Hij komt met een vergezochte theorie met betrekking tot een werknemer van het pretpark en stuurt dit naar de onderzoekers. De moord is nog steeds niet opgelost.

HET WAVER-ONDERZOEK

Op 14 augustus 1985 wordt er een vierde rapport uitgegeven door de onderzoekers van de Rijkswacht van Waver over de aanval op de Dekaise wapenwinkel in 1982. Het eerste rapport werd een paar jaar eerder geschreven, nog voor iemand van het bestaan van de Bende van Nijvel afwist. De theorie op dat ogenblik was dat de inbrekers het prototype van de geluidsdemper wilden stelen van eigenaar Daniel Dekaise omdat hij zijn afspraak in een internationale wapendeal niet was nagekomen. De onderzoekers voeren een onderzoek waarbij ze alle mogelijkheden openhouden en onderzoeken alle aanwijzingen die ze kunnen vinden. De meeste aanwijzingen die ze krijgen, hebben niets te maken met de Bende van Nijvel en hebben betrekking op de internationale wapenhandel van de winkeleigenaar Dekaise.

Het vierde rapport heeft grote gevolgen. Het is een slordig rapport met vele onjuistheden en vermoedens die alle kanten opgaan. Het rapport beschuldigt ook politici en overheidsbeambten. Dekaise, de eigenaar van de wapenwinkel, wordt in het verslag gezien als een van de hoofdverdachten, ondanks het feit dat hij eerder gezien werd als slachtoffer nadat hij in coma werd geslagen door de Bende van Nijvel. Men schrijft in het rapport dat Dekaise deel uitmaakte van een legale grijze zone en dat het grootste deel van zijn werk gefocust was op internationale deals met stilzwijgende goedkeuring van de westerse inlichtingendiensten zoals de Staatsveiligheid, MI6 of de CIA. Het rapport vermeldt dat wanneer de onderzoekers van Waver zijn commerciële activiteiten met een strijdende fractie in de burgeroorlog in Libanon vermelden, Dekaise zegt: "Als u dat weet, kan ik het wel vergeten."[245] Hierdoor gaan de onderzoekers dieper graven. Een andere rijkswachter neemt het op voor Dekaise: "Mijnheer Bihay, u bent er zich toch van bewust dat, indien u deze zaken in de openbaarheid brengt, er dan werklozen zullen vallen bij het FN en dat die wapens, hoe dan ook, aan andere landen zullen worden geleverd. Waarom wilt u de staatsbelangen tegenwerken?"[246]

Het onderzoek naar de wapenwinkel van Dekaise ging zo ver dat de overval door de Bende van Nijvel bijna bijkomstig werd in verhouding tot de vermeende betrokkenheid van Dekaise in de internationale wapenhandel. Enkele van de onderzoekers beschouwen de vermeende wapenhandel als belangrijker dan het onderzoek naar de Bende van Nijvel.

Westland New Post

Het rapport neemt de twist van Paul Latinus, de dode leider van de WNP, serieus: de Staatsveiligheid wordt geleid door de KGB. De Staatsveiligheid manipuleerde de WNP en de twee leden van de Staatsveiligheid, administrateur-directeur-generaal Albert Raes en commissaris de Eend, hebben opdracht gegeven voor de moorden van Herdersliedstraat.

Het rapport bevat ook fouten met betrekking tot de WNP. Het verwart het extreemrechtse Front de la Jeunesse vaak met de WNP. Het beschrijft dat er zes rijkswachters zijn die deel uitmaken van de WNP, maar bevat drie volledig verkeerde namen. Er was maar één rijkswachter lid van de WNP: Lucien M. Een van de bronnen van het rapport is waarschijnlijk Martial Lekeu, de rijkswachter die naar Florida vluchtte nadat hij door andere rijkswachters met de dood werd bedreigd. In december 1983 vertelt Lekeu aan dezelfde rijkswachters in Waver dat de misdaden van de Bende van Nijvel werden gecoördineerd door een groep rijkswachters. In interviews verwart Lekeu eveneens de WNP met het Front de la Jeunesse.

Dani Bouhouche

Een opvallend gedeelte van het rapport gaat over Dani Bouhouche en ook dit bevat fouten. Hierbij wordt beweerd dat Bouhouche een van de rijkswachters was bij de WNP en er wordt hiervoor verwezen naar de ledenlijst van de WNP waarin ook Bouhouche vermeld staat. De onderzoekers lezen de naam van Bouhouche terwijl op de lijst eigenlijk Bouche vermeld staat, de naam van een ander lid van de WNP. Daarop maken ze nog een fout door te beweren dat de codenaam van Bouhouche bij de WNP 'Titise' is. Titise is eigenlijk de codenaam van Bouche. Het is niet duidelijk of de onderzoekers die de overval op wapenwinkel Dekaise in Waver behandelden, een andere aanwijzing hadden dat Bouhouche lid zou zijn van de WNP dan alleen de ledenlijst.

De realiteit is dat er geen enkel gedocumenteerd bewijs bestaat dat Bouhouche een lid is of was van de WNP. Het wordt een populaire mythe. Het enige verband is dat Bouhouche vaak gaat schieten met zijn vriend Alain W. die lid werd van de WNP. Toen Alain W. zich bij de WNP aansloot, vroeg hij Bouhouche voor zijn inwijding bij de WNP om geclassificeerde documenten van de Rijkswacht. Bouhouche krijgt een partner die werkt voor de informatieafdeling van de Rijkswacht zover dat hij drie documenten die interessant waren voor Latinus, de leider van de WNP, voor Alain W. regelt. Door Alain W. komt Bouhouche ook in contact met Éric Lammers, een ander lid van de WNP.

Het is ook via Alain W. dat het gerucht ontstaat dat Bouhouche de schietinstructeur van het Front de la Jeunesse is. Bouhouche was nooit lid bij het Front de la Jeunesse, maar kent W. via schietbanen. Alain W. was lid van het Front de la Jeunesse en brengt soms een andere vriend mee naar de schietbaan, waar Bouhouche hen tips gaf. Het blijkt dat Bouhouche op dezelfde dag dat het lid van het Front de la Jeunesse op de Algerijnse arbeiders schoot op december 1981, tips heeft gegeven. Bij deze racistische aanval in een café in Laken overleed iemand en raakte een andere persoon ernstig gewond.

Bouhouche was echter nooit lid van een extreemrechtse organisatie. Het is niet bekend of hij ooit heeft deelgenomen aan een meeting en hij is nooit politiek actief geweest. Toch bestaan er wel bewijzen dat Bouhouche extreemrechtse ideeën had.

Wat de persoonlijke ideeën van Bouhouche ook waren, het is belangrijk om weten dat de bende van Bouhouche een georganiseerde criminele bende was met als enige doel geld binnen te krijgen voor de leden en eigenlijk had de bende van Bouhouche helemaal geen interesse in politiek. Er bestaat ook geen ander geloofwaardig bewijs dat andere leden, net zoals Bouhouche, extreemrechtse ideeën hadden. Daarbij komt nog dat de bende leden bevatte die verschillende etnische achtergrond hadden. Naast geld, zou het enige andere motief wraak tegen de Rijkswacht en tegen andere mensen zijn die hen dwarsboomden, zoals de mislukte bomaanslag op de auto van Goffinon en de mislukte moordaanslag bij het huis van Vernaillen in 1981.

Het rapport geeft aan dat de Rijkswacht niet op de hoogte was van de criminele activiteiten van Bouhouche. De onderzoekers van Waver denken nog steeds dat de bende van Bouhouche verantwoordelijk is voor de moordaanslag op Vernaillen in 1981. Ze hadden echter wel enige details met betrekking tot de mislukte bomaanslag op Goffinon in 1981: "Betreffende de aanslag op de Peugeot is het zo dat Bouhouche een vriend is van de constructeur of de verkoper van een deel van de apparatuur die moet zorgen voor de ontploffing in de Peugeot."²⁴⁷ En op een bepaald moment werd Bouhouche ervan verdacht betrokken te zijn bij deze zaak.

Faez Al Ajjaz

Een andere reden waarom men Bouhouche verdacht van betrokkenheid bij de WNP is het feit dat hij een Mazda 626 gebruikte voor de aanval op Vernaillen. De eigenaar van de Mazda was een vermeend lid van de WNP en heette Faez Al Ajjaz. Dit is maar gedeeltelijk waar. De zomer voor de aanval op Vernaillen, ontmoette Paul Latinus, de leider van de WNP, Al Ajjaz via de uitgever van een extreemrechtse anticommunistische krant die hij kende uit de tijd dat hij lid was van het Front de la Jeunesse. Al Ajjaz is de officiële correspondent in België voor de Arabische kranten en hij heeft goede contacten met Belgische politici en ambassadeurs van de Arabische landen. Hij zorgt ook voor informatie voor de Saudi veiligheidsdiensten en andere instanties.

Al Ajjaz raakt persoonlijk bevriend met de uitgever. Wanneer de uitgever ontdekt dat Latinus blut is en werk zoekt, stelt hij hem voor aan Al Ajjaz, die erg welgesteld is. Latinus, die geen vast inkomen heeft en van het geld van zijn moeder leeft, laat leden van WNP verschillende klusjes opknappen voor Faez, zoals zijn huis schoonmaken, als zijn chauffeur of beveiligingsagent werken en zelfs technische klusjes in zijn kantoor uitvoeren. Er is geen bewijs dat Faez op dat ogenblik afwist van het bestaan van de WNP. Hij is nooit lid geweest.

Op 16 september 1981, doet Al Ajjaz bij de politie aangifte van de diefstal van zijn auto. In deze aangifte beweert hij dat zijn Mazda 626 is gestolen. Daarop schakelt hij de verzekering in. In werkelijkheid verstopte Al Ajjaz de Mazda in een garagebox in Elsene. Zijn handlanger, André D., leent de auto uit aan een cliënt als vervangwagen.

Op 29 september parkeert de cliënt van André D. de Mazda dubbel terwijl hij een winkel aan de Louizalaan binnenloopt. De sleutel zit in het contact en de motor loopt. Gedurende dit korte ogenblik rijdt de bende van Bouhouche weg met de auto. André D. zit nu in een penibele situatie; de Mazda werd immers al als gestolen opgegeven door zijn handlanger Al Ajjaz. De auto kan niet twee keer als gestolen worden opgegeven. Op 13 november 1981 komt André D. met de waarheid en vertelt hij de onderzoekers over de fraudezaak. In 1987 worden André D. en Al Ajjaz schuldig bevonden aan oplichting van de verzekering. In de tussentijd gebruikt de bende van Bouhouche deze Mazda 626 om naar het huis van Vernaillen te rijden om hem aan te vallen. Er is geen bewijs dat Al Ajjaz iemand van de bende van Bouhouche kende.

De gevolgen van het rapport

Doordat Bouhouche goede connecties heeft binnen de Rijkswacht, komt hij aan het rapport van het onderzoek naar de overval op wapenwinkel Dekaise in Waver. Bouhouche, die erg gesteld is op zijn privacy, is razend als hij ziet wat er over hem geschreven wordt. De drie rijkswachters die hem hebben verklikt zullen boeten voor hun ontrouw.

Bouhouche komt ook te weten dat de eigenaar van de wapenhandel Dekaise erg onder vuur ligt in het rapport. Hij ziet net als iedereen de negatieve koppen in de kranten en ziet hoe het onderzoek serieuze schade heeft aangericht aan de reputatie van Dekaise. Volgens Dekaise: "mijn buren vroegen mij wat voor afgrijselijk man ik wel was, mijn contacten op de officiële markten (de politiekorpsen en de officiële korpsen in België) ... verliepen erg moeilijk. Ik werd daardoor met ernstige problemen geconfronteerd."[248]

Een vriend van Bouhouche brengt een bezoek aan de wapenwinkel en vertelt Dekaise dat hij de onderzoekers op afstand kan houden. Hij overhandigt een enveloppe van de Rijkswacht met daarin twee gestolen revolverlopen. Deze werden door Bouhouche gestolen bij een zoekactie in een andere wapenwinkel in de tijd dat Bouhouche nog bij de Rijkswacht werkte. Iemand uit de entourage van Bouhouche regelt dan dat een rijkswachter bij Dekaise langsgaat om de enveloppe te ontvangen. Dekaise vertelt de rijkswachter dat hij de enveloppe heeft gekregen van de onderzoekers van Waver. De rijkswachtagent schrijft een rapport over de gestolen lopen dat het team van Waver impliceert.

Wanneer de hogere rangen van de Rijkswacht horen over het onderzoek van Waver en de gestolen lopen, weten ze niet dat dit een smerige list is van de entourage van Bouhouche. Door de gestolen lopen wordt een disciplinair onderzoek gevoerd naar de rijkswachters, maar dit maakt nauwelijks een verschil. Op dit moment heeft de Rijkswacht al genoeg van de rijkswachters in Waver. Afgezien van het veel verder gaan dan hun opdracht om de aanval op de wapenwinkel Dekaise in 1982 te onderzoeken, tast het rapport de integriteit van verschillende publieke figuren aan. De rijkswachters van Waver hebben geen vrienden gemaakt en hun oordeel en bekwaamheid wordt vanuit alle richtingen aangevallen.

De drie rijkswachters worden gedisciplineerd. De aanklacht luidt dat ze het rapport hebben verspreid voor ze de leiding van de Rijkswacht op de hoogte hebben gesteld van de inhoud. Volgens de top van de Rijkswacht: "De zaak is des te ernstiger, daar het om een verslag gaat dat delicate inlichtingen bevat en dat op een nogal dubbelzinnige wijze bekende personen aanvalt."[249] Ze voegen nog toe: "Sommige inlichtingen zijn op zich niet meer dan een onbewerkte weergave van praatjes of iets dergelijks, waarvan niets geregistreerd werd en waarvan niets ondertekend, nagetrokken of beoordeeld werd en die in een syntheseverslag een heel andere betekenis krijgen."[250] Een van de onderzoekers wordt uiteindelijk vier dagen geschorst en twee anderen krijgen administratieve taken toegewezen.

De bende van Baasrode

In de zomer van 1985 overvalt de nieuwe bende van Baasrode van Johnny De Staerke meerdere postkantoren in Vlaanderen. Ze lopen in snel tempo naar binnen en naar buiten en maken gebruik van een chronometer. Ondanks de gewelddadige reputatie van De Staerke, wordt er nooit iemand neergeschoten. Rondom Brussel overvallen ze een geldtransportwagen en een hamburgerrestaurant. Op 7 augustus 1985 gebruiken ze een gestolen BMW om een postkantoor dichtbij Antwerpen te overvallen. Drie gangsters lopen het postkantoor binnen en één blijft achter in de vluchtauto. Ze maken gebruik van machinegeweren en revolvers en stelen een bedrag van 800.000 BEF uit de kluis (ongeveer 19.831 euro). Op 24 september 1985 overvallen ze opnieuw het postkantoor in Baasrode waardoor de bende oorspronkelijk berucht werd. Deze keer lopen twee gemaskerde gangsters het drukke postkantoor binnen. Een derde man wacht in de vluchtauto. Ze stelen 200.000 BEF uit de kluis (ongeveer 4958 euro). In deze periode overvallen ze nog meer postkantoren in Vlaanderen.

Jeep

Op 10 september 1985 rijdt Bouhouche samen met een handlanger naar een Mercedes-verdeler ten noorden van Brussel. Bouhouche overhandigt 10.000 BEF aan zijn handlanger (ongeveer 248 euro). Terwijl deze binnengaat bij de verdeler, wacht Bouhouche buiten op hem. De handlanger wil graag een 4x4 Mercedes jeep huren en vult het papierwerk van het verhuurbedrijf in. Hij gebruikt een gestolen identiteitskaart en een gestolen rijbewijs op naam van Wilfried Gees. De handlanger geeft een van de medewerkers de 10.000 BEF als aanbetaling voor de huur van de Mercedes. Hij rijdt weg met de jeep en keert nooit meer terug.

Bouhouche voorziet de auto van valse nummerplaten, gekopieerd van een gelijkaardige jeep. De nummerplaten werden gedrukt met dezelfde mal die de bende van Bouhouche gebruikte bij de gestolen Renault 25. Bouhouche gooit het certificaat van de gestolen jeep weg, samen met de registratiepapieren en vervangt de verzekeringskaart en het certificaat van overeenstemming.

Ze passen de jeep aan om gebruik te kunnen maken van een politiescanner. De specificaties die ze gebruiken komen identiek overeen met de politieantenne die Bouhouche in zijn bezit heeft. In de daaropvolgende maanden rijden zowel Bouhouche als een handlanger rond in de aangepaste jeep. Er zijn overeenkomsten met de Ford Taunus die ze gebruikten bij de overval en de moord in 1982 op Francis Zwarts op de luchthaven van Zaventem: beide auto's hebben in het dak een gat van 2 centimeter net zoals rijkswachtauto's, waardoor de radioantenne bevestigd kan worden. De Mercedes jeep wordt gevonden in Sint-Lambrechts-Woluwe, dichtbij de campus van de Université de Louvain en het ziekenhuis Saint-Luc, de plaats waar ze normaal hun auto's plaatsen als ze geen plek hebben in een van de garageboxen. Eind september 1985 echter ontdekt de Rijkswacht de in 1984 gestolen Renault 18 stationwagen in het opslagcomplex in Elsene. De auto staat in de buurt van drie garageboxen die door de bende van Bouhouche werden gehuurd, geparkeerd.

Deel III:
De Tweede Golf (1985)

Stoet in Aalst

HOOFDSTUK 20

DE DIEFSTAL VAN EEN GOLF IN ERPS-KWERPS (22 SEPTEMBER 1985)

DE BENDE VAN NIJVEL, DIE AL ANDERHALF JAAR NIET ACTIEF IS, start met het bij elkaar sprokkelen van alles wat nodig is voor de tweede golf van aanvallen. De Bende is terug zonder dat de bevolking hiervan op de hoogte is. De bendeleden moeten een auto zien te vinden om zo aan hun nieuwe golf van misdaden te kunnen beginnen. Hun laatste Volkswagen Golf was in brand gestoken in het Bos van Hourpes, dit was in december 1983.

In de vroege uurtjes van 22 september 1985, een paar minuten na 4.00 uur, parkeren dieven naast de omheining van het parkeerterrein van Volkswagen in Erps-Kwerps. Het terrein is door het bedrijf Securitas elektronisch beveiligd. De dieven gebruiken draadknippers om door het beveiligde hek toegang te verkrijgen tot het terrein.

De auto's op het terrein zijn niet op slot en de sleutels zitten in het contact. De dieven verplaatsen twee auto's zodat ze de ruimte hebben om de grijze Golf GTI-driedeurs van het terrein te rijden.

Om de beveiliging te ontwijken, zijn ze binnen 5 minuten weer weg.

HOOFDSTUK 21

DELHAIZE SUPERMARKTEN IN EIGENBRAKEL EN OVERIJSE (27 SEPTEMBER 1985)[251]

Op 27 september om 20.10 uur parkeert de Bende van Nijvel de donkergrijze Golf op een parkeerplaats gereserveerd voor klanten van een pizzeria in Eigenbrakel. Drie gemaskerde mannen stappen uit de auto en lopen langs de pizzeria en over het voetpad dat leidt naar het parkeerterrein van de Delhaize. De bendeleden dragen donkere legerjackets; twee van hen dragen maskers van Franse politici en riotguns. De Reus draagt een machinepistool.

Een 12-jarige jongen hangt met zijn fiets rond op het parkeerterrein van de supermarkt.[252] De Reus trekt de jongen met zijn haren van zijn fiets en sleept hem met geweld mee naar de ingang van de supermarkt. De Reus houdt een wapen tegen de jongen zijn zij en houdt hem vast bij zijn kraag.[253] Twee leden van de Bende van Nijvel dragen vuilniszakken met zich mee.[254]

Een van de bendeleden merkt een paar meter verderop een rood busje op met daarin een man van middelbare leeftijd, Bozidar Djuroski en zijn 17-jarige zoon. Djuroski zit te wachten op zijn vrouw en dochter die alcohol gaan kopen zijn in de supermarkt.[255] Wanneer de vader in de gaten krijgt dat een van de bendeleden dichterbij komt, schreeuwt hij tegen zijn zoon: "Ga liggen!"[256] Een van de bendeleden schiet door het windscherm van het busje en de vader klapt voorover tegen het stuur. De zoon wordt in zijn borst geraakt en krijgt een schampschot aan de bovenkant van zijn schouder. De vader overlijdt later aan zijn verwondingen. De zoon overleeft de aanval, maar verliest een long.[257]

Bij de ingang van de supermarkt Delhaize herkent een klant van de Delhaize, Roger Engelbienne, de jonge gijzelaar. Hij zegt streng tegen de aanvallers: "Laat de jongen gaan!"[258] Een van de bendeleden reageert met een schot van zijn geweer en zegt: "Dat zal je leren je te mengen in zaken die je niets aangaan."[259] Wanneer andere klanten de schoten horen, proberen sommigen via de achterkant van de winkel weg te komen, anderen verstoppen zich tussen de rekken.

De zwaarbewapende mannen lopen de winkel binnen. De Reus sleept de 12-jarige jongen aan zijn ene hand mee, in zijn andere hand houdt hij het machinepistool. De twee overvallers lopen zonder enige aarzeling recht op de kluis af. De Reus loopt naar de kassa's en schreeuwt: "Iedereen op de grond of ik dood jullie."[260] De meeste klanten die dichtbij staan gaan onmiddellijk liggen. Ghislain Platane, een man van middelbare leeftijd, heeft net afgerekend en reageert niet snel genoeg. Hij wordt neergemaaid. De klanten aan de achterkant van de winkel kruipen verder op zoek naar een betere plek om zich te verstoppen.[261]

De Reus, die nog steeds de 12-jarige jongen bij zijn haren heeft, bedreigt kalm de kassières: "Schiet op of ik vermoord de jongen."[262] Hij verplaatst zich systematisch van de ene kassa naar de andere, en zorgt ervoor dat de kassières de inhoud legen in de bruine tas die hij bij zich heeft.

Ondertussen lopen de twee kleinere dieven langs de rekken, richting het kantoor waar de kluis zich bevindt. Onderweg komen ze de manager van de winkel tegen die tegen de overvallers zegt: "Jullie willen geld, neem alles wat jullie willen. Ik zal het jullie geven." Ze lopen het kantoor binnen en slopen de telefoonlijnen. De manager laat hen zien dat het meeste van het geld in een kluis verborgen ligt waarbij veiligheidsagenten de enige zijn die de kluis kunnen openen. Een van de gemaskerde mannen is razend wanneer de manager er alleen maar in slaagt de kleine kluis te openen die wat kleingeld en maaltijdbonnen bevat. De criminelen stoppen de buit in een grote reistas. Een van de overvallers schreeuwt: "Verdomme! We zijn voor niets gekomen. We zullen iedereen overhoop schieten!"[263] Hij verscheurt de cheques voor de ogen van de manager schiet op de telefoon en verlaat vervolgens het kantoor.[264]

De bandieten aarzelen niet om op de klanten te schieten die zich ook maar een beetje bewegen en zo de aandacht trekken. Op het ogenblik dat ze het kantoor met de buit verlaten, is de Reus klaar met het legen van de kassa's. Hij heeft nog steeds de jonge gijzelaar in zijn greep. De Reus is erg kalm, kijkt de winkel nog eens rond en vertrekt samen met zijn handlangers wanneer deze naar de uitgang gaan. Op het parkeerterrein laat de Reus de jongen gaan. De 12-jarige jongen heeft doodsangsten uitgestaan, maar houdt er geen lichamelijke klachten aan over. De dieven vertrekken met een totaal van 776.000 BEF (ongeveer 19.236 euro). De lichamen van de ongelukkigen liggen bloedend op de grond.

De Bende van Nijvel loopt over de parkeerplaats, weer naar het voetpad dat naar de auto leidt voor de pizzeria. Ze stappen in de Golf, vertrekken met de achterklep nog open en rijden met hoge snelheid richting Overijse.

Losse eindjes

Net voorafgaand aan de aanval in Eigenbrakel, werd een donkere Opel gezien op het parkeerterrein waar de Bende parkeerde, voor de pizzeria. Een lange man van middelbare leeftijd met grijze bakkebaarden zit op de bestuurdersstoel. Hij hangt een beetje rond en vertrekt dan weer. Men is nooit te weten gekomen wie deze man was.

DELHAIZE OVERIJSE[265]

Op de 18 kilometer lange weg tussen Eigenbrakel en Overijse merkt een bestuurder een geagiteerde man op. De man zit op de achterbank van een donkere Golf. De getuige is er zich niet van bewust dat het om een lid van de beruchte Bende van Nijvel is. De passagier op de achterbank doet teken naar de man dat hij weg moet blijven van de Golf. Wanneer de bestuurder nogmaals langs de Golf gaat rijden, ziet hij dat de man op de achterbank nu een masker draagt. Het duurt een kwartier voor de Bende van Nijvel in Overijse is.

Om 20.27 uur rijdt de Bende van Nijvel de Golf naar het parkeerterrein van de winkelzone aan de voorkant van de Delhaize supermarkt in Overijse.[266] De zwaarbewapende mannen parkeren achteraan op het parkeerterrein van de winkelzone. Ze dragen dezelfde politieke maskers als daarvoor, dezelfde donkere vishoedjes en de donkere, lange legerjassen. De bendeleden lopen rustig naar de ingang van de supermarkt.

Een 14-jarige jongen, Stefaan Notte, rijdt met zijn fiets over het parkeerterrein. Wanneer hij de gemaskerde mannen opmerkt, begint hij te roepen. Een van de bendeleden richt zijn riotgun en vuurt op de jongen. Het kind valt neer op de grond en ligt levenloos in een plas bloed. Op hetzelfde ogenblik gijzelt een ander bendelid Luc Bennekens. Bennekens maakt deel uit van een groep van vier activisten die politieke posters aan het ophangen zijn voor de opkomende verkiezingen.

Een andere klant, Léon Finné, is op weg naar de boekenwinkel in het winkelcentrum om een krant te kopen. Wanneer hij zich realiseert wat er aan de hand is, reageert hij in een reflex en keert hij terug naar zijn auto waar hij een telefoon heeft. Een bendelid ziet Finné en schiet tweemaal, hij wordt geraakt in het hoofd en de longen. Finné valt op de grond, naast zijn auto. De moordenaar loopt op Finné af, die in een groeiende plas bloed ligt. Hij rolt hem met zijn voet om en schiet hem dood met nog een schot.

Twee leden van de Bende van Nijvel lopen de supermarkt Delhaize binnen terwijl de derde buiten voor de deur stopt en op de uitkijk blijft staan.[267] Er zijn ongeveer tweehonderd klanten in de Delhaize.[268] Terwijl de twee bendeleden naar binnen lopen vuren ze waarschuwingsschoten af en een van hen schreeuwt: "Iedereen op de grond! Het geld of we vermoorden iedereen!" De klanten voorin de winkel haasten zich op de grond en gaan op hun buik liggen. De Reus loopt langzaam op de kassa's af en zegt: "Jij! Kassière! Breng het geld!" Terwijl de kassières de kassa's openen, richt hij zijn wapen op hun keel.

Een van de kassières, Rosa Van Kildonck, heeft moeite om haar kassa te openen. De lade lijkt vastgeklemd te zitten. Voor ze echter een oplossing kan vinden, wordt ze van dichtbij neergeschoten. De Reus steelt 590.000 BEF uit de kassa's (ongeveer 14.625 euro). Jean-Pierre Busiau, een klant die dichtbij de kassa's staat, wordt zonder reden neergeschoten. De aanvallers schieten ook lukraak op andere klanten in de winkel. Sommige schoten ketsen af op de volle boodschappenkarretjes, andere kogels komen neer tussen de rekken.

Het andere bendelid gaat op weg naar het kantoor van de supermarkt waar zich de kluis bevindt. Er zijn drie medewerkers in het kantoor. Het bendelid dwingt de assistent-manager om de kluis te openen en de inhoud aan hem te overhandigen. De assistent-manager zegt hem dat hij geen toegang heeft tot de hoofdkluis – net zoals in de supermarkt in Eigenbrakel.[269] Het bendelid wordt razend, maar kalmeert wanneer een medewerker hem een document laat zien met daarin het reglement voor het bewaren van het geld.[270] Het bendelid schiet de telefoon kapot.

Terwijl de bendeleden met hun gijzelaar Bennekens naar de uitgang lopen, schieten ze nog meer kogels af. Een bendelid schreeuwt: "Oké, genoeg, we gaan!" Wanneer ze vertrekken merken ze een klant op die net zijn auto parkeert dicht bij de Delhaize en die zich helemaal niet bewust is van de hele situatie. Wanneer de arme klant zich realiseert dat hij tijdens een aanval op de Delhaize arriveert, probeert hij te vluchten en de bendeleden beschieten zijn auto. De man is slechts licht gewond en overleeft de aanval.

De bendeleden dwingen Bennekens mee over het parkeerterrein en in plaats van hem vrij te laten schieten ze hem neer met de riotgun. Het dode lichaam van Bennekens valt op het asfalt.[271] De Bende van Nijvel springt in de Golf en laat een bloedbad achter. Een man die de nummerplaat probeert te noteren, wordt geschoten door de Reus, hij overleeft de aanval en vertelt dat de Reus een terugtrekkende haarlijn had.

Erger dan ooit

De Bende van Nijvel is terug van weggeweest, en lijkt tijdens deze nieuwe golf aanslagen gewelddadiger dan ooit. Dit is de Bende van Nijvel 2.0 en ze maken duidelijk dat ze terug zijn. Ze zorgen ervoor dat de politie dit weet en dat de bevolking en de media er niet aan twijfelen dat ze terug zijn. In een rapport van 3 oktober 1985 schrijft de Rijkswacht: "Er is een zeer grote gelijkenis met de feiten van Waals Brabant ('83)" Ze schrijven alle duidelijke overeenkomsten op, degene die identiek zijn aan de eerdere aanvallen. De twee meest overduidelijke overeenkomsten in de lijst zijn het gebruik van een Volkswagen Golf en het doelwit: twee Delhaize supermarkten. Dan is er ook nog de terugkerende verschijning van de Reus. Ze voegen de vernietiging van de telefoons en andere kenmerken van hun aanvalsstrategie toe.

De Bende van Nijvel bouwt een merk op tijdens de eerste golf van aanvallen, wat ze nu uitbuiten voor erkenning. Ze geven gewoon meer van wat de bevolking en de autoriteiten ondertussen van hen verwachten. Ze plegen nu enkel overvallen op supermarkten van Delhaize, terwijl tijdens de eerste golf van aanslagen twee van de vijf overvallen Colruyt supermarkten waren. Maar het beeld van gangsters die een supermarkt van Delhaize betreden en rondschieten is wat de Belgen onthouden hebben. Het feit dat ze niet een maar twee Delhaize supermarkten overvallen is een duidelijke aanwijzing. De Bende van Nijvel negeert zelfs andere supermarkten die tussen de twee winkels van Delhaize gelegen zijn – inclusief een Colruyt supermarkt. Ze vallen supermarkten van Delhaize aan, net omdat dat verwacht wordt van de Bende van Nijvel.

Hetzelfde geldt voor de donkere Golf. Mensen herinnerden zich dat de Bende van Nijvel in een Golf reed omdat er een grote zoekactie naar een Golf was gestart na de aanval op de Delhaize in Beersel – en dat zelfs nadat ze ook gebruik hadden gemaakt van een Santana, een Saab, een Allegro en misschien een Audi tijdens hun overvallen. Van de zes auto's die ze gebruikten tijdens de eerste golf, waren er hooguit twee een Golf. En het zou er zelfs maar een kunnen geweest zijn. Er waren immers indicaties dat de Bende van Nijvel de Porsche en niet de Golf wilde stelen tijdens hun aanval op het restaurant Aux Trois Canards in Ohain in oktober 1983. Maar als je de krantenartikelen tussen 1983 en 1984 erop naleest, wordt er een donkere Golf genoemd en dat is wat er bleef hangen in de verbeelding van de mensen. Ergens later in 1983 worden personen die in donkere Golfs rijden zelfs gestopt door de Rijkswacht. De Santana en de Saab werden vergeten omdat ze meteen werden achtergelaten na de aanvallen.

De lijst van de Rijkswacht bevat ook de carnavalsmaskers als een terugkerende eigenschap van de Bende van Nijvel. Dat is niet correct, maar dat is wel wat de mensen onthielden. Waarom? Sinds de Bende van Nijvel een bekend fenomeen werd na de aanval op de Colruyt in Nijvel in september 1981 droegen ze twee van de drie keer carnavalsmaskers – namelijk in het restaurant Aux Trois Canards en bij de overval van de Delhaize in Beersel in oktober 1983. Hoe ze zich vermommen verandert eigenlijk van de ene aanval tot de andere. Volgens procureur-generaal Georges Demanet: "gebruiken misdadigers alsmaar minder maskers, maar grimeren ze zich eerder (rimpels, pruiken, snorren...)."[272] Soms dragen ze bivakmutsen en soms dragen ze helemaal geen masker. Tot hun aanval in Nijvel in september 1983 hebben ze slechts één keer carnavalsmaskers gedragen. Wat ze ook doen, ze zijn erg voorzichtig om onherkenbaar te blijven.

Ook andere eigenschappen van de Bende van Nijvel worden genoteerd op de lijst van de Rijkswacht: het vernietigen van de telefoonlijnen en de gijzelnemingen. Het is waar dat de Bende systematisch de telefoonlijnen doorknipte gedurende de eerste golf van aanvallen. Het was oorspronkelijk iets waar een van de bendeleden op had aangedrongen. Op het ogenblik van de aanval op de Delhaize in Beersel is de Bende ervan op de hoogte dat de autoriteiten afweten van hun strategie. Anders dan alle andere aanvallen van de eerste golf, lijkt het erop dat de bedoeling van de aanval op de Delhaize in Beersel in oktober 1983 een strategie was om alle aanvallen tijdens de eerste golf forensisch aan elkaar te linken, zodat er maar één onderzoek zou plaatsvinden in plaats van twee onderzoeken. Het ging niet om geld. Een van de voorwerpen die de Bende van Nijvel gebruikte om duidelijk te maken dat het om een overval van de Bende ging, was de grote bijl. In plaats van veel wapens mee te nemen zoals ze normaal gesproken doen, hadden ze deze keer een grote bijl bij zich om de onderzoekers te laten zien dat ze de telefoonlijnen zouden doorhakken. Dit zorgde ervoor dat er geen twijfel over bestaat dat het ging om een aanval van de Bende van Nijvel. Tijdens de dubbele aanvallen in Eigenbrakel en in Overijse, draagt de bende extra vuurwapens in plaats van een bijl om de telefoonlijnen te vernietigen. Op beide locaties, na het vernietigen van de telefoonlijnen, beschiet de bende de telefoons om hun boodschap kracht bij te zetten.

Extreem geweld escaleert

Het grote verschil tussen de eerste en de tweede golf van aanvallen is het geweld. In het verslag van de Rijkswacht wordt het volgende geschreven: "Het koelbloedig afmaken van hun slachtoffers zonder blijkbare reden." Dit geeft echter niet weer hoe het geweld tijdens de tweede golf escaleerde. Tijdens de eerste golf wordt er een betere omschrijving gegeven door de krant Het Nieuwsblad die schrijft: *"was er één constante: de ongemeen brutale manier van optreden en doden."*[273] De Bende van Nijvel elimineert getuigen, schiet mensen die de Bende tegenwerken of op de grond liggen, dood. Ze zijn uiterst gewelddadig.

Nu, tijdens de tweede golf, gebruikt de Bende van Nijvel extreem geweld, zelfs wanneer er geen bedreiging wordt gevormd voor hen. De moorden lijken beraamd en ze nemen iedere gelegenheid om te moorden, terwijl de schijn wordt opgehouden dat het om een gewapende overval gaat.

Pas vanaf de tweede golf begint de Bende van Nijvel op klanten te schieten, zelfs op klanten die geen weerstand bieden zoals Ghislain Platane in Eigenbrakel en Jean-Paul Busiau in Overijse. De Bende vermoordt ook hun eerste kassière in Overijse, Rosa Van Kildonck, die niet snel genoeg was om haar kassalade te openen. Voor de allereerste keer vermoorden ze in Overijse ook hun gijzelaar, ze vermoorden hem ondanks het feit dat hij al hun verzoeken inwilligde tijdens de aanval.

Nu vermoorden de bendeleden zelfs klanten op het parkeerterrein – zowel in Eigenbrakel als in Overijse - en dat zelfs voor ze de winkel betreden. Dit is nieuw en misschien een bewuste actie van de Bende van Nijvel. Het is bijna alsof ze eerst wat mensen uit de weg moeten ruimen.

De bendeleden gaan in Overijse als woestelingen tekeer, waarschijnlijk omdat ze voelen dat ze niet genoeg mensen hadden vermoord in Eigenbrakel. Tijdens de eerste golf waren er altijd klanten op het parkeerterrein aanwezig, maar nooit werd er iemand vermoord. Bij een aantal overvallen tijdens de eerste golf werd er alleen dreigend met het wapen gericht op de klanten op het parkeerterrein. Tijdens de overval op de supermarkt Delhaize in Genval in februari 1983 bijvoorbeeld schiet de Bende alleen op een auto die hen mogelijk hinderde. De bestuurder raakte niet gewond.

Nu gaan ze ook achter kinderen aan. Ook dit lijkt doelbewust. In Eigenbrakel pakt de Reus de 12-jarige jongen bij zijn haren op het parkeerterrein en gijzelt hem. Binnen vertelt de Reus aan de kassières dat hij de jongen zal doden als ze niet opschieten. In Overijse is Stefaan Notté aan het rondhangen op het parkeerterrein en wordt hij neergeschoten en vermoord wanneer hij roept.

Gespeelde agressie

En dan is er nog wat enkel beschreven kan worden als gewelddadig toneel. In Eigenbrakel, wanneer de Bende bij de kluis komt, lijkt er een gedwongen vertoning van woede te zijn, zoals het verscheuren van cheques en het schreeuwen: "Je maakt een grapje! We komen hiervoor! Iemand zal hiervoor boeten!" of "We zijn voor niets gekomen!"[274] In Overijse schreeuwt een van de bendeleden meteen: "We zullen iedereen doden!". Kort daarna schieten ze een klant en een kassière dood. Voor de aanvallen in Eigenbraken en Overijse hadden ze nog nooit een klant vermoord en deze nacht eindigt het dodental op zeven: vier klanten op het parkeerterrein, twee klanten en een medewerker binnen in de winkel.

De lijst van de Rijkswacht vermeldt: "De houding van de daders: kalm, goed georganiseerd, militair." De eerste en de tweede golf zijn eigenlijk best wel verschillend. De drie supermarktaanvallen in het begin van 1983 leken meer op klassieke overvallen, alleen met iets meer geweld: naar binnen, geld pakken en naar buiten. De enige aanval tijdens de eerste golf die op een gestructureerde manier verliep, was die van de Delhaize in Beersel, wanneer de mannen allemaal op een afstand van elkaar liepen en elkaar ondersteunden. In Overijse en Eigenbrakel gaan ze ook methodisch tewerk, maar gebruiken ze meer geweld.

Zowel in Eigenbrakel als in Overijse schiet de Bende met 9 mm-kogels afkomstig uit een Ingram-machinepistool 9X19 mm. Ze hebben de Ingram nooit gebruikt tijdens de eerste golf. De munitie is FN 9-mm parabellum uit 1959. Ze gebruiken ook riotgun nummer 1 (RG-1) in Eigenbrakel en Overijse, en ze vuren riotgun nummer 2 (RG-2) af in Overijse. Tijdens de rit tussen de twee supermarkten van Delhaize maken ze een omweg. Dat is erg vreemd, aangezien niemand wist dat ze richting Overijse gingen. Ze rijden met volle snelheid maar nemen niet de snelste route om daar te geraken.

Er zijn een aantal andere eigenschappen van de Bende van Nijvel die niet in het rapport van 3 oktober worden vermeld, zoals het feit dat er ver van de ingang van de supermarkt geparkeerd wordt. In Eigenbrakel parkeren de bendeleden niet eens op het parkeerterrein van de supermarkt en in Overijse parkeren ze op het einde van het terrein. Een andere eigenschap is dat ze de supermarkten overvallen tijdens het weekend en in de avonduren. Wat de Reus betreft, weet de Bende dat hij vanwege zijn opvallende verschijning als verdachte beschouwd zal worden, maar misschien heeft de Bende geen andere keuze dan hem te laten meedoen. De Reus heeft een terugtrekkende haarlijn, een massief bodybuilder-voorkomen en hij loopt mank. Dan is er ook het gebruik van de riotguns. In het begin maakten ze tijdens de eerste golf geen gebruik van riotguns. Deze werden alleen gebruikt in Temse, Nijvel en Beersel. Na de overval op de Colruyt in Nijvel in september 1983 echter steeg de verkoop van riotguns in België. Ze konden worden gekocht zonder identiteitskaart voor 15.000 tot 30.000 BEF (ongeveer 375 tot 750 euro).

Speciale eenheid

Als gevolg van de overvallen in Overijse en Eigenbrakel ontstaat er een nog grotere onrust onder de bevolking. De Belgische autoriteiten versterken de politiepatrouilles in de buurt van supermarkten. Op 1 oktober 1985 wordt een speciale eenheid gecreëerd. Er worden wekelijks vergaderingen gehouden om informatie over de Bende van Nijvel met elkaar te delen. Er worden ook voorzorgsmaatregelen genomen om de bevolking te beschermen. Deze speciale eenheid bestaat uit enkele tientallen ordehandhavers uit Brussel en Nijvel.[275] Rijkswachter Christian Amory uit Bergen behoort niet tot de afdelingen van Nijvel of Brussel, maar toch zit hij in deze speciale eenheid.

Een van de besluiten die door deze speciale eenheid wordt genomen is het beveiligen van de omgeving van een vooropgestelde lijst met vijftig supermarkten, dit vooral gedurende de weekends. De lokale politie en de Rijkswacht patrouilleren met een riotgun bij supermarkten over het hele land.[276] Vanaf 21 oktober krijgen alle supermarkten die dicht bij een snelweg gelegen zijn een scherpschutter op het dak. De scherpschutters dragen infraroodbrillen voor nachtzicht. De beveiliging is bij elke supermarkt anders.

De media bezoekt een aantal supermarkten rondom Brussel om er de veiligheidsmaatregelen te zien. De Delhaize in Leuven had zes rijkswachters op de grond, drie scherpschutters op het dak en drie bewakers bij de deur. Bij de Delhaize in Mechelen werd er geen bewaking gespot. De Delhaize in Overijse, die net slachtoffer was geworden van een overval, had vijf agenten op het parkeerterrein en twee op het dak. Bij de Brusselse Colruyt waren er vier agenten op het parkeerterrein en een op het dak, en bij de Delhaize in Oudegem waren er zestien rijkswachters met speciale helmen. Bij de GB Maxi in Oudergem waren er drie lokale politieagenten dichtbij de kassa's opgesteld, zij droegen machinegeweren, riotguns en radio's.[277]

WESTLAND NEW POST

In 1989 beweren ex-leden van de WNP, Michel Libert en Éric Lammers, dat hen werd gevraagd om grote supermarkten zoals de Delhaize te inspecteren. Ze beweren dat dit in 1981 en 1982 werd gevraagd toen de Eend van de Staatsveiligheid nog steeds betrokken was bij de WNP en Latinus. Beide mannen zeggen dat ze anonieme opdrachten kregen en beweren dat ze niet wisten wie de opdrachten aan hen gaf, maar ze hameren erop dat ze de opdrachten moesten uitvoeren. Ze zeggen dat ze werden gevraagd om de details van de indeling van de verschillende supermarkten op te schrijven.

Voorkennis

Christian Amory, de rijkswachter uit Bergen, heeft het in die periode erg druk. Niet alleen is hij bezig met het in de gaten houden van de Borains, die binnen zijn eigen arrondissement vallen, maar hij maakt ook deel uit van de speciale eenheid in een ander arrondissement die de Bende van Nijvel onderzoekt. Bovendien krijgt hij als rijkswachter in Bergen de taak om de indelingen van de lokale supermarkten van de Colruyt en de Delhaize in kaart te brengen. Hij is ook betrokken bij het coördineren van de scherpschutters en de beveiliging en doet zelfs mee met de ploegendienst van de scherpschutters. Het is rond deze tijd dat Amory vertelt dat Bouhouche hem benaderde: "Bouhouche belde me op en vroeg me of de surveillance en beveiliging nog altijd aanwezig waren in de grote supermarkten."[278] Bouhouche vraagt Amory specifiek naar de beveiliging en surveillance in de supermarkten Delhaize. Bouhouche wil weten hoe de scherpschutters zijn gepositioneerd op de daken van de supermarkten. In oktober overhandigt Amory aan Bouhouche een vertrouwelijk rapport van de speciale eenheid over de beveiliging van de supermarkten. Hij vertelt dit aan niemand.

De verdachten

Op 1 oktober 1985 overvalt de bende Haemers een postwagen in Casteau-Neufvilles. De overval mislukt en ze maken geen geld buit. Haemers eindigt hoog op de lijst van verdachten van Casteau-Neufvilles. De onderzoekers verkrijgen een huiszoekingsbevel en houden de huizen van de leden van de bende Haemers in de gaten. De enige noemenswaardige vondst is een riotgun, dat wordt getest op mogelijke overeenkomsten met de aanvallen van de Bende van Nijvel. Het onderzoek is negatief. Er wordt niemand gearresteerd.

Het is niet bekend of de bende van Bouhouche actief was in deze periode. Op 11 oktober 1985 verschijnt Bouhouche echter op een politiebureau en legt hij uit naam van zijn vrouw een valse verklaring af. Bouhouche beweert dat de Volvo die geregistreerd staat op naam van zijn vrouw verdwenen is. In feite was dit een nepdiefstal omdat hij de verzekering wilde oplichten. Bouhouche liet de Volvo achter op een publieke parkeerplaats dichtbij de plaats in Woluwe waar hij en zijn bende meestal hun gestolen auto's achterlieten. De Volvo staat op het terrein van de campus van de Université de Louvain, dichtbij de plek waar de achtergelaten Mazda staat. De Mazda werd gebruikt bij de aanval op Vernaillen in 1981.

De verzekering keert op 27 december 1985 een bedrag uit van 125.000 BEF (ongeveer 3100 euro) voor de gestolen auto. De autoriteiten vinden de verlaten Volvo pas in juni 1987. De auto heeft daar twee jaar onopgemerkt gestaan. De banden zijn bijna plat, de accu is leeg en er groeit mos onder de auto. De nummerplaten werden eraf gehaald.

De bende van Baasrode overvalt op 3 oktober 1985 een postkantoor in Malderen-Londerzeel en op 8 oktober een postkantoor in Lutte. Op 21 oktober overvallen ze in Ternat het postkantoor. Chauffeur Dominique S. blijft in de vluchtauto, die recht voor het postkantoor geparkeerd staat. Zijn drie handlangers dragen allemaal een bivakmuts. Ze lopen het kantoor binnen, springen achter de balie en dwingen een medewerker om de kluis te openen. Stereo P. is degene die de buit in een aktentas stopt. Op dat ogenblik toetert Dominique S. Hij denkt dat hij een politiepatrouille heeft gezien, maar heeft zich vergist. Stereo P., Van Esbroeck en de andere handlanger denken dat het een echte waarschuwing is en stormen naar buiten. Volgens Van Esbroeck: "Toen Dominique S. ons waarschuwde, haasten we ons naar buiten. Stereo P. slaagde er in om te vluchten met de tas, maar die zat niet dicht en het geld viel eruit. Briefjes van 5.000 BEF (met een waarde van ongeveer 125 euro per stuk) vlogen naar alle kanten. De grond was bezaaid met geld. Vloekend keerden we terug met slechts enkele biljetten als troost."[279] Ze hebben het verpest en verloren een mogelijke buit van in totaal 1 miljoen BEF (ongeveer 25.000 euro).

De manier waarop de overvallers te werk gaan is typisch voor de bende van Baasrode. Er worden geen schoten gelost en niemand raakt gewond. Volgens procureur des Konings Guido De Saeger: "Tijdens de ganse reeks overvallen die de bende De Staerke pleegde, werd slechts op twee plaatsen geschoten."[280] De leden van de bende van Baasrode gebruiken altijd een vluchtauto met bestuurder. Ze overvallen postkantoren en geen supermarkten. Op 2 november 1985 steelt de bende van Baasrode in Zaventem een BMW535i. De BMW is de favoriete auto van bende; de bende gebruikt altijd een BMW tijdens de gewapende overvallen en inbraken. Op 6 november wordt Stereo P. gearresteerd voor misdaden die geen verband houden met de bende van Baasrode. Wanneer hij weer vrijkomt bestaat de bende niet meer.

Jean Bultot

Léopold Van Esbroeck, een van de leden van de bende van Baasrode, wordt gearresteerd voor het doorverkopen van gestolen cheques. Jean Bultot, een kennis van Van Esbroeck, wordt ook gearresteerd. Bultot, voormalig assistent-directeur van de belangrijkste gevangenis van het land wordt beschuldigd van doorverkoop van gestolen videoapparatuur aan een vriend die een winkel heeft.

Het is gewoon de laatste rotzooi waarin Bultot zichzelf heeft gestort. Bultot hangt rond in Club Jonathan, een bar met een reputatie. Hier ontmoet hij Francis Dossogne, de leider van het Front de la Jeunesse, die zorgt voor de beveiliging van de bar. Dossogne is eigenaar van een beveiligings- en detectivebedrijf. Bultot en Dossogne worden dikke vrienden. Ze delen dezelfde extreemrechtse overtuigingen.

Wanneer het Front de la Jeunesse een doelwit wordt van het harde optreden van de regering tegen privémilities, wordt Dossogne veroordeeld tot drie maanden cel. Hij zit zijn straf uit in de gevangenis waar Bultot assistent-directeur is.

Wanneer amnestie wordt gegeven aan alle gevangenen die minder dan zes maanden straftijd over hebben, valt Dossogne hier niet onder vanwege de politieke aard van zijn overtreding. Bultot, die een grote mond en een grote persoonlijkheid heeft, zorgt voor grote commotie in naam van Dossogne. Hij wil dat Dossogne, net zoals alle anderen, ook amnestie krijgt. Dit lukt hem, maar tijdens het onderhandelen geraakt Bultot met de verkeerde politieke figuren in conflict. Wanneer hij solliciteert naar een andere positie als gevangenisdirecteur, wordt hij overal geweigerd. Dit is zijn eerste fout.

Bultot is een actieve wedstrijdschutter. De kranten noemen hem de schietende gevangenisdirecteur en er verschijnt een foto van Bultot in de krant waarop hij een wapen afvuurt. Dit is zijn tweede fout.

Bultot raakt in de schulden en vraagt om kleine verzoeken aan ex-criminelen. Dit is waar hij betrokken raakt bij de fraudezaak met de gestolen cheques samen met Van Esbroeck. Bultot reageert met een open brief aan de media en beweert dat hij het slachtoffer is geworden van een heksenjacht door minister van Justitie Jean Gol. Dit is zijn derde fout.

Hij is erin geslaagd een hele lijst invloedrijke vijanden binnen en buiten de regering tegen zich te krijgen. Hij wordt door iedereen in de gaten gehouden en dat berokkent zowel hem als de bende van Baasrode flinke schade.

Verdachte van Mendez

Juan Mendez blijft het onderzoek naar zijn gestolen wapencollectie volgen. Volgens hem vordert het politieonderzoek niet snel genoeg en hij start zijn eigen onderzoek. Hij bezoekt wapenwinkels en nachtclubs om te vragen naar de verkoop van wapens. Hij brengt zelfs de boodschap naar buiten dat hij bereid is om tegen kostprijs zijn wapens terug te kopen van de dieven.

Wanneer hij een blik werpt op het wapenregister van Bouhouche is hij bijzonder geschokt. Hij merkt op dat er munitie in het register staat die volgens hem enkel afkomstig kan zijn uit zijn eigen verzameling die gestolen werd. Mendez zwijgt, maar beschouwt Bouhouche nu als de hoofdverdachte. Volgens de broer van Mendez: "Zijn zogenaamde vriend had er een partij exclusieve munitie in genoteerd, toevallig juist dezelfde hoeveelheid als bij mijn broer verdwenen was."[281] Mendez beseft dat hij met meer tastbare bewijzen moet komen om aan te tonen dat Bouhouche bij de diefstal betrokken was.

Mendez herinnert zich dat Bouhouche een van de weinige mensen was die afwist van het plaatsen van de gewapende deur om zijn wapencollectie te beveiligen. En Mendez herinnert zich nog meer: een vreemde conversatie die hij samen met zijn vrouw en Bouhouche had toen Bouhouche zei dat als hij in wilde breken in huis van Mendez, hij dat makkelijk kon doen door de onderkant van de keukendeur in te duwen.

In november 1985 vertelt Mendez aan vrienden en kennissen dat hij weet wie er verantwoordelijk is voor de diefstal en dat hij gauw zijn wapencollectie zal terugkrijgen.

VERKIEZINGEN

De verkiezingen van 13 oktober 1985 komen steeds dichterbij en vanwege de aanvallen in Overijse en Eigenbrakel nemen de autoriteiten extra voorzorgsmaatregelen. De angst voor meer aanvallen wordt werkelijkheid wanneer de CCC op 8 oktober een gebouw van het bedrijf Sibelgaz opblaast. Vierhonderd ramen worden aan diggelen geblazen. Op 12 oktober, een dag voor de verkiezingen, verwoest een bom van de CCC de eerste verdieping van het gebouw van Fabrimetal. De overheid verhoogt de beveiliging en op de dag van de verkiezingen zijn er 30.000 politiemensen op de been om de verkiezingen in goede banen te leiden.

Eerder tijdens de verkiezingscampagne was er een discussie over het wel of niet toelaten om in België nucleaire raketten van de NAVO te plaatsen. De plaatsing van zestien kruisrakketten in het land zorgt voor grote weerstand en ongeveer 150.000 mensen gaan de straat op om te protesteren. Het publieke gevoel van vrede overheerst en de mensen nemen een antinucleaire houding aan. Het publiek lijkt deze opvattingen zo te ondersteunen dat het bijna vanzelfsprekend is dat linkse politieke partijen de nieuwe regering zullen vormen.

Dat is totdat het geweld en de onveiligheid, veroorzaakt door de Bende van Nijvel en de CCC, het nucleaire punt overschaduwt. De rechtse partijen maken grote vooruitgang door het politieke thema van strenge wetgeving en ordehandhaving uit te spelen.[282] Opiniepeilingen maken een onverwachte rechtse wending en wanneer de stembiljetten worden geteld, is rechts de grote overwinnaar. De installatie van de kruisraketten in België zal door gaan. Wat eerst leek op een zekere overwinning voor links is nu veranderd in een volledige omwenteling naar rechts. Cynici beweren dat het geweld een grote manipulatie-actie is geweest om voor een rechtse regering te kiezen en zo de installatie van de kruisraketten veilig te stellen. Had de Belgische overheid, de NAVO of de US iets te maken met het geweld om zo de kiezer te beïnvloeden?

Na de verkiezingen onderhandelen de partijleiders over coalities met andere partijen om een meerderheid te verkrijgen. Er is grote druk vanuit de media om tot een besluit te komen om het land uit de crisis te helpen. Een belangrijk onderhandelpunt op dat ogenblik is de mate waarin de rechtse partijen hun ordehandhavingsmaatregelen kunnen uitvoeren. Na de eerste paar weken van de onderhandelingen is er nog steeds geen regering.

De verdachten

November brengt de ondergang van de originele bende van Baasrode. Stereo P. zit vast voor andere misdaden dan degene die gepleegd werden door de bende. Johnny de Staerke heeft een groot meningsverschil met een ander bendelid en plast over deze zijn bezittingen. De twee overgebleven leden proberen nieuwe partners te vinden voor overvallen. Aangezien Dominique S. voornamelijk gespecialiseerd is in het stelen van sigaretten, focussen zij zich nu op winkelinbraken in plaats van overvallen.

Op 1 november 1985 steelt de bende van Bouhouche een Renault 25 GTX van een leasingbedrijf. Ze hebben een sleutel en kunnen de auto dus makkelijk en snel stelen. Het onderzoek wijst uit dat de reservesleutel werd bewaard op het hoofdkantoor van Renault in Elsene. Een medewerker had deze sleutel gebruikt om journalisten een testrit te laten maken. Er bestaan bewijzen dat deze medewerker sinds kort contact had met iemand uit de entourage van Bouhouche en dat de sleutel door hem was meegenomen. De bendeleden van Bouhouche gebruiken de gestolen Renault uiteraard voor hun criminele activiteiten.

November zorgt ook voor een grote ommekeer in het verhaal van de bende Haemers. De bende plant een nieuwe gewapende overval op een postwagen. Na hun laatste overval hebben de autoriteiten de beveiliging flink opgeschroefd. Zo gebruiken ze nu gepantserde postwagens en krijgt iedere postwagen een rijkswachtescorte. Om in hun opzet te slagen, moet de bende een explosievenlading maken die alleen de deuren van de postwagen opblaast. Hiervoor schakelen ze een expert op het gebied van explosieven uit de onderwereld in. Zijn naam is Jean-Claude D.

De bende Haemers krijgt de gegevens in handen van de gepantserde postwagen. Deze gegevens spelen ze door aan Jean-Claude D. Haemers beweert: "We hadden de explosieven berekend en uitgezocht wat voor bepantsering de postwagen had. We hadden gelezen dat er zich zand tussen de dubbele wanden van de vrachtwagen bevond." Jean-Claude D. maakt gebruik van deze informatie om een springstof samen te stellen die met een bijzondere precisie de deuren van de postwagen kon opblazen.

Op 4 november 1985 om 9 uur rijden de bendeleden van de bende Haemers met een BMW richting de postwagen die op dat ogenblik gestopt is in Verviers. Ze vuren een UZI af op het rijkswachtescorte. Drie gemaskerde mannen stappen uit de BMW en dwingen de rijkswachter uit de combi. Met zijn eigen handboeien maken ze hem vast aan een verkeersbord en ze concentreren zich dan op de inbraak van de gepantserde postwagen. Drie medewerkers van het postkantoor zitten in de postwagen opgesloten.

De leden van de Haemers bende bevestigen 1,5 kilo TNT aan de achterdeur van de gepantserde postwagen. Nadat Philippe L. en Haemers dekking hebben gezocht, activeert chauffeur Thierry S. het explosief met een ontsteker via een afstandsbediening. De explosie is gigantisch en veel groter dan verwacht. De hele achterkant van de vrachtwagen wordt verwoest. De twee medewerkers in de postwagen, Henriette Genet en Yves Lambiet, komen ter plekke om het leven. De derde medewerker, chauffeur Jean-François Pirlot raakt ernstig gewond. De bendeleden hebben een grote fout gemaakt. Ze dachten dat de wanden gevuld waren met zand maar in werkelijkheid was het piepschuim. Ze hebben de verkeerde springstof gebruikt.

De criminelen realiseren zich meteen dat ze een grote fout hebben begaan, maar slagen er ondanks de slachtoffers toch in om de klus te klaren. Haemers is degene die de vrachtwagen binnengaat en de zakken met een inhoud van 7.249.000 BEF (ongeveer 180.000 euro) uit de vrachtwagen haalt. Wanneer ze terug keren naar hun schuilplaats, beseffen ze pas echt goed dat ze het verknald hebben. Naast het vermoorden van de twee medewerkers, hebben ze de UZI gebruikt en die is gelinkt aan drie andere overvallen die ze hebben gepleegd.

Uiteindelijk is de aanval in Verviers het begin van het einde van de bende Haemers. Chauffeur Thierry S., diegene die de bom tot ontploffing heeft gebracht, voelt zich erg schuldig en komt in een depressie terecht. Haemers en Philippe L. hebben geen andere keuze dan hem uit de bende te zetten. Een paar maanden later overlijdt Thierry S. door zelfdoding onder verdachte omstandigheden.

HOOFDSTUK 22

DELHAIZE SUPERMARKT IN AALST (9 NOVEMBER 1985)

IN DE MIDDAG VAN 9 NOVEMBER 1985, VINDEN ENKELE FEESTVIERDERS in het Bos van La Houssière een uitgedoofd vuur dat de resten van proppen verbrande cheques bevat.[283] Deze werden gestolen bij de aanvallen in Eigenbrakel en Overijse – een onmiskenbaar bewijs dat het vuur in dit grote bos ten zuiden van Brussel werd aangestoken door de Bende van Nijvel.[284]

Een paar minuten vóór de ontdekking rijdt er een witte BMW met mannelijke inzittenden langzaam langs een groepje omstanders in de buurt van de asresten. In de vooravond van diezelfde dag worden een Mercedes en een Golf niet ver van de brand gevonden.[285]

Er worden in het vuur ook bonnetjes van restaurants, sigarettenpeuken, een carnavalsmasker en een aantal papieren gevonden. Enkele woorden op de papieren zijn leesbaar: maag, knie, pijncentrum, enz... Sommige zaken worden gevonden in een zak van Jokire, een boetiek in Elsene. Dit alles leidt tot de Bende van Nijvel, die banden hebben met dit gedeelte van Brussel.

Er worden op de plek ook afstandsbedieningen aangetroffen[286] van de merken Bang & Olufsen, Grundig, Philips, Korting en Panasonic. Er wordt eveneens een oud treinkaartje gevonden van Brussel naar de kust en een foto van blond haar.

De meest gehate man van België

Er zijn verschillende theorieën met betrekking tot de vondst. De meest voor de hand liggende theorie is dat de Bende van Nijvel geprobeerd heeft om zaken die ze niet meer nodig hadden te verbranden. Maar onderzoekers linken sommige ontdekkingen aan Jean Bultot, wat natuurlijk andere theorieën creëert. Een van deze theorieën is dat de Bende van Nijvel bewijsmateriaal heeft achtergelaten om Jean Bultot, de meest gehate man van België en voormalig assistent-directeur van een gevangenis, erin te luizen.

Wat heeft Jean Bultot met dit alles te maken? Bultot was samen met Van Esbroeck begin 1985 gearresteerd in een zaak van gestolen cheques. Het feit dat Bultot eerder al een keer gearresteerd werd voor het verhandelen van gestolen cheques maakte het misschien mogelijk dat hij de cheques van Eigenbrakel en Overijse in zijn bezit had. De verbrande papieren zouden persoonlijke notities zijn van een uiteenzetting die Jean Bultot in 1984 gaf aan amateurschutters en politiediensten. Er wordt gedacht dat het handschrift op de papieren afkomstig is van de secretaresse van Bultot, maar onderzoek door een expert in handschriften spreekt dit tegen.

Bultot werd beschuldigd van diefstal van videoapparatuur, en dat zou de afstandsbedieningen kunnen verklaren. Het probleem is echter dat deze afstandsbedieningen van televisiesets afkomstig zijn en Bultot had videorecorders gestolen. Hij heeft een vriendin in het noorden van België. De foto van het blonde haar kan verwijzen naar het zoontje van Bultot dat ook blond haar heeft.

De grote vraag is hoe Bultot betrokken kan zijn bij dit alles. Onthoud goed dat Bultot op dat ogenblik een van de meest gezochte en gehate mannen was. Hij heeft twee betaalde informanten van de Staatsveiligheid om zich heen die hem voortdurend in de gaten houden.[287] Een agent van de Staatsveiligheid, Antoine D., infiltreerde in het dagelijkse leven van Bultot. Net zoals Bultot, is Antoine D. een liefhebber van wapens en gaat hij graag naar de schietbaan. Bultot wordt ook gevolgd door andere politiediensten. Dit doet de vraag rijzen hoe Bultot betrokken kon zijn bij de aanvallen van de Bende van Nijvel zonder dat dit werd opgemerkt.

Als we de zaken die gevonden werden van naderbij bekijken, is er niets wat werkelijk leidt naar Bultot. Het gaat om indirect bewijs. Zouden deze zaken per ongeluk geassocieerd zijn met hem? Er is nog een theorie, namelijk dat Jean Bultot degene was die de zaken daar heeft neergelegd. Maar niemand gelooft nog echt in deze theorie.

Vlaanderen

Diezelfde 9 november, ongeveer 60 kilometers ten noorden van het Bos van La Houssière, genieten de Vlaamse inwoners van Aalst van Sint-Maarten. Het is een van de belangrijkste feestdagen van het jaar en in het centrum wordt een grote optocht gehouden. De hoofdattractie van de optocht is natuurlijk Sint-Nicholas. Sint-Maarten is voor Aalst wat Sinterklaas is voor de rest van het land. Sint-Maarten heeft net als Sinterklaas gezelschap van zijn trouwe knecht Zwarte Piet. Kinderen lopen over straat met lantaarns in de hand en zingen liedjes in ruil voor snoep.

Het is een ongebruikelijk warme dag in Aalst. De terrassen van verschillende restaurants en cafés op het marktplein zijn geopend. Later op de avond zijn de straten gevuld met feestvierende mensen en de cafés raken vol. Mensen zijn nog steeds hun inkopen aan het doen bij de lokale Delhaize supermarkt, ondanks de angst voor aanvallen van de Bende van Nijvel. Aalst ligt immers veel noordelijker dan waar de andere aanvallen plaatsvonden.

Ondanks het feit dat Aalst ver weg ligt van het sterkst beveiligde gebied heeft de Rijkswacht er toch extra veiligheidsmaatregelen getroffen. De rijkswachters dragen UZI-machinepistolen en kogelvrije vesten en zouden tot 20 uur patrouilleren totdat de lokale politie het zou overnemen voor de nacht.

Deze supermarkt is anders dan de andere supermarkten van Delhaize. Zo heeft deze winkel twee ingangen. Een stoep aan de straatzijde van de supermarkt geeft toegang tot de ene ingang en de andere ingang ligt aan de andere kant van de supermarkt, aan het parkeerterrein. Het parkeerterrein ligt aan het einde van een smalle toegangsweg en deze is toegankelijk vanaf een zijstraat. Het parkeerterrein geeft alleen toegang tot de achteringang van de supermarkt en is aan de andere kant ingesloten door een groot bos. Er is enkel een graspad dat door het bos leidt.

DELHAIZE AALST[288]

Net voor 19.30 uur beëindigt het rijkswachtteam bij Delhaize onverwachts zijn patrouille en de rijkswachters vertrekken via de parkeerplaats aan de achterkant van de supermarkt. Hierdoor is er een gat van een half uur in de beveiliging van de supermarkt. De lokale politie zou om 20 uur de patrouille overnemen.

Op het ogenblik dat de rijkswachters met hun combi vertrekken, rijdt de Bende van Nijvel naar het parkeerterrein aan de achterkant van de supermarkt. Het smalle weggetje naar het parkeerterrein geeft toegang tot de achterkant van andere winkels in de buurt.

De Bende van Nijvel parkeert op het einde van het parkeerterrein, dichtbij het bos en de achterkant van een doe-het-zelfzaak. Om 19.33 uur lopen de aanvallers richting Delhaize terwijl sommige klanten de boodschappen in hun auto laden. De bendeleden dragen lange jassen en zijn gewapend met riotguns en een machinepistool. De Reus draagt donkere make up en een Afrikaanse pruik. De andere twee overvallers dragen bivakmutsen.

De familie Van de Steen verlaat net de winkel aan de achterkant. Ze duwen hun volle boodschappenkarretje over het parkeerterrein. De ouders, Gilbert en Marie-Thérèse lopen met hun dochter Rebecca van veertien en hun zoon David van negen richting hun auto wanneer ze een geluid naast hen horen. Wanneer Rebecca de gewapende overvallers in het zicht krijgt, roept ze: "Niet schieten, dat is mijn papa!"[289] Ze verstopt zich achter haar vader. Een van de bendeleden schiet de vader en de dochter neer en ze overleven de aanval niet. De bendeleden richten zich dan op de moeder en de zoon en schieten de moeder dood.

De doodsbange 9-jarige zoon David rent terug naar de winkel, terwijl de kogels in het rond vliegen en een raam aan diggelen slaan. Een van de kogels raakt een klant van de Delhaize, George De Smet, recht door het hoofd. De Smet valt op de grond voor de deur en David springt over hem heen om dekking te zoeken.[290]

Twee gewapende mannen gaan de achteringang binnen, ze lopen op zo'n tien meter afstand van elkaar. De achterste man dekt de voorste man. De derde overvaller blijft op het parkeerterrein achter en jaagt op andere slachtoffers terwijl de andere twee de winkel beroven. Donald Roelandt rijdt net met zijn auto het parkeerterrein af met op de achterbank zijn 14-jarige zoon Filip. De zoon duikt op de vloer van de achterbank en is net op tijd om de kogel die de autoruit aan diggelen breekt te ontwijken. De kogel schampt de vader. Ondanks het feit dat Donald hevig bloedt uit een hoofdwonde kan hij wegkomen met de auto.

Jan Pasterman zit te wachten op zijn kinderen die aan het winkelen zijn in de supermarkt. Een van de bendeleden loopt op Pasterman af en schiet hem met vijf kogels door het hoofd dood. Aan de andere kant van het parkeerterrein zit Dirk Nijs met zijn 8-jarige dochter Elsie in zijn BMW. Ze wachten op zijn vrouw die aan het winkelen is in de supermarkt wanneer het bendelid op hen afloopt en hen beiden doodt.[291]

Binnen in de Delhaize hebben de kassières en de klanten de commotie en de schoten op het parkeerterrein gehoord. Sommigen beginnen te rennen en zoeken dekking achter de rekken, anderen proberen door de ingang aan de voorkant weg te komen. Wanneer twee bendeleden door de automatische schuifdeur de winkel betreden begint de Reus meteen te schieten op twee vrouwen die naast elkaar staan. Dit zorgt voor nog meer paniek in de winkel.

Een bendelid blijft bij de kassa's terwijl de Reus richting de kantoren loopt. De overvaller bij de kassa's dwingt de klanten op de grond te gaan liggen terwijl hij alcohol en sigaretten steelt. Hij stopt alles in een zak met het logo van De Post. Wanneer een kassière niet snel genoeg het geld overhandigt, aarzelt hij geen seconde om zijn riotgun te gebruiken. Een ander slachtoffer wordt in koelen bloede vermoord.

De Reus loopt richting het kantoor. Onder zijn jas draagt de Reus een kaki sweater met daaroverheen een blauw ski-vest zonder kraag. Ook draagt hij een donkere broek met zakken aan de voorkant en een riem met nog een pistool en granaten. Om zijn nek draagt hij twee messen. Eenmaal bij de kantoren vindt hij de assistent-manager en draagt hem in het Frans op de kluis te openen. De Reus schreeuwt in het Nederlands: "Het geld, snel!" De assistent-manager leegt de inhoud in de zak van de Reus. Voor hij de assistent-manager gijzelt en naar de kassa's loopt grijpt de Reus ook een metalen box gevuld met kleingeld.

Wanneer de Reus terugkeert duikt een klant over zijn dochter heen en schreeuwt tegen zijn vrouw: "Vallen!" De Reus trapt haar en ze doet net alsof ze dood is. De Reus schiet haar in de linkerschouder en grijpt haar bij de nek. Daarop schreeuwt de vrouw: "Toe, laat me los."[292] Ook de assistent-manager schreeuwt: "Toe, laat haar los."[293] De Reus zegt in het Nederlands: "Opzij dan."[294] Op het ogenblik dat de assistent-manager ziet dat de Reus afgeleid is, rent hij weg. Het bendelid gaat achter hem aan en schiet op hem, maar de assistent-manager slaagt erin om weg te komen. Twee andere kinderen dichtbij de uitgang zijn ook slachtoffer. Ze worden beiden geraakt. Een kind wordt geraakt in zijn been en het andere kind raakt gewond door rondvliegende glasscherven.[295]

Marie-Jeanne Mulder ligt op de grond dichtbij de glazen deur van de uitgang. Wanneer de twee bendeleden door de achterdeur weglopen, maakt Mulder een beweging die ervoor zorgt dat de deur open en dicht gaat. Dit trekt de aandacht van een van de bendeleden en deze schiet haar in de keel. Ze overlijdt ter plekke. Haar bloed sijpelt over haar 10-jarige neefje Andy Mulder en zijn 6-jarige broertje. Een van de bendeleden schiet en verwondt de 9-jarige jongen David Van de Steen die net zijn familieleden verloren had op het parkeerterrein.

De leden van de Bende van Nijvel lopen rustig weg van de supermarkt, op een paar meter afstand van elkaar. De voorste draagt een aantal tassen, terwijl de tweede de metalen box met het kleingeld draagt. Wanneer ze de winkel verlaten, komen de lokale politieagenten net aangereden. Ze krijgen meteen de bendeleden in het zicht. Kogels vliegen in het rond en raken een metalen deur, de muren en het logo van de Delhaize supermarkt. Het derde bendelid dekt zijn twee handlangers wanneer ze het parkeerterrein dat vol ligt met kogelhulzen, oversteken.

De Bende van Nijvel gooit de buit in de gestolen Golf. Ze hebben 490.000 BEF (ongeveer 12.146 euro) contant geld buitgemaakt en 239.000 BEF (ongeveer 5.925 euro) in cheques. Deze zitten in een witte plastic tas voor verse en bevroren groenten met daarop blauwe letters. De Reus laat zijn donkere vissershoed achter op het parkeerterrein.

De Bende van Nijvel wacht een paar minuten in de Golf waarvan de achterklep openstaat. De agenten aan de andere kant van de toegangsweg – schijnbaar de enige uitweg voor de bendeleden – zijn te voet. Ze staan letterlijk tussen de bendeleden en hun vluchtroute. De bendeleden beginnen te rijden met de achterklep nog steeds open en de auto gaat opeens verder in achteruit. De auto maakt meer vaart en een van de bendeleden schiet vanuit de geopende achterklep op de agenten. De agenten rennen weg uit de vuurlinie en de auto draait de straat op. Een van de politieagenten schiet enkele keren op de Golf, maar dat houdt de bendeleden niet tegen. Een politiecombi en een Renault R4 zetten de achtervolging in, maar de bendeleden hebben al een flinke voorsprong en de agenten kunnen de afstand niet inhalen. De Golf rijdt weg met een snelheid van 200 kilometer per uur en negeert de rode stoplichten.

Kenmerkende acties van de Bende van Nijvel

Net zoals de aanvallen in Eigenbrakel en Overijse is het duidelijk dat de Bende van Nijvel aan het publiek wil laten zien dat ze weer in actie zijn. Ze maken gebruik van een Volkswagen Golf en het doelwit was een Delhaize supermarkt. De Reus terroriseert winkelend publiek, ze snijden de telefoonlijnen door en gijzelen iemand. Ze parkeren ver van de winkel en vallen aan tijdens het weekend, in de vooravond.

Deze keer maskeert de Reus zijn uiterlijk met een Afrikaanse pruik en draagt hij donkere make-up. Hij loopt nog steeds mank en loopt nooit snel, alsof hij het moeilijk vindt om zich te haasten. Hij is goed bewapend en bedreigend voor omstanders. Zijn twee handlangers dragen bivakmutsen.

Net zoals bij andere aanvallen van de tweede golf, dekt ieder lid de ander. Iedere beweging wordt uitgevoerd volgens een patroon en ieder lid heeft zijn eigen rol. Terwijl twee mannen richting de ingang aan de achterkant lopen, op een paar meter afstand van elkaar, blijft de derde achter om hen te dekken. Eenmaal klaar met de aanval lopen ze over het parkeerterrein weg van de winkel, terwijl de derde man hen dekking geeft.

Net zoals bij de aanvallen in Overijse en Eigenbrakel – en anders dan bij de aanvallen tijdens de eerste golf - gebruiken ze veel geweld zonder dat daar veel aanleiding toe is. Ze gaan zelfs een stapje verder en doden ook voor de eigenlijke overval mensen op het parkeerterrein. Ze maken veel slachtoffers bij de ingang, inclusief bijna de hele familie Van de Steen en George De Smet. Het derde bendelid amuseert zichzelf buiten met het jagen op onschuldige slachtoffers op het parkeerterrein, zoals Dirk Nijs en zijn 8-jarige dochter Elsie. Ook binnen doden de bendeleden onschuldige mensen, zoals de twee vrouwen die dekking zochten en de langzame kassière.

Het geweld is ijzingwekkend en meedogenloos. De Reus schopt de vrouw die op de grond ligt en schiet zonder pardon op de andere klanten. De Bende van Nijvel pauzeert zelfs om een vrouw die kruipend op handen en knieën probeert weg te komen, dood te schieten. Ze laten haar doodbloeden over de twee jonge kinderen die bij haar zijn.

Misschien is het meest schokkende nu dat de Bende van Nijvel zich specifiek op kinderen richt tijdens de aanval in Aalst. Het is een bewuste keuze, maar het geweld escaleert en er zijn meer jonge kinderen slachtoffer. Schijnbaar waren de aanvallen in Eigenbrakel en Overijse niet voldoende. De Reus grijnst naar de 9-jarige David en schiet hem in zijn kruis. Het andere bendelid vermoordt de 8-jarige Elsie zonder emotie. Het andere jonge slachtoffer is de 14-jarige Rebecca die dekking zocht achter haar vader.

De vlucht

De Bende van Nijvel gebruikt dezelfde twee kaliber 12 riotguns die ze gebruikten in Eigenbrakel en Overijse (RG-1) en (RG-2) met Legia-munitie. De Bende gebruikt ook hetzelfde Ingram machinepistool 9X19 mm. De munitie voor dit wapen is herladen 9 mm Gevelot SFM uit 1978. Het is duidelijk dat ze de bevolking willen terroriseren, maar ze proberen niet zo veel mogelijk mensen te vermoorden. Anders zouden ze automatische en een semiautomatische wapens met een grote capaciteit aan magazijnen gebruiken en non-stop op iedereen schieten om zo het dodental te laten oplopen.

Tijdens een publiek onderzoek, zegt expert Jan Cappelle: "De overval dertien minuten lang duurde, terwijl een 'normale' hold-up hoogstens drie à vier minuten duurt."[296] De Delhaize had het meeste van de dagopbrengst al weggebracht. De Bende krijgt maar een klein deel van de dagelijkse opbrengst. Anders dan de andere aanvallen op de supermarkten van Delhaize, steelt de Bende nu ook alcohol en sigaretten en stoppen ze alles in een tas met het logo van De Post. Op het parkeerterrein laat de Reus een donkere vissershoed achter. Eenzelfde soort hoed werd eerder ook achtergelaten in de Saab tijdens de eerste golf van aanvallen. Dit suggereert dat deze met opzet werd achtergelaten.

De supermarkt in Aalst had maar een uitgang vanaf het parkeerterrein, een smalle toegangsweg. Als de politie deze toegangsweg had geblokkeerd, had de Bende in de val gezeten. Er was immers maar een andere vluchtroute en die liep door het bos. Met betrekking tot de vluchtroute van de Bende zijn de onderzoekers in twee kampen verdeeld. Jan Cappelle zegt: "De misdadigers hebben uit de twee ingangen net dié gekozen die maar over één uitvalsweg beschikte; het leek alsof ze doelbewust voor een "muizenval" kozen."[297] Journalist René De Witte beweert echter: "Ze konden langs de achterkant vluchten, 200 à 300 meter lopen langs park Osbroek en daar in een auto springen.»."[298]

Volgens Cappelle: "Na de aanslag zijn de doders opzettelijk nog vijf minuten lang in hun wagen blijven wachten op de komst van de politie en vervolgens hebben ze het politiecordon doorbroken."[299] Dit wordt bevestigd door journalist de Bock. Volgens hem: "Beschikt de parking slechts over een uitgang en het verlaten van die muizenval gebeurde in twee fasen: de daders hebben eerst drie tot vier minuten in hun wagen gewacht en zijn vervolgens tot de aanval overgegaan door het alarmdispositief van de politie te doorbreken."[300]

De enige politieagent die op de bendeleden schoot, bevond zich in een nadelige positie. Volgens procureur des Konings De Saeger was dit omdat: "zijn wapen een kortere draagwijdte had dan de afstand van 30-40 meter die hem van de gangster scheidde"[301]

De overval op de supermarkt Delhaize in Aalst is voor zover bekend de laatste aanval door de Bende van Nijvel. Waarom de Bende stopte is niet bekend.

Verdachte gebeurtenissen

De Saeger beweerde dat: "De overval te Aalst zeer goed was voorbereid. Er is gebleken dat de toestand ter plaatse en de vluchtweg vooraf werden bestudeerd"[302] Dit werd door andere verdachte gebeurtenissen die zich voor de aanval op de Delhaize in Aalst voordeden, aan het licht gebracht. Het is de taak van de onderzoekers om na te gaan welke gebeurtenissen belangrijk waren.

Een paar weken voor de brutale overval op de supermarkt in Aalst vinden spelende kinderen een tas in het bos aan de achterkant van supermarkt. In de tas worden een riotgun, twee revolvers met munitie en een aantal bivakmutsen gevonden. De wapens bevatten herladen munitie. Er is geen ballistisch bewijs om de wapens aan andere misdrijven te koppelen. De herladen munitie en de modellen van de wapens kunnen erop wijzen dat de tas van de Bende is. Misschien hadden ze de wapens verstopt voor het geval dat ze door het bos moesten verdwijnen.

Op vrijdagavond 31 oktober is een jong koppel aan het joggen op een atletiekbaan dichtbij de supermarkt wanneer ze plots een man zien die zich verdacht gedraagt. Hij loopt op en neer over de doodlopende straat aan de kant van het bos. Deze straat scheidt de atletiekbaan van het bos aan de achterkant van de supermarkt Delhaize. Een getuige omschrijft de man in de straat als 'een beer van een vent'[303]. Net zoals de Reus heeft hij een terugtrekkende haarlijn. Hij draagt een donkere leren jas en laarzen en het lijkt erop dat hij afstanden meet en de buurt verkent.

Een lichtgekleurde Ford Taunus draait de straat op. De chauffeur wordt beschreven als een "meer zuiderse (Italiaanse) type... zwart haar en een behoorlijke snor."[304] De chauffeur stopt en voor hij in het bos verdwijnt, praat hij met de grote man. Een derde, wat oudere man met een scherp gezicht verlaat het bospad dat aan de achterkant van de supermarkt ligt. Dit alarmeert de joggers. De getuige roept in het Nederlands naar de oudere man: "Zeg, moet ik u soms eens pakken?"[305] De man antwoordt niet, hij draait zich gewoon om en loopt weg. Wanneer het koppel wegrijdt, zijn alle mannen weer bij de Taunus.

De joggers vinden het hele gebeuren zo verdacht dat ze meteen naar het politiebureau rijden. Wanneer ze hun verhaal hebben gedaan, stuurt de politieagent meteen motoragenten naar de plaats waar de joggers de mannen hebben gezien. De agenten laten via de radio weten dat ze inderdaad de Ford Taunus en de drie mannen zien. Voor ze iets kunnen doen, rijdt de Taunus weg. De politie schrijft niet eens de nummerplaat op.

Om 9 uur op de dag voor de aanval merken een aantal klanten van de Delhaize twee verdachte personen op die bij de supermarkt rondlopen. Op het middaguur wordt er een verdachte Mercedes gezien dichtbij de ingang. Ook die dag rond het middaguur wordt er bij de Rijkswacht in de buurt van Brussel gemeld dat er wordt geschoten op een verlaten gebouw in de buurt van Sint-Stevens-Woluwe. De politie is net op tijd om twee auto's te zien wegrijden, een lichte Ford Taunus en een witte Ford Escort met gele strepen. Ze stellen vast dat de verdachten met een kaliber 12 Legia aan het schieten waren.[306] Om 16 uur worden er in Aalst een verdachte Mercedes en Audi waargenomen op Parklaan voor de supermarkt. Om 18.45 uur wordt er een verdachte Mercedes op het parkeerterrein aan de achterkant van de Delhaize gezien.

In de vooravond krijgt het radiostation Mi Amigo een verzoek voor een liedje. De beller zegt dat het precies om 19.15 uur gespeeld moet worden, want anders is het te laat. De beller vermeldt er ook bij dat het verzoek komt van de Bende van Nijvel en het gespeeld moet worden voor de bende van

Hofstade.[307] Om 19.15 uur ziet een getuige in een café een hele grote man en een kleinere man. Beiden spreken Frans, wat ongebruikelijk is in een plaatselijk café in Vlaanderen.[308] Om 19.15 uur wordt er in Groot-Bijgaarden, een stad aan de snelweg tussen Brussel en Aalst, een verdachte Golf gezien bij het tankstation Texaco.[309] Bij diezelfde Texaco valt er uit iemand zijn jas iets op de grond wat lijkt op een geweer. De verdachte raapt het voorwerp op en vertrekt. Om 19.20 uur worden er op de snelweg tussen Brussel en Aalst, in de buurt van Ternat, een Mercedes en een Golf opgemerkt.

RONQUIÈRES

In de nacht van 10 november 1985 rijden twee auto's naar de rand van het kanaal Brussel-Charleroi in de stad Ronquières. Dit is op loopafstand van het Bos van La Houssière. Een paar mannen stappen uit de auto's, wandelen naar de rand van het kanaal en kijken rond. Een getuige hoort de naam 'Daniel'.[310] Een van de auto's is een donkere Golf, de andere auto is groter en licht van kleur. Beide auto's hebben de lichten gedoofd. De mannen verwisselen de nummerplaten van de beide auto's.[311] De getuige ziet langs het water een man en niet ver van de man een zak die in het water drijft. Later worden aan de kant van het water een wapenencyclopedie en wat tijdschriften over wapens gevonden. Er wordt vermoed dat deze spullen van de Bende van Nijvel zijn.

Getuigenverklaringen

Na dit incident worden bij de lokale Rijkswacht in Zinnik twee getuigenverklaringen genoteerd. De eerste verklaring is van de eigenaar van een snackbar in buurt. Hij besloot naar het bureau te komen omdat hij zich zorgen maakte na het incident in Aalst. De man zegt dat hij om 00.20 uur wakker werd van een lopende motor en dat hij een donkere Golf met twee mannen in legerjassen zag.

De tweede verklaring is van een getuige die de politie tegenkomt wanneer ze na de eerste getuigenverklaring ter plaatse een kijkje gaat nemen. De nieuwe getuige vertelt: "Het moet rond 00.20 uur of 00.30 uur zijn op 11 november 1985. Ik hoor het geluid van het dichtslaan van een voertuig. Ik zie twee voertuigen. Ze staan stil met gedoofde lichten. Er lopen drie personen rond. Eén persoon zie ik aan de waterkant ter hoogte van de betonnen trap. Kort nadien zie ik in het licht een donkere zak drijven, ter grootte van een vuilniszak."[312] De Golf en de lichtgekleurde auto lijken dezelfde auto's te zijn die in de buurt van het Bos van La Houssière werden gezien net voor de brand en later op de avond van de dag van de aanval in Aalst. De politie denkt dat de tweede auto een Renault 20 of 30 is of een Passat.[313]

Gebaseerd op deze twee getuigenverklaringen worden duikers het water ingestuurd om te kijken wat de verdachten hebben weggegooid. Ze vinden echter niets.

BOS VAN LA HOUSSIÈRE

Op 11 november 1985 worden in het Bos van La Houssière de verkoolde resten van een Golf GTI gevonden. De auto werd eerder gestolen in Erps-Kwerps. De auto werd minder dan een uur nadat de verdachten de nummerplaten hadden verwisseld dichtbij Ronquières in brand gestoken. De achterbank en het achterste frame van de Golf werden verwijderd.[314] Rondom de uitgebrande auto worden ook een aantal kaliber 12 hulzen gevonden.

GOLF

Na het verwisselen van de nummerplaten in Ronquières, is de Bende van Nijvel waarschijnlijk meteen naar de plaats gereden waar ze de auto in brand hebben gestoken. Ze rijden weg in een lichtgekleurde Renault. Sommige onderzoekers denken dat de Golf GTI die in brand werd gestoken niet de auto is die werd gebruikt in Aalst. Ze denken dat de Bende van Nijvel een andere Golf heeft gebruikt.

Radioscanners

De aanval op de Delhaize in Aalst suggereert dat de Bende van Nijvel gebruik maakte van radioscanners. Rond 19.30 uur verlaten de rijkswachters het parkeerterrein aan de achterkant van de supermarkt. Op datzelfde ogenblik komt de Bende van Nijvel met de Golf GTI uit de straat die toegang geeft tot het parkeerterrein van de supermarkt. De timing doet vermoeden dat de Bende van Nijvel getipt werd door een collega ter plaatse of dat de bendeleden naar de radioscanners luisterden. Het kan echter ook puur toeval zijn.

Na de aanval in Aalst vertrekt de Bende van Nijvel om 19.49 uur en rijdt linksaf op de snelweg N405, richting Ninove. Twee politieauto's zetten de achtervolging in. Wanneer de vluchtauto een groot kruispunt bereikt kan deze rechts, richting de nieuwe N45 snelweg rijden, of links zodat de Bende op de oude snelweg N405 blijft. De nieuwe vierbaanse snelweg N45 was pas geopend voor het verkeer. De Bende besluit linksaf te rijden en blijft op de oude N405, richting Ninove.

Volgens rijkswachter Luc Boeve krijgen de teams de nieuwe locatie door: "Ondertussen ratelde onze radioverbinding maar door. Ploegen naar hier, ploegen naar daar."[315] Om 19.50 uur krijgt de Rijkswacht van Ninove via de radio te horen dat de Golf over de oude N405 hun kant opkomt. De Rijkswacht plaatst meteen een wegversperring op de N405.

Kort na de melding over de radio, ziet een getuige de Golf met hoge snelheid en gedoofde lichten. De Golf maakt een lange omweg terug in noordwestelijke richting waardoor ze bijna weer het grote kruispunt oprijden. Eenmaal daar, rijden ze de nieuwe N45 op.

De Bende van Nijvel rijdt dus eerst de oude weg op, maar zodra er een wegversperring wordt aangekondigd keren ze terug en maken ze een grote omweg. De Rijkswacht van Ninove zet de wegversperring om 19.55 uur op de oude N405. Wanneer de Golf terugkeert, rijdt deze langs Ninove over de nieuwe N45 en snelt de Bende achter de Rijkswacht en de wegversperring.

Voor de tweede keer die avond lijkt de Bende de stappen van de Rijkswacht te kennen. Deze keer moet dit wel met een scanner gebeurd zijn en was het meer dan puur geluk. Het gebruik van scanners door criminelen baarde de politie in de jaren tachtig grote zorgen. Een voorbeeld hiervan in de VS is de beruchte Whitey Bulger Gang die ervoor bekend stond te luisteren naar de radiosignalen van de politie. Iedereen kon een scanner kopen in een winkel zoals RadioShack en zo meeluisteren met de politie. Alles was analoog en niets was gecodeerd.

Stereo's weggehaald

Er zijn ook andere indicaties voor het gebruik van scanners door de Bende van Nijvel. Bij alle auto's die door de Bende werden achtergelaten, werd de radio verwijderd. Bij sommige auto's zelfs ook de antennes.

Na de overvallen in Eigenbrakel en Overijse, zet de rijkswacht een wegversperring op de N27, de snelweg tussen Nijvel en Brussel. Twintig minuten later geeft iemand van de rijkswacht de opdracht om de wegversperring te verplaatsen naar een smalle zijweg. Een paar minuten later wordt de wegversperring weer verplaatst van de zijweg naar de N27. De Bende van Nijvel vermijdt tijdens haar vlucht alle wegversperringen.

Deze miraculeuze ontsnappingen gebeurden ook tijdens de eerste golf. Bij de overval in Waver in september 1982 verwisselt de Bende de Franse nummerplaten van hun vluchtauto met Belgische nummerplaten met een ander nummer, net nadat de Rijkswacht deze nummerplaat geseind had. Na de schietpartij in Hoeilaart neemt de Bende de Groenendaelbrug, de enige weg die niet geblokkeerd werd door de politie.[316] Later die dag zendt Brussel een algemeen alarm uit over de gehele regio. Dit wordt echter weer ingetrokken wanneer er verdachten in een Jaguar worden aangehouden. De bende van Nijvel laat haar auto achter aan de rand van Brussel en steekt deze in brand. De Bende moet ervan overtuigd geweest zijn dat de kust veilig was om dergelijk risico te nemen.

Na het verlaten van de Colruyt in september 1983, nemen de bendeleden de Chaussée de Nivelles in Eigenbrakel. Ze worden verrast door een politieauto die de weg indraait vanaf de Avenue Alphonse Allard. De politieauto die onderweg was naar de wegversperring van de politie van

Waterloo, was net ingelicht over een vluchtende Mercedes. Er werd nooit gesproken over een Saab. Ze zien de Mercedes die gevolgd wordt door een Saab en zetten de achtervolging in.

Op dat ogenblik stoppen de bendeleden en zetten ze een hinderlaag op voor de politie die hen achtervolgt. Eerst werd algemeen aangenomen dat ze waarschijnlijk het licht van de politieauto in de verte hadden gezien en dat ze daarom in de buurt van Le Diable Amoureux stopten. Maar eigenlijk liggen de zaken wat ingewikkelder. De Bende nam immers verschillende besluiten. Als eerste stopten de bendeleden om de opkomende wegversperring te vermijden. Daarna besloten ze om op de ongemarkeerde auto van de Rijkswacht te schieten. Net nadat ze geschoten hebben op de ongemarkeerde politieauto, onderbreken ze hun salvo's om de volgende auto te laten doorrijden. Deze auto is wit met oranje. Het is geen auto van de Rijkswacht, maar leek er wel op, en toch schieten de bendeleden niet.

De bendeleden vluchten richting Nijvel. Wat belangrijk is om op te merken, is dat ze de Mercedes achterlaten, ook al is deze totaal niet beschadigd en ligt de buit nog in de auto. De Mercedes was de enige auto die werd genoemd over de radio. De drie mannen vertrekken vervolgens allemaal met de Saab en dat kan geen toeval zijn. De Bende van Nijvel schijnt te weten wat de politie doet en denkt.

Diefstal

Diefstal is het eenvoudigste motief voor elke misdaad van de Bende van Nijvel – zelfs voor de gewelddadige aanvallen tijdens de tweede golf. Sommige onderzoekers zijn er heilig van overtuigd dat het motief van de Bende van Nijvel alleen het stelen van geld en waardevolle voorwerpen was. Ze beweren dat het doel van de overvallen in Eigenbrakel, Overijse en Aalst het geld in de kluis was. De Bende van Nijvel vermoordt gewoon meer mensen tijdens hun gewapende overvallen dan andere overvallers.

Tijdens een publieke ondervraging omschrijft professor Robert Kellens de redenering als volgt: "De door de bedoelde delinquenten in België aangewende middelen eerder eenvoudig of zelfs simplistisch, en neigen zij naar een irrationele brutaliteit. Dat verschijnsel is niet nieuw en ligt in de lijn van de ontwikkeling van het banditisme naar een grotere gewelddadigheid." Hij vervolgt: "(Het is) mogelijk dat die delinquenten door hun eigen geweld worden meegesleurd en aldus gewone "desperados" geworden zijn die eenvoudige en dwaze maar tijdelijk doeltreffende methodes gebruiken; de brutaliteit van hun optreden verlamt het klassieke politieoptreden."[317]

Een aantal van de misdaden van de eerste golf van de Bende van Nijvel bevestigt dat het enige motief van de daden diefstal was. Als voorbeeld: de drie overvallen op de supermarkten begin 1983 in Ukkel, Halle en Genval werden met zekerheid alleen voor het geld uitgevoerd. Ze kunnen vergeleken worden met om het even welke andere ultragewelddadige diefstal: de buit is fatsoenlijk, schoten worden in paniek gelost, een aantal mensen raken gewond, een medewerker wordt gedood.

Het doel van de diefstal in de kruidenierszaak in Maubeuge (Frankrijk) in augustus 1982 en van de overval op de herberg "Het Kasteel" in Beersel in december 1982 is het stelen van alcohol. De hoeveelheden die werden gestolen zijn vergelijkbaar met soortgelijke inbraken. De Bende van Nijvel werd twee keer verrast. Is het mogelijk dat ze vele vergelijkbare inbraken hebben gepleegd zonder complicaties? Een typische inbraak krijgt immers nauwelijks aandacht in de media.

Sommige overvallen, zoals bijvoorbeeld het stelen van de hulpmiddelen zijn makkelijker te verklaren. Om vluchtauto's te verkrijgen, stelen ze auto's. Om aan een vluchtauto te komen, stalen ze de auto bij het restaurant Aux Trois Canards in Ohain in oktober 1983. Het motief voor de overval op wapenwinkel Dekaise in september 1982 en de diefstal van een jachtgeweer in Dinant in april 1982 was het verkrijgen van wapens. Bij de overval in Temse in september 1982 wilde de Bende aan kogelvrije vesten geraken. Terwijl de meeste criminelen hun wapens op de zwarte markt kopen, deed de Bende van Nijvel dit niet. Misschien was de Bende eerder amateuristisch of waren de bendeleden bang dat ze gepakt zouden worden.

Het extreme geweld weerlegt niet dat het motief voor de aanvallen diefstal was. Misschien waren er één of meer psychopaten onder de leden van de Bende – denk maar aan de moord op de taxichauffeur in Bergen. De bendeleden hadden meer geld in zijn portefeuille verwacht maar de inhoud bleek mager te zijn. Hij was een makkelijke prooi en een van de psychopaten vermoorde hem.

Het is echter moeilijker om de overval op de Colruyt in Nijvel in september 1983 en de overval op de juwelier in Anderlues in december 1983 te verklaren aan de hand van dit ene motief. Als diefstal daadwerkelijk het enige motief was, dan hadden de bendeleden de waarde van de zaken flink onderschat voor ze op rooftocht gingen. In Nijvel, in plaats van typische producten zoals alcohol en sigaretten te stelen, stalen de bendeleden olie om te koken en chocolade. In Anderlues stelen ze in plaats van goud en diamanten, goedkope alarmklokken en snuisterijen die groter zijn en minder gemakkelijk te dragen zijn.

De bende Haemers

In het onderzoek naar de drie overvallen tijdens de tweede golf komt een aantal bendes onder verdenking te staan. Eerder al werd er nader onderzoek verricht naar de bende Haemers. In 1989, ontdekt de politie in een opslagplaats een heleboel wapens van de bende Haemers: vier revolvers, vier machinepistolen, vier pistolen, een Fal 7.62 geweer en een FN-wapen.

Sommige wapens zijn afkomstig van de diefstal bij Mendez en hierdoor komt de bende Haemers nog meer in het vizier.

Het onderzoek wijst uit dat leden van de bende Haemers wapens hadden gekocht van een wapenhandelaar die beweerde dat hij de wapens in september of oktober 1985 van Bouhouche had gekocht. Een cafébaas bemiddelde tussen de wapenhandelaar en de bende Haemers.

Er wordt in de opslagplaats ook hetzelfde soort munitie gevonden als deze die de Bende van Nijvel gebruikt. In de opslagplaats liggen ook carnavalsmaskers die erg veel lijken op de maskers die werden gebruikt bij de aanvallen van de Bende van Nijvel in Overijse en Eigenbrakel. Zelf gebruikten de bendeleden van de bende Haemers echter nooit maskers tijdens hun aanvallen.[318] En als de bende al een Reus bevatte, zou het Haemers zelf zijn geweest.

De bende van Baasrode

Ook de bende van Baasrode staat lange tijd onder verdenking bij de onderzoekers. De Golf die gebruikt werd tijdens de tweede golf werd in Erps-Kwerps gestolen in september 1985. Bendelid Dominique S. werd verdacht van de diefstal van een auto bij diezelfde handelaar en zou daarbij de techniek van de Bende van Nijvel hebben gebruikt. Dominique S. heeft altijd ontkend. De vermeende autodiefstal gebeurde eind jaren zeventig.[319]

Als de bende van Baasrode een Reus in hun midden had, dan was dat Stereo P. Hij wordt een tijdlang verdacht van betrokkenheid bij de aanvallen in Eigenbrakel en Overijse. Tijdens een foto line-up werd hij herkend door een getuige die beweerde dat hij de Reus was. Echter kon Stereo P. nooit in Aalst zijn geweest omdat hij toen vastzat. Maar er wordt ook beweerd dat de aanval in Aalst werd gepland om P. zo een alibi te geven.

Er zijn getuigen die beweren iemand gezien te hebben in Aalst die lijkt op Johnny De Staerke. Maar De Staerke was tijdens de aanvallen in Eigenbrakel en Overijse alleen lid van de bende van Baasrode. Niet lang na de aanval in Overijse, slaan bij De Staerke de stoppen door: hij gaat naar de garage die werd gehuurd door de bende en plast er de boel onder, voor hij de bende echt definitief verlaat.[320] Als het De Staerke zou zijn geweest die betrokken was bij de aanval in Aalst, dan was hij geen lid meer van de bende van Baasrode.

In de nacht van de aanval in Aalst wordt in een Golf iemand gezien die lijkt op Dominique S. Deze heeft voor die nacht echter een waterdicht alibi. Sommigen vinden het toch verdacht dat Van Esbroeck en Dominique S. in het weekend na de overval in Aalst genieten van een vakantie aan de Franse Riviera. Bewijzen voor hun betrokkenheid worden echter nooit gevonden.

In het midden van de nacht op 5 december 1985, breken de overgebleven bendeleden van de bende van Baasrode in bij een Delhaize supermarkt in Lokeren. Sinds Stereo P. en De Staerke de bende in oktober verlieten, vormen Dominique S. en Van Esbroeck nu de harde kern. Het alarm van de supermarkt gaat af en de Rijkswacht wordt gewaarschuwd. Het duo vertrekt met een gestolen, grijze BMW met sigaretten en flessen wijn voor een totale waarde van 165.000 BEF (ongeveer 4.000 euro).

Tijdens de rit naar hun schuilplaats, krijgt de BMW die vol gestolen goederen zit motorpech. Dominique S. en Van Esbroeck laten de auto achter in een greppel en vluchten te voet. Om 5 uur vindt een rijkswachter die op patrouille is, de verlaten auto.

De politie onderzoekt de buurt en merkt in de verte een andere auto op die lichtsignalen uitzendt. De agenten vinden dit verdacht en lopen op de auto af. De twee mannen worden meegenomen door de rijkswachters en bekennen na verhoor dat ze gestolen goederen verkopen. De politie opent de koffer van de BMW en vindt de gestolen sigaretten en de flessen wijn. De verkopers voelen zich in het nauw gedreven en laten namen van de leden van de bende van Baasrode vallen: Van Esbroeck en Dominique S.

De politie wil een huiszoeking houden bij Van Esbroeck en Dominique S. Wanneer de twee mannen hier weet van krijgen, ontvluchten ze hun schuilplaats en vertrekken ze richting het zuiden van Frankrijk. Het is die maand de tweede keer dat ze richting Frankrijk rijden.

Naast de gestolen sigaretten en wijn vinden de onderzoekers ook andere belastende bewijzen in de BMW. Zo vinden ze een dozijn Legia-patronen, hetzelfde merk dat werd gebruikt bij de overval in Aalst door de Bende van Nijvel. Ze ontdekken ook dat de bende van Baasrode de achterbank van de auto heeft verwijderd – net zoals de Bende van Nijvel doet – én de auto heeft een ingebouwd systeem dat de koffer kan openen. De nummerplaten zijn een kopie van een andere BMW. De achterlichten werkten niet, dit was met opzet. Een van hun andere auto's was achtergelaten op een manier zoals de Bende van Nijvel dat deed. Volgens procureur des Konings De Saeger: "Nadat bij een overval van deze bende in Zellik schoten waren gevallen, werd de wagen van de overvallers volledig uitgebrand teruggevonden. Hetzelfde kon worden vastgesteld na de overval in Aalst."[321]

Er komt echter geen duidelijkheid want er zijn ook veel verschillen met de andere misdaden van de Bende van Nijvel. Zo werd deze BMW niet gestolen met de sleutels zoals de Bende van Nijvel altijd doet. Geen van de andere auto's van de Bende van Nijvel had een ingebouwd systeem om de koffer te openen. En natuurlijk: dit was een BMW en geen Golf.

Contracttheorie

Getuigen verklaren twee mannen te hebben gezien bij de aanval in Aalst die lijken op Johnny De Staerke en Patrick Haemers. Het probleem is dat er weinig bewijs bestaat dat er een ander lid van de Bende aanwezig was. Dit is het begin van de "contracttheorie": individuele gangsters zouden gecontacteerd geweest zijn om mee te doen aan de aanvallen tijdens de tweede golf, zoals huursoldaten. Er wordt gespeculeerd dat deze mannen betaald worden door privépersonen, de overheid of een buitenlandse macht.

Deze theorie is interessant omdat deze het aannemelijk maakt dat de criminelen in een team samenwerkten met soldaten of politieagenten ten tijde van de aanvallen van de tweede golf. Professor Kellens beweert: "Dit sluit niet uit dat het zou gaan om drugsverslaafden die werden gemanipuleerd."[322] De samenwerking van deze criminele elementen zou de georganiseerde wreedheid van de tweede golf kunnen verklaren en de weinige aanwijzingen die de misdaden naar de leden van de bende van Baasrode of de bende Haemers leiden. Het zou ook kunnen betekenen dat er tientallen bendeleden verzameld werden voor de moorden en dat ze elkaar konden afwisselen voor het uitvoeren van de verschillende overvallen.

Haemers in Aalst

Een aantal aanwijzingen leiden naar Haemers bij de overval in Aalst. Een kassière van de Delhaize beweert dat ze Haemers heeft gezien tijdens zijn verkenning op de dag van de aanval. David Van de Steen, de 9-jarige jongen van wie zijn hele familie vermoord werd, gelooft dat Haemers degene was die op hem schoot en hem voor het leven verminkte. Hij herkent Haemers een aantal jaren later op tv en is ervan overtuigd dat Haemers de Reus is.

In 2004 beweert een koppel dat ze in de nacht na de aanval in Aalst iemand in het Bos van La Houssière hebben gezien die leek op Haemers. Het koppel reed voorbij en zag twee mannen naast een donkere Golf staan. Ze denken dat een van hen Haemers is. Ze vertellen ook dat er een derde persoon gewond of dood op de grond lag, naast de twee mannen. De twee mannen waren erg opgefokt wanneer ze het koppel zagen, wat hen bang maakte en hen deed besluiten om weg te rijden.

De verklaringen van deze twee nieuwe getuigen leiden tot een aantal nieuwe theorieën voor de onderzoekers. Als de Killer in Aalst echt ernstig gewond raakte door de agent die op de vluchtende Golf schoot, wilden de andere twee hem misschien afmaken en begraven in het Bos van La Houssière. Dit zou meteen verklaren waarom Aalst de laatste aanval was van de Bende van Nijvel. Bij opgravingen in het bos werd echter nooit een lijk aangetroffen.

Maanden na de overval in Aalst vragen de onderzoekers naar het alibi van Haemers. Volgens Haemers: "Gelukkig vond mijn vrouw mijn alibi terug: een betalingsbewijs, dat aantoonde dat ik op de avond van de overval had gegeten in het Brabantse restaurant Le Pagalo. Ik wist het zelf niet meer."[323]

DE STAERKE IN AALST

Er zijn wel meerdere getuigen die beweerden in Aalst iemand gezien te hebben die lijkt op De Staerke. Een getuige die in februari 1992 werd geïnterviewd voor het programma Terzake op de BRT, is er tachtig procent zeker van dat hij De Staerke net voor de aanval de Delhaize heeft zien verlaten in een beige Mercedes.[324]

Een paar maanden na de aanval vertelt de ex-vriendin van De Staerke aan de politie dat zij en De Staerke op de dag van de aanval zijn gaan winkelen in de Delhaize in Aalst. Dit is een belangrijke getuigenis voor de onderzoekers. Ze beweert dat zij, De Staerke en haar zoon tussen 16 uur en 18 uur naar de supermarkt zijn gereden. Ze omschrijft de manier waarop De Staerke de supermarkt observeerde en suggereert dat hij extra aandacht had voor de beveiliging van de supermarkt. Ze vertelt ook dat toen ze samen met De Staerke naar een uitzending over de overval in Aalst aan het kijken waren, hij haar vertelde dat hij zoiets eerder had gedaan. Wanneer de onderzoekers De Staerke hiermee confronteren, ontkent hij niet dat hij gewinkeld heeft in de Delhaize van Aalst, maar hij beweert dat het de dag voor de aanval was.

Een tweede belangrijke getuigenverklaring is dat om 21 uur op de nacht van de aanval in Aalst, De Staerke een zware, blauwe Samsonite-koffer bij een schuilplaats dumpte en daarna meteen wegging. Hij gaf de koffer af in het huis van de broer van Stereo P., in een voorstad van Brussel. De broer van P. heeft de koffer nooit geopend om te zien wat erin zat. Hij ging er echter omwille van het gewicht vanuit dat er wapens in de koffer zaten. Deze woog ongeveer 20 tot 30 kilo.

Later keerde De Staerke terug om de koffer op te halen en deze te begraven in zijn achtertuin. De volgende dag groef hij de koffer weer op en begroef hij deze weer op een andere plek. Daar bleef de koffer een tijdje liggen voor deze weer opgegraven werd en doorgegeven werd aan Julien, de broer van De Staerke. Maanden later werd de koffer gevonden in het huis van de vriendin van De Staerke.

Onderzoekers confronteren De Staerke met het verhaal over de koffer, maar hij beweert dat de koffer alleen diamanten en valse identiteitskaarten bevatte. De politie laat de koffer onderzoeken door een forensisch expert en er worden sporen van buskruit gevonden. Voor de onderzoekers betekent dit dat de verklaring die De Staerke gaf niet overeenkomt met de resultaten van het onderzoek en hierdoor wordt de geloofwaardigheid van De Staerke in twijfel getrokken. Een kakikleurig pak en een kogelhouder die lijken op zaken die de Bende van Nijvel gebruikte, werden gevonden in de vriendenkring van De Staerke.

Een medegevangene beweert dat De Staerke opschepte over het vermoorden van achtentwintig mensen. Johnny ontkent dit niet, maar geeft het een andere context: "Ik heb dit nooit officieel verklaard, alleen aan een makker in de gevangenis … waarschijnlijk om stoer te lijken, ik weet het niet. Ik herhaal: ik was nooit een engel maar ik heb nooit iemand vermoord. Ik zweer het. Ik heb vroeger nog dingen gezegd die ik misschien beter niet had gezegd. Maar wat wil je…" Johnny wordt nooit schuldig bevonden aan moord.

DE BENDE VAN BOUHOUCHE

Sommige aanwijzingen over de aanvallen tijdens de tweede golf leiden naar de bende van Bouhouche. Een beveiligingsmedewerker die de dag voor de aanval in de supermarkt Delhaize in Overijse dienst had, beweert dat de enige rijkswachter die hij ooit op de plek voor de aanval heeft gezien, een kennis van Bouhouche was. Op dat ogenblik was deze kennis gestationeerd in een ander deel van het land. Vijftien minuten voor de overval in Aalst zien getuigen twee mannen die in café 't Christoffelken, niet ver van de supermarkt, met elkaar staan te fluisteren in het Frans. Volgens verklaringen hielden de twee mannen vanuit het raam het voorbijkomende verkeer in het oog.

De eerste verdachte wordt omschreven als een kleine, dunne, gladgeschoren man met een bril. Hij drinkt water. Drie getuigen halen Bouhouche uit een foto line-up.[325] De andere man is veel groter. Er worden een aantal namen genoemd, maar deze man wordt nooit geïdentificeerd door de getuigen.

Later wordt in het huis van een kennis van Bouhouche een foto gevonden van de supermarkt in Aalst. Hij beweert dat hij de foto heeft genomen toen hij aan het werk was voor een klant. Volgens de man had dit niets te maken met de brutale overval.

In de vriendenkring van Bouhouche bevindt zich ook een beer van een man die misschien past in het profiel van de Reus. Als gevolg van knieproblemen toen hij jonger was, loopt deze man mank. Hij werd twee keer aan zijn knie geopereerd, de laatste keer eind 1982. In 1983 loopt de man nog steeds mank omdat hij nog flink veel pijn heeft in zijn knie. Soms werden de problemen zo erg dat hij amper kon bewegen.

Ander bewijs dat erop wijst dat de bende van Bouhouche de Bende van Nijvel is, is de manier waarop ze hun auto's aanpasten. Bij de Mazda 626 die ze gebruikten tijdens de aanval op Goffinon in 1981 werd de radio verwijderd en werd er in de auto een gleuf gemaakt waarin de afluisterapparatuur kon bevestigd worden. Exact dezelfde autoradio waar het serienummer van verwijderd was, werd gevonden in de auto van Bouhouche. De Bende van Bouhouche verwijderde altijd de radio's uit de gestolen auto's. Ze stalen de auto's altijd met de sleutels. Net zoals de Bende van Nijvel beschikt ook de bende van Bouhouche over afluisterapparatuur en apparatuur om de radiosignalen te verstoren.

DE SUPERMARKTEN DELHAIZE

Een ander motief dat naar voren komt voor de tweede golf van overvallen is afpersing. Dat zou verklaren waarom er meerdere supermarkten van de keten Delhaize het doelwit waren. Deze afpersing wordt bekend door de officiële klacht van Albert Mahieu tegen enkele leidinggevenden van de Delhaize in 1999. Op dat ogenblik was Mahieu betrokken bij een fraudezaak die aangespannen werd tegen de verzekeringsmaatschappij Allianz-AGF/Assubel. Een aantal leidinggevenden van Assubel waren ook leidinggevenden van Delhaize gerelateerde firma's. Mahieu geloofde dat deze groep managers deel uitmaakte van een crimineel circuit en dat ze zowel vanuit Delhaize als vanuit Assubel handelden. Hij noemt in zijn klacht vijf personen die in het bestuur zaten van beide bedrijven.

De eerste golf van aanvallen op de supermarkten van Delhaize lijkt iets te maken te hebben met een geschil over bordelen in de hoerenbuurt van Brussel. Een van de managers, die de bordelen financierde, had een relatie met een eigenares van een van de bordelen. De bordelen waren schadelijk voor het marktaandeel van de maffia, dus vielen ze supermarkten van Delhaize aan tot de bordelen toegaven. Deze theorie verklaart ook de pauze na de eerste golf van aanvallen.

De tweede golf van aanvallen is gekoppeld aan de Amerikaanse dochterondernemingen van de Delhaize. Food Giant was een nieuwe

Amerikaanse dochtermaatschappij in Amerika. Food Giant viel in handen van de vakbonden en Delhaize slaagde er niet in om het bedrijf te herstructureren. In februari 1985 werd Food Giant overgenomen door SuperValu voor een bedrag van 17 miljoen dollar. Dit was een nadelige beslissing voor de Delhaize en de maffia die de unie leidde was niet blij met deze deal. Aangenomen wordt dat ze contact opnamen met de Bende van Nijvel om de supermarkten van Delhaize weer aan te vallen. Uiteindelijk werd er op 20 februari 1986 een overeenkomst gesloten tussen de Delhaize, Lion en de SuperValu winkels om eenenvijftig procent van Food Giant over te nemen. De aanvallen stopten meteen en Food Giant die kampte met moeilijkheden, bloeide plots weer op.

Politieke motieven en reacties

De aanval in Aalst betekent een keerpunt voor het land. Op 10 november 1985, onder gigantische druk van de media, beginnen de gekozen partijleiders te praten over een nieuwe regering. Vanaf 19 november worden er 740 paramilitairen de straat op gestuurd. Op 28 november wordt er een nieuwe rechtse regering gevormd, geleid door Wilfried Martens en met Jean Gol als nummer twee. Ze bereiken een akkoord over een sterk orde-en handhavingsprogramma. Dit uiteraard als gevolg van de angst die door de gewelddadige aanvallen van de Bende van Nijvel gecreëerd werd.

Op 30 november 1985 brengt de Amerikaanse president Ronald Reagan een officieel bezoek aan Brussel. Er worden 850 rijkswachters en honderden politieagenten de straat op gestuurd om de 150 geheim agenten en ander veiligheidspersoneel van Amerika te ondersteunen. Diezelfde dag pleegt de CCC een bomaanslag op het gebouw van Motorola, een grote NAVO-leverancier, waarbij de gehele computerafdeling wordt verwoest. Na het vertrek van Reagan blijft de CCC onverminderd aanslagen plegen. In december 1985 vallen ze de Bank van Amerika aan. Ze blazen een NAVO-pijpleiding op waarbij 10.000 liter brandstof verloren gaat. Daarna richten ze zich op het Central European Operating Agency (CEOA) dat helpt met het onderhoud van de pijpleidingen.

Op 16 december volgt voor de Belgische overheid een grote doorbraak. De leider van de CCC, Pierre Carette en drie leden van de CCC worden gearresteerd in een fastfoodrestaurant in Namen. De gevolgen van deze arrestatie zijn erg belangrijk omdat na de arrestatie van de CCC-leiders het vermogen om effectief te blijven doorgaan met bomaanslagen op de NAVO, USA en andere multinationale bedrijven, wordt gestopt. De leden van de CCC worden beschuldigd van het doden van de brandweermannen tijdens een van de bomaanslagen. De leiding van de CCC wordt veroordeeld en zit de volgende decennia haar straf uit in de gevangenis. De beweging houdt op te bestaan.

Deel IV:
De Zoektocht (1986-)

Kanaal Charleroi-Brussel,
Ronquières

HOOFDSTUK 23

DE MOORD OP JUAN MENDEZ

DECEMBER 1985 IS OOK DE ONDERGANG VAN DE BENDE VAN BAASROde. Wanneer individuele leden zoals Johnny De Staerke door de autoriteiten worden opgejaagd, volgt de ene arrestatie na de andere. Het is slechts een kwestie van tijd voor alle leden achter de tralies zitten.

De bende Haemers pleegt op 23 december 1985 een overval op een Securitas geldtransport en wint hiermee de jackpot. De buit bedraagt 17 miljoen BEF (ongeveer 421.450 euro).

De bende van Bouhouche voert geen grote misdaden uit in december. In plaats daarvan vinden een aantal schijnbaar onschuldige incidenten plaats, deze blijken later echter belangrijk te zijn.

Op 5 december keert Juan Mendez, de Zuid-Amerikaanse vertegenwoordiger van FN, na een verblijf in Amerika terug naar België. Hij weet nu wel zeker dat zijn goede vriend Bouhouche achter de diefstal van zijn wapencollectie zat. Tijdens zijn reis vonden zijn buitenlandse contacten hem abnormaal nerveus en geagiteerd, en gefixeerd op zijn gestolen wapencollectie.

Op 6 december houdt een bewaker van de Franse grenspolitie een Algerijnse burger tegen wanneer deze de grens probeert over te steken met een ongeregistreerde GP 9 mm. De Algerijn is een bekende van de bende van Bouhouche. De GP 9 mm is onderdeel van de deal tussen de bende van Bouhouche en de Algerijnse politieke groep MDA die hen voorziet van tientallen ongeregistreerde GP 9 mm wapens.

Begin 1985 krijgt de Algerijn bezoek van contactpersonen die betrokken zijn in de Algerijnse politiek. Zijn contacten zijn leden van de MDA (Mouvement pour la Democratie en Algérie), een Islamitische groep Algerijnse expats die in Europa wonen. Het doel van de MDA is de Algerijnse regering omver te werpen en een Islamitische staat op te richten. Daarvoor hebben ze uiteraard wapens nodig. De Algerijn, die contacten heeft met de bende van Bouhouche, vertelt de vertegenwoordigers van de MDA die in België op bezoek zijn dat hij een vriend heeft die voor een goede wapendeal kan zorgen.

De handelaar vertelt de vertegenwoordigers van de MDA dat hij iemand kent bij FN die hen wapens kan leveren. Deze contactpersoon is Juan Mendez, die op dat moment nog geen idee had dat zijn 'vriend' Bouhouche hem had beroofd van zijn wapencollectie. De MDA gaat in principe akkoord met de deal. Kort daarna reist de Algerijn samen met de handelaar naar Parijs, de thuisbasis van de vertegenwoordigers van de MDA.

De vriend biedt tweehonderd 9 mm GP-wapens zonder serienummer aan. Deze zal hij via Mendez verkrijgen – hij zal de wapens via het vuilnis van FN wegsmokkelen. De Nederlandse regering maakt zich ondertussen steeds meer zorgen over het feit dat er zoveel FN-pistolen op de zwarte markt verschijnen. De bemiddelaar tussen de vriend en Mendez is Bouhouche. Als voorbeeld van de deal, krijgen de vertegenwoordigers eerst een GP 9 mm, zonder serienummer. In September 1985 geeft Bouhouche het wapen aan de Algerijn.

De Algerijn bracht de GP 9 mm naar de MDA in Parijs als het eerste exemplaar. De belangrijkste persoon in deze grote wapenhandel is Juan Mendez, die de wapens van FN zou stelen. Wanneer de Algerijn wordt aangehouden bij het oversteken van de grens, vertelt de Algerijn aan de grenswachters dat de GP 9 mm afkomstig is van Bouhouche, maar hij vertelt er niet bij dat het gaat om een grote deal.

Wanneer Juan Mendez naar België terugkeert van zijn reis naar Amerika ontstaat er een duidelijke spanning tussen hem en Bouhouche. Hij vertelt kennissen dat hij het recht in eigen handen zal nemen. Het is overduidelijk dat Mendez het gevoel heeft hiermee niet naar de politie te kunnen stappen. Of Bouhouche chanteert hem of hij is bang voor zijn eigen veiligheid.

Voor de inbraak was Mendez zo onvoorzichtig om zijn HK-machinepistolen aan meerdere mensen te laten zien. Dit geweer was afkomstig van de overval op het SIE. Er zijn bijkomstige bewijzen voor het feit dat Mendez op de hoogte was van het gebouw in de Washuisstraat dat gehuurd werd door de bende van Bouhouche voor de afpersingsplannen van supermarkten. Daarnaast had Mendez een grote hoeveelheid aan explosieven in zijn tuin begraven.

Mendez is een belangrijk persoon in de wapenhandel van Bouhouche wanneer deze de door Mendez gestolen wapens van de FN probeert door te verkopen. Tot wel twintig procent van het officiële wapeninventaris van Bouhouche werd door Mendez gestolen.

En dan is er ook nog de grote wapenverkoop aan de MDA. De bende van Bouhouche verwacht dat Mendez het voor elkaar zal krijgen om een grote hoeveelheid ongeregistreerde GP 9 mm wapens te stelen. Er doet zich echter een groot probleem voor: Mendez krijgt er genoeg van om zich nog met deze wapenhandel bezig te houden en onderneemt stappen om in een heel andere branche te gaan werken. Hij wil in het familiebedrijf gaan werken dat zich richt op vertalingen en misschien naar Zuid-Amerika verhuizen.[326] De "melkkoe" van Bouhouche zou wel eens kunnen verdwijnen.

De relatie tussen de twee mannen is gespannen en vreemd. Ondanks dit alles onderhandelt Mendez met Bouhouche over een kleine wapendeal. Het huis van Mendez wordt gerenoveerd en hij heeft het geld hard nodig. Hij is bereid een aantal wapens die hij nog bezit te verkopen. Op 30 december 1985 brengt Bouhouche een bezoek aan Mendez om de wapens te bekijken. Mendez biedt Bouhouche een GP Inglis pistool, een MP43 kaliber 7.92 mm geweer en een Mannlicher 9 mm wapen aan. Bouhouche gaat akkoord met de deal voor een bedrag van 130.000 BEF op krediet (ongeveer 3.223 euro). Hij vertrekt met drie wapens en belooft Mendez het geld zo snel mogelijk te betalen.

Op 3 januari 1986 brengt Mendez een bezoek aan Bouhouche en onderhandelen ze een paar uur over de wapenverkoop. Mendez wil zijn geld. Bouhouche rekt tijd en belooft hem te betalen voor 7 januari 1986.

Moord

Op 7 januari 1986, om 7.40 uur rijdt Juan Mendez in zijn Volkswagen Passat naar zijn werk in Luik. Normaal rijdt Mendez samen met vriend en collega Alain Coesens, maar deze is op zakenreis naar Zuid-Amerika.

Voor Mendez de snelweg oprijdt, stopt hij aan de kant van de oprit. De oprit naar de snelweg is lang en van de snelweg gescheiden door een lange rij bomen. Er staat nóg een auto geparkeerd langs de weg, een paar meter voor de auto van Mendez. In de auto zit een huurmoordenaar uit de bende van Bouhouche. Mendez zet zijn auto in neutraal, met de handrem op.

Wanneer de huurmoordenaar naar de auto van Mendez loopt, opent Mendez de deur. De moordenaar trekt een Browning, schiet tweemaal en raakt hierbij Mendez in het hart. Daarna loopt hij op de open deur af, steekt de Browning naar binnen en schiet nog twee keer. Van dichtbij raakt hij Mendez in zijn linkeroog. Het lichaam van Mendez valt naar rechts en de moordenaar schiet zijn zesde kogel door het linkeroor van Mendez. Bloed spat in het rond. De binnenkant en de voorruit van de auto zitten onder het bloed. De jas van Mendez is doordrenkt met bloed en Mendez bloedt zo hevig dat het bloed uit de auto drupt.

De moordenaar neemt de autosleutels mee, maar laat de aktentas van Mendez staan. Hij sluit de deur en loopt weg op een met een dun laagje sneeuw bedekte grond. De moordenaar laat geen vingerafdrukken achter.

Geheim compartiment

De moord is een hinderlaag. De kogels die werden afgevuurd op Mendez zijn afkomstig van een Remington Peters 9 mm Para hollow point, 115 grains. De bende van Bouhouche kent de route die Mendez normaal gesproken neemt en weet ook dat de collega waar hij altijd mee naar het werk rijdt op dat ogenblik op zakenreis is. Er zijn verschillende getuigenverklaringen over de auto van de moordenaar. Minstens één getuige zegt dat het om een auto van de Rijkswacht gaat.

Naar verluidt vraagt iemand anders uit de entourage van Bouhouche aan zijn vriendin om hem een alibi te geven voor het tijdstip van de moord op Mendez. Wanneer ze vraagt waarom, zegt hij dat hij getuige was van de moord op Mendez door zijn "Arabische vriend". Het zou kunnen dat hij het heeft over Bouhouche, wiens vader afkomstig was uit het Midden-Oosten. De vriendin vertelt dit pas in 1988 aan de politie.

Mendez had een 9 mm FN-Browning pistool in een geheim vakje boven het handschoenenvakje van zijn auto liggen. De moord gebeurde echter zo snel dat hij niet eens de tijd had om het pistool te pakken.

De gevolgen

De FN-wapenfabriek belt naar de vrouw van Mendez om te vragen waarom hij niet is komen opdagen. De vrouw heeft het gevoel dat er iets niet in orde is en belt naar Bouhouche om te vragen of hij weet waar haar man is. Die zegt dat hij van niets weet en biedt aan om te helpen. Bouhouche springt in de auto en rijdt naar het huis van Mendez. Ondertussen vinden rijkswachters het dode lichaam van Mendez op de oprit van de snelweg. Rijkswachters, waarvan een betrokken is bij het onderzoek naar de overval op wapenwinkel Dekaise in september 1982, brengen een bezoek aan het huis van Mendez. De onderzoekers van Waver hadden in augustus 1985 een rapport uitgebracht waarin stond dat Bouhouche een vermeend extreemrechtse rijkswachter is. De rijkswachter is dan ook erg verrast als hij Bouhouche bij het huis van Mendez aantreft.

De Rijkswacht ontdekt dat Mendez net voor hij werd vermoord drie wapens aan Bouhouche heeft verkocht en dat Mendez nog zo'n 100.000 BEF (ongeveer 2479 euro) van Bouhouche moet ontvangen. Wanneer ze Bouhouche hiermee confronteren, ontkent hij. Bouhouche komt met een verhaal dat het eigenlijk Jean Bultot, de voormalige assistent-gevangenisdirecteur die in opspraak kwam, was die de wapens van Mendez had gekocht. Bouhouche zegt dat Mendez op de dag van de moord het geld van Bultot wilde hebben. In de periode tussen de moord en het moment dat Bouhouche aankomt bij het huis van Mendez, gaan Bultot en Bouhouche naar dezelfde filmvertoning. Ze gingen niet samen naar de film, maar misschien merkte Bouhouche op dat Bultot in de zaal zat en heeft Bultot Bouhouche niet gezien.

Onderzoekers gaan de geloofwaardigheid na van de beschuldigingen van Bouhouche aan het adres van Bultot. Ze stellen vast dat Bultot een waterdicht alibi had ten tijde van de moord op Mendez. Ondanks dat Mendez en Bultot samen naar schietbanen gingen en meededen aan schietwedstrijden, is er geen bewijs dat Bultot tegenspreekt wanneer hij verklaart dat hij Mendez nog nooit heeft ontmoet. Wanneer de onderzoekers echter de betrokkenheid van Bultot in de moordzaak onderzoeken, is er een detail waar men meer tijd aan besteedt dan nodig. Als de onderzoekers vernemen dat Mendez een verborgen wapen in de auto bewaarde voor zelfverdediging, onderzoeken ze de Passat, maar ze kunnen het pistool niet vinden.

Waarom is het pistool van Mendez belangrijk? Omdat de moordenaar het zou kunnen meegenomen hebben. Eenzelfde soort wapen wordt in het huis van Mendez gevonden en de onderzoekers hebben geen bewijs dat het niet het wapen uit de auto is. Ze houden er rekening mee dat het pistool na de moord in de wasmand werd gelegd om zo de illusie te wekken dat Mendez vergeten was om het wapen mee te nemen. Misschien was dat de reden waarom hij zich niet kon verdedigen. Het vermiste wapen zorgt er niet voor dat Bouhouche niet meer verdacht wordt, maar kan ook de schuld van Bultot niet helemaal uitsluiten. Misschien heeft Bultot het pistool van Mendez aan Bouhouche gegeven toen ze elkaar ontmoetten? En misschien was het Bouhouche die het wapen in de wasmand in het huis van Mendez heeft gelegd?

Deze vermoedens ontstonden in het begin van het onderzoek, op het ogenblik dat de onderzoekers het verstopte pistool in de Passat nog niet hadden gevonden. Toen eenmaal het pistool, samen met de munitie, was gevonden in het geheime vakje in de Passat, werd de hele vraag betwistbaar, maar dat duurde een tijdje. Omdat Bultot omwille van allerlei foute redenen bekend was bij de onderzoekers en omdat ze een aantal zaken die mogelijks van Bultot waren, hadden gevonden in het Bos van La Houssière voor de aanval in Aalst, wordt Bultot voor altijd verbonden met de zaak van de Bende van Nijvel.

De broer van Mendez zegt over het feit dat Mendez nooit met zijn verdenkingen over Bouhouche met betrekking tot de wapendiefstal naar de politie is gegaan het volgende: "Ik denk dat hij een deal heeft willen sluiten met Bouhouche en met hem onderhandeld heeft. Iets in de aard van: 'Of je bezorgt me mijn wapens terug, of ik geef je aan voor de diefstal van de SIE-wapens, of voor de Bende van Nijvel.' Iets in die aard. En Bouhouche had geen keus. [Mijn broer] begon immers dingen te vermoeden in verband met de Bende van Nijvel."[327]

ONDERZOEK IN WAVER

Twee onderzoekers die het beruchte onderzoeksrapport uit 1985 over de aanval op de wapenwinkel Dekaise hebben geschreven, zijn aanwezig op de begrafenis van Mendez. Ze zien dat ook Bouhouche aanwezig is. Het rapport dat zij hadden geschreven over de Bende van Nijvel noemde de naam van Bouhouche. Ze lopen op Bouhouche af en vragen hem om mee naar het bureau te komen om wat vragen te beantwoorden. Wanneer ze op het rijkswachtkantoor aankomen, starten de onderzoekers met wat luchtige vragen om het ijs te breken en langzaam voeren ze de druk op. Bouhouche verrast de onderzoekers door het volgende te zeggen: "Jullie zoeken de bende van Nijvel? Maak jullie geen zorgen. Er zal niets meer gebeuren."[328]

Het antwoord van Bouhouche zorgt voor vele speculaties. Waarom zou Bouhouche dit spontaan tegen de onderzoekers vertellen? Bouhouche is op dat ogenblik zelfs nog geen verdachte in het onderzoek naar de Bende van Nijvel. Suggereert hij nu dat hij er iets mee te maken heeft? Deze opmerking klinkt zo vreemd dat velen niet geloven dat hij dit ooit heeft gezegd. Er zijn mensen die geloven dat de twee onderzoekers dit verzonnen hebben. De leden van het onderzoeksteam krijgen te maken met beschuldigingen dat ze incompetent zouden zijn - niet geheel onterecht - vanwege hun rapport uit 1985. De context van Bouhouche zijn opmerkingen tegen de onderzoekers is belangrijk. Het rapport van augustus 1985 over de aanval op de wapenwinkel Dekaise noemt specifiek de naam van Bouhouche. Het is de eerste keer dat zijn naam wordt genoemd in een rijkswachtrapport dat door velen gelezen wordt, en dat er over zijn dubieuze rol en activiteiten wordt gesproken. Onderzoekers die later aan de zaak van de Bende van Nijvel werken, lezen in het rapport van de Rijkswacht voor het eerst de aantijgingen in de richting van Bouhouche. Onthoud dat hoewel het rapport door vele mensen in twijfel werd getrokken, Bouhouche toch erg van streek was door het rapport. Zo erg zelfs, dat hij een kennis vraagt om een gestolen wapen in een rijkswachtenveloppe naar de eigenaar van de wapenwinkel Dekaise te sturen. De bedoeling hiervan is een vies spelletje spelen met het onderzoeksteam van Waver en hun reputatie te beschadigen.

Bouhouche is op de hoogte van alles wat over hem werd geschreven in het rapport en realiseert zich dat ze nog steeds op zoek zijn naar de Bende van Nijvel. Tijdens deze periode beweert Bouhouche dat hij het mysterie van de Bende van Nijvel zal oplossen en zo de beloning zal opstrijken die is uitgeloofd door de supermarktketens. Volgens Amory had Bouhouche hem om alle vertrouwelijke informatie over de beveiliging van de supermarktketen Delhaize gevraagd omdat hij de Bende van Nijvel wilde vinden. Is het dan misschien mogelijk dat wanneer Bouhouche zegt dat er geen overvallen meer zullen plaatsvinden, dat hij hiermee bedoelt dat hij ontdekt heeft wie de leden van de Bende van Nijvel zijn en dat hij daardoor zeker is dat zij geen misdaden meer zullen plegen? Is het mogelijk dat Bouhouche niet zichzelf impliceerde? Volgens zijn verklaringen ziet hij zichzelf op dat ogenblik nog steeds meer als een privédetective dan als een wapenhandelaar.

ARRESTATIE VAN BOUHOUCHE

De onderzoekers gaan ervan uit dat Mendez vermoord werd door iemand die hij kende. Omdat Bouhouche goed bevriend was met Mendez, wordt hij een van de hoofdverdachten.

Zoals altijd wordt het ballistisch onderzoek uitgevoerd door Claude Dery. Hij ontdekt dat de kogels waarmee Mendez vermoord werd illegale hollow point kogels zijn. Dit is hetzelfde soort munitie als gebruikt werd door Bouhouche bij het voorval met de taxichauffeur in 1980 toen hij nog rijkswachter was. Ook toen voerde Dery het ballistisch onderzoek uit.

De autoriteiten krijgen een huiszoekingsbevel voor het huis van Bouhouche. Ze vinden de drie wapens die Mendez in december aan Bouhouche had verkocht. Daarnaast nemen ze ook achtenveertig pistolen in beslag, negen revolvers en tweeëntwintig geweren. Een wapen dat werd gestolen bij Mendez, wordt ook gevondennet zoals een schouderbandje van een Nikon-camera dat identiek was aan het schouderbandje dat gestolen werd tijdens de overval bij Mendez. Bouhouche gebruikt het nu voor zijn eigen camera.

Ze vinden ook een GP 9 mm pistool in het huis van Bouhouche. Experts gaan ervan uit dat dit wapen werd gebruikt voor de moord op Mendez. Een expert stelt vast dat er is geprobeerd om het pistool te saboteren en zo de forensische sporen van het wapen te veranderen. De afvuurpin en de loop werden gemanipuleerd. Wat opmerkelijk is, is dat ze ook een doos vinden met daarin vijftig patronen voor een zeldzame Remington 9 mm Para hollow point, 115 grains, het wapen dat werd gebruikt bij de moord op Mendez.

Een team van drie ballistische experts, waaronder Claude Dery, is het erover eens dat het wapen overeenkomt met de hulzen die werden gevonden op de plaats delict. Het team beweert: "Er kan bijna met zekerheid worden gesteld dat de patronen en de kogels die op de plaats delict werden gevonden, afgeschoten werden met een FN-Browning no. 76 C 19693, de eigenaar is Bouhouche." Een ander, apart ballistisch onderzoek komt tot dezelfde conclusie. Op 26 januari 1986 wordt Bouhouche opgepakt en voorgeleid voor betrokkenheid bij moord.

Arrestatie van De Staerke

In maart 1986 arresteert de politie eindelijk Johnny De Staerke, die niet terugkeerde na zijn penitentiair verlof in het begin van 1985. De rest van de leden van de bende van Baasrode werden al eerder gearresteerd op het einde van 1985. De bende verschijnt in juni 1987 voor de rechtbank. Aanklagers rekenen de bende twintig gewapende overvallen aan en een reeks diefstallen, van BMW's tot alcohol, sigaretten en video's. De Staerke wordt schuldig bevonden en krijgt een straf van twintig jaar. Op dezelfde dag dat hij wordt veroordeeld voor zijn aandeel in de misdaden, wordt hij ook in verband gebracht met de Bende van Nijvel. Hij wordt ervan beschuldigd dat hij aanwezig was bij en deelnam aan de overval in Aalst.

Ze klagen De Staerke omwille van verschillende redenen aan voor betrokkenheid bij de aanval in Aalst. Allereerst is zijn alibi voor de avond van de aanval niet waterdicht. Hij gaf de onderzoekers een verklaring, maar later zei hij dat hij het zich niet meer kon herinneren. Ten tweede is er de koffer die hij op dezelfde avond afgaf bij de broer van Stereo P. en die sporen bevatte van buskruit. Zelf ontkende hij dat er ooit wapens in de koffer hadden gezeten. Onderzoekers nemen in overweging dat De Staerke niet oprecht was. Ten derde legt de ex-vriendin van De Staerke een verklaring af waarin ze zegt dat ze tussen 16 uur en 18 uur gewinkeld hadden in de Delhaize in Aalst op de dag van de aanval. Als laatste werden er een aantal maskers, Legia-munitie, een riem en andere zaken die erg lijken op deze die de Bende van Nijvel gebruikte, gevonden in de huizen van kennissen van De Staerke.

Op advies van zijn advocaat bekent De Staerke in 1992 dat hij betrokken was bij de misdaden gepleegd door de Bende van Nijvel. Hij doet dit echter zonder enig nieuwe informatie of bewijs te geven die zijn bekentenis zouden kunnen ondersteunen. De Staerke gokt erop dat de onderzoekers niet genoeg bewijs tegen hem hebben om hem door een jury te laten veroordelen. Omdat hij bekend had, moesten de autoriteiten noodgedwongen aan de slag. Óf ze moesten hem voor een jury in de rechtbank krijgen óf hem vrijlaten. Deze procedure is zijn weg naar de vrijheid. Er werd nooit een hoorzitting gehouden in de zaak De Staerke en zijn vermeende betrokkenheid bij de aanval van de Bende van Nijvel in Aalst.

Arrestatie van Haemers

Op 17 maart 1986 pleegt de bende Haemers de eerste grote gewapende overval van dat jaar. Ze overvallen een geldtransport van Securitas in Drogenbos. Bij deze overval vertelt een getuige dat hij een lange, blonde man heeft gezien. Het bedrag dat de bende buitmaakt is gigantisch: 27.650.000 BEF (ongeveer 685.424 euro). Op 21 mei 1986 wordt Thierry S., de chauffeur van de bende, dood aangetroffen met een pistool in zijn hand. Hij werd onlangs uit de bende gezet. Zijn dood wordt beschouwd als zelfmoord, ondanks het feit dat hij onder verdachte omstandigheden is gestorven. Haemers en Philippe L. vinden nieuwe leden om Thierry S. te vervangen.

In 1987 wordt Haemers uiteindelijk gearresteerd, maar zijn bende bevrijdt hem op spectaculaire wijze. Haemers zou later beschouwd worden als de beruchtste crimineel van het land na de ontvoering van ex-premier Paul Vanden Boeynants in 1989. Motief: losgeld. De bendeleden ontvoeren Vanden Boeynants omdat ze denken dat hij erg rijk is. Om weer vrij te komen, helpt Vanden Boeynants met het regelen van het losgeld. De bendeleden halen het geld op in Zwitserland en vluchten dan naar Brazilië om een nieuw leven op te bouwen. Haemers wordt gevonden en gearresteerd in Brazilië. Hij wordt uitgeleverd aan België en in 1993 hangt hij zich op in zijn cel. De omstandigheden van zijn dood werden als verdacht beschouwd.

In de cel

Terwijl Bouhouche vastzit en de onderzoekers in de zaak Mendez proberen het bewijs tegen hem rond te krijgen, wordt de vriend van Bouhouche, Christian Amory, lid van het onderzoeksteam van Kapitein Jacques Rousseau. Tussen januari en juni 1986 bezoekt Amory Bouhouche verschillende keren in zijn cel in de rol van onderzoeker. Volgens substituut van de procureur des Konings te Nijvel Philippe Van Lierde: "De heer Amory heeft kort na het overlijden van de heer Mendez verschillende rijkswachtrapporten voor intern gebruik opgemaakt, maar daarvan heeft de magistraat die met het onderzoek belast was, pas veel later inzage kunnen nemen."[329]

Bouhouche begint te beseffen in wat voor problemen hij zich bevindt en concentreert zich op het opruimen van deze rotzooi. Gevolg hiervan is dat hij alle praktijken waar de bende van Bouhouche nog mee bezig is, stopzet. Andere leden van de bende proberen manieren te vinden om van de gestolen wapens, explosieven, valse documenten en andere zaken af te komen. De explosieven en andere zaken met enige waarde zijn de overblijfselen van de afpersingsplannen van de supermarkten die de bende van Bouhouche had in 1984. Ze proberen eerst de springstof en de ontstekers te verkopen en zoeken daarna op de zwarte markt naar kandidaten voor de gestolen en valse identiteitskaarten.

Volgens een bron die de bende kent, worden er ergens in maart 1986 een aantal gestolen wapens in een kanaal gedumpt. Deze wapens werden gebruikt tijdens grote misdaden. Als we in overweging nemen dat de bende had besloten om de gestolen SIE-wapens en de wapens van Mendez te houden, dan waren de wapens die werden gedumpt hoogstwaarschijnlijk heel bezwarend.

Moordcomplot

Bouhouche bekokstooft een moordcomplot op zijn oude vriend Claude Dery, hoofd van het ballistisch onderzoek. Het idee is dat zijn moord op een zelfmoord moet lijken. Gedurende deze periode komen de bendeleden van de bende van Bouhouche vaak samen om te vergaderen, dit doen ze in het hotel Le Toucan (Van der Valk Hotel) in Nijvel. De bende schrijft uit naam van Dery een zelfmoordbriefje. Daarin wordt gezegd dat hij het ballistisch onderzoek in de zaak van Bouhouche opzettelijk heeft vervalst in opdracht van de Staatsveiligheid. Om dit echt te laten lijken gebruiken ze een kopie van Dery's echte handtekening. Daarna zoeken ze naar een geschikte man om de klus te klaren. Ze gebruiken valse identiteitskaarten die ze stalen in Chaumont-Gistoux in 1981. De moordenaars worden gevonden, maar de prijs is een heikel punt.

Terwijl ze de moord op Dery beramen, proberen ze het bewijs in de zaak Bouhouche te stelen, om zo de zaak uiteen te laten vallen. Hun eerste doel is om de GP 9 mm te stelen die men in de zaak tegen Bouhouche heeft, omdat dat het enige bewijsmateriaal is. Ze krijgen echter nooit de kans om het wapen te stelen. Een ander idee is om Bouhouche door valse politieagenten met valse documenten te laten ophalen uit de gevangenis. Er zou een chauffeur met een vluchtauto buiten op hem staan wachten.

Voor dit project huren ze extra opslagruimte en stelen ze op 16 december 1986 een Passat. Diezelfde dag stelen ze op dezelfde locatie nummerplaten van een andere auto. De gestolen auto parkeren ze in de nieuwe opslagruimte. Daarna pakken de bendeleden een GP 9 mm pistool uit een van de andere opslagboxen. Het pistool en de valse identiteitskaarten worden verstopt in een kleine pot spaghettisaus die aan de vrouw van Bouhouche wordt gegeven om in de diepvries te bewaren. Het plan is dat zij later tijdens haar bezoek aan Bouhouche hem deze pot geeft. Dit plan wordt echter op het laatste ogenblik toch niet uitgevoerd.

HOOFDSTUK 24

DE ONTDEKKING IN RONQUIÈRES (NOVEMBER 1986)

IN NOVEMBER 1986 VINDEN DUIKERS IN HET KANAAL VAN RONQUIÈRES zakken met bewijsmateriaal die leiden naar de Bende van Nijvel. Het politierapport nummer 2266 bevat een lijst van wat de duikers gevonden hebben in de zakken. "Eén grijze plastic zak. In deze zak wordt aangetroffen: patronen, muntstukken, twee spuitbussen, papieren – waaronder cheques duidelijk afkomstig van het grootwarenhuis Delhaize -, een groen metalen koffertje, zakken met vermelding Kassa 12." De tweede zak bevat twee delen van een kogelvrij vest en in de derde tas zitten rollen munten.

Er zijn een heleboel onderdelen van wapens. Er is een 7.65 mm pistool waarvan de spits verwijderd werd en het registratienummer en politiezegel uitgewist werden. Onderzoekers gaan ervan uit dat dit wapen in september 1983 gestolen werd van de vermoorde politieagent tijdens het bloedbad in de Colruyt in Nijvel. Er is een Centaure kaliber 10 jachtgeweer uit Dinant waar de lopen van werden afgezaagd. Dit wapen zou gebruikt kunnen zijn bij de overval op wapenhandel Dekaise in september 1982. Er is ook een identieke .357 Magnum revolver die de leidinggevende van de Delhaize in Beersel fataal werd in oktober 1982. Dan is er ook een kaliber .38 Arminius die werd gestolen bij de schietpartij bij de juwelier in Anderlues in 1983. Alle identificatienummers werden verwijderd.

De onderzoekers vinden ook veel stukken van allerlei andere wapens die lijken te komen van de overval op wapenhandel Dekaise in september 1982. Hieronder zijn stukken van een Beretta, een Ingram en een Ruger. Tussen alle andere zaken wordt er ook een zwarte, wollen trenchcoat zonder mouwen gevonden. Daarnaast vinden de speurders ook een kogelvrij vest en onderdelen van een kogelvrij vest. Deze zijn waarschijnlijk afkomstig van de overval op de textielfabriek in Temse in september 1983. Er is een ook minikluis, een kassalade en zakken met geld van de Delhaize in Aalst. Daarbij wordt ook een lege fles, een Kriko jachtgeweer, een mes, een vork, een silicone pistool, een sleutel en resten van een doos voor Legia-munitie gevonden.

VERDWENEN WAPENS

De beruchte pompactie riotguns (RG-1 en RG-2) worden niet gevonden, de hulzen die zijn afgevuurd door de wapens echter wel. Goed om te weten is dat riotguns overal verkrijgbaar waren zonder identificatieplicht. Wat er ook gemist wordt is het kaliber 19X9 mm Ingram machinepistool dat werd gebruikt in Aalst. Ook de twee 7.65 mm wapens die een aantal keer door de Bende werden gebruikt en de .22 LR die de Bende van Nijvel gebruikte om vele van hun slachtoffers te doden worden niet gevonden.

De sleutel die is gevonden in het kanaal is een interessante vondst met een vreemd verhaal waar de speurders tijdens het onderzoek achter kwamen. Blijkbaar is de sleutel van Martial Lekeu's oude kantoor bij de rijkswacht van twee jaar daarvoor. Tijdens de tweede publieke onderzoekscommissie vragen de onderzoekers zich af of de sleutel die werd gevonden in het kanaal niet de sleutel was van Lekeu's kantoor in Vaux-sur-Sûre. Lekeu woonde sinds 1984 in Florida en was nog niet teruggekeerd naar België. De kans dat zijn sleutel daar opduikt is statistisch zo goed als onmogelijk. Hoe was de link naar Lekeu eigenlijk gemaakt? Was dit een sleutel die alleen door de Rijkswacht werd gebruikt? Waarom werd juist het kantoor van Lekeu onderzocht? Zou het van een ander kantoor bij de Rijkswacht kunnen zijn? Zou de sleutel zijn bewaard door de Bende van Nijvel om Lekeu op een bepaald ogenblik verdacht te maken? Dat zou zinloos zijn omdat Lekeu al een tijdje in de Verenigde Staten woonde. Maar als het geen speciale sleutel van de Rijkswacht is, waarom komt Lekeu dan in het vizier?

Duiken

De vondst in Ronquières omgeeft zich met vele speculaties. Zouden de bendeleden hun wapens gewoon hebben gedumpt omdat ze ervan af wilden komen? Jarenlang was dat het officiële verhaal. Gebaseerd op twee getuigenverklaringen van de dag na de aanval in Aalst, werd ervan uitgegaan dat de zakken in november 1985 gedumpt werden, net voordat de auto van de Bende van Nijvel in brand werd gestoken. De verklaringen gaan over twee auto's die bij het kanaal in Ronquières werden gezien, waaronder een Golf. Een groep mannen was bezig met het verwisselen van nummerplaten. Een van de mannen stond dicht bij het water en in het water dreef een plastic zak. De zakken worden later niet ver van die plek gevonden.

Na de twee verklaringen werd er door het eerste onderzoeksteam dat de naam Cellule Info (CI) droeg duikers het water ingestuurd. Deze vonden echter niets. Nu een jaar later, leest een tweede team (Delta) het rapport en de getuigenverklaringen. Ze gaan ervan uit dat de duik in 1985 niet goed werd uitgevoerd en besluiten om nogmaals duikers het kanaal in te sturen. Dit keer worden de zakken gevonden. Het team CI beweert dat zij een jaar eerder het kanaal echt heel nauwkeurig hebben doorzocht. Het onderzoeksteam Delta zou een tip hebben gekregen van iemand die banden heeft met de Bende van Nijvel. Delta beweert echter dat ze de zakken hebben gevonden naar aanleiding van het eerste rapport en getuigenverklaringen.

Wetenschap

Een rapport van Het Nationaal Instituut voor Criminalistiek en Criminologie (NICC), opgesteld door een ander team van experts, beweert dat de zakken die werden gevonden niet langer dan twee maanden in het water kunnen hebben gelegen. Deze bevinding is gebaseerd op de documenten en de munten die men vindt in de zakken. Sindsdien is er veel gekibbel tussen de onderzoekers van de huidige onderzoeksteam en het Delta-team. Delta's argument is dat de wetenschap van de INCC slecht is.

Geschiedenis

We gaan niet verder in op de wetenschappelijke discussie, maar nemen de geschiedenis van de ontdekking onder de loep. Dit werpt wellicht wat licht op de zaak. Eind 1985 zoekt een duiker van het CI-team urenlang in het water van het kanaal. Sommigen beweren dat hij gedurende twee uur zocht, anderen beweren dat de zoektocht vier dagen duurde. Al met al blijft de CI beweren dat ze erg nauwkeurig gezocht hebben.

Een jaar later worden de onderzoekers gesplitst in twee teams: Delta krijgt de taak om de zaken van november 1985 in Aalst en van september 1983 in Temse te onderzoeken en CI alle andere gebeurtenissen. Ze zoeken waarschijnlijk naar dezelfde verdachten en hierdoor overlappen de twee onderzoeken. Er wordt over gesproken om Aalst en Temse af te nemen van Delta en alles te centraliseren bij de CI. In de tussentijd moeten ze onderhandelen over wie wat doet.

Om juridische redenen neemt Delta ook de zaak van de bende van Baasrode in behandeling. Wanneer ze meer te weten komen over deze bende, proberen ze erachter te komen of deze ook betrokken was bij de moorden in Brabant. Delta's theorie is dat Johnny De Staerke op de een of andere manier betrokken was bij de overval in Aalst. Ondertussen verdenkt de CI nog altijd de Borains. Om het Delta-team te versterken nemen ze in maart 1986 een agent in dienst die gespecialiseerd is in het omgaan met informanten in drugszaken.

Ook in maart wordt er een gezamenlijke beslissing genomen door het CI-team en het Delta-team: Delta krijgt toestemming om alle kanalen in het land te onderzoeken op bewijsmateriaal. Er wordt een lijst opgesteld met kanalen die onderzocht moeten worden. In september 1986 start Delta de zoektocht in de kanalen. Ze gebruiken een boot van de openbare diensten en scannen de bodem met een sonar. Ze beginnen hiermee op 11 september en doorzoeken het kanaal elke dag, weken aan een stuk.

De Delta-agent die de plekken aanwees om naar de zakken te zoeken was een agent die zich bezighoudt met informanten. Zijn taak bij het Delta team bestond vooral uit het verzamelen van tips bij informanten. Dit zorgt voor een rode vlag bij de CI. Hoe kan het dat een man die samenwerkt met informanten deze miraculeuze ontdekking doet terwijl dit niets te maken heeft met informanten? Alles wat we weten is dat de agent de rapporten in handen heeft gekregen met de getuigenverklaringen uit november 1985 van een andere agent van de CI. De omstandigheden zijn vaag.

Motief

Als er werd gemanipuleerd, wat was dan het motief daarvoor? Waarom bewijsmateriaal afgeven aan de onderzoekers, en als je dan toch beslist om dit te doen, hoe bepaal je dan wat je hen geeft? Er is lang gespeculeerd dat wanneer de Bende van Nijvel met opzet de wapens heeft gedumpt zodat deze werden gevonden door de onderzoekers, het de bedoeling was om een verband te leggen tussen de aanvallen van de eerste en de tweede golf. Dat is niet correct. Als we de kranten lezen uit de periode tussen Aalst en Ronquières, komen we te weten dat er nooit enige twijfel bestond dat de eerste en tweede golf met elkaar in verband stonden vanwege het ballistisch onderzoek en de modus operandi. Het enige wat de vondst in Ronquières oplevert is de bevestiging van het ballistische verband tussen de twee golven. Een voorbeeld: een riem die werd gevonden werd op dezelfde manier verknipt als de nummerplaat uit de eerste golf.

Het is moeilijk om te geloven dat de Bende van Nijvel al deze voorwerpen aan de onderzoekers zou gegeven hebben zonder daar zelf iets voor terug te krijgen. Er zijn aanwijzingen dat de Bende van Nijvel erg voorzichtig was bij het uitzoeken wat ze in de zakken zouden stoppen. Veel wapens werden in kleine stukken gezaagd. Maar er waren er ook een aantal bij die nog in goede conditie verkeerden; ze waren goed onderhouden. Ze waren gesmeerd met olie en klaar voor "dagelijks" gebruik. Waarom zou iemand de tijd nemen om goede wapens stuk te maken? Er wordt aangenomen dat veel wapens die in het kanaal gevonden werden, ooit in het bezit waren van de Bende van Nijvel, dit vooral vanwege hetzelfde kaliber. Omdat de wapens niet meer getest konden worden, bestaat er hierover echter geen zekerheid. Daarnaast werden er geen wapens gevonden die werden gebruikt tijdens de tweede golf. Alleen de hulzen en patronen van deze wapens werden gevonden. Dit geeft de persoon die de wapens gedumpt heeft de mogelijkheid om te ontkennen dat hijzelf een lid is van de Bende van Nijvel als hij ooit opgepakt wordt.

Jaren later heeft de vondst in Ronquières de speurders nog niets verder geholpen in het onderzoek. Hoe vaak komt het voor dat er zoveel bewijsmateriaal gevonden wordt, maar dat dit het onderzoek naar de criminelen helemaal niet verder helpt? Het enige praktische gevolg van de ontdekking was dat het Delta-team, dat gefocust was op de bende van Baasrode en Johnny De Staerke, onderzoek bleef doen naar Aalst en Temse. De plannen om deze zaken aan de CI te geven gingen hierdoor niet door. De Bende van Nijvel zag de praktische voordelen van het onderzoek dat bleef zoals het was, dit is ondanks het feit dat de CI nog steeds bezig was met de nutteloze jacht op de Borains.

Het onderzoek naar de Bende van Nijvel zit vol incidenten die veroorzaakt zouden zijn door manipulatie. Verschillende belangrijke bewijsstukken verdwenen of werden vernietigd. Zo verdween bijvoorbeeld tijdens een uitwisseling tussen Bergen en Nijvel het gehele rapport over de moord op taxichauffeur Angelou van januari 1983. Het dossier moest opnieuw samengesteld worden aan de hand van fotokopies. Glazen en voorwerpen die mogelijk DNA bevatten verdwenen tijdens het onderzoek naar de moord in de herberg "Het Kasteel". Ook de nummerplaat van de Saab die gebruikt werd voor de overval op de Colruyt in Nijvel verdween.

Getuigen worden bedreigd

De slachtoffers en de families van de slachtoffers hebben een moeilijke relatie met de onderzoekers naar de Bende van Nijvel, deels omdat de misdaden nog steeds niet opgelost zijn. In de tijd van de misdaden bestond er nauwelijks slachtofferhulp en dat maakt het zwaar voor hen. Sommige slachtoffers kampen met moeilijkheden op het gebied van financiële compensatie voor datgene dat ze zijn kwijtgeraakt. Velen voelen zich voortdurend bedreigd en zijn angstig. Net zoals de getuigen en de slachtoffers van de eerste golf, worden ook deze van de tweede golf bedreigd.

Tijdens de overval op de Delhaize in Eigenbrakel, verloor de weduwe van Bozidar Djuroski haar man en haar zoon is voor het leven gehandicapt. Wanneer ze betrokken raakt bij de zaak, ontvangt ze meerdere anonieme telefoontjes waarin steeds dezelfde harde geluiden voorkomen. Door een vreemd geluid op de telefoonlijn vermoedt ze dat de lijn afgetapt wordt. De maandag na de aanval in Aalst probeert een nepagent van de Rijkswacht met haar zoon te praten op school. Ze probeert nu haar naam geheim te houden voor de media, bang voor haar leven.

Na de aanslag op de Delhaize in Overijse ontvangt de dochter van Léon Finné, die werd gedood op de parkeerplaats, een paar telefoontjes per maand. Tijdens de meest recente telefoontjes is er een harde knal te horen. Ook zij heeft het gevoel dat haar telefoon wordt afgetapt. Telkens wanneer de dochter van Finné of de weduwe van Djuroski een interview gaven, begonnen de telefoontjes opnieuw. Dit duurde van september 1985 tot ergens midden 1986. Volgens Finné: "Na de artikelen in de kranten ontving ik ongeveer twee tot drie keer per week de telefoontjes, vijf tot acht keer per avond."[330]

Tijdens de overval op de Delhaize in Aalst, wordt bijna de hele familie Van de Steen gedood. De ouders en de 14-jarige dochter worden vermoord door de Bende van Nijvel. De enige die het overleeft is David, de 9-jarige zoon. Zijn grootvader, Albert Van den Abiel, vertelt de Rijkswacht dat hij ervan is overtuigd dat het een klus van binnenuit moet zijn geweest. Kort daarna ontvangt ook hij telefoontjes: "Meneer, let op met wat je vertelt over de Rijkswacht. Hou er mee op of hetzelfde dat er is gebeurd met kolonel Vernaillen, staat jou te wachten."[331] Vernaillen was de rijkswachtagent die in zijn huis werd overvallen en samen met zijn vrouw werd beschoten door de bende van Bouhouche in oktober 1981. Op het ogenblik van de telefoontjes is dit incident nog steeds niet opgelost. Wat opmerkelijk is, is dat de moord op Vernaillen gebeurde in Hekelgem, op maar een paar minuten afstand van Aalst. Na de aanval tegen hem in 1981 werd Vernaillen gehospitaliseerd in Aalst.

De rechtszaken

Op 2 februari 1987 stellen de autoriteiten een nieuw onderzoeksteam samen dat zich bezighoudt met het onderzoek naar de Bende van Nijvel. De nieuwe organisatie heet Cel Waals Brabant (CWB) en bevat twaalf rijkswachters en dertien leden van de gerechtelijke politie. Wanneer rijkswachter Christian Amory uit Bergen dit hoort, probeert hij bij het onderzoeksteam te komen. Volgens onderzoeksrechter Lacroix: "Amory had zichzelf voorgesteld om deel uit te maken van het team."[332] Amory krijgt zelfs een aanbevelingsbrief van de commandant van de Rijkswacht van Bergen.

Tijdens de eerste bijeenkomst van het onderzoeksteam is Amory aanwezig. Zijn taak is het nagaan van de alibi's die de verdachten hebben gegeven. Hij neemt een kopie van het politierapport van de CWB mee naar huis en brengt dit nooit meer terug. Het rapport gaat over een getypte brief van Borain Adriano Vittorio. Nadat Amory lid is geworden van het onderzoeksteam CWB, komt het hoofd van de gerechtelijke politie Franz Reyners, te weten dat Amory een goede vriend is van Bouhouche. Reyners gebruikt deze informatie om Amory uit het team te zetten.

Daarna richt Amory zijn pijlen op de zaak van Mendez. In maart 1987 komt Amory met een suggestie bij onderzoeker Rousseau. Amory eist dat hij Bouhouche mag ondervragen, vanwege zijn nauwe relatie met Bouhouche en omdat hij Bouhouche aan het praten zou kunnen krijgen. Vanwege het gebrek aan vertrouwen tijdens de verhoren, accepteren de onderzoekers zijn aanbod. Het is echter allemaal tevergeefs: Amory krijgt nooit iets waardevols van Bouhouche te horen.

De bende van Bouhouche besluit om zich te ontdoen van de meest gevoelige wapens die ze nog in hun bezit hebben: de wapens van de diefstal bij het SIE van januari 1982 en die van de diefstal bij Mendez van april 1985. De bende heeft een andere manier dan normale criminelen bij het zich ontdoen van de bezwarende wapens: ze vernietigen ze niet en ze gooien ze ook niet zomaar weg. Ze besluiten om er geld mee te verdienen.

Op 1 maart 1987 contacteert de Algerijn die betrokken was bij de wapenhandel tussen Bouhouche en de MDA de Franse gerechtelijke politie. Hij beweert dat hij in het geheim contact heeft met iemand die wapens verkoopt die betrokken 'konden zijn' bij de zaak van de Bende van Nijvel. Hij rijdt naar hetzelfde politiekantoor waar hij in december 1985 vastgehouden werd nadat hij opgepakt werd toen hij de grens probeerde over steken met het voorbeeldwapen voor de MDA. De Algerijn, die al enkele jaren in België woonde, was nooit met deze informatie naar de Belgische autoriteiten gegaan, noch heeft hij geprobeerd om het uitgeloofde geld van de vereniging van de supermarktketens te verkrijgen. In plaats daarvan rijdt hij naar Lille in Frankrijk om de politie te bezoeken die natuurlijk geen enkele jurisdictie hebben in de 'Bende van Nijvel'-moorden. Hij legt uit dat hij precies hier naar de politie ging omdat toen hij werd gearresteerd in 1985 en hij met de agenten sprak over de overval in Aalst die een maand voor zijn arrestatie gepleegd werd, de agenten aandachtig luisterden.

Hij verklaart aan de Franse politie dat zijn geheime contact hem heeft gevraagd om de zaken te verkopen. Hij vermeld daarbij nooit dat de bende van Bouhouche zijn geheime contact is. Zijn geheime contact had hem zelfs voorzien van een valse Belgische identiteitskaart die hij kon gebruiken tijdens de transactie. De Franse autoriteiten lichten de Algerijn natuurlijk in over het feit dat de Belgen ook op zoek zijn naar de Bende van Nijvel en dat er een hoge beloning is uitgeloofd voor dit soort informatie. Ze vertelden hem dat er een bedrag van 10 miljoen BEF (ongeveer

250.000 euro) was uitgeloofd en stelden voor dat hij met de onderzoekers van de zaak van Bende van Nijvel zou gaan praten. Blijkbaar was de Algerijn de laatste in België die dit te horen kreeg.

Maar zijn reisje naar Frankrijk brengt hem ook voordelen. Plots is hij niet zomaar een gewone man meer. Hij komt in contact met de Belgische onderzoekers als een informant van de Franse politie. Wanneer de Algerijn met de Belgische speurders praat, herhaalt hij zijn verhaal over het geheime contact dat wapens zou verkopen 'die mogelijk betrokken waren' bij de misdaden van Bende van Nijvel. Hij hoeft echter niet het hele bedrag van de beloning te hebben. Hij heeft een andere deal die hij aan de onderzoekers voorlegt: hij vertelt hen dat hij de wapens aan hen kan geven voor een bedrag van 4.570.000 BEF (ongeveer 113.300 euro): 4.000.000 BEF (ongeveer 100.000 euro) voor het risico dat hij neemt door om te gaan met zijn geheime contact en 570.000 BEF (ongeveer 13.300 euro) voor de aankoop van de wapens. De Belgische speurders gaan niet akkoord met dit voorstel.

In feite zou deze deal een positieve zaak zijn geweest voor alle betrokken partijen. De bende van Bouhouche zou geld hebben verdiend aan de wapens van het SIE en van Mendez – waarschijnlijk veel meer dan de 570.000 BEF voor de geheime transactie met de Algerijn. De Algerijn zou een flinke som geld ontvangen, en de Belgische onderzoekers zouden de wapens van het SIE en Mendez in hun bezit krijgen en dit zou deze zaken vooruit helpen. Als de autoriteiten problemen zouden maken, kon de Algerijn beweren dat hij zich vergist had. Hij hield de bende van Bouhouche op de hoogte van al zijn onderhandelingen met de autoriteiten

De Belgische onderzoekers zijn er nooit achter gekomen wie het geheime contact was. Verwijzend naar een lid van de bende van Bouhouche zegt aanklager Morlet: "De kluif die hij voor de neus van de speurders liet bungelen, was informatie over de Bende van Nijvel, een dossier dat alle Belgische politiemannen wilden ophelderen."[333] Er bestaat geen twijfel dat de bende van Bouhouche op een andere manier aan geld probeert te komen met de wapens van Mendez en van het SIE en daarom geven ze in juni 1987 gedeeltelijke informatie aan commissaris Rousseau over de huurboxen – niet voldoende om de wapens te vinden, maar net genoeg om te testen of ze er hun voordeel kunnen uithalen. Rousseau bijt echter niet. Dit alles zou hem later trouwens heel wat problemen opleveren wanneer collega's deze informatie ontdekken. In werkelijkheid zouden de wapens waardeloos zijn geweest. Sommige wapens van Mendez en het SIE waren namelijk al gevonden en gelinkt aan de zaak van Bouhouche.

Het huurnetwerk

Op 26 oktober 1987 vinden de onderzoekers tijdens een huiszoeking in een eigendom van de bende van Bouhouche, een diskette. Op deze diskette staat allerlei informatie met betrekking tot de opslagboxen die de bende huurt in Elsene en Woluwe. Het is een kwestie van het uitlezen van de diskette en alles te ontcijferen, voor ze alles te weten komen over het netwerk. De bende van Bouhouche weet in november 1987 dat de autoriteiten uiteindelijk de opslagboxen in Elsene zullen vinden met de wapens die afkomstig zijn van de diefstal bij het SIE en bij Mendez. Deze wapens zijn op dat moment sowieso van weinig waarde meer omdat de gestolen SIE-wapens en de wapencollectie van Mendez al gelinkt werden aan Bouhouche.

Op 5 november 1987 vindt officier Goffinon uiteindelijk de opslagbox in Woluwe, met daarin een auto. In de kofferbak van de auto vindt Goffinon een aantal wapens afkomstig van het SIE en van de wapencollectie van Mendez. De vondst bevat ook twee alarmpistolen en het zwaailicht dat afkomstig is van de diefstal bij het SIE.

De leden van de bende van Bouhouche beseffen dat hun spelletje uit is en besluiten om Goffinon te saboteren. Ze hopen hem af te leiden, want hij is hen op het spoor in verband met het onderzoek naar de Bende van Nijvel. En wat zou het uitmaken als hij nog een aantal wapens afkomstig van het SIE en Mendez zou vinden? Ze geven hem hiermee slechts een klein voordeel, maar zelf komen ze er strategisch beter uit. De bende van Bouhouche geeft de laatste wapens op, maar Goffinon gaat hieraan ten onder.

Op 6 november 1987 vertelt een rijkswachter die banden heeft met bende van Bouhouche aan zijn overste dat hij op de hoogte is van de locatie en de inhoud van een garagebox in Elsene. De voorwaarde is dat de rijkswachter anoniem blijft als vertrouwelijke informant. Iemand van het bureau belt daarop met Goffinon die de leiding heeft in het onderzoek en biedt aan om de informatie te delen als hij zijn bronnen geheim mag houden. Er wordt tegen Goffinon gezegd dat hij de informatie alleen krijgt als hij niet zegt dat hij deze informatie van een informant heeft gekregen. Omdat Goffinon vermoedt dat de wapens die de Bende van Nijvel gebruikte in de garagebox liggen, gaat hij akkoord met de voorwaarden.

Diezelfde dag om 21 uur vinden Goffinon en zijn partner garagebox nummer 179. Hij ziet de drie sloten en noteert dat het busje in de garagebox geen nummerplaat heeft. Hij besluit om de garagebox tot 7 november 2 uur in de gaten te houden. Later die dag, wanneer ze nog steeds niets hebben gezien, besluiten Goffinon en zijn partner de box binnen te gaan. Om 15 uur breken ze de garagebox open, maar vinden geen wapens in de auto. Een paar dagen later geeft iemand die connectie heeft met de bende van Bouhouche, de wapens aan de onderzoekers.

De leden van de bende van Bouhouche beweren dat ze de box leegmaakten nadat Goffinon van het bestaan ervan afwist. Omdat de bende van Bouhouche verdacht wordt de Bende van Nijvel te zijn, wordt ervan uitgegaan dat ze de wapens die gebruikt werden door de Bende van Nijvel weggehaald hebben en niet alleen de waardeloze wapens afkomstig van het SIE en Mendez. En dat allemaal vanwege de nalatigheid van Goffinon! Er wordt beweerd dat Goffinon meteen de box binnen had moeten vallen! Erger nog: degene die de box heeft leeggehaald beweert dat hij te voet was en zelfs een paar keer op en neer is gelopen terwijl Goffinon de box in de gaten hield. Uiteraard plaatst dit Goffinon in een slecht daglicht. Na een tijd komt de handlanger met de plaatsen waar de wapens zijn gedumpt en begraven. Op zijn minst drie personen die contact hebben met Bouhouche overdrijven over wat er in de box lag, alsof de Rijkswacht de jackpot had gemist.

Na al deze details wordt Goffinon aangezien als een incompetente domkop. En het wordt nog erger: als onderdeel van de deal met de anonieme rijkswachter had Goffinon beloofd niet te onthullen dat er een informant was en beweerde hij dat hij de garagebox zelf had ontdekt. Op 13 november heeft Goffinon een afspraak met de verhuurster en hij verandert de datum in het rapport. Er staat in het rapport dat de afspraak op 6 november was, terwijl dit eigenlijk op 13 november was. Wanneer er ontdekt wordt dat hij een vals politierapport heeft opgemaakt is de reputatie van Goffinon helemaal naar de vaantjes. De bende van Bouhouche heeft wel meerdere van zulke trucjes uitgehaald met de agenten. Uiteindelijk wordt Goffinon hierdoor van de zaak van de Bende van Nijvel gehaald.

De Borains

In januari 1988 worden de Borains door het CI-team aangeklaagd voor een rechter en een jury. Zoals eerder werd vermeld, zijn er twee afzonderlijke onderzoeksteams die de Bende van Nijvel aanklagen. Delta vervolgt De Staerke voor betrokkenheid bij de overval in Aalst en het team CI vervolgt de Borains voor een aantal misdaden tijdens de eerste golf.

De vermeende leider van de Borains, Michel Cocu, zat sinds maart 1986 vast in afwachting van zijn proces. De anderen werden een tijdje later vastgezet. Deze werden al opgesloten in 1983, maar werden daarna vrijgelaten. Wanneer ze uit de gevangenis komen, worden ze nauwlettend in de gaten gehouden. De Borains worden aangeklaagd voor een aantal van de misdaden tijdens de eerste golf. Ze worden niet aangeklaagd voor de aanvallen in Maubeuge, wapenwinkel Dekaise, herberg "Het Kasteel", restaurant Aux Trois Canards, de taxichauffeur die vermoord werd teruggevonden in Bergen, Temse en Anderlues. Ze worden ook niet aangeklaagd voor de misdaden tijdens de tweede golf.

Elke onder dwang afgelegde verklaring werd weer ingetrokken. In deze hele zaak speelt de Ruger een belangrijke rol. Voor de zaak van start ging, ontvingen de aanklagers informatie van een nieuwe ballistische expert uit Duitsland. De Duitse experts beweren dat de Ruger nooit werd afgeschoten tijdens de aanvallen van de Bende van Nijvel. Deze bewering spreekt de eerdere expert van de aanklagers tegen. Deze cruciale informatie wordt echter nooit gedeeld met de advocaten van de Borains.

Spaghettiwapen

Op 15 januari 1988 vinden onderzoekers het wapen dat Bouhouche zou gebruiken tijdens zijn ontsnappingsplan. Dit hele plan werd uitgedokterd door andere leden van de bende. Het gaat om het wapen dat verstopt werd in een pot bevroren spaghettisaus. Het is een samengesteld wapen met een uitgewist serienummer. De onderzoekers bepalen eerst dat het wapen uit de collectie van Mendez afkomstig was. Het is een GP 9 mm FN-pistool. Het was een techniek die bij het SIE werd uitgetest om wapens te smokkelen in het geval van een kaping.

Claude Dery voert het ballistisch onderzoek uit om het GP 9 mm FN-pistool te vergelijken met de patronen die werden afgevuurd tijdens de moorden in Brabant. Deze patronen werden gevonden in het Bos van La Houssière, in de buurt van de verlaten Golf en de cheques. Dery stelt vast dat de patronen door dit GP 9 mm FN-pistool werden afgevuurd. Wanneer de rechtbank de resultaten van deze test hoort, wordt de zitting van de Borains geschorst. De Borains worden vrijgelaten tot de rechtbank meer details heeft.

De rechtbank wil ook weten hoe het andere wapen, de Ruger, opdook bij de Rijkswacht van Bergen. Er wordt ook informatie gevraagd over hoe de Rijkswacht in Bergen met deze revolver omging. Een onderzoeksrechter zei: "Ik vraag me af of het onderzoek opzettelijk op een verkeerd spoor werd gezet."[334] Het is de ondergang van de zaak tegen de Borains en de zaak wordt niet meer voortgezet. De Borains worden vrijgelaten.

Onderzoekers bezoeken Bouhouche in zijn cel en overhandigen hem de onderzoeksresultaten van het spaghettiwapen. Hierop reageert Bouhouche: "Probeert Beijer mij erin te luizen?" Ze dreigen ermee de vrouw van Bouhouche op te pakken als hij niet bekent. Daarop sluit Bouhouche een deal met de onderzoekers. Als de onderzoekers zijn vrouw niet arresteren, zou Bouhouche hen voorzien van een andere hoeveelheid gestolen wapens. Op 2 februari 1988 geeft Bouhouche informatie over waar de gestolen wapens gevonden kunnen worden, waaronder nog meer wapens van de diefstal bij het SIE. De wapens liggen onder een viaduct in Vilvoorde en ze zijn gewikkeld in plastic.

Bouhouche beweert ook dat er een logistieke organisatie schuilgaat achter de moorden. Andere verdachten hebben ook over deze theorie gepraat. Dit is erg slim van hen, want het zou betekenen dat er een andere schuldige tussen hen en de belangrijke elementen in de zaak zou staan. Daarnaast is het een slimme manier om het onderzoek te bemoeilijken.

Volgende testen

De testresultaten van Dery op het spaghettiwapen worden door drie experts verschillend beoordeeld en men komt niet tot een besluit. Als gevolg hiervan kan het GP 9 mm FN-pistool dan ook niet worden gebruikt in een mogelijke rechtszaak tegen Bouhouche als lid van de Bende van Nijvel. Bouhouche wordt weer vrijgelaten, in afwachting van zijn rechtszaak in de zaak van de moord op Mendez.

Antwerpen

Bouhouche, die aan het wachten is op zijn rechtszaak, heeft geld nodig en ook zijn handlanger Robert Beijer zit krap bij kas. Vindingrijk als ze steeds zijn, besluiten ze om de gokker Suleiman Ali te beroven. Suleiman woont in Antwerpen, speelt met grote bedragen op de goktafels en heeft genoeg geld om te spenderen aan het gokken. Die nacht is Suleiman in zijn appartement met zijn zoon Bassam en zijn broer Said.

Bouhouche en Beijer rijden richting Antwerpen met de Mercedes die is voorzien van valse, Nederlandse nummerplaten. Beijer draagt een pruik en heeft een pistool en handboeien bij zich. Bouhouche doet zich voor als een telegramkoerier. De mannen bellen aan bij het appartement dat gelegen is op de eerste verdieping van een appartementencomplex. Wanneer de deur wordt geopend, snellen de twee mannen naar binnen en vinden daar Said, Bassam en Suleiman in de huiskamer.

Bouhouche en Beijer trekken hun pistolen en schreeuwen in het Engels: "police, don't move." De drie mannen worden opgedragen om op de grond te gaan liggen, maar in plaats van het bevel op te volgen, vechten ze terug. Said vecht met Bouhouche en tijdens het gevecht verplaatsen de mannen zich naar de trappenhal. Ondertussen schiet Beijer mis en wordt hij in elkaar geslagen door Bassam en Suleiman. De vingers van zijn rechterhand worden gebroken, hij wordt geslagen en loopt een hoofdwonde en gekneusde ribben op. Beijer ligt bewusteloos op de grond.

Bouhouche grijpt zijn kans en loopt terug naar de huiskamer. Hij richt zijn pistool en doodt Suleiman. De half bewusteloze Beijer helpt hij uit het appartement. Wanneer ze vertrekken, treft Bouhouche Said aan, die hem smeekt niet te schieten. Bouhouche schiet hem in zijn linkeroog en vertrekt met Beijer. Bouhouche gebruikt bij deze misdaad een pistool dat hij jaren eerder heeft gestolen, terwijl hij nog student was bij de Rijkswachtschool.[335]

De rechtszaak Bouhouche

Bouhouche en Beijer beseffen dat ze het verknald hebben en vluchten naar het buitenland. Helaas voor hen helpen internationale autoriteiten België in de zoektocht naar de twee mannen. Bouhouche wordt gearresteerd door de Spaanse politie en wordt op 4 december 1988 uitgeleverd aan België. Beijer wordt in 1991 gearresteerd in Thailand. Beiden mogen hun rechtszaak in vrijheid afwachten in 1992.

In 1994 start de rechtszaak tegen Bouhouche. De zaak draait om de moord in 1989 op Suleiman en de moord op Mendez in 1986. Terwijl de aanklagers aan de zaak werken, nemen ze ook andere misdaden op in de zaak tegen Bouhouche, zoals de moord en overval op de luchthaven van Zaventem in 1982, de bomaanslag op Goffinon in 1981 en de aanval op Vernaillen en zijn vrouw in 1981. Een aantal kennissen van Bouhouche komen ook voor de rechtbank voor verscheidene straffeiten. De rechtszaak krijgt grote media-aandacht en domineert het nieuws.

Bouhouche wordt schuldig bevonden voor de moord op Suleiman en poging tot doodslag op Said. Hij wordt schuldig bevonden voor de overval met bezwarende omstandigheden in de zaak Francis Zwarts op de luchthaven van Zaventem. Daarbij wordt Bouhouche schuldig bevonden voor nog een aantal kleinere vergrijpen, zoals de diefstal van de wapencollectie van Mendez, doorverkoop van de gestolen SIE-wapens en het huren van de opslagboxen met een valse identiteit. Hij krijgt een straf van 20 jaar en komt in september 2000 vrij. Bouhouche wordt niet bestraft voor de moord op Mendez, de poging tot moord op Vernaillen en de diefstal van de Zodiac.

Voor Beijer geldt het volgende: hij wordt schuldig bevonden aan zware mishandeling in de zaak Suleiman. Hij wordt ook schuldig bevonden aan de doorverkoop van de gestolen wapens van Mendez en de gestolen wapens het SIE. De andere kennissen van Bouhouche worden allemaal volledig vrijgesproken.

Tijdens de rechtszaak in 1994 wordt er in een overwoekerd bos op een privéterrein in Villers-la-Ville nog meer bewijsmateriaal gevonden. Er worden tassen gevonden met wapens, explosieven en documenten. De springstoffen zijn deze die door de bende van Bouhouche gestolen werden om te gebruiken bij hun afpersingsplannen. Deze plannen vielen echter in het water.

Eerder in 1987 probeerden de leden van de bende van Bouhouche de informatie over Villers-la-Ville in te ruilen voor iets anders van de onderzoekers. Iemand uit de entourage van Bouhouche wilde een onthulling doen over zaken op het terrein die erg gevaarlijk konden zijn voor jonge kinderen. De onderzoekers bijten niet en er wordt geen deal gesloten. De jonge kinderen die op het terrein wonen zijn 10 jaar oud op het ogenblik van de ontdekking.

De vondst bevat wapens van de diefstal bij het SIE en bij Mendez. Daarnaast worden er ook identiteitskaarten gevonden, afkomstig van Chaumont-Gistoux en andere steden in Waals-Brabant. De onderzoekers vinden ook gestolen en valse nummerplaten, springstoffen, ontstekers en een granaat.

In 2005 overlijdt Bouhouche in Frankrijk waar hij woonde in een afgelegen woning. Zijn dood wordt beschouwd als een ongeluk: hij probeerde een boom om te hakken waarna deze op hem viel en hem verpletterde. Bouhouche overleed ter plekke. Zijn lichaam werd verbrand zonder een autopsie.

Hoofdstuk 25

Terrorisme en Gladio

Terwijl de eerste onderzoekers zich richtten op diefstal als motief, beginnen de speurders op het einde van de jaren 80 zich af te vragen of terreur niet het echte motief was van de misdaden. Tijdens de Belgische verkiezingen van 1985 waren terreurdaden immers wat de verkiezingen bepaalde en de macht weghield van de linkse politieke partijen. Dit zorgde ervoor dat België nog goede banden bleef behouden met de NAVO en de westerse mogendheden, ook de kruisraketten bleven in België. Deze verkiezingen resulteerden in een streng beleid rond openbare orde en veiligheid van de Belgische regering. Of het motief nu diefstal of terreur was, de aanvallen van de Bende van Nijvel hadden een grote politieke impact. Voor de Bende van Nijvel begon met haar aanvallen die de natie terroriseerden, waren de rechtse politieke partijen op weg naar een historische nederlaag. De angstaanjagende aanvallen zorgden ervoor dat geweld en onzekerheid de belangrijkste thema's werden in de verkiezingscampagnes van de politieke partijen in 1985. Natuurlijk was de Bende van Nijvel niet volledig verantwoordelijk voor de onveiligheid. Ook de extreemlinkse groepering CCC was hiervoor verantwoordelijk. Uiteindelijk werd een rechtse regering gekozen en dat had grote gevolgen voor de bevolking. Er werd meer dan 7,5 miljard BEF (ongeveer 185.000.000 euro) geïnvesteerd in nieuwe veiligheidsmaatregelen. De Rijkswacht kreeg tienduizend nieuwe wapens met een betere vuurkracht en duizend nieuwe auto's.[336]

Nu is de vraag: hebben de westerse intelligentiediensten de Bende van Nijvel gecreëerd en georganiseerd om België te terroriseren? Het feit dat vier mensen - waaronder drie rijkswachters - die betrokken waren bij de zaak van de Bende van Nijvel naar Florida verhuisden in de periode van de moorden zorgde voor argwaan in België. Sommige hoge politiefunctionarissen en aanklagers geloofden dat de westerse intelligentiediensten erbij betrokken waren.

Er werden veel bedreigingen geuit in de periode van het onderzoek naar de Bende van Nijvel. Sommige van de bedreigingen aan het adres van de slachtoffers waren erg uitvoerig. Dit doet denken dat een eenvoudige misdadiger hiertoe niet in staat zou kunnen geweest zijn zonder de hulp van politiediensten of de Staatsveiligheid. Zo bijvoorbeeld de bedreiging van de grootvader van de 9-jarige jongen waarvan zijn hele familie werd vermoord in Aalst. Op een gegeven ogenblik besluit de man om een eigen onderzoek te starten naar de Bende van Nijvel. Op 28 december 1985 krijgt hij een brief in de post met daarin het verzoek om een onbetaalde parkeerboete te betalen. Hij is echter niet de eigenaar van deze auto. De auto die de boete kreeg had dezelfde nummerplaat en dezelfde kleur —metaalblauw – als zijn eigen Mercedes 300 D. Echter, de auto die het ticket ontving was eigenlijk een BMW 520. Wat helemaal spookachtig is, is dat de auto geparkeerd was op het Flageyplein in Elsene, het epicentrum van de activiteiten van de Bende van Nijvel. IJzingwekkend is dat de taxichauffeur Angelou, die werd vermoord door de Bende van Nijvel, op dezelfde plek een van de bendeleden had opgepikt in januari 1983. En natuurlijk was de Bende van Nijvel berucht voor het gebruik van valse nummerplaten van gelijkaardige auto's. Zijn neef Hugo verklaart: "De familie ziet het als een soort van signaal van de aanvallers, een soort waarschuwing; we weten wie je bent, houd je mond!"[337]

Tien jaar later, tijdens het tweede onderzoekscommissie naar de Bende van Nijvel, gebeurt hetzelfde. De grootvader krijgt nogmaals een onbetaalde parkeerboete in de bus, ditmaal voor een metaalgrijze Peugeot met de juiste nummerplaten. Deze keer kreeg de auto de boete in Antwerpen, maar de man was al jaren niet in Antwerpen geweest. Hij neemt de boodschap als volgt op: "We weten nog steeds waar je bent!"[338] Onderzoekers nemen deze beweringen echter niet echt serieus. Ze zitten hiermee in een Catch-22. Als ze accepteren dat deze bedreigingen echt zijn, dan is de Bende van Nijvel niet zomaar een straatbende. Dat zou de huidige theorie tegenspreken en een nieuw vat met mogelijkheden openen. In plaats daarvan doen de onderzoekers hun best de bedreigingen te verklaren als verbeelding van de slachtoffers of andere persoonlijke problemen.

Gladio

Was de Bende van Nijvel de Belgische versie van de "Loden Jaren" die in de jaren tachtig zorgde voor terreur in Europa? Beruchte voorbeelden van deze misdaden zijn de aanval tijdens het Oktoberfeest in Duitsland in 1980 en de bomaanslag in Bologna, Italië in 1981. De schuld van deze aanvallen wordt bij de NAVO, de USA en de intelligentiediensten van de verschillende landen in Europa gelegd. Wie er echt verantwoordelijk was voor deze aanvallen is nog steeds een discussiepunt. Om vast te stellen of de Bende van Nijvel onderdeel was van dit fenomeen, moeten we de zaken wat technischer bekijken.

We weten dat de meeste van deze 'Loden Jaren' aanvallen werden uitgevoerd door extreemrechtse groeperingen. Maar anders dan de typische extreemlinkse aanvallen, eisen deze extreemrechtse groeperingen hun misdaden nooit op. Hierdoor rijst bij de bevolking natuurlijk de vraag of communistische groeperingen hiervoor verantwoordelijk waren. En als dit zo is, werden deze groeperingen gesponsord door de Sovjet-Unie? De aanvallen van de Bende van Nijvel lijken ook op terroristische aanslagen, maar de aanvallen werden ook nooit door een groepering opgeëist.

Na de Tweede Wereldoorlog stationeren Amerika en Groot-Brittannië geheime troepen in verschillende landen in Europa, deze werden 'stay-behind' legers genoemd. Ze bleven tot 1989 actief, hetzelfde jaar waarin de Berlijnse Muur viel en het communisme in Rusland uitdoofde.

In die jaren waren ze zo geheim dat de leiders en ministers van de verschillende landen niets van hun activiteiten afwisten. De 'stay-behind' legers waren in contact met de NAVO-leiders. Hun oorspronkelijke doel was om gewapend verzet te bieden in het geval van een bezetting van Europa door de Sovjet-Unie. Maar in de tijd dat deze legers tevergeefs op een invasie van de Sovjet-Unie zaten te wachten, wordt vermoed dat enkele van deze legers werden benut om terreuraanslagen te plegen.

In Italië wordt de Italiaanse inlichtingendienst ervan beschuldigd extreemrechtse groeperingen die gelinkt werden aan de achtergebleven legers te helpen en te ondersteunen met de hulp van de Amerikanen en hen te beschermen tijdens het onderzoek naar de door hen gepleegde terreuraanslagen. Aanvankelijk werden de aanvallen toegeschreven aan de Italiaanse communisten. Er was een groot schandaal in Italië toen details aan het licht kwamen over de dubbelzinnige rol van de westerse inlichtingendiensten in de 'Loden Jaren' aanvallen.

Als er een geheim 'stay-behind' leger in België zou zijn, was de Bende van Nijvel hier dan onderdeel van? Kreeg de Bende hulp van het 'stay-behind' leger? Er werd een openbare onderzoekscommissie opgericht voor de zaak, maar de twee hoofdpersonen voor de achtergebleven legers – Albert Raes, hoofd van de Staatsveiligheid en zijn tegenhanger bij het leger – weigerden de namen van de agenten in de 'stay-behind' legers te geven. We weten dus niet of de mannen die ervan verdacht werden leden van de Bende van Nijvel te zijn, lid waren van deze 'stay-behind' legers.

Westland New Post

De Westland New Post wordt er lang van verdacht een instrument te zijn dat gemakkelijk gebruikt kan worden door westerse mogendheden of door een internationale kliek van VIPs. De WNP werd ook verdacht van betrokkenheid bij de misdaden van de Bende van Nijvel. Om te begrijpen welke rol de WNP gespeeld zou kunnen hebben in betrekking tot de Bende van Nijvel moeten we meer vertellen over het karakter en de geschiedenis van deze ondergrondse groepering.

Niet alleen stelen de leden van de Westland New Post geheime NAVO-documenten en bespioneren ze linkse politieke groeperingen, twee leden werden ook beschuldigd van de dubbele moord in de Herdersliedstraat en Marcel Barbier werd schuldig bevonden. Volgens de publieke opinie is de WNP een groep gevaarlijke extremisten. Niemand zou ervan opkijken als zou blijken dat de Bende van Nijvel uit deze groep komt.

De sporen die deze groepering met de Bende van Nijvel verbinden lopen niet samen met de gebeurtenissen en komen pas veel later aan het licht. Maar sommige WNP-leden hadden hun eigen verdenkingen over andere WNP-leden die er mogelijk bij betrokken waren. Rond 1989, wanneer de onderzoekers naar de Bende van Nijvel meer tijd en energie in het onderzoek naar terrorisme en extreemrechts steken, komen er verbanden tevoorschijn.

De boodschap die sommige van de oude leden gaven was dat ze werden gevraagd om supermarkten te onderzoeken in 1981 en 1982 en later werden juist deze supermarkten aangevallen door de Bende van Nijvel. Volgens WNP-lid Lammers: "Later realiseerde ik me dat de Colruyt en Delhaize die we onderzocht hadden, deze waren die werden aangevallen door de Bende van Nijvel."

Zelfs als ze geen lid waren van de Bende van Nijvel, had de WNP deel kunnen uitmaken van het grotere netwerk dat vuile klusjes opknapte voor de Staatsveiligheid en andere westerse groeperingen. Een deel van het onderzoek richtte zich op doelgerichte moorden als motief voor de overvallen door de Bende van Nijvel. Er werd gespeculeerd dat voor het oog van de gewone observeerder de slachtoffers zogenaamd onschuldige anonieme slachtoffers waren. De aanvallen waren echter een manier om gerichte moorden te verbergen. Sommigen beweerden dat veel van de slachtoffers te veel afwisten van orgiepraktijken van belangrijke personen met minderjarigen. Deze kliek van machtige personen wilde hen voorgoed het zwijgen opleggen.

De WNP was enkel een instrument voor deze kliek. Het zou misschien kunnen dat de WNP privé huurmoordenaars geweest zijn die bekend werden als de Bende van Nijvel.

Wat betreft de Eend, de agent van de Staatsveiligheid die geïnfiltreerd was binnen de WNP, gaan er geruchten dat hij én meedeed aan de VIP-orgieën én dat hij deel uitmaakte van het team van opruimers voor de VIPs. De VIP-orgieën kwamen aan het licht door de zaak Pinon, die voor altijd gelinkt zal blijven aan het mysterie rond de Bende van Nijvel.

DE ZAAK PINON

Om de zaak Pinon uit te leggen en hoe er een verband gelegd kan worden met de Bende van Nijvel, moeten we teruggaan naar het eind van de jaren zeventig. In maart 1979 vraagt psychiater Dr. Pinon een scheidingsprocedure aan tegen zijn vrouw. Deze zaak neemt uiteindelijk nationale proporties aan.[339]

De zaak Pinon heeft twee delen. Het eerste deel is de echte echtscheidingszaak. Deze gaat over de alimentatie en de voogdij van de kinderen. De rechtbank geeft eerst de voogdij aan de vrouw van Pinon en geeft de vader bezoekrecht.

Voor het definitieve besluit raakt de vader van mevrouw Pinon echter betrokken bij een zaak met het toebrengen van opzettelijke verwonding. Wanneer de rechtbank dit ontdekt, wordt gesteld dat de grootvader een mogelijke bedreiging vormt voor zijn kleinkinderen en er wordt een apart kinderbeschermingsrapport opgesteld. Dit rapport wordt afgegeven aan rechter Z van de kinderbescherming en de rechtbank vraagt een tijdelijke plaatsing in een pleeggezin aan tot de echtscheidingszaak is behandeld. De rechtbank eist ook dat het koppel nog een keer samen gaat zitten om te onderhandelen.

Tijdens deze opgelegde onderhandelingen biecht mevrouw Pinon aan haar man op dat ze een affaire heeft. Dit is een belangrijk feit en heeft gevolgen voor de echtscheidingszaak. Wanneer mijnheer Pinon zijn vrouw verder uitvraagt, bekent ze dat ze meerdere affaires heeft gehad en deelnam aan orgieën met meerdere mannen en vrouwen. Mevrouw Pinon geeft haar man zelfs zes namen. Drie ervan zijn dokters.

Een van deze minnaars is dokter X, die de orgieën organiseert en een tweede is de Eend, de agent van de Staatsveiligheid die contacten onderhoudt met Paul Latinus. Op dat ogenblik bestond de WNP nog niet, maar Latinus was al wel betrokken bij de extreemrechtse groepering Front de la Jeunesse.

Mevrouw Pinon biecht haar man ook op dat er bij sommige orgieën minderjarigen betrokken waren. Zelfs als dit waar zou zijn, dan kan 'minderjarig' verschillende betekenissen hebben aangezien men in België volwassen is vanaf de leeftijd van achttien, maar men vanaf zestien al seksuele relaties met toestemming mag hebben. Een minderjarige van zeventien jaar kan wettelijk dus toestemming geven om seks te hebben met een volwassene. Als mevrouw Pinon echter bedoelt dat deze personen jonger waren dan de toestemmingsleeftijd, dan heeft dat gigantische gevolgen voor de juridische procedure van de echtscheidingszaak. Omdat er geen opnamen zijn van het gesprek van het koppel, is het onduidelijk wat mevrouw Pinon bedoelde met minderjarig. Terwijl mijnheer Pinon medelijden toont, huurt hij een privédetective in om meer bewijs te vinden voor de lopende echtscheidingszaak.

De detective van Pinon weet dit op tape te krijgen: "Ik had orgieën met dokter X, ik heb het gedaan en vond het niet erg leuk... Ik heb het jou verteld." Wanneer dokter Pinon naar de opnamen luistert, is hij niet erg onder de indruk. Hij is er stellig van overtuigd dat mevrouw Pinon het had over minderjarigen tijdens hun verzoeningsgesprekken, maar hij slaagt er niet in om geluidsopnames te maken die deze bewering ondersteunen. De agent van de gerechtelijke politie die later naar de tapes luisterde, verklaarde "Het komt niet voor in het gesprek dat op band staat tussen dokter Pinon en zijn vrouw dat kinderen betrokken waren bij de feestjes voor de mensen die hierboven werden genoemd."

Toch wordt er door de gerechtelijke politie een surveillance rondom het huis van dokter X opgezet, waar deze orgieën zouden plaatsvinden. Tijdens het onderzoek wordt er geen bewijs gevonden van dergelijke activiteiten. De gerechtelijke politie besluit om geen verder onderzoek te doen en sluit de zaak. Dokter Pinon schrijft een brief aan de jeugdrechter met betrekking tot de inhoud van de tapes, maar het brengt de zaak niet verder.

Na een tijdje wordt de zaak door de politie heropend. Allereerst vertelt dokter Pinon aan de politie dat hij het slachtoffer is geworden van een aantal inbraken. Hij vertelt hen dat hij de dieven ervan verdenkt op zoek te zijn geweest naar de tapes met betrekking tot de orgieën. Dan gebeurt er een tweede incident dat bij de politie interesse wekt: een vrouw die ervan verdacht wordt de minnares van dokter X te zijn, heeft zichzelf om het leven gebracht in een Holiday Inn hotel in het centrum. De politie besluit dat er voldoende aanwijzingen zijn om een onderzoek te starten om te weten te komen of deze orgieën verdoezeld moesten worden. Ondanks hun verdere onderzoek, komen ze met lege handen thuis. In maart 1980 sluit de politie de zaak weer.

We spoelen door naar 1981, wanneer het tweede deel van de zaak Pinon plaatsvindt en wanneer deze zaak nationale bekendheid krijgt. Op dat ogenblik gaat de echtscheidingszaak maar traag vooruit en de kinderen zitten nog altijd in een pleeggezin. Dokter Pinon besluit om de zaak in eigen handen te nemen en hij begint zijn eigen onderzoek om de beschuldigingen te bewijzen. Wanneer het privéonderzoek klaar is, schrijft hij de resultaten in een brief aan zijn advocaat waarop deze wordt doorgestuurd naar de verschillende Belgische media.

In de brief stelt dokter Pinon dat de auto van rechter Z werd gezien bij het huis van dokter X waar de orgieën plaatsvonden. Rechter Z is jeugdrechter en verantwoordelijk voor de voogdijzaak van de kinderen van Pinon. Dokter Pinon heeft ook gehoord dat het hoofd van Rijkswacht deelnam aan de orgieën. Volgens dokter Pinon is de betrokkenheid van deze hooggeplaatste personen de reden waarom deze orgieën verborgen blijven. Dokter Pinon zegt ook het volgende: "Een paar weken later hoorde ik tijdens een gesprek met het college van geneeskundigen dat er heel veel mensen bij betrokken zijn. Het schijnt zelfs dat… prins Y eraan deelneemt."

Het feit dat de beweringen van Pinon in de brief grotendeels van 'horen zeggen' zijn, is een probleem voor de Belgische media en ze publiceren de aantijgingen niet. Pinon blijft echter contact houden met de linksgeoriënteerde krant 'Pour' die niet vies is van controversiële verhalen. Toch is er nog steeds niet genoeg bewijs om het verhaal van dokter Pinon te publiceren. Na enige tijd contacteert Pinon de uitgever van Pour met bewijzen die zijn beweringen ondersteunen. Dokter Pinon vindt mevrouw W die zegt dat zij directe kennis bezit over alle belangrijke mensen die aan de orgieën deelnamen, voornamelijk prins Y, de rijkswachter-generaal, rechter Z en dokter X.

Dokter Pinon heeft onlangs een ontmoeting gehad met mevrouw W, die ook midden in een voogdijzaak zit. Terwijl ze echtscheidingsperikelen uitwisselen, vertelt Pinon haar over de orgieën. Mevrouw W beweert dat ze op de hoogte is van deze orgieën en dat ze zelfs weet welke andere bekende mensen eraan deelnamen: een voormalige eerste minister, een invloedrijke minister en een populaire vastgoedontwikkelaar. Ze had ook ontdekt dat de vrouw die zelfmoord pleegde in de Holiday Inn, zichzelf niet van het leven had beroofd; haar auto werd gesaboteerd. Daarnaast vertelt mevrouw W dat twee andere minderjarigen die deelnamen aan de orgieën ook zelfmoord hadden gepleegd. En nog erger, ze had gehoord dat de rechter van Pinons voogdijzaak, rechter Z, voor minderjarigen zorgde voor de orgieën.

De krant Pour

Pinon brengt samen met mevrouw W een bezoek aan de krant Pour. Ze ontmoeten daar hoofdredacteur Jean-Claude Garot, die de ontmoeting opneemt. Mevrouw W noemt de namen op van degenen die bij de orgieën betrokken zijn. Garot heeft geen interesse meer in rechter Z of dokter X als hij de naam hoort van de voormalige eerste minister en die van prins Y. Mevrouw W verklaart dat de orgieën bijna altijd plaatsvonden in een bekende golfclub en dat er ongeveer dertig personen aan deelnamen. De minderjarigen worden door rechter Z binnengebracht, die toevallig de rechter is in de voogdijzaak van dokter Pinon. Daarnaast heeft hij nu een relatie met mevrouw Pinon, ondanks het feit dat hij haar zaak voorzit.

Over de minderjarigen zegt mevrouw W: "Er zijn zelfs doden gevallen, dat is in ieder geval de waarheid." Ze beweert dat de minderjarigen zichzelf van het leven beroofden omdat "ze vastzaten in het systeem en verliefd werden." Volgens mevrouw W is er: "eentje uit Nijvel die zichzelf door het hoofd schoot" omdat hij verliefd was geworden op een vrouw die deelnam aan de orgieën. De jongen was pas vijftien en het gebeurde nadat hij de vrouw niet meer kon zien. Hij had enige stabiliteit gevonden die hem plots weer afgenomen werd.

Volgens mevrouw W heeft "een tweede zich opgehangen" toen rechter Z hem uit de groep gooide waar hij net gevoelens voor een deelnemer had gekregen. Ze zegt: "Hij had net wat stabiliteit opgebouwd, ontmoette mensen met ervaring in het leven die goed in hun vel zaten, gescheiden vrouwen ... en dan de volgende dag, 'bam', het ging te ver en het is voorbij." Mevrouw W beweert dat ze dit ontdekte toen ze een gesprek hoorde over het verborgen houden van deze gebeurtenissen. "Omdat prins Y in het verhaal voorkomt, is hij van alle geruchten op de hoogte en hij vraagt aan iedereen om hun mond te houden." Prins Y vertelt rechter Z dat hij beschermd is en dat hem niets kan gebeuren.

Na het gesprek met mevrouw W denkt Garot een grote zaak te hebben en genoeg bewijsmateriaal om verder te gaan met het verhaal. Het feit dat prins Y en andere grote politieke namen betrokken zijn, is dynamiet voor de politiek. Pour begint met alle zaken op een rijtje te krijgen voor het verhaal gepubliceerd wordt. Het verhaal lekt uit en invloedrijke personen van de rechtse vleugel krijgen er lucht van. Paniekerige telefoontjes worden gepleegd naar de krant en de hoofdredacteur wordt gesmeekt om het verhaal niet te publiceren. Er gaan geruchten de ronde over grote bedragen die zouden worden betaald aan de krant om het verhaal stil te houden. De hoofdredacteur geeft echter niet toe: het verhaal zal gepubliceerd worden.

DE BRANDSTICHTING

Laat op de avond van 4 juli 1981 rijden er zes motorfietsen naar het gebouw waar de krant zijn uitgaven drukt. Er is geen beveiligingsbewaker. De motorrijders breken gemakkelijk in en lopen naar de eerste verdieping, waar ze een Molotovcocktail naar binnen gooien. De brand begint hier. Daarna gooien ze nog een aantal Molotovcocktails op een paar andere plekken in het gebouw. De motorrijders rennen terug naar hun motoren en vertrekken wanneer de grote brand uitbreekt. Ondanks de moeite die de brandweer doet, wordt het gebouw helemaal verwoest.

Er wordt een onderzoek geopend en de schuldigen worden snel opgespoord: voornamelijk extreemrechtse militanten van het Front de la Jeunesse. Sinds de moord in Laken door één van de militanten in december 1980 bevindt het Front de la Jeunesse zich op het punt om opgedoekt te worden. De motorrijder die het team samenstelde voor de brandstichting was een goede bekende van Latinus toen hij nog lid was van het Front de la Jeunesse. De handlangers van de motorrijder zijn deel van de meest extremistische groep binnen het Front de la Jeunesse. Op dat moment weet nog niemand dat de motorrijder Latinus gevolgd is en lid geworden is van zijn nieuwe ondergrondse beweging, de WNP. De opgepakte motorrijders worden allemaal bestraft met straffen van drie tot vijf jaar. De linkse krant Pour zat al in financiële moeilijkheden en is nu gedwongen om de krant volledig op te doeken. Hoofdredacteur Garot verlaat het land en start een nieuw leven in Amerika.

Ondanks het feit dat hij niet beschuldigd werd, is er enig bewijs dat Paul Latinus – als leider van de WNP – ter plaatse aanwezig was op de dag van de brand. Latinus heeft nog steeds nauwe contacten met de leider van de motorrijders. Latinus wordt er echter van verdacht bedenker te zijn van de brandstichting bij Pour. Als vroegere leider van de extremistische vleugel van het Front de la Jeunesse deinsde Latinus nooit terug voor brandstichting.

In de nacht van de brandstichting ontmoeten de motorrijders elkaar in het extreemrechtse café De Pomp. Van daaruit vertrekken ze naar de krant. Het café ligt in het westen van Brussel. Er gaan vele geruchten de ronde dat de Staatsveiligheid daar invloed zou hebben. Bruno Vandeuren, de verdachte die meerdere keren heeft toegegeven dat hij op een bepaald niveau betrokken was bij de overval op de wapenwinkel Dekaise in september 1982, beweert dat alle gestolen wapens van wapenwinkel Dekaise werden opgeslagen in café De Pomp.

Er wordt nog altijd gedebatteerd over het motief voor de brandstichting bij Pour. Een overduidelijke reden was de publicatie van de beschuldigingen van dokter Pinon over de orgieën van hoogwaardigheidsbekleders met minderjarigen. Het publiceren van deze aantijgingen zou de positie van België waar sinds de Tweede Wereldoorlog de christendemocraten een flinke machtspositie hadden, schade hebben toegebracht. Het is het hoogtepunt van de Koude Oorlog; het beschadigen van de christendemocraten, het recht en de monarchie zou ervoor kunnen zorgen dat links aan de macht komt. Het verhaal van Pinon was een existentiële bedreiging voor de Staat en de krant Pour moest in brand worden gestoken. De nieuwe WNP zou gemanipuleerd kunnen zijn om de klus te klaren. De Eend, een agent bij de Staatsveiligheid, wordt er zelfs van verdacht aanwezig te zijn geweest tijdens deze vermeende orgieën, dus zou hij er persoonlijk belang bij kunnen hebben om te voorkomen dat Pour de hele zaak naar buiten brengt. De invloedrijke kliek van VIPs was gedwongen om actie te nemen. Zouden de Bende van Nijvel alsook de bomaanslag op Pour manieren kunnen geweest zijn waarmee de kliek probeerde haar belangen te beschermen?

Wraak

De kliek van VIPs is echter niet de enige partij die motieven heeft voor de aanslag op de krant Pour. Een ander geloofwaardig motief is wraak door Paul Latinus. Pour is een linksgeoriënteerde krant die artikels publiceerde over het Front de la Jeunesse en de moord in Laken in het begin van december 1980. Latinus was op dat moment werkzaam in het kabinet van de Belgische christendemocratische minister van Arbeid. Hij was ervan overtuigd dat hij bijna was aangenomen bij de Staatsveiligheid, omdat hij geslaagd was voor het eerste van de twee examens die hij moest afleggen om toegelaten te worden. Een paar weken nadat de krantenkoppen over Latinus in Pour verschenen, wordt er onderzoek gedaan naar Latinus voor zijn betrokkenheid bij de moord in Laken omdat hij de dader kende. Hij verliest zijn baan en zijn naam komt veelvuldig in de kranten. Latinus heeft het gevoel dat hij geen andere keuze heeft dan het land te verlaten. Hij beseft dat zijn droom om agent van de Staatsveiligheid te worden nooit zou uitkomen.

Nadat hij terugkomt van zijn verblijf in het buitenland en hij de WNP heeft opgericht, eist Latinus dat alle nieuwe leden van de WNP iets illegaals moeten doen om binnen te komen. Alle leden die bij het leger zijn, worden gevraagd om NAVO-documenten te stelen. WNP-lid Alain W. is niet bij het leger en stelt aan Latinus voor om kopieën van de rapporten van de Rijkswacht te stelen. Op dat ogenblik werkt zijn vriend Bouhouche, die hij kent vanop de schietbaan, nog steeds als rijkswachter en Latinus vertelt Alain W. dat hij een bijzonder verzoek heeft. Een van de drie rapporten waar hij om vraagt is dat over de recente brandstichting bij Pour. Bouhouche kent iemand die werkt bij de afdeling die hem aan het dossier kan helpen. In juli 1982 komt de Staatveiligheid te weten dat Latinus de informatie uit het rapport dat hij van Alain W. ontving, probeerde te gebruiken om de reputatie van hoofdredacteur Garot te schaden. Blijkbaar was brandstichting alleen niet genoeg als wraak op Garot en de krant Pour. Maar als de kliek VIPs de aanslag op Pour niet beraamden en het eigenlijk Latinus was die hiervoor verantwoordelijk was, dan verzwakt dit het argument dat er een kliek VIPs zou bestaan die klokkenluiders met alle mogelijke middelen het zwijgen op wilden leggen. En dan is het ook weinig waarschijnlijk dat de Bende van Nijvel een instrument was van deze kliek.

Lege huls

Om erachter te komen hoe waarschijnlijk het is dat de Westland New Post betrokken was bij de overvallen door de Bende van Nijvel, moeten we dieper ingaan op de geschiedenis van de organisatie. Sinds het eind van de jaren tachtig promoten een aantal leden van de Westland New Post het idee dat een sterke, naamloze en onbekende westerse elitegroep de WNP heeft gemanipuleerd om vuile klusjes op te knappen. Ze beweren dat deze westerse elitegroep samenwerkte met de Belgische Staatsveiligheid om een eigen team op te stellen voor criminele activiteiten en dat de Eend hun contactpersoon was binnen de WNP.

Er zijn drie hoofdfiguren die deze theorie actief promoten: Michel Libert, die werd beschuldigd van het organiseren van de diefstal van de NAVO-documenten, Marcel Barbier, die jaren in de gevangenis zat voor de dubbele moord in de Herdersliedstraat en Éric Lammers, die werd beschuldigd, maar niet schuldig werd bevonden voor dezelfde moord hij werd ook veroordeeld voor een andere dubbele moord vanwege een geldkwestie, een paar jaar later. Deze mannen suggereren ook dat diezelfde westerse sponsors de moorden van de Bende van Nijvel planden. Deze theorie strookt echter niet met wat Latinus bekende voor zijn dood en met wat de politierapporten en getuigenverklaringen in het onderzoek naar de WNP ons deden geloven.

Voor zijn dood vertelde Latinus aan de media dat de Belgische Staatsveiligheid de touwtjes in handen had bij de WNP, maar dit deed uit opdracht van de KGB en niet het Westen. Volgens hem was de dubbele moord in de Herdersliedstraat een KGB-operatie. Verder vertelde Latinus dat in 1981 de Amerikaanse DIA hem de missie had gegeven om de Staatsveiligheid te ontmaskeren omdat deze werd geleid door de KGB. Hij heeft het nooit over een elite westerse groepering gehad die dit alles leidde.

Volgens de politierapporten was de WNP van begin 1981 tot eind 1983 actief. Latinus was een betaalde informant van de Staatsveiligheid sinds 1979, dus twee jaar voor de WNP werd opgericht. Hij bespioneerde aanhangers van linkse bewegingen, waarbij hij eerst gebruik maakte van de leden van het Front de la Jeunesse en later van de leden van de WNP. Hij zou alle informatie hebben doorgespeeld aan de Eend. Latinus was de oprichter van de WNP en onder zijn leiding groeide deze uit tot een groepering met twintig tot dertig leden.

Veel leden van de WNP waren bekenden van Latinus uit de tijd dat hij een subgroep leidde van het Front de la Jeunesse, waarin de meeste leden van de harde kern zich bevonden. Andere leden van de WNP waren Michel Liberts collega's van de communicatieafdeling binnen het leger. Bij het rekruteren van nieuwe leden, vermeldt Latinus zijn relatie met de Eend en insinueert hij dat de Staatsveiligheid en de Belgische Staat achter de WNP staan; zij waren een anticommunistische organisatie die datgene deed wat de overheid zelf niet legaal kon uitvoeren.

Latinus vraagt de Eend om uitleg te geven aan de WNP-leden over surveillance en om hen te leren hoe ze een woning of een ander gebouw in de gaten moeten houden. De Eend gaat hiermee akkoord en geeft een cursus in het appartement van Marcel Barbier; dit levert hem voordelen op omdat hij zo betere informatie kan verwachten van de leden van de groep van Latinus. Een paar maanden later geeft de Eend de leden van de WNP als praktische oefening de opdracht om een echte persoon en een echte woning in de gaten te houden. De moorden in de Herdersliedstraat van februari 1982 werden gepleegd toen de Eend betrokken was bij de WNP. Halverwege 1982 verbreken Latinus en de Eend hun vriendschap.

Het tijdstip waarop Latinus zijn interesse verliest voor de WNP komt overeen met het tijdstip waarop de Eend de WNP verlaat. Op dat ogenblik zit Latinus in geldproblemen en gebruikt hij de WNP als hulpmiddel om geld te verdienen. Als voorbeeld infiltreren personen die verbonden waren aan de WNP in de drugswereld en de wapenhandel om zo al hun bevindingen te kunnen doorverkopen aan iedereen die hier belang bij heeft. Vanaf dat ogenblik bestaat de extreemrechtse ondergrondse organisatie WNP als een lege huls die wordt geleid door Michel Libert. Hij lijkt de enige persoon te zijn die de WNP nog serieus neemt. Terwijl Latinus geen interesse meer heeft in de politieke kant, heeft Libert grootse plannen met verschillende met elkaar verbonden afdelingen. Helaas gaan de plannen van Libert niet verder dan het papier waarop ze zijn geschreven.

Latinus heeft weinig succes met het verkopen van de informatie en zijn financiële situatie gaat van kwaad tot erger. Nadat de krant Pour hem in de krantenkoppen heeft vermeld in december 1981 als niet alleen een lid van het extreemrechtse Front de la Jeunesse, maar ook als een mogelijke betrokkene bij de racistische moord in Laken, wordt zijn leven verwoest. Nadat Latinus zich heeft kunnen wreken door de brand bij de krant Pour, richt hij zijn woede op de Eend en op de administrateur-directeur-generaal van de Staatsveiligheid, Albert Raes. Latinus is paranoïde en gelooft dat zij de bron waren achter de krantenkoppen. Hij wil hen dit alles betaald zetten.

Latinus zint op wraak en ontwikkelt een plan dat uit drie stappen bestaat. Allereerst maakt hij de geheime en ondergrondse WNP bekend bij het grote publiek. De WNP kan hem niets meer schelen en Latinus is zich meer dan bewust dat hij door de WNP in het daglicht te brengen wat nog overblijft van de organisatie volledig zal vernietigen. De wraak op de Staatsveiligheid is veel belangrijker! De tweede stap is de WNP groter en angstaanjagender te laten lijken dan dat die ooit was om zo indruk te maken op het publiek. En om het af te ronden gebruikt Latinus de Herdersliedstraat moorden, gepleegd door leden van de WNP. Stap drie is het publiek te laten weten dat de Staatsveiligheid betrokken was bij het hele gebeuren van de WNP en dat vanaf de oprichting van de WNP. Hij wil het publiek laten geloven dat ze niet alleen samenwerkten, maar dat de Staatsveiligheid het hele gebeuren leidde.

Latinus gelooft dat dit fatale gevolgen zal hebben voor de reputatie van de Staatsveiligheid en dat het de Belgische overheid zal beschamen. Daarnaast weet hij ook dat deze informatie de carrières van de Eend en Albert Raes zal ruïneren - en dat ze, hopelijk, achter de tralies zullen belanden voor betrokkenheid bij moord.

Dan gebeurt er in 1983 het incident: Marcel Barbier is dronken, raakt in een discussie met zijn broer en schiet op toevallige voorbijgangers in de buurt van zijn appartement. Wanneer de politie erbij betrokken raakt, krijgt de media informatie over het bestaan van de WNP nog voor Latinus dit zelf kan doorspelen.[340] Sommigen beweren dat Barbier dit deed om de politie erbij te betrekken. Wat het ook was, Latinus springt op zijn mogelijkheid tot wraak. Hij brengt stap twee tot uitvoering en relateert de WNP aan de afschuwelijke dubbele moord in de Herdersiedstraat. Latinus beschuldigt Barbier en Éric Lammers van betrokkenheid en Barbier bekent. Het publiek is verontwaardigd en walgt van deze informatie.

Latinus lekt naar de media dat de Staatsveiligheid actief betrokken was bij de WNP op het ogenblik dat de moorden in de Herdersliedstraat in april 1982 gepleegd werden. Het publiek komt erachter dat drie WNP-leden betaalde informanten van de Staatsveiligheid zijn, waaronder Latinus en zijn topagent Libert. Daarnaast komt men ook te weten dat ten minste drie agenten van de Staatsveiligheid regelmatig contact hadden met de WNP. De namen die werden gebruikt waren de Eend, de Hond en het Konijn. Maar wat de Staatsveiligheid nog meer schade toebrengt is het uitlekken van de informatie dat de Eend, een van de leden op leidinggevend niveau van de Staatsveiligheid, ook lid was van de WNP onder zijn echte naam en dat hij zelfs privélessen gaf in surveillance aan deze gevaarlijke extremisten. De bevolking is geschokt wanneer bekend raakt dat de Eend training gaf aan de extremisten, waaronder de opdracht tot het schaduwen van een echt persoon. Gedurende de tijd dat de Eend deze lessen gaf, werden in de Herdersliedstraat de moorden door de WNP gepleegd.

Latinus slaagt erin de leden te overtuigen om mee te spelen met zijn beschuldigingen omdat hij de zelfdestructie van de WNP verkoopt als een anticommunistische kruistocht. Dit is op het ogenblik dat Latinus naar buiten brengt dat de reden van het bestaan van de WNP het uitroken van de spionnen van de KGB bij de Staatsveiligheid is: administrateur-directeur-generaal Albert Raes en de Eend. Maar de media en de bevolking zijn niet gevoelig voor zijn verhalen over de KGB. Wat de meeste Belgen boos maakt, is dat de Staatsveiligheid bij de extreemrechtse beweging betrokken was, dat er moorden werden gepleegd en dat de documenten van de NAVO werden gestolen. Deze openbaring tast de reputatie van de Staatsveiligheid aan. Het is een schande voor de minister van Justitie, Jean Gol, die verantwoordelijk is voor de Staatsveiligheid. Administrateur-directeur-generaal Albert Raes krijgt enkele jaren later en misschien als gevolg hiervan een andere positie binnen het ministerie van Justitie. De Eend wordt enkele jaren later tijdelijk geschorst. Hij wordt niet schuldig bevonden aan criminele acties en krijgt geen straf. Deze consequenties zijn niet degene die Latinus beoogd had met zijn plannen.

De moorden in de Herdersliedstraat

Omdat de moorden in de Herdersliedstraat van februari 1982 zo gruwelijk waren zijn deze van cruciaal belang om de WNP gevaarlijk te doen lijken. Daarnaast geeft het ook aan dat de WNP-leden in staat waren om de moorden door de Bende van Nijvel te plegen. Er bestaat erg veel verwarring rond het motief voor de moorden in de Herdersliedstraat. In februari 1982 worden de leden van de WNP gevraagd om Michel Libert te ontmoeten. Deze geeft hen de opdracht om het gebied rondom het appartement in de Herdersliedstraat in de gaten te houden. Libert vertelt hen dat de man en zijn vrouw die op de eerste verdieping van het appartementencomplex wonen Sovjet-spionnen zijn. De leden van de WNP volgen de orders op en houden de buurt in de gaten. Ze noteren belangrijke feiten en delen deze met Libert, die de operatie coördineert.

Op 19 februari 1982 om 20.30 uur rijdt er een auto de Herdersliedstraat in. De auto stopt bij hetzelfde appartement dat eerder die maand door de leden van de WNP in de gaten werd gehouden. Twee mannen stappen uit de auto en gaan de voordeur van het complex binnen. De mannen dringen het appartement op de eerste verdieping binnen, beschieten het koppel en snijden hen de keel over.

Wanneer de dubbele moord in de Herdersliedstraat meer dan een jaar later in de media worden gelinkt aan de WNP wordt er de nadruk op gelegd hoe gruwelijk deze moorden waren en dat het extremisten waren die deze moorden gepleegd hebben. Terwijl de leden werd verteld dat de slachtoffers KGB-leden waren, wordt het duidelijk dat ze dit niet waren. De bevolking krijgt niet meer informatie. Omdat kandidaat-leden van de WNP gedwongen werden om misdaden te plegen voor ze lid mochten worden, werd door velen aangenomen dat deze gruwelijke misdaad een van deze inwijdingsrituelen was. Het leek aannemelijk dat de nieuwe leden willekeurige mensen kregen toegewezen om te vermoorden. Wat deze verklaring versterkt, is het feit dat sommige WNP-leden betrokken waren bij heidense praktijken en dat de slachtoffers voor elkaar moesten knielen voordat ze werden neergeschoten en hun kelen werden doorgesneden. De moorden leken op een of ander ritueel en velen namen aan dat dit met elkaar te maken had. Maar eigenlijk had de moord in de Herdersliedstraat helemaal niets te maken met politiek of zelfs met de WNP. Het eigenlijk motief was persoonlijk. Het slachtoffer Vandermeulen was de ex-man van de vriendin van Marcel Barbier. Terwijl Libert in praktijk de nummer twee was bij de WNP, was Barbier in principe even hoog in niveau binnen de organisatie. Dus had Barbier voldoende invloed om ervoor te zorgen dat de leden het koppel bespioneerden. Het was Libert die voorstelde aan Barbier om te vertellen dat ze Sovjet-spionnen waren zodat de leden deden wat ze opgedragen kregen.

De vriendin van Marcel Barbier was verwikkeld in een zaak met betrekking tot de voogdij over haar kinderen. Haar ex-man, het slachtoffer Vandermeulen, wilde de voogdij over de kinderen hebben. Haar ex-man dreigde ermee dat hij de rechtbank zou vertellen dat ze werkte in de Brusselse hoerenbuurt, wat uiteraard serieuze gevolgen zou hebben voor de voogdijzaak. Als haar ex-man kwam te overlijden, zou de vriendin van Barbier bovendien een groot bedrag uitgekeerd krijgen van de verzekering. De politie ondervraagde Barbier kort na de moord, maar niets wees op betrokkenheid.

We weten niet of het besluit om Vandermeulen en zijn vriendin te vermoorden voor of na de surveillance door de WNP-leden gebeurde. Wellicht wilde Barbier gewoon de ex-man van zijn vriendin in de gaten houden of misschien was iets wat ze tijdens hun surveillance hadden opgemerkt het motief voor de moord. Sommige leden die de surveillance in de Herdersliedstraat uitvoerden, hebben nooit enig verband gezien tussen hun taak en de moorden die een paar dagen later werden gepleegd. Er bestaan geen bewijzen dat de Eend op de hoogte was van de surveillance of de moorden vóór de betrokkenheid van de WNP naar de media werd gelekt. Het is mogelijk dat Latinus niet op de hoogte was van de moord op het moment dat die gepleegd werd, maar we weten dat hij er kort daarna over geïnformeerd wed. Latinus was razend over de betrokkenheid van de WNP.

Leven na Westland New Post

De dubbele moord van de Herdersliedstraat hangt nog steeds boven de hoofden van de WNP-leden. Wat er gebeurd is, wordt afgekeurd door de bevolking, maar wanneer blijkt dat de moorden niet in de politieke sfeer werden gepleegd (want het vermoorden van KGB-spionnen is iets helemaal anders dan het vermoorden van een ex-man) zijn zelfs de extreemrechtse partijen verbolgen. De WNP leden die betrokken kunnen zijn geweest bij de moorden proberen te vechten voor hun reputatie, maar iedereen weet dat de dubbele moord in de Herdersliedstraat hun misleide misdaad was. De verdediging die ze voeren voor de dubbele moord – zowel bij het gerecht als in de media - is dat ze slachtoffer zijn geworden van het systeem. Ze beweren dat een invloedrijke elitegroep hen gemanipuleerd en gesponsord had bij de misdaden en dat er een helpende hand werd toegestoken door de Staatsveiligheid.

Voor Michel Libert geldt dat de WNP nooit een kleine organisatie was, dat deze bestond uit tientallen leden en dat het een verreikende geheime samenzwering betrof die zich uitstrekte over heel Europa. Libert verwarde de echte contacten van Latinus, die hij ontmoette tijdens zijn pogingen om geld te verdienen, met deze mysterieuze sponsors. De contacten wisten alleen dat Latinus hen informatie wilde verkopen van zijn privéonderzoeken. Waarschijnlijk hadden ze nog nooit gehoord over het bestaan van de WNP of dachten ze dat het een of ander beveiligings- en detectivebureau was. Het feit dat Latinus er niet in slaagde informatie door te verkopen aan de Staatsveiligheid, de Rijkswacht en andere politiebonden, wordt gezien als bewijs dat de WNP ondersteund werd door deze invloedrijke intelligentiediensten. Libert, Barbier en Lammers zeggen ook dat ze gewoon pionnen zonder vrije wil waren in handen van deze invloedrijke personen. Zowel zij zelf alsook alle andere leden moesten blindelings doen wat hen werd opgedragen door de gezaghebbers van deze elitegroep. Ze waren slechts deeltjes in het systeem die gedwongen werden om deze moorden en misdaden te plegen.

Net zoals Latinus dat gedaan had voor hij stierf, promoten ook Libert, Barbier en Lammers het beeld van een gevaarlijker WNP en zeggen dat het allemaal gecoördineerd werd door de Staatsveiligheid. Er zijn vermeende plannen om het hoofd van de media te ontvoeren. Er wordt een geheime rechtszaak in absentia gehouden voor de leider van het Front de la Jeunesse, Francis Dossogne. Hij krijgt de doodstraf, maar die wordt uiteraard nooit uitgevoerd. Latinus was zich bewust dat hoe giftiger de reputatie van de WNP, hoe meer schade dit berokkende aan zijn vijanden: de Eend en de staatsveiligheid. Nadat Latinus overlijdt, gaan de andere drie (Libert, Barbier en Lammers) veel verder met het promoten van een gevaarlijke WNP. Ze benoemen alles wat ze maar kunnen bedenken als daden gepleegd door de WNP, inclusief de misdaden gepleegd door de Bende van Nijvel.

Lammers verklaart: "Ik heb altijd het gevoel gehad dat ik getraind en voorbereid werd om allerlei misdaden te plegen. En voor reden a of b, werd ik niet gebruikt en keek ik niet achterom. Ik ben er nu zeker van dat op het ogenblik dat ze hadden opgedragen deze misdaden te plegen, ik waarschijnlijk verplicht en gedwongen werd op een niet zaligmakende manier om het te doen. En ik zou het gedaan hebben." Nadat Marcel Barbier in 1987 werd veroordeeld tot levenslang voor de dubbele moord in de Herdersliedstraat, beginnen de leden van de WNP te praten over de Bende van Nijvel. Ze beschuldigen de WNP van vele misdaden, zelfs van deze waarvan bewezen werd dat ze niet werden gepleegd door de WNP. Zo beweren ze verantwoordelijk te zijn voor de bomaanslag op Goffinon, de aanval bij het huis van Vernaillen, de moord op Zwarts op de luchthaven en de diefstal bij het SIE. Dit zijn allemaal misdaden waar de bende van Bouhouche voor verantwoordelijk was. Als voorbeeld beweert Lammers dat de diefstal bij het SIE een inwijdingsritueel was voor nieuwe leden van de WNP. Het verhaal over de Bende van Nijvel is gewoon een van de verhalen op een lange lijst van misdaden.

Lammers maakt van deze mogelijkheid gebruik om wraak te nemen. Hij beschuldigt de leden van de Latinus-fractie die hij haatte, leden van de Bende van Nijvel te zijn. Als voorbeeld zegt hij dit over een handlanger van Latinus: "Ik kende hem van bij het Front de la Jeunesse, we hebben veel meegemaakt samen. Uiteindelijk deden we het werk niet en later realiseerde ik me dat de surveillances die we moesten uitvoeren op de Colruyt en de Delhaize, precies de doelwitten waren die later werden aangevallen door de Bende van Nijvel." De handlanger van Latinus beweert dat hij nooit een surveillance heeft gehouden bij de supermarkten.

Als de Bende van Nijvel een deel was van de WNP, dan zouden de leden niet afkomstig geweest zijn uit de kleine groep die trouw bleef aan Latinus. Zij passen niet in het profiel. De WNP-moordenaars bevonden zich in de groep met Barbier en Lammers– en we weten ook dat deze in de gevangenis zaten tijdens de eerste en de gehele tweede golf. Barbier werd vastgehouden voor de moorden in de Herdersliedstraat. Lammers werd vrijgelaten maar snel weer opgepakt in april 1985 voor een gewapende overval op een vrachtwagen vol met Marlboro sigaretten en voor een diefstal van waardevolle schilderijen en diamanten. Hij bleef in de gevangenis tot 1988.

Gerichte moorden

De theorie die beweert dat de leden van de Westland New Post de bomaanslag op Pour pleegden in opdracht van een invloedrijke kliek VIPs heeft verschillende versies. In één van deze versies sponsorde dezelfde kliek ook de misdaden van de Bende van Nijvel door het inzetten van huurmoordenaars. Deze huurmoordenaars hoefden niet gerekruteerd te worden bij de WNP, want de kliek had ook andere middelen ter beschikking. De reden waarom de kliek de opdracht gaf voor de moorden van de Bende van Nijvel was omdat ze gechanteerd werden door mensen die bezwarende bewijzen hadden in verband met criminele feiten met minderjarigen die gepleegd werden door leden van de kliek.

Volgens deze theorie lijken de slachtoffers van de Bende slechts lukraak uitgekozen. Maar als we de zaken van dichterbij bekijken, dan kunnen de aanvallen van de Bende van Nijvel een manier geweest zijn om gerichte moorden te maskeren. De Bende van Nijvel was uit op specifieke en vooraf bepaalde slachtoffers tijdens de aanvallen. Een aantal slachtoffers wisten te veel af van de orgieën met hoogwaardigheidsbekleders.

Er werden video-opnames gemaakt van de seksfeesten. Dit zou betekenen dat de slachtoffers vooraf bepaald werden door invloedrijke mensen die moordenaars inhuurden om de getuigen af te maken. Die ingehuurde moordenaars zouden dan de Bende van Nijvel zijn.

Wanneer de achtergrond van de individuele slachtoffers wordt onderzocht, beginnen de roddels. Drie slachtoffers van drie verschillende overvallen zouden in het bezit geweest zijn van een kopie van de videocassette. De slachtoffers wilden betaald worden voor hun stilzwijgen.

Een andere aanval uit de eerste golf zou gepleegd zijn om dezelfde reden. Volgens de theorie zou een van de slachtoffers van deze overval gewerkt hebben voor een notaris die een kopie van de cassette in zijn bezit had. De notaris zou een belachelijk hoge som van 144.000.000 Belgische frank (ongeveer 3.650.000 euro) gekregen hebben in ruil voor de video en zijn stilzwijgen.

Ook Morue, de agent die doodgeschoten werd in de buurt van de supermarkt Colruyt diezelfde nacht, moest uit de weg geruimd worden. De Bende van Nijvel wist dat hij op deze oproep zou reageren. Morue moest sterven omdat hij een dossier in zijn bezit had over de huurmoordenaars. De bendeleden hadden toegang tot zijn werkrooster, dus planden ze de aanval tijdens zijn diensturen.

Het motief is bijna hetzelfde voor de tweede golf van aanvallen. Het echte doelwit tijdens de overvallen in Eigenbrakel en Overijse is een van de slachtoffers, die werd neergeschoten op de parkeerplaats in Overijse. Het slachtoffer zou op de hoogte geweest zijn van de financiering van de orgieën. De Bende had hem op twee manieren kunnen pakken: hij was ofwel naar de supermarkt gelokt, of hij was al eerder vermoord en daar achtergelaten.

Het probleem is dat de video-opnames waarover iedereen het had, tot op de dag van vandaag nooit werden gevonden.

Martial Lekeu

Naast de Westland New Post bestaat er nog een tweede snode ondergrondse beweging die wordt verdacht de Bende van Nijvel te zijn. In dit geval is de klokkenluider de ex-rijkswachter Martial Lekeu, die in 1984 naar Florida verhuisde doordat hij voor zijn leven vreesde in België. Hij werd er zelf ook van verdacht betrokken te zijn bij de misdaden van de Bende van Nijvel.

Na de aanval in Temse van september 1983 zouden Vincent L. en Francis V. naar het huis van Lekeu zijn gereden om hem kogelvrije vesten van de overval op de textielfabriek in Temse in 1983 en wapens van de wapenhandel Dekaise van 1982 te brengen. De beschuldigingen van Francis V. zorgen ervoor dat er voor de eerste keer aandacht aan Lekeu wordt besteed in de zaak van de Bende van Nijvel. Een van de personen op de politietekeningen na de aanval in Temse lijkt een beetje op Lekeu, daarnaast had hij ook geen sterk alibi. Lekeu ontkent alles en vindt de beschuldigingen belachelijk.

Na de beschuldigingen van Francis V. heeft Lekeu een ontmoeting met de onderzoekers in de zaak van de Bende van Nijvel en hij beschuldigt een groep van rijkswachters die lid zijn van een geheime, extreemrechtse beweging van de misdaden. Kort nadat hij deze beschuldigingen heeft geuit, zouden Lekeu en zijn familie doodsbedreigingen ontvangen hebben van rijkswachters en hij beweert dat hij geen andere keuze had dan het land te verlaten. Hij komt in Florida terecht in 1984.

In 1989 hoort Lekeu dat er onderzoek naar hem verricht wordt. Hij belt de media en herhaalt dezelfde beschuldigingen die hij eerder maakte, namelijk dat de extreemrechtse rijkswachters verantwoordelijk zijn voor de misdaden van de Bende van Nijvel. Hij zegt dat dit ertoe leidde dat hij België voorgoed verliet en naar Florida verhuisde. Terwijl hij met de pers praat, beschouwt Lekeu zichzelf dus nog altijd als klokkenluider, maar de media en de onderzoekers zien hem alleen maar als een verdachte. Het maakt de pers niet uit wat Lekeu vertelt over de Rijkswacht en de extreemrechtse partijen, zij beschouwen hem als lid van de rijkswachters die banden hebben met extreemrechts. En Lekeu praat veel . Hoe meer hij praat over anderen, hoe meer hij zelf verdacht wordt en hoe meer de activiteiten van de Bende van Nijvel beginnen te lijken op een wereldwijde, internationale samenzwering.

De voor de hand liggende boodschap is dat Lekeu zich in Florida verstopt voor de Belgische gerecht. Lekeu beweert echter dat hij zich schuilhoudt voor de extreemrechtse rijkwachters die hem en zijn familie bedreigden. Onderzoeksrechters die werken aan de zaak van de bende van Nijvel vliegen naar Amerika. Ze ontmoeten Lekeu in Atlanta in de kantoren van het Belgische consulaat-generaal in Atlanta. Ze stellen hem vragen over al zijn explosieve verklaringen in de zaak van de Bende van Nijvel. Opnieuw bevestigt hij dat hij naar Amerika ging omdat hij zich bedreigd voelde door de rijkswachters, maar dat het niets te maken had met de beschuldigingen van Francis V.

Groep G

Wanneer Lekeu in december 1983 voor de eerste keer de Rijkswacht en extreemrechts beschuldigt, lijdt het geen twijfel dat hij terugdacht aan een eerdere gebeurtenis in zijn carrière. Terwijl hij in de jaren zeventig werkte als rechercheur bij de drugsbrigade van Brussel, werd Lekeu uitgenodigd om bij de geheime extreemrechtse groep van de Rijkswacht te komen die banden had met het Front de la Jeunesse. De groep werd de Groep G genoemd – G stond natuurlijk voor 'Gendarmerie'. Ze hadden codenamen zoals G1, G2, G3. De leider was G1, een rijkswachter die werkte bij de centrale inlichtingendienst van de Rijkswacht.

Groep G is nieuw en Lekeu is aanwezig bij de openingszitting. Hij krijgt de codenaam G5. De vergadering gaat vooral over extreemrechtse politieke thema's, maar Lekeu is verontrust over wat hij er ontdekt. Zo zijn er bijvoorbeeld zwart-wit foto's van verdachte arrestaties tijdens linkse betogingen en als vertrouwelijk geclassificeerde dossiers uit het hoofdkantoor van de Rijkswacht. Hij gelooft ook dat de leden gevaarlijk zijn en niet terugdeinzen voor geweld.

Lekeu vertelt de leiding van de Rijkswacht over groep G. Na de tweede vergadering van Groep G houdt de Rijkswacht een discrete, interne bespreking. Het hoofdkantoor verbiedt de beweging nadat de leden werden geconfronteerd met de regel dat ze niet politiek betrokken mogen zijn. Lekeu is boos dat er niet harder wordt opgetreden tegen hen. Het verkeerd omgaan met als vertrouwelijk geclassificeerde documenten wordt niet ter sprake gebracht. Volgens Lekeu kwam dit doordat de Brusselse Rijkswacht vol zit met extreemrechtse ideeën. Groep G komt er pas jaren later achter dat het Lekeu was die hen verraden had.

Wanneer Lekeu hoort van de overval van de Bende van Nijvel op de Colruyt in Nijvel in september 1983 en de overval op de Delhaize in Beersel in oktober 1983, denkt hij meteen aan de extreemrechtse rijkswachters van Groep G, ondanks het feit dat de groep in de jaren zeventig verdween en hij geen contact meer had met de mannen. Hij is ervan overtuigd dat de Bende van Nijvel gevormd werd door de huidige leden van de cel van de Rijkswacht. Tijdens zijn publieke verklaringen in 1989, gebruikt Lekeu de namen Front de la Jeunesse en de Westland New Post door elkaar. Voor hem is het dezelfde organisatie. Hij geeft de onderzoekers de namen van rijkswachters waarvan hij denkt dat ze tot de splintergroep behoorden tijdens de periode van de overvallen van de Bende van Nijvel. Belangrijk hierbij is dat hij deze informatie ook al gaf in december 1983 aan de Rijkswacht van Waver die in 1985 het beruchte rapport opstelde. Ze maakten in het rapport dezelfde fout als Lekeu en verwarden het Front de la Jeunesse met de WNP. Lekeu is dus waarschijnlijk de hoofdbron voor het Waverse rijkswachtrapport van 1985 waar het informatie betreft over de extreemrechtse rijkswachters en de Bende van Nijvel. Dit is het eerste rapport waarbij Bouhouche vermeld wordt in samenhang met de Bende van Nijvel. Er wordt in dit rapport ook dezelfde fout gemaakt als Lekeu maakte door Bouhouche te rekenen tot groep van extreemrechtse rijkswachters die deel uitmaken van de WNP. Lekeu vertelt dat hij na deze klachten bedreigd werd door een aantal onbekende rijkswachters. Hij was zo bang dat hij besliste België te verlaten.

Verwarring

Wanneer de Belgische justitie en de media in 1989 bij Lekeu aankloppen, beschuldigt hij nog altijd de extreemrechtse rijkswachters die hij eind de jaren zeventig had verraden en gelooft hij nog steeds dat ze achter hem aankwamen nadat hij had gepraat in december 1983. Hij ziet zichzelf nog steeds als een klokkenluider en niet als een verdachte. Dit geeft een hoop verwarring. Wanneer Lekeu over de Amerikanen praat, bedoelt hij dat ze hem helpen tegen de extreemrechtse rijkswachters, maar iedereen die naar zijn verhalen luistert of die zijn verhalen in de krant leest, ziet hem als een van de verdachten in de zaak van de Bende van Nijvel die beweert banden te hebben met de Amerikanen. De verwarrende communicatie tussen Lekeu en de media wordt verdergezet tot aan zijn dood in 1997.

Nadat hij geklikt heeft bij de Rijkswacht en teleurgesteld was dat er niets ondernomen werd, gaat hij naar zijn Amerikaanse vriend. Toen Lekeu bij de drugsafdeling van de BOB werkte, ontmoette hij Frank Eaton, het hoofd van de Drug Enforcement Agency (DEA) in België. De twee hielden contact met elkaar vanaf 1974-1975. Wanneer Lekeu praat over zijn connecties met de DEA, denken de onderzoekers dat de CIA in de zaak betrokken is.

De Amerikanen halen Lekeu echter niet naar Amerika omdat hij een undercoveragent was, ze hielpen hem naar Amerika te gaan om hem te beschermen tegen de rijkswachters die hem bedreigden. Om naar Amerika te reizen, ontmoet hij in Parijs enkele Amerikanen en hij verkrijgt een visa. Samen met zijn familie vertrekt hij op 22 augustus 1984 naar de Verenigde Staten. Hij reist naar Miami omdat Frank Eaton hem daar opwacht.

Eenmaal in de Verenigde Staten neemt Lekeu een valse identiteit aan. Hij beweert dat hij dit niet deed om de Belgische justitie te ontvluchten, maar om zijn hachje te redden van de rijkswachters die hem bedreigden. Frank Eaton en de connectie met het DEA helpen hem met het verkrijgen van Amerikaanse immigratiepapieren. Hij kreeg onmiddellijk twee aanbiedingen voor jobs. Een daarvan was werken voor het bedrijf van J. Gordon Liddy, dit was dezelfde Liddy die later naar de gevangenis ging voor zijn betrokkenheid in het Watergate schandaal. Nadat hij een tijd werkte als privédetective, werkte Lekeu als undercoveragent in Florida in spraakmakende drugszaken en was ook getuige in deze drugszaken. In 1997 overlijdt hij in Florida aan de gevolgen van kanker.

HOOFDSTUK 26

DE RIJKSWACHT

De link tussen Groep G en de misdaden van de Bende van Nijvel is vrij zwak. Het feit dat Lekeu bedreigd werd door onbekende rijkswachters nadat hij hen had beschuldigd in 1983 kan echter niet worden ontkend. Bij het schrijven van dit boek, in de herfst van 2018, worden er nieuwe beschuldigingen tegen onbekende rijkswachters publiek bekend gemaakt. In november 1986, op de dag dat de wapens en andere items werden gevonden in Ronquières, beweert een getuige dat drie onbekende rijkswachters een duiker gevraagd hebben om een tas uit het water van het kanaal te vissen. Als de duiker eenmaal de tas uit het water heeft gehaald, vertrekken ze in een beige auto. Dit alles gebeurt een paar uur voor de officiële ontdekking van de tassen. Deze rijkswachters zijn nooit geïdentificeerd. Dit maakt het geloofwaardiger dat de wonderbaarlijke ontdekking in Ronquières gemanipuleerd werd.

We zullen nu een blik werpen op de Rijkswacht en deze beschouwen als een afzonderlijke categorie. Vele aanwijzingen leiden naar de Rijkswacht. Niet als een deel van extreemrechtse politieke activisten, maar gewoon als rijkswachters. Het is niet allemaal één pot nat. Veel rijkswachters zijn echte wet - en ordehandhavingstypes, maar dat maakt van hen niet automatisch extremisten.

PATROUILLE-OVEREENKOMST

Vóór het bloedbad in november 1985 bij de supermarkt van Aalst, was er een overeenkomst gesloten tussen de Rijkswacht en de lokale politie. De

Rijkswacht had de opdracht gekregen om te patrouilleren en om tot 20 uur de wacht te houden. Na 20 uur zou de lokale politie het overnemen. Maar op de avond dat de Bende van Nijvel aanvalt, verlaat de Rijkswacht ongeveer een half uur eerder het terrein, waardoor er geen bewaking is bij de supermarkt.

De Rijkswacht eindigt haar patrouille onverwachts en verlaat het terrein rondom de Delhaize op hetzelfde ogenblik dat de Bende van Nijvel arriveert.[341] Zoals eerder al vermeld, kon de Bende van Nijvel dit alleen hebben bewerkstelligd door mee te luisteren op de frequenties van de politieradio of doordat iemand met een walkietalkie hen vertelde dat de kust veilig was. Maar er is meer.

De uitleg die aan de bevolking wordt gegeven, is dat geen enkele supermarkt in Aalst permanent werd beveiligd. Er was een politiepatrouille die rondes maakte. Als gevolg hiervan bezocht de patrouille eerst de Delhaize, daarna de Colruyt en daarna de Aldi. Aan deze uitleg wordt echter steeds minder geloofwaardigheid gehecht en de rijkswachters die op de hoogte waren van de situatie beweren dat het niet zo ging.

Het is een feit dat de Rijkswacht de afgelopen zes weken tot 20 uur bij de Delhaize in Aalst bleef. Als de Bende van Nijvel het weekend ervoor had uitgekozen, had ze de overval nooit op deze manier kunnen plegen. En als de Bende het op verschillende weekends had geprobeerd, dan zouden de bendeleden gemerkt hebben dat de supermarkt op dit tijdstip steeds bewaakt was, en dus zouden ze er niet helemaal opgetuigd heen rijden, enkel in de hoop dat de Rijkswacht vroeger zou vertrekken. De afspraak was om nooit van de ene naar de andere supermarkt te rijden, maar er tot 20 uur te blijven. De Bende moet dus informatie gekregen hebben van binnenuit zodat ze wisten wat er die avond gaande was.

Er worden twee redenen gegeven voor het vroegtijdige vertrek van de Rijkswacht bij de supermarkt. Allereerst was er die avond een feestje bij de Rijkswacht en heel wat rijkswachters waren daar aanwezig. De rijkswachters kunnen eerder vertrokken zijn om het feestje bij te wonen in de veronderstelling dat er niets zou gebeuren. Een tweede verklaring is dat de rijkswachtpatrouille een radiobericht kreeg van het hoofdkantoor en de opdracht kreeg om hun post te verlaten. De Bende van Nijvel kreeg ofwel de informatie doorgespeeld van de Rijkswacht ofwel hadden ze immens veel geluk.

Nood wegversperring

Nadat de Bende van Nijvel de supermarkt in Aalst heeft verlaten, rijdt ze in zuidelijke richting en maakt ze een succesvol manoeuvre om de wegversperring van de Rijkswacht te vermijden. Een tijdje later geraken de onderzoekers alle sporen naar de Bende van Nijvel kwijt. Er wordt gemeld dat ze wellicht eindigden in het Bos van La Houssière, maar dit weet men niet helemaal zeker. Er wordt nooit sluitend bewijs gevonden van waar de Bende van Nijvel die avond naartoe is gegaan.

Als de bendeleden willen terugrijden naar hun schuilplaats, moeten ze door de stad Halle rijden, langs de toegangsweg naar het zuiden van Brussel. De politie van Halle had echter een nood wegversperring opgezet op de hoofdweg. Het was een automatisch plan dat werd opgezet na iedere gewelddadige overval; iedere politieagent of rijkswachter zou naar een vooraf bepaalde plek gaan om een wegversperring op te zetten.

Net voor de Bende van Nijvel de wegversperring zou bereiken in Halle, krijgt de Rijkswacht via de politieradio de opdracht om de wegversperring weg te halen. De Bende van Nijvel heeft die avond zojuist acht mensen gedood wat een totaal maakt van zestien doden tijdens de laatste twee nachten. De Rijkswacht achtervolgt de Bende die in zuidelijke richting rijdt wat betekent dat de moordenaars op de vlucht misschien door Halle moeten rijden. Maar op datzelfde ogenblik wordt over de radio de wegversperring in Halle opgeheven met het codewoord 'Gudule'. De opdracht luidt om het noodplan niet op te zetten. 'Gudule' is een interne radiocode, die komt van de centrale van de Rijkswacht. Een meer gebruikelijk code zou 'Dara' zijn geweest, deze code wordt immers door de lokale rijkswachtkazernes gebruikt.[342]

Die avond doet zich ook een ander vreemd incident voor. Dezelfde rijkswachtkazerne krijgt om 19 uur een bommelding binnen, dat is een half uur voor de Bende van Nijvel toeslaat in de supermarkt in Aalst. In die tijd worden er heel wat bomaanslagen gepleegd door de CCC. De rijkswachters van Halle zoeken drie uur naar de bom, waardoor er minder mankracht beschikbaar is om in te grijpen in het geval er een gewelddadig overval plaatsvindt. De bommelding blijkt vals alarm te zijn. Wanneer de leden van de Bende van Nijvel die avond naar hun schuilplaats wilden rijden, is er niemand beschikbaar om hen tegen te houden.

WILDE ACHTERVOLGING

Ook tijdens de aanval op de supermarkt Delhaize in Beersel op de nacht van november 1983 leek het erop dat de Bende beschikte over interne informatie van de Rijkswacht. De Rijkswacht kreeg kritiek over zich heen vanwege hun late reactie. Wat erg verontrustend is, is dat de rijkswachtkazerne zeer dicht bij de supermarkt Delhaize lag. De vrouw van een slachtoffer was zelfs eerder bij de supermarkt dan de Rijkswacht.[343]

Volgens Frans Reyniers, die de gerechtelijke politie leidde, slaagde de Bende erin om de enige rijkswachter die aan het werk was die avond weg te lokken. De rijkswachter die die nacht aanwezig was beweert: "Wat ik met absolute zekerheid weet, is dat de daders van de moord op Vermaelen ons BOB-team op hun duim moeten gekend hebben. Ze moeten geweten hebben dat er maar één van ons die avond van wacht was, en dat was ik. Ik werd op het moment suprême weggeroepen na een zeer dringend telefoontje. Ik moest onmiddellijk naar de Colruyt komen..."[344] Het dringende telefoontje was vals.

De Colruyt supermarkt had net een tiplijn geopend om anonieme informatie te verkrijgen over de moord op een van hun medewerkers in maart 1983 door de Bende van Nijvel. Om gebruik te maken van deze dienst, moest men daadwerkelijk in de Colruyt aanwezig zijn. Volgens de rijkswachter die op het telefoontje afkwam: "Ze hadden daar een informant aan de lijn die subito presto iemand van de BOB wilde spreken... Toen ik terugkeerde hoorde ik op de radioverbinding dat er een overval was gebeurd in de Delhaize in Beersel"[345]

Arrondissements

Op september 1985, wanneer de Bende de supermarkten in Eigenbrakel en Overijse overvallen, doen de bendeleden vreemde dingen tijdens het rijden. Wanneer ze de Delhaize in Eigenbrakel verlaten, rijden ze in volle vaart naar de Delhaize in Overijse. Om in een rechte lijn van Eigenbrakel naar Overijse te rijden, moet men de grens van Wallonië met Vlaanderen overschrijden. Hiermee veranderen ook de arrondissements van de Rijkswacht. Eigenbrakel is een onderdeel van het arrondissement Nijvel, terwijl Overijse deel uitmaakt van het arrondissement Leuven. De bendeleden rijden niet in een rechte lijn tussen de twee steden, wat ze eigenlijk hadden moeten doen. Ze nemen een duidelijke omweg waardoor ze het arrondissement van de Rijkswacht van Waver vermijden. De Bende van Nijvel was waarschijnlijk getipt over een geheime samenwerking tussen de arrondissements van Nijvel en Waver.

SWAT-technieken

Na de aanval in Aalst in november 1985, belt Arsène Pint, de oprichter van het SIE – het SWAT-team van de Rijkswacht – met de toenmalige directeur van het SIE. Pint zegt: "Verdomme, het zullen toch die van ons niet zijn?"[346]

Het SIE voert alle gevaarlijke SWAT-missies van het land uit. België is een klein land en daardoor zijn het altijd hetzelfde tiental mannen die alle operaties over het hele grondgebied uitvoeren. Deze job is zo veeleisend dat de leden van dit SWAT-team gemiddeld slechts tien jaar dit werk uitvoeren. De leden van het SIE leren specifieke technieken en Pint vermoedt dat ook de Bende deze technieken gebruikte.

Volgens Pint gebruiken gewone gangsters niet dezelfde uiterst gespecialiseerde technieken die door de Bende van Nijvel gebruikt werden tijdens de overval van de Delhaize in Aalst. Hij zegt: "In Aalst hebben die met hun riotguns op alles wat bewoog geschoten, en ondertussen glipten de anderen naar binnen. Dat leek goed op een tactiek die wij Fort Chabrol noemen." In het SIE-woordenboek is Fort Chabrol een tactiek die het SWAT-team gebruikt wanneer ze geconfronteerd worden met een verschanste schutter.

De techniek bestaat uit drie afzonderlijke teams. Het eerste team gaat door de deur en gaat dan onmiddellijk naar links. Het tweede team "maakt schoon" op het gelijkvloers. Dan ontmoeten ze het tweede team op de eerste verdieping. Het derde team blijft achter als back-up.[347] Het enige verschil in Aalst was dat in plaats van drie teams, de Bende van Nijvel drie daders had, en iedere dader de rol aannam van een van de teams.

Daarnaast waren de wapens die de Bende van Nijvel gebruikte dezelfde als deze die het eliteteam gebruikte. In de jaren tachtig was het machinepistool erg geliefd bij SWAT-eenheden net zoals de kaliber 12 riotguns. Pistolen en aanvalsgeweren wonnen eind de jaren tachtig weer wat aan populariteit onder de SWAT-teams. Wanneer Arsène Pint de munitie ziet die de Bende gebruikte, is hij verrast: "Die gebruikten wij bij [het SIE] ook"[348]

Het kan bijna geen toeval zijn dat de Bende dezelfde kaliber 12 wapens en hetzelfde soort munitie gebruikte als het elite-team van België. Niet alleen gebruikt de Bende dezelfde wapens, ze handelen ook op dezelfde manier als het eliteteam. De Bende zorgt voor een opgeruimde zone en gebruikt een goed tempo om zover mogelijk te komen. Met andere woorden: de bendeleden bewegen zich als professionals – anders dan typische gangsters die zich naar binnen haasten en in het rond schieten. De bendeleden lopen net zo snel als ze schieten. Ze gebruiken de bewegingen en veroveren zo meer terrein. Ze ruimen gebieden rustig en systematisch op.

De strategie die de bendeleden gebruiken, laat zien dat ze getraind zijn en ervaring hebben. Ze parkeren ver van de deur, in de uiterste hoek van het parkeerterrein of zelfs helemaal buiten het parkeerterrein. Ze lopen op korte afstand van elkaar en geven elkaar dekking. Daarna komen ze weer samen bij de voordeur. De eerste die arriveert, wacht op de laatste. Dan gebruiken ze een van de twee technieken: in Eigenbrakel in september 1985 en in Beersel in oktober 1983, bereiken twee van de mannen de deur van het kantoor, terwijl de derde man de winkel opruimt.

Ieder duidelijk gevaar wordt uit de weg geruimd (Vermaelen in Beersel en Engelbienne in Eigenbrakel). De eerste man loopt het kantoor binnen en de tweede man blijft bij de deur van het kantoor om het op te ruimen. Eenmaal de buit binnen, lopen ze door de supermarkt naar de deuren, waar ze de derde man weer ontmoeten. Ze dekken elkaar wanneer ze over het parkeerterrein naar hun vluchtauto lopen.

In Overijse in september 1985 en in Aalst 1985 bereikt de Bende op dezelfde manier de voordeur als bij de eerdere aanvallen. Maar hier loopt een van de mannen naar het kantoor terwijl de andere hem dekking geeft en richting de kassa's loopt. De uitleg is simpel: Overijse is hun tweede aanval van die avond en de politie is op weg. Aalst is hun gevaarlijkste operatie ooit – heel België is alert. De overval in Aalst is de eerste overval die in het centrum van de stad plaatsvindt. Daarnaast zijn ze op onbekend terrein, ze opereren namelijk in Vlaanderen. Het risico om een confrontatie aan te gaan op het parkeerterrein is hier groter, dus nemen ze hun voorzorgsmaatregelen.

Arsène Pint vraagt het toenmalige hoofd van het SIE om iets na te gaan: "Toen ik terug thuiskwam heb ik onmiddellijk generaal Robert Bernaert gebeld: 'Generaal, ik zit met een gevoel dat ik niet kwijt geraak. Ik wil een onderzoek naar al wat met [het SIE] te maken heeft." Bernaerts onderzoek omtrent de zorgen van Pint duurt een weekend. De maandag na de overval in Aalst, belt Bernaert Pint terug en zegt: "Het onderzoek is negatief... Alle personeelsleden werden gescreend en alle alibi's werden nagegaan."[349] Dit onderzoek gebeurde helemaal handmatig, zodat niemand iets zou merken op de computer en iemand zou kunnen inlichten. Ze wilden niet dat het personeel dacht dat de generaal iemand van hen verdacht met betrekking tot de aanval in Aalst. Of ze ook de alibi's van oud-personeelsleden hebben nagegaan, is niet duidelijk. Enkele van de belangrijke verdachten in de zaak van de Bende van Nijvel maakten vroeger deel uit van de eenheid. Zelfs in 1996 kon Pint het gevoel niet van zich afschudden dat er iemand van de Rijkswacht bij betrokken was.

De Bende voldoet in hun acties zeker aan het profiel van de getrainde ordehandhaving. Hoewel het niet specifiek hoort tot de gewoontes van een SWAT-eenheid, is de manier waarop de Bende van Nijvel hun voertuig parkeerde tijdens hun overvallen op supermarkten opmerkelijk. Terwijl gewone overvallers gewoonlijk dichtbij de locatie parkeren die ze willen beroven, parkeren de bendeleden nooit vlak voor de deuren van de supermarkt en ook de voorkant houden ze vrij. Het is typerend voor veel politie-eenheden over de hele wereld om deze strategie te gebruiken wanneer ze een interventie doen, instinctief of opzettelijk. Volgens een politieagent: "Parkeer nooit je dienstauto voor het adres waar je naartoe wordt gestuurd, ongeacht hoe routineus de opdracht ook klinkt. De parkeerplaats heet de 'kill zone' en deze brengt je in direct gevaar. Wees dus niet lui, parkeer een halve straat verder en bekijk de situatie."[350]

Expert Lode van Outrive beweert dat "De Bende van Nijvel goed op de hoogte is van het functioneren van de Belgische politie."[351] In Ronquières bij het Bos van La Houssière ontdoet de Bende zich van een handboek over kogels dat door politiekorpsen wordt gebruikt. Wie zou er interesse hebben in zo'n boek, buiten misschien een historicus gespecialiseerd in vuurwapens, of uiteraard een politieagent? Ook interessant zijn de tijdschriften die gevonden werden in het Bos van La Houssière in november 1985. De tijdschriften bevatten artikels met titels zoals 'De UZI gebruikt bij de politie', 'Manufrance: de nieuwe riotgun van de politie' en 'Colt Agent' met afbeeldingen van politie-insignes. Op één na hebben alle tijdschriften politie-gerelateerde covers.

En dan zijn er ook de stukjes papier die gevonden werden na de diefstal in de wapenhandel Dekaise in september 1982. De tekst op de stukjes papier verwijst waarschijnlijk naar een nachtelijke inbraak bij een handelaar die enkele dagen voor de roofoverval in Waver plaatsvond. De stukjes papier vermelden een ontmoetingsplaats en plannen om 'naast de rijkswachtkazerne' af te spreken. Welke criminelen zouden afspreken naast een rijkswachtkazerne? Tenzij de criminelen natuurlijk zelf rijkswachters waren.

Sommige rijkswachters en onderzoekers hebben altijd het vermoeden gesteund dat het onderzoek naar de misdaden van de Bende van Nijvel van binnenuit werd gesaboteerd. Rijkswachter Bernard Sartillot, die tijdens de aanval op de wapenwinkel Dekaise in 1982 door de Bende werd neergeschoten, zei: "Ik ben ervan overtuigd dat de moordenaars konden rekenen op hulp van binnenuit, ik zal nooit iets anders beweren. Als je me vraagt hoe het mogelijk is dat iemand achtentwintig slachtoffers maakt, en nooit opgepakt wordt, zeg ik je dat je de vraag al beantwoord hebt door ze te stellen."[352] Tijdens de eerste openbare commissie over de Bende zegt procureur des Konings Francis Poelman dat er verraad was in het onderzoek naar de Bende en dat "Personen die in het onderzoek waren betrokken de daders bewust hebben ingelicht over het aan de gang zijnde gerechtelijk onderzoek."[353]

Verder zegt hij: "We weten dat [deze personen] op bepaalde ogenblikken de zaak hebben gesaboteerd... Waarom zouden ze niet valser hebben gespeeld? "[354] Volgens substituut van de procureur des Konings van Lierde: "Onder de voornaamste verdachten bevinden zich verscheidene ex-rijkswachters die weten hoe bij een onderzoek en een verhoor tewerk gegaan wordt en die hun kennis voor misdadige doeleinden gebruiken om de onderzoekers om de tuin te leiden."[355] Van Lierde was zo bezorgd dat hij op 2 augustus 1987 een brief schreef om de Rijkswacht uit te sluiten van het onderzoek.[356]

Hoofdstuk 27

Het Opzetten van een Rechtszaak

De laatste jaren verschenen er een aantal bekentenissen door vermeende leden van de Bende van Nijvel. De familieleden van de slachtoffers krijgen weer hoop. Meestal waren dit bekentenissen van één man die er zijn voordeel uit probeerde te halen. Vaak zijn de bekentenissen uit tweede hand, aangezien de mensen die bekend hebben dood zijn of nu gewoonweg ontkennen. Er is nooit fysiek bewijs gevonden dat deze bekentenissen ondersteunt. De getuigenprofielen komen ook niet overeen met die van de leden van de Bende van Nijvel. In de media zorgt deze ontwikkeling voor een kortdurende opwinding. Het resultaat is nog meer desillusie bij iedereen die erbij betrokken is. Na enkele decennia zijn de enige personen die blijvende geloofwaardigheid hebben als verdachte de leden van de bendes die eerder in dit boek zijn aangeduid als verdachten: in het bijzonder de bende Haemers, de bende van Baasrode en de bende van Bouhouche.

Rechtszaken

Het uiteindelijke doel is één van deze verdachte bendes in de rechtszaal te krijgen. Tenzij er natuurlijk een wonder gebeurt en er duikt een andere bende op met het bewijs van de misdaden nog in de hand!

We kunnen misschien lessen trekken uit de twee gevallen waarbij de verdachten werden aangeklaagd. De eerste aanklacht was deze tegen de

Borains en de tweede was deze tegen Johnny De Staerke van de bende van Baasrode. Waarom is het nooit tot een veroordeling gekomen?

Toen de Borains werden aangeklaagd, had de staat geen onafhankelijke getuige – iemand die zelf niet tot de groep rond de Borains behoorde - die de Borains op de plaats delict had gezien. De hele zaak rustte op elkaar tegensprekende en onzinnige bekentenissen die waren verkregen door een brute ondervragingstactiek. De zaak was gebaseerd op het feit dat de Bende van Nijvel niet erg snel handelde en bereid was om veel risico's te nemen voor een lage buit. Ondanks alle uren die besteed werden om meer bewijs te verzamelen via deze getuigen, waarvan men vermoedde dat ze een lage intelligentie hadden, was de hele zaak geen succes. De onderzoekers waren zich ervan bewust dat de Borains niet in het profiel van de Bende van Nijvel pasten en dus werden ze enkel aangeklaagd voor voornamelijk kleinere vergrijpen van de eerste golf en niet voor de misdaden van de tweede golf. Uiteindelijk was de hele zaak gebaseerd op een wapen dat waardeloos was als bewijs omdat de resultaten van het ballistische onderzoek elkaar tegenspraken. Een aantal personen die contacten hadden met de bende van Bouhouche, ook verdachten in de zaak, zouden toegang hebben gehad tot het wapen tijdens het onderzoek – waardoor het wapen een erg onbetrouwbaar bewijsstuk werd.

Dan was er de zaak tegen Johnny De Staerke van de bende van Baasrode. Deze zaak komt uiteindelijk nooit voor de rechtbank. Ook hier is het erg waarschijnlijk dat de hele zaak werd gemanipuleerd door de Bende van Nijvel. De 'De Staerke' aanwijzing was verkregen op basis van een verklaring van ooggetuigen bij één enkele aanval. En onthoud ook dat De Staerke bijna de gehele periode van de aanvallen van de eerste golf in de gevangenis zat, maar dat een aantal getuigen in Aalst geloven dat ze op de dag van of een paar dagen voor de aanval bij de Delhaize supermarkt iemand hebben gezien die op hem lijkt.

De hoofdreden waarom De Staerke in verband werd gebracht met de aanval in Aalst is dat zijn ex-vriendin verklaard heeft dat hij bij de Delhaize in Aalst was gaan winkelen tussen 16u en 18u op de dag van de aanval. Hijzelf zegt dat het de dag daarvoor was. Beide verklaringen werden lange tijd na de aanval afgelegd.

Er is geen fysiek bewijs. Er worden maskers, Legia munitie, een riem en andere spullen gevonden in het huis van kennissen van De Staerke. Deze items zijn vergelijkbaar met de spullen die werden gebruikt door de Bende van Nijvel. Als je enkel het merk en het uiterlijk als belangrijk beschouwt, kan je dezelfde spullen gevonden hebben bij de bende Haemers of de bende van Bouhouche. Er is geen geloofwaardig fysiek bewijs.

Wanneer hij maanden na de overval in Aalst wordt ondervraagd, geeft De Staerke de onderzoekers een twijfelachtig alibi. Later ontkent hij dit verhaal weer en zegt hij dat hij zich niet meer kan herinneren waar hij was die avond.

De Samsonite koffer die op dezelfde avond als de aanval in Aalst werd afgegeven bij een onderduikadres bevat sporen van buskruit. De Staerke ontkent echter dat er ooit wapens in de koffer hebben gezeten. Onderzoekers vinden het verdacht dat De Staerke nooit oprecht is. Maar voor alle duidelijkheid: het vinden van buskruit in de koffer bewijst enkel dat de beweringen van De Staerke niet erg geloofwaardig zijn.

Het bewijs is flinterdun. De onderzoekers richtten zich waarschijnlijk op De Staerke in de hoop dat hij hen meer informatie kon geven, maar er werd nooit meer bewijs gevonden. Ook andere bronnen leverden geen bewijsmateriaal of bekentenis op die het mogelijk maakten dat de zaak tegen Johnny De Staerke of de bende van Baasrode voor de rechtbank zou komen.

Contracttheorie

Om te verklaren dat De Staerke in Aalst was zonder de rest van zijn bende, kunnen we aannemen dat een andere groep hem ervan heeft overtuigd om samen te werken met de Bende van Nijvel tijdens hun laatste bloedbad. Maar wat is de logica hierachter? Een theorie die over de jaren heen is ontstaan is de contracttheorie, een theorie die ook naar voren geschoven werd voor Patrick Haemers van de bende Haemers. Hij zou persoonlijk zijn aangenomen voor de klus. Haemers werd nooit aangeklaagd, maar het bewijs dat hem in Aalst zou plaatsen is net zo mager als het bewijs dat er is voor De Staerke. Een slachtoffer zag Haemers jaren later op televisie en geloofde dat hij de man was die op hem had geschoten. Toen Haemers maanden later naar een alibi werd gevraagd voor de aanval in Aalst, komt hij op de proppen met een bonnetje van een restaurant. Sommigen vonden dit erg verdacht en vonden het alibi te perfect om geloofwaardig te zijn. Net zoals bij De Staerke werden er Legia cartridges en maskers gevonden in een garagebox van de bende Haemers.

De contracttheorie wordt vaak gebruikt als bewijs dat er een terroristisch motief achter de moorden schuilgaat. Een of andere sponsor zou Special Forces en gangsters hebben samengebracht. De gangsters wisten hoe ze overvallen moesten plegen en kenden de buurt goed. Zo konden ze angst zaaien onder de bevolking. Het doel was óf de verkiezingen te beïnvloeden, óf het beïnvloeden van de aanwezigheid van de NAVO raketten in België óf meer macht voor de Rijkswacht te verkrijgen. Misschien waren het zelfs alle voorgaande redenen samen. In de herfst van 1985 was het grote publiek nauwelijks op de hoogte van het bestaan van Patrick Haemers of Johnny De Staerke. De Belgen kenden enkel een bende genaamd de bende van Baasrode die een reeks gewapende overvallen had gepleegd zonder slachtoffers te maken. Ze zijn ook op de hoogte van een andere bende, waarvan de naam op dat moment nog onbekend is, die hun eerste slachtoffers maakte in november 1985, in dezelfde week als de aanval op de Delhaize in Aalst. Ze gebruikte toen een bom die veel te sterk was voor de achterdeur van een gewapende postvrachtwagen. Voor wie niets weet van de andere activiteiten van bende Haemers, is Haemers op dat moment een klungelende bankovervaller die eerder al naar de gevangenis ging voor de mislukte overval op de bank in Deerlijk. De Staerke was sinds 1985 op de vlucht voor de autoriteiten en hij stond niet bekend als een specialist in overvallen.

Zelfs als buitenstaanders een bandiet wilden rekruteren uit een van de bendes of uit beide bendes, zouden ze dan echt Haemers of De Staerke kiezen?! Waarom zouden ze hun keuze laten vallen op iemand die de reputatie had een junk of een heethoofd te zijn? Zouden ze niet eerder een voorkeur hebben voor Dominique S. of Phillippe L., die het brein waren van hun bende? De theorie is dat ze echte moordenaars wilden rekruteren, maar Dominique S., Haemers, De Staerke en Philippe L. zijn in de loop van hun criminele loopbaan allemaal voor hetzelfde aantal moorden met een vuurwapen schuldig bevonden: geen enkele moord. Hoewel er ondertussen iets meer aanwijzingen werden gevonden over de bende Haemers en de bende van Baasrode dan al de twijfelachtige, tweedehands bekentenissen uit het nieuws, is de zaak nog geen centimeter vooruitgekomen wat bewijsmateriaal betreft. De onderzoekers hebben weinig om mee aan de slag te gaan ...

DE JUISTE VERDACHTEN

Om een zaak voor een rechter en een jury te krijgen, moet je een geschikte verdachte vinden. Een belangrijk kenmerk van de Bende van Nijvel dat naar voren is gebracht, is dat de Bende van Nijvel bestond uit politieofficieren en geoefende schutters. Wij denken dat dit zeker het geval moet zijn geweest, en hierdoor worden de bende van Baasrode en de bende Haemers uitgesloten. Als er politieofficieren onder de leden van de Bende van Nijvel zouden zijn, zou dit de verklaring zijn waarom zij elke keer als winnaar uit de bus kwamen bij vier grote vuurgevechten met de politie en dat de bendeleden daarbij ongedeerd bleven, terwijl agenten verwond of zelfs gedood werden. De Bende van Nijvel weet dat op dat moment de politie een beperkte vuurkracht heeft. Ze zijn ook op de hoogte van het reilen en zeilen van de Rijkswacht en anticiperen hun komst. Als de overval mislukt, kunnen ze dit altijd achteraf oplossen, omdat ze deelnemen aan het onderzoek en toegang hebben tot de dossiers.

Dat zou verklaren waarom de Bende op de hoogte leek te zijn van de communicatie via de radio en de interventieplannen. We sluiten niet uit dat er binnen de betrokken instanties problemen waren of dat er menselijke fouten zijn gemaakt. We zijn er ondertussen echter van overtuigd geraakt dat het interne sabotage binnen de Rijkswacht is die ons gebracht heeft tot waar we ons nu bevinden in de zaak. Bij het bekijken van alle beschikbare informatie, zien we duidelijk samenzweringen en het achter houden van informatie op onderzoekniveau. We kunnen niet uitsluiten dat er ook personen op een hoger niveau in de hiërarchie betrokkenen zijn, maar daarvoor is in ieder geval geen bewijs. Wanneer we met internationale voorbeelden vergelijken waar agenten banden hebben met de georganiseerde misdaad, dan blijkt dat er ook niet veel meer nodig is om een onderzoek volledig in de war te brengen. Neem bijvoorbeeld de beruchte Amerikaanse zaken van Louis Eppolito en Steven Carracappa, twee NYPD-agenten die voor de maffia werkten. Of John Connolly, de FBI-detective die hielp met het verbergen van informatie voor Whitey Bulger's Winter Hill Bende.

De Bende van Nijvel was niet de doorsnee gangsterbende die zomaar een wapen in de hand nam om een overval te plegen en bij het schieten vanop enkele meters eerder zou missen dan raken. De Bende was zeker geïnteresseerd in wapens en munitie en sommige leden waren geoefende schutters.

In oktober 1982 werd er in het Zoniënwoud bewijs gevonden dat de Bende van Nijvel schietoefeningen deed. In het bos van Houssières en Ronquières werden wapentijdschriften en boeken gevonden. En het feit dat de bendeleden gebruik maakten van herladen kogels toont aan dat de bendeleden regelmatig schoten. De enige bende die wordt verdacht en op beide fronten in het plaatje past is de bende van Bouhouche, omdat die sterke banden heeft met de Rijkswacht. En er zijn op zijn minst twee geoefende schutters lid van deze bende.

We hebben de theorie dat de Bende van Nijvel een logistieke vleugel of sponsors had volledig verworpen. Alles wat de bendeleden deden kan uitgelegd worden zonder dit erbij te betrekken, en er is geen bewijs dat er banden zouden zijn met zulke externe entiteiten. Het lijkt erop dat de Bende van Nijvel zelf het initiatief nam om overvallen te plegen en daarbij 28 mensen te doden.

Maar is nog zoveel meer dat we niet weten van de bende van Bouhouche. Iedereen is op de hoogte van het alibi van Patrick Haemers in Aalst, het alibi van Johnny De Staerke in Aalst en zelfs dat van Martial Lekeu in Temse. Anders dan de andere verdachten was de harde kern van de bende van Bouhouche niet het land uit of zaten ze niet in de gevangenis tijdens de aanvallen van de Bende van Nijvel. En sommige van hen waren rijkswachters. Hoe zagen de werkschema's eruit? Hoe vaak waren zij in een van hun diensten aan het werk? Is dit genoteerd? Het is geen publieke kennis. Had bijvoorbeeld iemand van de harde kern een alibi voor de nacht van de dubbele aanval in Eigenbrakel en Overijse? We weten het niet. Hebben ze misschien een alibi voor de andere overvallen dat gegeven kan worden door iemand die niet tot de groep behoort? We weten het gewoon niet.

Garageboxen voor de gestolen auto's

Waar we wel van op de hoogte zijn, zijn de criminele activiteiten van de bende van Bouhouche. Zouden deze activiteiten de bendeleden een soort van alibi geven? Krijgen ze het voor elkaar om zowel de bende van Bouhouche als de bende van Nijvel te zijn? De bende van Bouhouche huurde een netwerk aan appartementen en garageboxen om gestolen auto's in op te slaan. We zijn van een groot deel van dit netwerk op de hoogte. We zullen ons hier enkel concentreren op de garageboxen.[357]

De bende van Bouhouche steelt auto's met het doel deze te gebruiken bij hun criminele activiteiten, niet om de auto's door te verkopen. Ze huurde garageboxen om de gestolen auto's in te parkeren. Als ze niet genoeg boxen had, was de bende genoodzaakt om de auto's op straat te parkeren of op parkeerplaatsen buiten het opslagcomplex in Elsene of Woluwe. Dit maakte hen kwetsbaar. De politie heeft een aantal keren hun gestolen auto's ontdekt.

De Bende van Nijvel liet de auto's achter en zette ze vervolgens in brand. Ze liet nooit een auto op straat staan omdat ze een goede verstopplaats had voor de auto's. Net zoals de bende Haemers, de bende van Baasrode en de bende van Bouhouche, huurde de Bende van Nijvel waarschijnlijk garageboxen om de auto's op te slaan. Omdat de Bende van Nijvel telkens maar in het bezit was van één auto, geloven wij dat ze maar één garagebox huurde. De bendeleden ontdeden zich van de auto direct na het stelen van een andere. In feite was de enige keer dat ze twee auto's in hun bezit hadden – een donkere Golf en een Audi – tussen 22 februari en 3 maart in 1983.[358] Door gebrek aan opslagplaats was de Bende van Nijvel genoodzaakt om de Audi in Elsene op straat te parkeren waar deze door autoriteiten werd gevonden op 3 maart 1983.

Als we alles wat we weten over de bende van Bouhouche bekijken, kunnen we dan besluiten dat zij de logistieke mogelijkheid hadden om de aanvallen van de Bende van Nijvel uit te voeren naast hun eigen criminele activiteiten? Als ze dat niet hadden, dan hadden ze deze verdediging zeker gebruikt. De bende van Bouhouche had twee hoofdopslagplaatsen – Elsene en Woluwe. Tijdens de tweede helft van 1985 creëerden ze een derde opslagplaats in Anderlecht.

De bende van Bouhouche huurde de garageboxen uit noodzaak. Vanaf 1981 hadden de bendeleden voor elke gestolen auto een box. De eerste garagebox die ze huurde was in Elsene op 11 september 1981. Dagen later, op 28 september 1981 stalen ze een Mazda 626. Op 7 oktober 1981 stalen ze een Toyota HiAce die van cruciaal belang was bij het transporteren van zwaar materiaal dat ze nodig hadden voor het afpersingsplan. In beide gevallen ging het om een gelegenheidsdiefstal: de auto's stonden beide dubbel geparkeerd op de Avenue Louise met de sleutels erin.

Ondanks de gemakkelijk toegang tot beide auto's, zat de bende van Bouhouche nu met een dilemma: ze was in het bezit van twee auto's en maar één garagebox. Daardoor waren de bendeleden genoodzaakt om een gestolen auto voor het complex in Elsene of Woluwe te parkeren. Helaas voor de bende werd de Mazda 626 in beslag genomen door autoriteiten op 28 oktober 1981.

Hetzelfde gebeurde toen de bende een andere auto stal. Rond 1 januari 1982 stalen ze een ongemarkeerde, groene Mazda met wapens van het hoofdkwartier van het SIE erin. Ze halen de auto leeg, maar parkeren de Mazda buiten het complex in Elsene. Zoals de vorige gestolen auto, werd ook deze door de autoriteiten in beslag genomen, dit op 4 januari 1982.

Tussen 23 januari en 26 januari 1982 stalen ze een witte Ford Taunus die later werd omgebouwd tot rijkswachtauto om zo misdaden te plegen. Ze hebben geleerd van hun fouten en ze huurden meteen een nieuwe garagebox in Woluwe op 20 maart. Ze hebben nu twee garageboxen voor twee auto's.

Op 10 maart 1982 steelt de Bende van Nijvel haar allereerste auto: een Volkswagen Santana, en verbergt deze in een garage. Op 1 juni 1983 huurt de bende van Bouhouche ondertussen een derde garagebox, ondanks het feit dat ze maar twee auto's in het bezit hadden – de Toyota HiAce en de Ford Taunus. De periode van het gebruik van deze box overlapt met de periode van de eerste golf van de Bende van Nijvel, en het is verdacht dat de bende van Bouhouche de vraag over de inhoud van deze box onbeantwoord liet.

Op 30 september 1982 stak de Bende van Nijvel hun Volkswagen Santana in brand. De Bende van Nijvel is tussen oktober 1982 en januari 1983 niet in het bezit van een auto. Gedurende deze periode hebben ze twee misdaden gepleegd. Eentje vond plaats in een taxi, waarvoor ze geen auto nodig hadden, en de andere was de diefstal van alcohol in de herberg "Het Kasteel" in Beersel waarbij ze de conciërge hebben vermoord. Getuigenverklaringen over het merk en de grootte van de auto die hiervoor gebruikt werd, spreken elkaar tegen. Het enige waar de getuigen het over eens waren, was dat de auto wit was. Toevallig was de bende van Bouhouche op dat moment in het bezit van twee auto's, beide wit.

In het begin van 1983 huurde de bende van Bouhouche nog steeds drie boxen – elk voor een van de gestolen auto's, en de derde voor een onbekende inhoud. Ondertussen, op 28 januari 1983, stal de Bende van Nijvel een Peugeot en kort daarna, op 14 februari, een Volkswagen Golf. De volgende dag ontdoen ze zich van de Peugeot, wat bewijst dat ze maar één veilige opslagplaats hadden voor hun auto. Op 22 februari stal de Bende van Nijvel een Audi 100 – dit is de enige keer dat ze een tweede auto hadden. De autoriteiten vonden deze Audi, een paar dagen later, op 3 maart, op straat in Elsene.

De bende van Bouhouche ruilde ondertussen op 10 juli 1983 de twee opslagplaatsen in Woluwe in voor twee opslagplaatsen in Elsene. De huur voor de twee boxen in Elsene start op 10 juli 1983. Ze stopten de huur van de twee opslagplaatsen in Woluwe abrupt op 20 juli 1983.

Ondanks de mogelijkheid om zich ook te ontdoen van de derde opslag box, behouden ze alle drie de boxen in Elsene.

Op 7 juni 1983 steekt de Bende van Nijvel hun Volkswagen Golf in brand. De bendeleden stelen direct daarna, op 9 juni, een Saab. Ze gebruiken deze auto in de zomer totdat deze na de aanval op de Colruyt in Nijvel op 20 september kapotging. Op 1 oktober 1983 vervangen ze deze wagen door de rode Volkswagen Golf die ze bij het restaurant Aux Trois Canards stalen en die ze overspoten met zwarte verf. Deze auto wordt op 1 december 1983 achtergelaten en in brand gestoken en dit is meteen het einde van de eerste golf van misdaden door de Bende van Nijvel.

In december 1983 neemt de bende van Bouhouche eindelijk de derde garagebox in gebruikt. Deze stond ondertussen al meer dan een jaar leeg.[359] Ze stalen een Honda Quintet die ze gebruikten voor de overval bij het Walibi pretpark in augustus 1985.[360]

Na de eerste golf van misdaden was de Bende van Nijvel meer dan anderhalf jaar niet actief en niet in het bezit van een auto. Gedurende deze periode was de bende van Bouhouche druk bezig met het graven in het pakhuis in de Washuisstraat, voor de uitvoering van hun afpersingsplan.

Hun plan zorgde ervoor dat ze in het bezit moesten zijn van een grote auto om vanaf de uitgang van de riool te kunnen vluchten. Op 5 april 1984 stalen ze speciaal voor dat doel een Renault 18 stationwagen. Ze bevestigen een diplomatensymbool op de auto. Deze auto zorgde voor een probleem, omdat ze nu in het bezit waren van vier auto's en ze hadden maar drie garageboxen. Ze laten de andere auto's in de garagebox terwijl ze de witte Taunus buiten het Woluwe complex parkeren. Deze wagen werd later gevonden door de autoriteiten op 6 juni 1984.

Met het verlies van de Taunus heeft de bende van Bouhouche weer drie auto's in het bezit en drie garageboxen om deze te verbergen. Op 21 november 1984 steelt de bende een Renault 4 die later gebruikt wordt bij de moord in pretpark Walibi. Dit zorgde ervoor dat ze weer in het bezit waren van een extra auto. Doordat de bende van Bouhouche afzag van het afpersingsplan, werd er waarschijnlijk besloten om de Renault 18 stationwagen die gebruikt zou worden bij dit project, buiten op straat te laten staan in de maanden die volgden.

De week voor de aanval bij het pretpark Walibi op 15 augustus 1985, huurden de bendeleden nog twee boxen – eentje in Anderlecht op 9 augustus en de andere in Woluwe op 14 augustus. De twee huurcontracten voor de garageboxen in Elsene liepen tot 1 november 1985. Het leek er echter op dat ze deze twee oudere garageboxen in Elsene niet meer gebruikten, want vanaf nu parkeerden ze de auto's op straat.

De vraag blijft waarom ze deze twee boxen in Elsene hebben verlaten en de derde garagebox in Elsene hebben behouden? Via telefoon en mail huurden ze deze laatste garagebox in Elsene die ze blijven gebruiken, onder de valse naam Castaldo in 1981, terwijl ze andere twee boxen onder de naam Bremer huurden vanaf juli 1983. De twee boxen die ze huurden in 1983 bevatten de twee auto's die werden gebruikt bij de moord in pretpark Walibi op 15 augustus 1985. Na de aanval in Walibi zijn ze nooit teruggegaan om de Renault 4 op te halen die ze gebruikten als back-up. In plaats daarvan reden ze acht kilometer verder naar de opslagplaats in Woluwe waar ze een dag van tevoren een garagebox hadden gehuurd. Ondanks de beschikbare veilige plaats, kozen ze ervoor om de auto niet onmiddellijk in de garagebox te parkeren. Dit leidde ertoe dat de auto nog geen vier uur na de aanval door de autoriteiten werd gevonden. De twee oude garageboxen in Elsene gebruiken waarin ze de twee auto's voor de moorden hadden geparkeerd, wordt nu te moeilijk en gevaarlijk.

Met alle wisselende huurcontracten en de auto's, heeft de bende van Bouhouche nog steeds drie garageboxen over in Woluwe, Elsene en Anderlecht voor hun twee overgebleven auto's – de Renault 18 met diplomatenmarkeringen en het Toyota HiAce busje. Omdat ze nog één veilige opslagplaats over hadden, stalen ze op 10 september 1985 een Mercedes Jeep.

Ondertussen steelt de Bende van Nijvel haar eerste auto sinds 1983, en kiest voor een Volkswagen Golf in Erps-Kwerps als de auto die gebruikt zal worden tijdens de tweede golf van misdaden. In tegenstelling tot tijdens de eerste golf, waren alle gehuurde garageboxen van de bende van Bouhouche in deze periode met auto's gevuld. Zeven dagen na de overval in Erps-Kwerps en één dag na de overval in Eigenbrakel en Overijse door de Bende van Nijvel, vonden de autoriteiten echter de Renault 18, die theoretisch een plek gehad zou moeten hebben in een van de drie garageboxen. De auto stond op straat buiten de opslagplaats in Elsene op 28 september 1985. Dit suggereert dat de bende van Bouhouche nog een andere auto in haar bezit had.

De wisseling van voertuigen binnen hun netwerk van gehuurde garageboxen geeft aan dat de bende van Bouhouche de logistieke mogelijkheden had om zowel hun eigen criminele activiteiten uit te voeren alsook die van de Bende van Nijvel. Over dit onderwerp is weinig bekend gemaakt. Hebben de bendeleden ooit een verklaring gegeven voor deze opmerkelijke toevalligheden? Het zou kunnen dat er een onschuldige verklaring bestaat voor deze discrepanties, maar deze informatie werd nooit gelekt.

Hoofdstuk 28

Bewijs

Er bestaat over het algemeen weinig forensisch bewijs in de zaak van de Bende van Nijvel. Er is de Ruger in de zaak tegen de Borains en er is het spaghettiwapen in de zaak tegen Bouhouche, maar beide wapens werden verworpen als bewijsstuk. Uiteraard was er nooit enig spoor van DNA dat gelinkt kon worden aan een gekende verdachte. Het derde stuk forensisch bewijs in de zaak tegen de bende van Bouhouche en daarmee het belangrijkste bewijs in de hele zaak is de nummerplaat van de Saab Turbo.

De enige solide, forensische link in de zaak tegen de bende van Bouhouche is een nummerplaat die werd gedrukt met behulp van dezelfde machine als degene die werd gebruikt door de Bende van Nijvel. De machine had een unieke fout die gelinkt kon worden aan een mal van de firma L'Autac. Ook bij andere misdaden van de bende van Bouhouche werd er gebruik gemaakt van deze mal voor het maken van valse nummerplaten.[361] De nummerplaten voor de Renault 4 die gebruikt werd voor de moord in het pretpark Walibi in augustus 1985 en de Mercedes 4 x 4 die enkel weken later gestolen werd, hebben een nummerplaat die met dezelfde mal gemaakt werd. De autoriteiten geloven dat de Renault 4 een reserveauto was voor het geval er iets mis zou gaan met de Honda Quintet tijdens de aanval in het pretpark Walibi.

Maar het doorslaggevende element is dat zowel de Bende van Nijvel als de bende van Bouhouche dezelfde techniek gebruikten om de kentekenplaten ouder te laten lijken. Volgens de expertise van de gerechtelijke politie werd de valse nummerplaat van de Saab die de ochtend na de overval op de Colruyt in Nijvel waarbij drie doden en drie gewonden vielen, gevonden werd, kunstmatig verouderd. Daarbij werd dezelfde techniek gebruikt als bij de valse nummerplaten die gebruikt werden op twee auto's van de bende van Bouhouche: de Renault 25 en de 4X4.[362] De nummerplaat van de Saab werd bijgehouden bij de griffie van het gerechtshof van Nijvel. Dit uiterst belangrijke bewijsstuk verdween spijtig genoeg in het niets tijdens de eerste jaren van het onderzoek.[363]

Minstens even belangrijk is echter het feit dat rijkswachters als ooggetuigen individuen uit de entourage van Bouhouche hebben geïdentificeerd als betrokken bij een overval van de Bende van Nijvel —en dat waren de enige twee keer dat de leden van Bende van Nijvel weinig make-up droegen en hun gezicht weinig bedekt was. Gedurende de aanval op de wapenwinkel in Waver in september 1982 werden ze geïdentificeerd op het moment dat ze verrast werden door een auto van de Rijkswacht. Ze werden ook geïdentificeerd en hun gezichten werden herkend tijdens de schietpartij in september 1983 bij de Diable Amoureux, na de aanval op de Colruyt in Nijvel.

Op zich zou het forensisch bewijs met betrekking tot de nummerplaten in combinatie met de rijkswachters die in staat waren mensen te identificeren die ze daarvoor al kenden genoeg moeten zijn om te leiden tot een veroordeling voor moord. Dit is echter niet wat gebeurde. Zijn de problemen met dit bewijs die niet bekend zijn bij het grote publiek? Een geloofwaardige getuige is normaal gesproken genoeg voor de jury om over te gaan tot een veroordeling voor moord.

Wat als?

Als de bende van Bouhouche erbij betrokken is, heeft dat ernstige gevolgen. Als we aannemen dat de bende van Bouhouche deze misdaden heeft gepleegd, is er op zijn minst voor twee leden van de bende – omdat het rijkswachters zijn – een geldige reden waarom er DNA en vingerafdrukken van hen op het bewijsmateriaal gevonden kunnen worden. En als ze leden zijn van de Bende, dan hadden ze als rijkswachters voldoende toegang tot het bewijsmateriaal. De onderzoekers zetten bijvoorbeeld om de beurt een hoed op die gebruikt was bij de overval op de Delhaize in Aalst door de Bende van Nijvel.[364] Ze hadden veel directe toegang tot de bewijsstukken. Ze zouden het bewijsmateriaal kunnen laten verdwijnen of het verwisseld kunnen hebben op de plaats delict of in de opslag tijdens het onderzoek. De rijkswachters die behoorden tot de vriendenkring van Bouhouche hadden de bijzondere vaardigheid om vaak betrokken te zijn bij de onderzoeken naar de misdaden van de bende van Bouhouche. Het heeft vele, frustrerende jaren geduurd voor de bomaanslag op Goffinon, de aanval op Vernaillen en de aanval op Zwarts zijn opgelost.

Zelfs het feit dat ze als hoofdverdachten beschouwd worden, is een groot probleem voor het onderzoek. Als een onderzoek in de toekomst zou leiden tot het aanklagen van iemand anders dan een lid van de bende van Bouhouche, zal elke competente advocaat voor de verdediging het feit naar voren brengen dat de bende van Bouhouche de vinger in de pap heeft gehad in elk aspect van het onderzoek. Ze hadden jarenlang direct toegang tot bewijsstukken die nodig waren om tot een veroordeling te komen in de zaak van de Bende van Nijvel. Het bewijsmateriaal is onherroepelijk besmet voor alle anderen. Tenzij de aanklagers met een overtuigende bekentenis op de proppen kunnen komen, nieuwe getuigen vinden en een rechtszaak kunnen vermijden, is het onmogelijk om ooit tot een veroordeling te komen. Het zou weer precies zo zijn als in de zaak tegen de Borains, behalve dat het nu ook bekend is dat de bende van Bouhouche jarenlang het bewijsmateriaal dat de aanklagers nodig hebben om andere verdachten te veroordelen heeft kunnen saboteren.

MOTIEF

De motieven die doorgaans gebruikt werden om de betrokkenheid van de bende van Bouhouche te verklaren, waren altijd problematisch. Hun eigen misdaden waren te complex om een gewone diefstal als motief te hebben zoals bij de Borains. Vaak waren de aanvallen een manier om de autoriteiten in verlegenheid te brengen en de Rijkswacht onbekwaam over te laten komen zoals gebeurde tijdens de diefstal bij de groep Diane in januari 1982. Misschien waren het extreemrechtse militanten? Misschien werden de autoriteiten van het land in een slecht daglicht gezet zodat de bevolking zou reageren en gebeurde dit in opdracht van een sponsor van een of andere intelligentiedienst? Het is een twist op het motief van terrorisme. Maar het motief van terrorisme is even problematisch als dat van een eenvoudige diefstal. Het is moeilijk om alle feiten in deze theorie te doen passen.

Het feit dat er geen duidelijk motief werd vastgesteld, hoeft de autoriteiten natuurlijk niet tegen te houden om een rechtszaak te beginnen tegen de bende van Bouhouche. De bendeleden werden herkend op de plaats delict met een wapen in de hand. De getuigen zijn uiteraard wel rijkswachters. En voor dit bewijsstuk verdween, was de nummerplaat van de Saab het enige bewijsstuk dat met de verdachten kon verbonden worden en dat niet verworpen werd. Maar zoals we in eerder onderzoek hebben kunnen vaststellen, kan het vinden van een motief helpen om "cold cases" zoals deze op te lossen.

Hoe zit de bende van Bouhouche eigenlijk in elkaar? Zoals eerder vermeld, werd de bende opgericht door Bouhouche. Om verschillende redenen maken we de namen van de rest van de bende niet bekend. Allereerst werden sommige leden in tegenstelling tot de harde kern van de andere bendes niet beschuldigd van betrokkenheid bij een geweldsdelict.

We kunnen zeggen dat Bouhouche het middelpunt is van de bende en dat een groot deel van de andere leden uit de wereld van de ordehandhaving komen. Er waren ook belangrijke contacten met personen binnen de Rijkswacht, personen die misschien gemanipuleerd werden door de bende. De vriendenkring van Bouhouche bestaat uit een bonte mengeling van rijkswachters, criminelen en moordenaars, maar de meeste van zijn vrienden wisten niets van de ernst van zijn criminele activiteiten af. Zelfs sommige van zijn criminele vrienden binnen de harde kern wisten niet alles. De meeste van de vrienden van Bouhouche hebben niets met de bende te maken en we moeten er dus vanuit gaan dat ze onschuldig zijn.

Laten we een spel spelen. Wat als?

We beschuldigen geen enkel specifiek lid van de bende van Bouhouche ervan deelgenomen te hebben aan de overvallen van de Bende van Nijvel, zelfs Bouhouche niet. Misschien zullen de autoriteiten de identiteit van leden van de bende van Bouhouche delen wanneer er ooit een zaak tegen hen kan worden opgezet. Onder deze bendeleden rekenen we de Killer, de Oude man en de Reus.

We zullen terugkijken op alle feiten van de zaak en we zullen de redenen geven waarom de Bende van Nijvel bepaalde misdaden pleegde en waarom de Bende bepaalde personen vermoordde. We zullen deze feiten ook vergelijken met het verhaal van onze hoofdverdachte: de bende van Bouhouche. We zullen de motivaties voor het uitvoeren van de misdaden door de Bende van Nijvel door de bende van Bouhouche ontleden en beschrijven. We hebben ook de oefening gedaan om uit te zoeken hoe elk van de verdachten die in dit boek worden vernoemd, passen bij de feiten. We besloten dat het probleem niet enkel is dat het bewijs dat hen met de Bende van Nijvel verbindt zwak is, de andere bendes passen gewoon helemaal niet. Daarom gaan we hier niet verder in op de details, die kunnen door de lezer teruggevonden worden in de andere delen van het boek. De bende van Bouhouche is de enige leidraad die enigszins logisch is en uitgelegd kan worden.

HOOFDSTUK 29

MET WAPENS, MET GEWELD, MET HAAT

Net voordat de Bende van Nijvel begon aan hun criminele carrière, was de bende van Bouhouche al met haar eigen misdaden gestart. De belangrijkste en allesoverheersende focus voor hun criminele activiteiten bestond uit het plan om supermarkten af te persen.

Een kennis van Bouhouche die op de hoogte is van het plan zegt dat Bouhouche al aan het eind van de jaren zeventig praatte over de plannen om via afpersing van supermarkten aan geld te komen. "Eind 1979 stelde Dani Bouhouche voor dat ik mee zou doen in de plannen tegen de supermarkten. Het doel was de supermarkten in brand te steken nadat er losgeld was gevraagd en dan te verdwijnen in een Zodiac in het rioolsysteem van Brussel."[365] De eerste golf van misdaden moesten gepleegd worden om dit plan tot uitvoering te brengen.

De bende van Bouhouche probeerde om hun ambitieuze afpersingsplan tot stand te brengen, het was een variatie op de Franse 'casse du siècle'. De 'casse du siècle' was een beroemde misdaad die werd geleid door Albert Spaggiari in 1979. Hij en zijn team van bandieten groeven een tunnel vanaf het rioleringssysteem in de stad naar het gebouw van een bank om daar in te kunnen breken. De buit die ze stalen was gigantisch en hun werkwijze werd legendarisch. Toen de Franse autoriteiten de kluis betraden, vonden ze een slogan op de muur geschilderd: "Ni armes, ni violence et sans haine" (Zonder wapens, zonder geweld en zonder haat). De bende van Bouhouche creëerde haar eigen versie van de tunnel diefstal, maar in plaats van een tunnel te graven om bij het geld te komen, plande ze om een tunnel te graven om met het geld weg te geraken via het rioleringssysteem.

Als we er rekening mee houden dat de moorden op Francis Zwarts, Willy Pan en Juan Mendez, en het in koelen bloede beschieten van de familie Vernaillen in hun eigen huis onderdeel zijn van de criminele carrière van de bende van Bouhouche, is deze versie van het motto echter compleet het tegenovergestelde van dat van Spaggiari's. Het motto zou dus eerder luiden: 'Met wapens, met geweld en met haat'.

De bende van Bouhouche was oorspronkelijk van plan een supermarktketen af te persen en er zijn indicaties dat ze hiervoor de keten GB Inno's gekozen had, een keten die echter nooit overvallen werd door de Bende van Nijvel. Wanneer de directeuren van het bedrijf het losgeld bij elkaar hadden verzameld, zou het naar het Washuisstraat gebouw worden gebracht, waar een tunnel naar het rioleringssysteem leidde. Als de supermarktketen de eisen van de bende niet zou inwilligen, zouden de bendeleden de winkels van de keten een voor een opblazen totdat de keten over zou gaan tot betalen. Ze overwogen ook om voedingswaren in de winkel te vergiftigen als alternatief of als een extra middel om de keten onder druk te zetten.

Er zijn vier fases in het afpersingsplan: de financieringsfase (het stelen van geld dat nodig is om de plannen uit te voeren), de materialenfase, de graaffase en de afpersingsfase. De eerste drie fases komen overeen met de periode van de aanvallen door de Bende van Nijvel. Ze komen nooit tot de afpersingsfase, waarbij ze zouden starten met het afpersen van de directeuren van de supermarktketen. Anders dan de 'casse du siècle', die was gefinancierd door de georganiseerde misdaad, moest de bende van Bouhouche zelf met al het geld op de proppen komen. Er was veel geld nodig om alle materiaal, gereedschap en andere zaken bij elkaar te krijgen en dus waren de kosten astronomisch hoog.

De eerste gewapende overval waarvan we weten dat deze uitgevoerd werd door de Bende van Nijvel in 1982 had als doel een auto te stelen die gebruikt kon worden om overvallen te plegen om alcohol te stelen. De

Volkswagen Santana die ze op het einde van de avond in handen hebben, past volledig in het plaatje. Opmerkelijk is dat de diefstal dichtbij hun werkplek gebeurde, op loopafstand. Ze konden hun dienst gewoon afmaken en elkaar naderhand ontmoeten. Het is ook niet ver van Flageyplein in Elsene, dichtbij het complex waar ze garageboxen huurden.

In de begindagen financierde de bende van Bouhouche de afpersingsplannen met het stelen van alcohol, zoals bijvoorbeeld bij de aanval in Maubeuge in augustus 1982 en de aanval op herberg "Het Kasteel" in december 1982. Er zijn wellicht meer overvallen die niet bekend zijn. We zijn alleen op de hoogte van deze misdaden doordat zij eindigden in bloedige confrontaties. Er is veel meer geld nodig en dit betekent dat ze nog veel meer flessen alcohol moeten stelen en het is overduidelijk dat dat soms misloopt. De locatie van Maubeuge in Frankrijk is vreemd, maar een goede vriend van Bouhouche is in die omgeving opgegroeid en woont net over de grens van de Borinage, daardoor kent hij Maubeuge goed.

Ze financierden hun afpersingsplannen ook door twee waardevolle transporten van Swiss Air te overvallen. Tijdens de diefstal in Mechelen in juli 1982 en de overval op Zwarts in oktober 1982 op de luchthaven van Zaventem deden ze zich voor als rijkswachters. Om de klus uit te voeren, stalen ze auto's en wapens. Na de aanval op de wapenwinkel in Waver in september 1982 hadden ze wat ze nodig hadden. De kalibers die zij in de daaropvolgende aanvallen gebruikten bevestigen dit.

Gedurende de achtervolging die daarop volgde, geloofde een rijkswachter dat hij één van de aanvallers kon identificeren: diegene die op de achterbank van de gestolen Santana zat. De rijkswachter volgde de Santana van de Bende van Nijvel vanaf de aanval op de wapenwinkel tot aan de kruising van Hoeilaart. Agent Campine heeft altijd beweerd dat de man op de achterbank een collega rijkswachter was en lid van de bende van Bouhouche.

De bende van Bouhouche maakte gebruik van scanners om naar politieradio's te luisteren. Een van de scanners die ze gebruikte bevat een lijst met de radiokanalen van de Rijkswacht, de gerechtelijke politie en van lokale beveiligingsbedrijven. Ze hadden gespecialiseerde handelsdocumentatie over de antennes van de Rijkswacht, en eveneens een buisvormige antenne en drie antennes van politie-klasse in hun bezit. Er is anekdotisch bewijs dat de auto van de Rijkswacht die hen achtervolgde een periode lang geen toegang had tot de radiogolven. De bende van Bouhouche heeft bekend dat zij in hun auto's gebruik maakte van radio-airwave-scramblers.

Ze maakte ook gebruik van op zijn minst drie machinepistolen tijdens de wegversperring voor de overval van Zwarts de volgende maand. De wapens die gebruikt werden, worden door de Rijkswacht gebruikt bij wegversperringen. In tegenstelling tot geweren en riotguns, zijn machinepistolen en handpistolen bruikbaar voor het afpersingsplan van de bende van Bouhouche. Machinepistolen zijn wapens met een hoge capaciteit die makkelijk hanteerbaar zijn voor het geval er een schietpartij zou zijn in het rioleringssysteem.

Ze dumpen in oktober 1982 een aantal items in het Zoniënwoud. Er is geen bewijs dat de items daar opzettelijk zijn achtergelaten, het was gewoon een slordigheid. Een van de plaatsen die ze gebruikten om items te droppen was dezelfde plaats als waar zij items van een gestolen vrachtwagen dumpte. Tussen de items van een lid van de bende van Bouhouche bevindt zich een landkaart waarop deze plek met X is aangeduid.

Ze mengen zich in de onderzoeken met als doel deze te saboteren, en ze hebben zelfs toegang tot het bewijsmateriaal om dit te vernietigen, te contamineren of te verwisselen. Tot het einde van 1987 was de bende van Bouhouche betrokken bij elk onderzoek en rapport naar de Bende van Nijvel. Waarschijnlijk hadden ze vanaf dat moment ook indirecte hulp van iemand van binnen de Rijkswacht.

Ze bemoeien zich met verschillende onderzoeken. Zo zorgen ze ervoor dat een moord die in januari 1983 gepleegd werd in het zuiden van Brussel uiteindelijk onderzocht wordt door de Rijkswacht van het arrondissement Bergen. Ze dumpten de taxi en de auto die ze gebruikten midden in het centrum van Bergen. Wanneer ze onderzoek doen naar hun eigen misdaden, gooien ze bewijsmateriaal weg zoals in de zaak van de diefstal bij herberg "Het Kasteel" in december 1982. DNA van twee bendeleden werd achtergelaten op enkele glazen en kopjes in het restaurant, maar dit bewijsmateriaal verdween. Een van de leden van de bende van Bouhouche was op de plaats delict aanwezig als onderdeel van het onderzoeksteam. Hetzelfde gebeurde met onderzoeken naar de bomaanslag op Goffinon en de aanval op Vernaillen.

In het begin van 1983 veranderen ze van meer arbeidsintensieve misdaden zoals het stelen van flessen alcohol voor de zwarte markt naar overvallen op supermarkten. Doordat het stelen van alcohol maar een geringe opbrengst oplevert en altijd het risico bestaat dat ze gepakt zouden worden tijdens de doorverkoop van de buit, gaan ze verder met het overvallen van supermarkten. De aanval op de wapenwinkel in Waver in september 1982 levert hen genoeg wapens op voor het uitvoeren van gewapende overvallen. De overvallen op twee Delhaize supermarkten in Genval en Ukkel in februari 1983 en de overval op de Colruyt in Halle in maart 1983, leveren hen genoeg geld op om hun afpersingsplannen verder te financieren.

In deze periode was het plan supermarkten te overvallen die ze kenden, in de zuidelijke ring rondom Brussel. De bende van Bouhouche installeert in 1983 een radioantenne op het terras van een appartement. Dit zorgde ervoor dat ze radiocontact konden houden tijdens de aanvallen in Brussel.

Ze hebben het niet specifiek gemunt op supermarkten van Delhaize. Twee van de drie eerste aanvallen in de lente van 1983 zijn Delhaize supermarkten en een andere aanval is op een Colruyt, maar dat had ook andersom kunnen zijn. Ze vallen aan tijdens de avonduren, net voor sluitingstijd omdat ze allemaal een baan hadden van 9 tot 5. Ze woonden in verschillende steden en dit is het tijdstip dat ze elkaar konden ontmoeten.

Omdat ze auto's stelen met de sleutels nog in het contact, waren dit altijd gelegenheidsdiefstallen. Een van de slachtoffers is Genevieve van Lidth, die manager is bij een printbedrijf in Elsene, niet ver van de garageboxen. Zij was een zakelijk contact van een goede vriend van Bouhouche. Wanneer de bende van Bouhouche in het bezit was van een extra auto, moesten zij deze in brand steken of parkeren langs de weg in de buurt van de garageboxen, in Elsene of Woluwe. De auto's werden soms meegenomen door de autoriteiten, maar ze waren voorzichtig genoeg om geen vingerafdrukken achter te laten.

Wanneer de Bende van Nijvel een supermarkt overviel, nam ze soms een willekeurig slachtoffer als gijzelaar. Dit lijkt begonnen te zijn tijdens de periode van de eerste drie supermarktovervallen, toen ze spontaan de persoon gijzelde die voor hen liep. Het lijkt er niet op dat dit onderdeel was van hun plannen.

Alle drie de bendeleden gingen de winkel binnen, er bleef nooit iemand achter in een vluchtauto. Dat is een strategie van de politie: ze hadden geleerd om niet in de moordzone te parkeren. Bovendien hadden ze ondervonden dat toen ze hun wagen vlakbij de wapenwinkel in Waver parkeerden omdat ze geen andere keuze hadden doordat de winkel omgeven was door smalle eenrichtingsstraten, ze later genoodzaakt waren om een politieauto te verplaatsen voordat ze hun eigen auto konden gebruiken.

Ballistiek

De overval op de wapenwinkel Dekaise in september 1982 was zo gepland dat ze situaties konden vermijden waarin ze hun beperkte wapens zouden moeten gebruiken. Het ging echter mis en ze werden gedwongen om de wapens wel te gebruiken. Vanaf dit moment wordt er gezocht naar zondebokken. De bende van Bouhouche vraagt aan hun bronnen bij gerecht en ordehandhaving om op zoek te gaan naar misdadigers die in de rol passen. Vanaf het begin van 1983 komen de onderzoeken in een stroomversnelling. De resultaten van Maubeuge komen binnen en laten zien dat er een forensische overeenkomst is tussen Waver en Maubeuge. Door hun directe toegang tot rijkswachtinformatie, krijgen de leden van de bende van Bouhouche bijna onmiddellijk inzage in deze informatie.

In Januari gebruiken ze in Bergen de .22 LR, waarschijnlijk met een geluidsdemper. Dit wapen werd in december 1982 al een keer gebruikt voor de diefstal in herberg "Het Kasteel". Het is nu vooral belangrijk om het juiste wapen te kiezen opdat ze niet gepakt worden. Ze wisten dat op dat moment in België het ballistisch onderzoek extreem langzaam was. Daarnaast wisten ze dat ze de ballistisch onderzoeksresultaten konden manipuleren.

Het is tijdens de winter van 1983 dat ze ernaar toe werken om van de Borains zondebokken te maken. De ballistische overeenkomsten zijn plots positief in plaats van negatief. Wanneer alle aanvallen gekoppeld zijn aan de Bende van Nijvel, moet er alleen maar voor gezorgd worden dat alle aandacht geleid wordt naar één enkele groep verdachten. De zaak tegen de Borains was van A tot Z geconstrueerd door de Bende van Nijvel. We kunnen het vergelijken met de rechtszaak tegen de Rebozo Four die het doel had om een informant van de maffia te beschermen in de jaren '70 in Boston. De informant van de maffia werd geholpen door contacten binnen de FBI die er baat bij hadden dat de informant niet naar de gevangenis ging. Hier in België waren er geen externe contacten nodig omdat de Bende van Nijvel de luxe had persoonlijk betrokken te zijn bij het onderzoek van de Rijkswacht op verschillende niveaus.

Vanaf het moment dat de bende van Bouhouche de Borains als zondebokken heeft bestempeld, maakt het niet meer uit welke wapens ze gebruikten. De blunders die ze hebben begaan kunnen op de Borains worden afgeschoven zodat de autoriteiten hun zoektocht richten op een enkele groep misdadigers. Ze gebruiken de wapens die ze nodig hebben voor wat ze moeten doen en kunnen hun psychopathische neigingen de vrije loop laten. Ze laten het spoor naar de Borains sudderen, zodat alles in gang gezet kon worden op het juiste moment.

Materialenfase

In de lente van 1983 begint voor de bende van Bouhouche de materialenfase. Ze hebben genoeg geld bij elkaar gesprokkeld om van te leven en huren of kopen wat ze nodig hebben om alle materialen bij elkaar te krijgen voor het uitvoeren van hun afpersingsplannen. Het is beter om materialen te stelen zodat ze geen sporen achterlaten wanneer ze hun eigen versie van 'la casse du siècle' uitvoeren en alle politie-eenheden in Europa achter ze aan zullen zitten. De bende heeft een boodschappenlijst met alle items die ze moeten stelen waaronder kogelvrije vesten, een gasbrander, verpakkingen om bommen in te steken, alarmen en nog veel meer. Ze hoeven geen supermarkten meer te overvallen of alcohol te stelen. Bouhouche kan de Rijkswacht verlaten, en gebruikmaken van het verlieslatende detectivebureau ARI dat opgezet is als dekmantel voor de criminele activiteiten.

De diefstallen in deze fase zijn gericht op specifiek materiaal of andere items die ze nodig hebben voor de afpersingsplannen. De totale waarde van de buit is niet belangrijk, omdat ze de items niet stalen om door te verkopen. De nachtelijke inbraak op 27 mei 1983 is speciaal voor het stelen van een gasbrander en cilinders. Een gasbrander is basismateriaal voor het soort van misdaad waarbij er gaten gebrand moeten worden en door verschillende lagen materiaal geperforeerd moet worden.

Een van de dingen waar de Bende van Nijvel om bekend stond, is de belachelijke lage buit waarvoor ze misdaden pleegden. Deze legende start door de blunders die ze begingen toen ze specifieke items nodig hadden voor de afpersingsplannen en ze niet aarzelden om te doden tijdens het verkrijgen van deze spullen in Temse, Nijvel en Anderlues. Tot op dat moment was de buit waar de Bende van Nijvel op uit was vrij normaal en vergelijkbaar met andere inbraken en overvallen. In september 1983 stalen ze zeven kogelvrije vesten uit de fabriek in Temse, olie en grote pakken koffie bij de Colruyt supermarkt en in december 1983 alarmklokken bij een juwelier in Anderlues. Bij al deze overvallen deden ze geen pogingen om cash geld te stelen of een kluis te openen.

Het enige wat ze nodig hadden was een snelle auto die hen overal in België kon brengen om de specifieke items voor de afpersingsplannen te stelen. Ze ontdoen zich van hun laatste Golf. Deze auto kon gekoppeld worden aan de overvallen in februari en maart 1983. Nu hebben ze een snelle auto nodig met veel paardenkracht. Ze stelen een Saab in juni 1983. In tegenstelling tot de eerdere auto's die slechts voor korte tijd gebruikt werden, reedt de Bende van Nijvel honderden kilometers met de Saab Turbo.

De meeste van de inbraken in de beginperiode waren niet gewelddadig. Maar statistisch gezien is het onvermijdelijk dat er al eens iets misgaat tijdens een overval, zoals bijvoorbeeld tijdens de reeks inbraken om alcohol te stelen in het jaar 1982. Dat is precies wat er gebeurde in Temse, Nijvel en Anderlues, wanneer ze onverwacht voor verrassingen kwamen te staan. Gewone criminelen zouden een getuige achterlaten en het risico nemen geïdentificeerd te worden én ze zouden wegvluchten wanneer ze geconfronteerd worden met de Rijkswacht. Dat geldt niet voor de Bende van Nijvel, zij lossen het probleem op door te doden.

Dit is de bekende modus operandi van de bende van Bouhouche. Toen ze explosieven stalen of toen ze het rubberen bootje stalen, waren ze meedogenloos, besloten dat potentiële getuigen niet wenselijk zouden zijn en dat ze zouden schieten om te doden. Er werden geen getuigen achtergelaten, zelfs al waren de spullen die ze stalen niet veel waard en was de buit, wanneer die verdeeld werd onder de leden, aan de lage kant.

Waarom zouden ze beslissen om te schieten om te doden als ze enkel kleine items stelen met weinig waarde zoals alarmklokken en metalen blikken? Het antwoord is dat de waarde in de ogen van de toeschouwer ligt. Een zuiver, niet traceerbaar item is veel meer waard voor de Bende van Nijvel dan voor iemand anders. Zelfs al waren de kogelvrije vesten in Temse nieuwe modellen, ze waren niet veel geld waard. Om een verklaring te geven voor de absurde aard van de moorden die werden gepleegd voor een kleine buit, wordt de legende geboren van de "state-of-the-art" kogelvrije vesten. Niemand heeft ooit de waarde van deze vesten genoemd. Waarom moest er worden geschoten op het koppel met als doel hen te doden en waarom schoot men op de ramen van de buren om toevallige toeschouwers te raken? Net zoals Spaggiari met zijn 'casse du siècle' moest de Bende van Nijvel aan het materiaal komen dat ze nodig had en werd er niets uit de weg gegaan om ervoor te zorgen dat de items die ze stalen niet getraceerd konden worden. De zwarte markt is voor hen geen optie. Als ze onder de radar willen blijven, moeten ze het zelf doen.

De Bende van Nijvel wilde de verpakkingen met olie en de pakken koffie zo graag hebben dat ze terug de Colruyt in Nijvel binnen gingen nadat ze twee toevallige voorbijgangers hebben vermoord die kwamen om te tanken. Bovendien hebben ze in de winkel een aantal minuten nodig om alles bij elkaar te krijgen. Waarom? De verpakkingen van de olie waren erg belangrijk omdat deze gebruikt zouden worden voor het maken van de bommen. Vijf 50 liter verpakkingen pindaolie en vijf 50 liter verpakkingen maïsolie zouden als een goede snelkookpan dienen om zo het type bom te maken dat gemakkelijk de supermarkt in kan worden gesmokkeld. Verpakkingen met zakken koffie worden vaak gebruikt door terroristengroepen om geïmproviseerde bommen te verbergen die gemaakt waren van staven dynamiet. De grote pakken koffie van 45 kilo zouden perfect zijn om explosieven in te verbergen. De vijf dozen chocolade werden waarschijnlijk gestolen om deze te vullen met gif. Het voordeel van het gebruik van zoetigheid is dat de geur van zoete chocola het gif maskeert, afhankelijk van het gif dat men gebruikt.

De gasbranders en de olieverpakkingen waren oorspronkelijk gestolen voor het gebruik tijdens de afpersingsplannen. Toen het noodzakelijk bleek om in te breken in een supermarkt konden ze niet gewoon de achterdeur forceren zoals bij restaurants. Anders dan bij de leden van de bende van Baasrode, die dit met hun ogen dicht hadden kunnen doen, hadden zij geen enkele ervaring met dit type misdaad. Dus improviseerden ze en maakten ze gebruik van de gasbrander.

De bende van Bouhouche gebruikte de items niet alleen voor de afpersingsplannen, maar ook voor andere, niet gerelateerde misdaden die zij moesten uitvoeren. Toen ze erachter kwamen dat ze Goffinon moesten straffen na de problemen tussen hem en Bouhouche bij de Rijkswacht, hadden zij de gestolen explosieven voor de afpersingsplannen in hun bezit. De bende kon deze materialen gebruiken om de bom te maken die ze gebruikte tijdens de aanval op Goffinon in oktober 1981.

De hinderlaag tegen de Colruyt in Nijvel die daarop volgde lijkt sterk op de techniek die door een Bouhouche geleid commando had bedacht voor het geval ze op heterdaad betrapt werden. Het was gerelateerd aan de diefstal van het rubberen bootje niet lang voor de aanval in Nijvel. Een vriend van Bouhouche, die goed op de hoogte was van de diefstal van het rubberen bootje, werd door een journalist gevraagd of de politie dezelfde techniek gebruikte om de dieven te pakken te krijgen als in Nijvel, waarop hij antwoordde: 'Het was ongeveer zo'.[366] Volgens de tijdlijn die de leden van de bende van Bouhouche gaven, zou de diefstal van het rubberen bootje een aantal dagen of weken voor de aanval in Nijvel hebben plaatsgevonden.

Ze hadden gebruik moeten maken van wapens wanneer ze op heterdaad betrapt werden tijdens de diefstal. Als ze tijdens de operatie gearresteerd zouden worden door de politie, zou volgens een persoon die op de hoogte is van de denkwijze van de bende van Bouhouche, de auto 'de politieauto zou klemrijden, en hen dan van achteren beschieten.'[367] Een rubberen bootje is maar een paar duizend euro's waard, maar toch was de bende van Bouhouche bereid om politieagenten te doden. Korte tijd later zetten ze een val voor de politieagenten bij de Diable Amoureux, waarbij ze dezelfde techniek hanteerden die ze hadden uitgedacht voor de diefstal van het bootje – en dat alles voor een buit die nog minder waard was. Onthoud echter dat de bende van Bouhouche verpakkingen om de explosieven te verstoppen en het rubberen bootje niet zomaar stalen. Ze stalen wat ze nodig hadden om aan de 30 miljoen BEF of meer te komen met de afpersing (ongeveer 750.000 euro, dus met een waarde van een 1.500.000 euro in 2019). Ze stalen de items die ze nodig hadden en deze mochten niet traceerbaar zijn via de aankopen van het materiaal. Ze wisten dat ze maar op het nippertje ontsnapt waren toen de aankopen voor de bomaanslag op Goffinon in 1981 naar de verkoper getraceerd werden. Ze wilden niet nog een keer dezelfde problemen met de autoriteiten.

Gedurende de hinderlaag die volgde na de aanval op de Colruyt in Nijvel werden twee verdachten al herkend als leden uit de entourage van Bouhouche toen de rijkswachtauto hen voorbijreed. Een van de verdachten had een terugtrekkende haarlijn en een baard.

Wanneer ze zich in hun haast van de kapotte Saab Turbo moeten ontdoen, kunnen ze niet alle bewijsmaterialen verwijderen. De Saab Turbo had valse kentekenplaten die met dezelfde mal met dezelfde technisch fout was gemaakt als de andere valse nummerplaten die gemaakt waren door de bende van Bouhouche. De nummerplaten ondergingen hetzelfde artificiële verouderingsproces. Onthoud dat dit het enige forensische bewijsstuk is dat gekoppeld kan worden aan de misdaden door de Bende van Nijvel dat tot op de dag van vandaag niet in diskrediet is gebracht.

De geboorte van de Bende van Nijvel

De aanval in Nijvel is de publieke geboorte van de Bende van Nijvel. De Bende werd een groot mediafenomeen. De bendeleden zijn zich hiervan bewust en spelen het spel mee, om hun eigen doelen te dienen en om de bevolking van België te terroriseren.

Vóór de aanval in Nijvel kiezen ze voor pistolen en revolvers met een groot kaliber. Ze gebruikten ook een .22 LR, waarschijnlijk voorzien van een geluidsdemper voor gebruik op korte afstand. Na de aanval in Nijvel, zullen zij echter voor altijd geassocieerd worden met de pompactie riotguns. De aandacht in de media stijgt en de pers is verontwaardigd dat deze krankzinnige criminelen met riotguns op de politie schieten. De verkoop van riotguns stijgt in heel het land. De Bende merkte dit op en maakte vanaf dat moment opzettelijk gebruik van riotguns om de aanvallen herkenbaar te maken.

Dat de Bende van Nijvel wordt geassocieerd met zwarte hoeden, komt door het feit dat ze een zwarte hoed achter hebben gelaten in de Saab na de aanval in Nijvel. Ze gebruikten daarvóór zelden of nooit zwarte hoeden. De Bende van Nijvel bestaat uit geoefende schutters en rijkswachters, dus zijn ze zich bewust van het risico van een falend wapen. Dat is de reden waarom ze zoveel wapens bij zich dragen voor een eenvoudige overval zoals in Nijvel.

Nadat ze gedwongen zijn om de Saab achter te laten, gaat de Bende op zoek naar een nieuwe auto die ze tijdens de misdaden kunnen gebruiken. Ze hebben een nieuw doelwit voor ogen: de auto die geparkeerd staat bij het restaurant Aux Trois Canards in Ohain. In oktober 1983 slaan ze toe.

Ze wilden waarschijnlijk de donkergekleurde Porsche stelen, die snel en krachtig is net zoals de Saab, maar ze eindigden met een vuurrode

Golf – wat verre van ideaal is. Er is geen ballistische overeenkomst tussen Aux Trois Canards in Ohain en alle andere aanvallen. Dat is een probleem omdat wanneer iemand gearresteerd wordt voor de misdaden van de Bende van Nijvel, er nog steeds een apart onderzoek openblijft dat aan hen gelinkt zou kunnen worden. Ze zitten daarmee in hun maag, dus om hier onderuit te komen moeten ze de rode Golf koppelen aan de andere misdaden van de Bende. De Golf hebben ze ondertussen een minder opvallende kleur gegeven, namelijk zwart. En ze maken gebruik van de mogelijkheid om te laten lijken alsof ze niet in Elsene in zuid Brussel gestationeerd zijn, om de onderzoekers te verwarren.

Op dit punt hebben ze er een zootje van gemaakt. Zowel in Nijvel als in Ohain werd er geknoeid. Het hele land praat erover en ze hebben de aandacht van de autoriteiten. Politie-eenheden zoeken naar een manier om zich aan te passen en de Rijkswacht zet een taskforce op. Het wordt hoog tijd om de door hen aangewezen zondebokken, de Borains, te laten arresteren voor hun misdaden. Ze activeren hun contacten bij de Rijkswacht, die bewust meewerken of gemanipuleerd worden zonder dat zij in de gaten hebben wat er speelt. De Borains worden gearresteerd.

Doordat ze oorspronkelijk absoluut niet wilde dat de Aux Trois Canards autodiefstal aan de misdaden van de Bende van Nijvel werd gekoppeld, namen ze andere wapens mee. Helaas is er hierdoor nu geen ballistische overeenkomst met andere misdaden door de Bende van Nijvel. Het is een kwestie van tijd voor de autoriteiten beseffen dat deze link ontbreekt en dat ze misschien op zoek gaan naar andere verdachten. Dit zou een tweede groep aanvallers opleveren die geen banden hebben met de Borains.

Dus moeten ze een manier vinden om de diefstal in Ohain te koppelen aan alle andere aanvallen van de Bende van Nijvel. Ze maken van de gelegenheid gebruik om de autoriteiten te laten denken dat de Bende van Nijvel niet gevestigd is in het zuiden van Brussel. Ze rijden vele kilometers met de zwart gespoten Golf, van Namen naar het zuiden van de Borinage en zorgen ervoor dat de auto door zoveel mogelijk mensen gezien wordt. Om ervoor te zorgen dat er geen verwarring bestaat dat deze auto gekoppeld is aan een misdaad van de Bende van Nijvel, laten ze de sticker met daarop 'I love Australia' duidelijk zichtbaar op de voorruit zitten. De sticker zat geplakt op de rode Golf die zij stalen bij het Aux Trois Canards restaurant. Waarschijnlijk wordt de sticker op de momenten waar nodig eraf gehaald of er weer op geplakt. En dan beginnen ze zich voor te bereiden op de aanval op de Delhaize supermarkt in Beersel.

Alle aanvallen en moorden worden gepleegd ten zuiden van Elsene en iedere vlucht na een aanval gaat naar Elsene, en nooit in de richting van de Borinage. De enige uitzondering is de aanval die ze uitvoeren in Maubeuge in Frankrijk. De taxichauffeur werd gevonden in Bergen, de hoofdstad van Borinage. De moord werd echter niet ver van Elsene gepleegd en de auto werd naar Bergen gereden om daar gebruik te maken van de contacten binnen de Rijkswacht.

Delhaize in Beersel

De aanval op de Delhaize in Beersel is anders dan al hun andere gewapende overvallen op supermarkten. De aanvallen op de Delhaize in Genval en in Ukkel en de Colruyt in Halle werden gepleegd voor de buit. De aanval op de Delhaize in Beersel wordt gepleegd om een fout recht te zetten. Het is een manier om de aanval op het restaurant Aux Trois Canards in Ohain te koppelen aan de andere aanvallen van de Bende van Nijvel. De overval op de Delhaize in Beersel is de eerste van de geconstrueerde "valse vlag" overvallen. Daarna plegen ze nog een hele reeks gewapende overvallen op supermarkten tijdens de tweede golf. Om er zeker van te zijn dat de aanval in Beersel gekoppeld wordt aan alle andere aanvallen, laten ze met opzet de achterbank achter van de zwart gespoten Golf op de parkeerplaats van de Delhaize in Beersel.

De aanval op de Delhaize in Beersel werd een blauwdruk voor de aanvallen van de tweede golf. Snelheid is niet belangrijk. Het doel is niet het uitvoeren van een typische, snelle overval getimed met een stopwatch. Het belangrijkste voor hen is het veilig binnen gaan en daarna ook veilig terug wegkomen terwijl ze hun doelstellingen behalen. Ze geven elkaar dekking alsof ze een SWAT-operatie aan het uitvoeren waren. Een van de bendeleden had een achtergrond als lid van speciale eenheden. Hun kalmte tijdens de brute aanvallen is verbluffend. Dit komt waarschijnlijk voort uit het feit dat de Reus problemen had aan zijn been en hierdoor niet in staat was te rennen, hierdoor moesten de andere twee zich aanpassen aan zijn tempo.

Hoewel er al eerder grote mannen waren opgemerkt in de voorgaande aanvallen, is dit de eerste supermarktoverval nadat de Bende van Nijvel een mediafenomeen is geworden. Tijdens de aanval in Beersel probeert de manager in te grijpen, maar hij wordt meteen neergeschoten. De klanten zijn gechoqueerd. De aanwezigheid van een erg grote, gespierde man valt op bij de klanten en ze noemen hem de Reus. Na de geboorte van de Bende van Nijvel in de media, is dit de geboorte van de Reus in de media.

De Reus is een kop groter dan de andere bendeleden: de Killer en de Oude Man. De andere twee zijn waarschijnlijk present bij alle andere aanvallen. De Reus daarentegen is vanaf deze aanval altijd aanwezig, maar er is bijkomstig bewijs dat in eerdere aanvallen de derde man niet zo groot was als de Reus. Het kan natuurlijk problematisch zijn om zo'n fysiek herkenbaar individu te hebben in een groep overvallers. De Bende van Nijvel is zich ervan bewust dat de aanwezigheid van de Reus een voordeel kan zijn. Zijn aanwezigheid zorgt er immers ook voor dat de misdaden herkenbaar zijn als aanvallen door de Bende van Nijvel. De Reus in de bende van Bouhouche is een berg van een vent met een ongewone manier van lopen door knieproblemen. De Oude Man is waarschijnlijk rond dezelfde leeftijd als de Killer. Hij is een meester in het vermommen door gebruik van make-up en kleding.

Tot de aanval in oktober 1983 op Aux Trois Canards in Ohain, droegen de Bendeleden altijd make-up, bivakmutsen of iets anders. Ze hebben misschien zelfs al eens een keer gebruik gemaakt van carnavalsmaskers. Wanneer ze niet herkend wilde worden, droegen ze carnavalsmaskers, roze keukenhandschoenen, wijde broeken en praatten ze raar. Nadat ze het hadden verpest moesten ze ervoor zorgen dat de autoriteiten niet elke keer naar een andere bende op zoek ging, maar dat de focus op de Borains bleef. Daarom droegen ze tijdens de aanval op de Delhaize in Beersel carnavalsmaskers. De bendeleden kwamen al snel in de media bekend te staan door deze vermomming.

Er is een grote zoektocht na de aanval in Beersel. Iedereen die er verdacht uitziet én in een Volkswagen Golf rijdt, wordt gestopt. Dit is het moment waarop de donkere Volkswagen Golf geassocieerd wordt met de Bende van Nijvel. Maar het had het ook ieder ander merk kunnen zijn. Ze maakten gebruik van een aantal andere auto's, maar er werd nooit een grote zoektocht opgezet om naar die auto's te zoeken.

Een campagne van bomaanslagen

De aanval op de juwelier in Anderlues is de eerste bekende aanval na Nijvel waar er opnieuw items gestolen worden. Het is daarnaast ook de laatste aanval die geassocieerd wordt met de Bende van Nijvel tijdens de eerste golf. De bende van Bouhouche is bezig met het uitdokteren van een manier om de bommen in de supermarkten te plaatsen om ze later te laten ontploffen. De bommen moeten worden voorzien van timers of een andere manier om ze op afstand te laten ontploffen. Het motief voor de aanval op de juwelier in Anderlues is het stelen van de alarmklokken die ze kunnen gebruiken als timers voor de explosieven, maar opnieuw verprutsen ze het.

Ze waren van plan om de winkel te bestelen en weg te gaan terwijl de juwelier drie kamers verder bezig was. Het was niet nodig om te bellen om de juwelier naar hen toe te laten komen, want de items die ze nodig hadden, lagen niet in een afgesloten vitrine. De bende was niet op de hoogte van de juweliersvrouw die in de donkere kamer lag te slapen. Toen ze begon te rennen wilde de bende geen getuigen achterlaten en voerde ze het plan uit waarbij ze schoten om te doden. Daarna moesten ze ook de juwelier doden, die naar hen toe kwam vanuit de werkplaats gewapend met een Arminius vuurwapen.

Zoals eerder gezegd, was de juwelier een expert in klokken en horloges – zijn winkel heette 'Juwelier en horlogemaker Szymuzik'. Een gedeelte van de voorraad en de omzet was van de handel in juwelen, het andere gedeelte kwam van de verkoop van alarmklokken en horloges. Onder de items die de Bende van Nijvel stalen, zaten normale alarmklokken, sommige werkten op quartz batterijen. De merken die ze stalen waren Lorus, Peter, Bayard en Europa. Het was pas na inzage van de inventarislijst dat men erachter kwam wat de Bende had gestolen, want het leek bijna alsof er helemaal niets gestolen was. Het plan was om binnen te gaan, te grijpen wat ze nodig hadden en dan weg te gaan.

Het feit dat ze zowel in Nijvel als in Anderlues andere, waardevollere items achterlaten, betekent dat het motief van diefstal nergens op slaat. Dat was opvallend voor de onderzoekers. Voor sommigen was het nogmaals een bevestiging dat ze te maken hadden met laaggeschoolde, simpele criminelen die de waarde van items niet konden bepalen. Anderen zagen dit als een teken dat het ging om terroristische aanvallen, maar deze beide verklaringen zijn erg geforceerd en passen niet helemaal.

Als we daarnaast rekening houden met de grote verpakkingen met kookolie en de alarmklokken, die gebruikt konden worden als afstandsbediening en die werden gevonden na de tweede golf en het plaatje wordt duidelijker. Wie de Bende van Nijvel ook mocht zijn, ze waren bezig met de voorbereiding van een campagne van bomaanslagen. Wanneer we kijken wie er eind jaren '83 in België gebruik maakte van of zich voorbereide op het gebruik van explosieven voor criminele doeleinden, dan zijn er weinig verdachten. Buiten de CCC zijn er weinig andere mogelijkheden te bedenken. En er is natuurlijk onze hoofdverdachte: de bende van Bouhouche, die plannen had om supermarkten op te blazen met geïmproviseerde bommen van het snelkookpantype. En wie van deze verdachten zou gedood hebben voor verpakkingen of timers? Zeker niet de CCC.... De bende van Bouhouche had deze items heel erg nodig en had geen andere keuze dan ze te stelen.

Helaas voor de Borains passen zij volledig in het plaatje van de onderzoekers als arme, analfabetische, domme zwervers die alles voor een stuiver over hebben, zelfs moord. In zowel Nijvel als Anderlues pakten ze wat ze pakken konden: kookolie, goud en diamanten. Het maakt niets uit …. Maar de Borains zitten in de gevangenis tijdens de overval in Anderlues. Hoe konden zij de diefstal hebben uitgevoerd? Er wordt aangenomen dat het door andere personen van de groep rond de Borains uitgevoerd moest zijn, individuen die nog niet gearresteerd waren.

Het is niet zeker of dit met opzet gebeurde, maar de Bende van Nijvel maken hun fouten in Anderlues in een zone waar ze graag gezien wilde worden. Deze zone bevindt zich in het halvemaanvormige gebied tussen Namen en Anderlues, ver weg van het zuiden van Brussel en dichter bij de Borinage. Als er iemand vermoord zou worden, moest het met een wapen gebeuren dat gekoppeld was aan de Bende van Nijvel, zodat alles gekoppeld zou blijven aan de Borains. Ondanks het feit dat de belangrijkste Borains in de gevangenis zit, voert de Bende van Nijvel de aanval in Anderlues toch uit. Ze zijn vol zelfvertrouwen dat ook deze aanval gekoppeld zal worden aan de Borains en dat de onderzoekers verder gaan op de door hun uitgestippelde weg.

Het in brand steken van de auto in december 1983 betekent het einde van de eerste golf. Twee van de vier fases van het afpersingsplan zijn klaar: de financieringsfase en de materialenfase. Dit komt overeen met de exacte periode van de aanvallen van de eerste golf door de Bende van Nijvel. Ze gaan nu verder met fase drie: de graaffase. In het begin van 1984 huren ze het Washuisstraat gebouw, dat dichtbij het rioleringssysteem van Brussel ligt en beginnen met graven.

Ze verdwijnen voor anderhalf jaar. Terwijl ze graven, is er een pauze in de reeks van misdaden door de Bende van Nijvel. Ze blijven doorgraven tot halverwege 1984, het moment waarop wordt afgezien van het afpersingsplan van Bouhouche omdat dit niet haalbaar blijkt te zijn. Ze raken nooit tot de afpersingsfase, waarin ze de directeuren van de supermarktketen zouden bedreigen, bommen zouden plaatsen en voedsel in de supermarkt zouden vergiftigen om zo aan het losgeld te komen. Eenmaal ze gestopt zijn met graven, gaan ze opnieuw van start met andere misdaden, maar er is nu niet meer de noodzaak om al het bewijsmateriaal in de richting van de Borains te laten wijzen en hen op te laten draaien voor de misdaden van de Bende van Nijvel. In de maanden die volgen nadat de bende van Bouhouche gestopt is met graven, wordt de focus gelegd op wapenhandel en frauduleuze praktijken met de verkoop van vertrouwelijke documenten aan politici. Terwijl ze zich voorbereiden op hun volgende grote stap, vermoorden ze een geldtransporteur die net het Walibi pretpark verlaat in augustus 1985. Ze verkleden zich niet als de Bende van Nijvel en maken geen gebruik van vermommingen. Ze voeren de misdaad uit als gewone moordenaars.

HOOFDSTUK 30

ZOEKEN NAAR DE ECHTE MOORDENAARS

Nadat het afpersingsplan onhaalbaar is gebleken, is de Bende blut. Ze vermoordden en verwondden veel mensen tijdens de voorbereidingen op het afpersingsplan dat faalde. De andere winstgevende misdaden die ze planden, zoals de verkoop van informatie aan politici, blijken ook niet erg succesvol. Wat blijft er nog over? Ze hebben het Bende van Nijvel merk gecreëerd en krijgen hier erkenning voor. Is er een manier om hier geld mee te verdienen?

Het hoofddoel wordt nu om het geld te ontvangen dat de supermarktvereniging heeft uitgeloofd voor tips die kunnen leiden tot de arrestatie van de Bende van Nijvel. Ze moeten op zoek naar een andere bende dan de Borains om hen ervoor op te laten draaien. Of ze moeten de 'andere Borains' vinden, dat zijn dan zogezegd de Borains die niet in de gevangenis zaten tijdens de laatste aanval van de eerste golf. De bende van Bouhouche stuurt het onderzoek de eerste keer succesvol richting de Borains en deze worden gearresteerd. Ze denken dat ze dat nog een keer kunnen doen. Het enige dat ze moeten doen is nieuwe zondebokken zoeken die kloppen met de beschrijvingen. Ze moeten bijvoorbeeld op zoek naar een Reus.

Het werkt in hun voordeel dat het onderzoek naar de Borains niet veel is opgeschoten sinds de ontdekking van de Ruger in Bergen en de bekentenissen die nadien weer worden ingetrokken tijdens de verhoren. Nadat de onderzoekers erin slagen een paar van de aanvallen van de eerste golf aan elkaar te koppelen gebaseerd op de Ruger, blijkt dat dit niet lukt voor alle aanvallen. De supermarktvereniging heeft nooit de beloning voor het vinden van de Bende van Nijvel ingetrokken.

In januari 1985 start de bende van Bouhouche met het maken van een lijst met potentiële verdachten. Deze keer wordt een zaak opgezet met een politieke invalshoek. Het jaar 1984 was niet alleen het jaar dat Paul Latinus, de leider van de WNP, werd vermoord, het was ook het jaar dat de extreem linkse CCC begon met hun bombaanslagen. Extremistische politieke groeperingen komen geregeld in de krantenkoppen.

Gebruik makend van deze nieuwe politieke wending, focussen ze nu op minstens drie Franse burgers om hen de schuld van de misdaden van de Bende van Nijvel in de schoenen te schuiven. Een van de zondebokken is opnieuw Adriano Vittorio, de Borain die vanwege zijn omvang de bijnaam King Kong kreeg. Vittorio is een goede zondebok omdat hij een brug legt tussen de twee golven. Hij is een inwoner van Frankrijk. De Franse regering heeft net een rechts georiënteerde politieke organisatie met banden met Gaullist, SAC genaamd, verboden. Deze organisatie was ontstaan uit een groep De Gaulle supporters en getransformeerd in een bendeachtige criminele beweging die moorden pleegde.

De leden van de bende van Bouhouche die de Bende van Nijvel vormden, hadden nog steeds bewijsmateriaal in handen van de eerste golf. Ze waren zich aan het voorbereiden om Bouhouche en anderen voor de misdaden van de Bende van Nijvel op te laten draaien om zo aan de beloning te komen. Dus is het de echte Bende van Nijvel die op zoek is naar een valse Bende van Nijvel.

Het losgeld

Rond midden '85 zijn de bendeleden bezig met het plannen van hun volgende criminele plan en aan het discussiëren over het geld.[368] De hoeveelheid geld die de bende van Bouhouche in gedachten heeft als buit is op zijn minst 10 miljoen BEF (250.000 euro) per persoon. Dat betekent dat ze 3 of 4 keer zoveel nodig hebben dan het bedrag dat is uitgeloofd door de supermarktvereniging. De beloning van de supermarktvereniging bedraagt maar 10 miljoen. Wat is dan het plan om het verschil te dichten tussen het bedrag dat de supermarketvereniging uitlooft en het veel hogere bedrag dat de bendeleden willen?

De tweede golf is een manier om ervoor te zorgen dat de supermarktvereniging de beloning verhoogt. Wanneer deze hoog genoeg is, en dan gaan ze uit van een bedrag van minstens 30 miljoen (750.000 euro), zullen ze het bewijsmateriaal dat ze in hun bezit hebben en dat zal leiden tot de arrestatie van de valse Bende van Nijvel inleveren om zo de beloning op te strijken. Hoe kunnen ze ervoor zorgen dat de beloning wordt verhoogd? Door meer aanvallen te plegen! De Bende is zich ervan bewust dat de laatste twee supermarktovervallen, deze in de Colruyt in Halle in maart 1983 en in de Delhaize in Beersel in oktober 1983, ervoor zorgde dat de beloning werd verhoogd. Onthoud dat dit een bende is die erg zelfbewust is. Ze houden rekening met de publieke reacties na een aanval.

De dag na de aanval op de Halle Colruyt in maart 1983 looft de Colruyt een beloning uit van 5 miljoen BEF voor diegene die informatie kan geven die leidt tot een arrestatie. De Bende van Nijvel was op dat moment nog geen bekende naam en de aanval op de Halle Colruyt was nog niet gekoppeld aan de andere aanvallen. Na de aanval op de Delhaize in Beersel in oktober 1983, gaan de Delhaize en de Colruyt ketens naar de supermarktvereniging genaamd "De directies van de supermarkten en de grootwarenhuizen van België" en iedereen die daarbij is aangesloten stopt geld in een gezamenlijke pot. Kort daarna is de beloning verdubbeld van 5 miljoen BEF naar 10 miljoen. De vereniging is nu verantwoordelijk voor de uitbetaling van de beloning. Na de laatste aanval gaf de pers deze brutale overvallers de naam de Bende van Nijvel. De aanvallen hebben de supermarktomzet beschadigd en het heeft ervoor gezorgd dat er in België zo'n 40 procent minder mensen boodschappen deden tijdens avonduren.

De Bende van Nijvel stopt met activiteiten in 1983. Ondertussen zijn we in het jaar 1985. Wat zou er gebeuren als de Bende van Nijvel opnieuw haar gezicht laat zien? Zou de supermarktvereniging zich verplicht voelen om de beloning opnieuw te verhogen? Na de twee laatste aanvallen deden ze dit, dus als we logisch nadenken, kunnen we ervan uitgaan dat ze dit weer zullen doen, zeker als de aanvallen van de Bende van Nijvel gruwelijker van aard worden. Hoe gewelddadiger de aanval, hoe waarschijnlijker de verhoging van de beloning.

DE BENDE MAAKT ZICH KLAAR

Zou de supermarktvereniging niet gewoon dezelfde beloning behouden, maar de voorwaarden veranderen? Een voorbeeld zou zijn om een beloning uit te betalen per reeks van moordlustige overvallen op supermarkten. Dit zou betekenen dat de bende van Bouhouche maar 10 miljoen zou krijgen, zelfs nadat ze nog meer aanvallen had gepleegd.

De oplossing is dat het meteen duidelijk moet zijn dat de Bende van Nijvel terug is, en niet een andere moordlustige bende. De bende van Bouhouche is zich ervan bewust dat zij het merk van de Bende van Nijvel hebben opgebouwd in de media en bij het publiek. De gemakkelijkste manier om hun doelen te bereiken is zich weer voor te doen en te verkleden als de Bende van Nijvel.

Ze maakten zorgvuldig een lijst met elementen die onlosmakelijk verbonden waren met de Bende van Nijvel. En er is geen gemakkelijker plan dan de Delhaize aan te vallen met riotguns en een donkere Golf. Ze zullen alle drie aanwezig zijn en alle drie een carnavalsmasker dragen. Alle kenmerken zijn aanwezig: de Reus, de afwezigheid van een chauffeur voor de vluchtauto, het feit dat iemand gegijzeld wordt en het uittrekken van de telefoonkabels. Ze zullen de kassa's aan de voorkant én de kluis in een kantoor achter in de winkel leegroven. En natuurlijk zullen ze het geweld verhogen zodat de supermarktvereniging geen andere keuze heeft dan te reageren.

EIGENBRAKEL EN OVERIJSE

Om het zo duidelijk mogelijk te maken dat de Bende terug is, vallen ze niet één, maar twee Delhaize supermarkten aan, vlak na elkaar – beide in Brabant, eentje in het Franstalige Wallonië en de andere in het Nederlandstalige Vlaanderen. Zo wordt er angst gezaaid in beide regio's.

Aan het einde van de zomer van 1985 waren de supermarkten en de bevolking niet meer zo erg op hun hoede voor nieuwe aanvallen. Ze waren minder bang voor de Bende van Nijvel en de veiligheidsmaatregelen namen af. De mensen waren opnieuw gerust en hadden het gevoel dat de Bende van Nijvel wellicht voor altijd was verdwenen. Een beveiligingsmedewerker die dienst had bij de Delhaize supermarkt in Overijse beweerde echter dat de enige ordehandhaving die hij voor de aanval ooit gezien had in de buurt van de supermarkt een goede vriend was van Bouhouche. Deze vriend was op dat moment eigenlijk ergens anders gestationeerd, in een ander gebied van het land.

Ze hebben nog steeds de radio uit de Saab en de riotguns in hun bezit na de eerste golf van aanvallen. Alles werkte nog perfect. Ze zetten alles op een rijtje. Ze brengen een contact binnen de Rijkswacht ertoe om een politierapport te schrijven over de radio uit de Saab, dit was een week voor de aanvallen in Overijse en Eigenbrakel. Het is allemaal in scene gezet en het rapport bevat een omschrijving van een transactie in verband met de gestolen radio. De vermeende verkoper is Adriano Vittorio, de Franse Borain. De vermeende twee andere mannen die bij de verkoop aanwezig zouden zijn geweest, zijn een informant die al eerder is gebruikt door de bende van Bouhouche, hij zou al die tijd Vittorio bespioneerd hebben, en de beste vriend van de informant. Kort nadat Bouhouche in de gevangenis zit, in het begin van de zomer in 1986, krijgt de informant de boodschap dat hij moet ophouden met Vittorio te bespioneren. Het past niet meer in het plan van de Bende.

De dubbele aanval in Eigenbrakel en Overijse wordt succesvol uitgevoerd. Er bestaat geen enige twijfel bij getuigen en bij de media dat deze aanval het werk is van de Bende van Nijvel. Ze zijn terug, met nog meer geweld – met het doden van kinderen, kassières en klanten. Ze zijn veel gewelddadiger dan tijdens de eerste golf. Ze vallen net voor sluitingstijd aan, arriveren in een gestolen auto, een donkere Volkswagen Golf GTI. Ze zijn met zijn drieën en de Reus is erbij. Ze dragen donkere hoeden en carnavalsmaskers. Ze maken de kassa's leeg aan de voorkant van de winkel en de kluis aan de achterkant. De Bende hergebruikt dezelfde pompactie riotguns die ze gebruikten bij de eerste golf en nemen willekeurig gijzelaars.

De nieuwe poging om België te terroriseren leverde echter niet het gewenste effect voor de Bende van Nijvel. De supermarktvereniging verhoogt de beloning niet. De nieuwe aanvallen zorgen er wel voor dat er actie wordt ondernomen in de rest van het land. De bevolking is weer angstig en de autoriteiten nemen extreme veiligheidsmaatregelen, die ervoor zorgen dat het moeilijker wordt om nog een aanval te kunnen plegen.

Gelukkig voor de bende van Bouhouche hebben zij een contact bij de nieuwe veiligheidsdienst van de supermarkten. Dit betekent dat ze toegang hebben tot geheime informatie met betrekking tot de beveiligingsplannen. De Bende slaagt erin om alle informatie met betrekking tot de beveiliging en de surveillance bij de Delhaize supermarkten in handen te krijgen.[369] Ze weten zelfs waar de scherpschutters op het dak staan. Ze zijn op de hoogte van waar de beveiliging het hoogste is en waar minder.

Nu weet de bende van Bouhouche welke supermarkten ze kunnen aanvallen, en ook hoe en wanneer ze dit best kunnen doen. Alle voorbereidingen om de winkels te beveiligen zijn nutteloos geworden. De bendeleden kiezen voor de Delhaize in Aalst, in het centrum van Vlaanderen. Het nieuwe doelwit ligt net buiten de zone met hoge beveiliging. Een foto die in 1985 voor de aanval is genomen van de Delhaize in Aalst, werd later gevonden in het huis van iemand uit de entourage van Bouhouche. Hij beweert dat hij een foto heeft genomen terwijl hij aan het werk was voor een klant. De locatie wordt vooraf goed onderzocht en een van de mannen wordt zelfs aangesproken door iemand uit Aalst, maar hij kan niet reageren omdat hij geen Nederlands spreekt.

De Bende van Nijvel moet het geweldsniveau omhoog schroeven, dus schieten ze in het wilde weg op willekeurige medewerkers en klanten, binnen en buiten de winkel. Ze vermoorden, schoppen en vernederen. Ze maken geen onderscheid tussen mannen, vrouwen of kinderen. In feite gaan ze veel verder en nemen ze júist kinderen als doelwit om de gruwel te vergroten en zo de supermarktvereniging geen keuze te laten dan de beloning op te hogen. Naast al deze slechte publiciteit, verliezen de supermarkten ook veel geld.

Vijftien minuten voor de aanval in Aalst hoort een getuige twee mannen die in de Christoffelken bar iets drinken in het Frans fluisteren. De bar is niet ver van de Delhaize gelegen. De twee mannen kijken door het raam naar het voorbijkomende verkeer. Drie getuigen pikken een van de twee mannen uit een foto line-up als zijnde een lid van de bende van Bouhouche.

Net zoals ze voor de aanvallen in Eigenbrakel en Overijse deden, bereidt de Bende van Nijvel zich goed voor en dubbelchecken de bendeleden de zondebokken die ze voor de misdaden willen laten opdraaien. Op 7 november, twee dagen voor de aanval in Aalst, wordt informatie opgevraagd over Brahim Larbi via een computer bij de Rijkswacht. Dit individu is niet gekoppeld aan een andere zaak waar de Rijkswacht mee bezig is – en hij woont zelfs in Frankrijk, net aan de andere kant van de Belgische grens. Het is een Fransman, net zoals Adriano Vittorio en is toevallig ook een reus van een vent. Zijn bijnaam is Le Negro vanwege zijn donkere uiterlijk.

De Bende van Nijvel verkrijgen informatie over zijn vriendenkring en andere relaties van deze man en bekijkt ook zijn persoonlijke kenmerken. Het is niet voor niets dat de Reus bij de aanval in Aalst als enige geen masker draagt. Hij draagt zelfs make-up om zijn gezicht donkerder te maken en volgens een getuigen zou hij een afro pruik hebben gedragen. Wanneer de Bende van Nijvel de 9-jarige David van der Steen en zijn familie overvalt op het parkeerterrein, was de jongen zich aan het afvragen waarom de man verkleed was als Zwarte Piet. Het feest van St-Maarten was aan de gang op de dag van de aanval.

Aanval in Aalst

Eerder op die dag werden er verschillende items gevonden waarvan de Bende van Nijvel zich wilde ontdoen door ze in brand te steken in het bos van La Houssière. Naast de afstandsbedieningen die ze zouden gebruiken bij de afpersingsplannen, werd er ook een bonnetje gevonden van restaurant Le Toucan in Nijvel. Le Toucan was de plek waar de Bende van Bouhouche hun plannen bekokstoofde. Dit is waar zij de plannen voor de afpersing hadden bedacht die ze later moesten vergeten vanwege de onhaalbaarheid. Dit is de plek waar ze elkaar ontmoetten om de spullen te verkopen die ze niet meer nodig hadden voor de afpersingsplannen en waar ze vanaf moesten geraken. Het is ongeveer op eenzelfde afstand van Brussel als van Bergen als van het oosten van Brabant, waar de belangrijkste leden van de bende van Bouhouche woonden. Le Toucan wijst in de richting van de bende van Bouhouche en enkel in de richting van de bende van Bouhouche, niet naar andere verdachten.

De afstandsbedieningen die in het vuur werden gevonden, ze hadden deze verzameld om hiermee de bommen te laten ontploffen. Nu maken ze deel uit van de hoop onbruikbaar materiaal dat ze voor de afpersingsplannen hadden verzameld en ze moesten deze spullen kwijtraken. Ze proberen te verkopen wat ze kunnen. Het materiaal dat te gevaarlijk is om te verkopen, wordt in het kanaal gegooid. Wat niet zinkt, wordt verbrand. Ze probeerden de explosieven aan de hoogste bieder te verkopen, maar hadden nog steeds een deel hiervan in voorraad in 1987. Sommige waren aan het verrotten. Ze hadden ook nog steeds bijlen, schoppen, rubberen laarzen, stofmaskers, helmen, brandblussers en een reddingsvest in hun bezit.

Ondanks de super gewelddadige overval in Aalst wordt de beloning nooit verhoogd. De Bende geeft het op en ze nemen genoegen met de 250.000 euro per persoon. Maar het onderzoek naar de moord op Juan Mendez zal ervoor zorgen dat ze zich moeten aanpassen.

In het begin van 1986 wordt Bouhouche een verdachte in het onderzoek naar de moord op Mendez. Wanneer de onderzoekers hem ondervragen, vertelt Bouhouche, die ook betrokken was bij het onderzoek naar de Bende van Nijvel: "Jullie zoeken de bende van Nijvel? Maak jullie geen zorgen. Er zal niets meer gebeuren."[370] Dit is de manier van Bouhouche om hen te vertellen dat hij op de hoogte is van wie de bendeleden zijn, en dat ze snel zouden worden gearresteerd. Op het moment van zijn arrestatie ziet Bouhouche zichzelf als detective en niet als een wapenhandelaar. Hij werkte als freelancer om de Bende van Nijvel te vinden – in het echt werkte hij aan het in de val laten lopen van plausibele verdachten.

Helaas voor Bouhouche wordt hij gearresteerd voor de moord op Mendez nog voordat de bende van Bouhouche genoeg bewijsmateriaal kan doorspelen om Vittorio en de andere Fransmannen verdacht te maken. Wanneer Bouhouche wordt gearresteerd gaan alle plannen het raam uit. Het hoofddoel nu is om hem zo snel mogelijk weer vrij te krijgen in plaats van de beloning van de supermarketvereniging op te strijken. Dit is de reden waarom de Bende van Nijvel verdween en nooit meer is teruggekeerd.

Ergens in 1986 dumpen de bendeleden wapens in het kanaal. Ze zorgen ervoor dat de informatie naar het Delta onderzoek gaat. Er zijn nog steeds twee aparte onderzoeken gaande naar dezelfde misdaden, dus dit werkt in het voordeel van de bende. Wat de onderzoekers in het kanaal vinden, is onbruikbaar en dit draagt niet bij aan het onderzoek.

Het kaliber .22 Kriko jachtgeweer dat uit het kanaal werd gevist is echter opmerkelijk. Onderzoekers hebben zich altijd afgevraagd waarom iemand een geluidsdemper op een jachtgeweer heeft gemonteerd. Het komt overeen met het jachtgeweer dat is gebruikt door de bende van Bouhouche tijdens het moordcontract dat ze hadden met de MDA. Het plan was om Sherriff Messaadia te vermoorden, de tweede leider van het Algerijnse regime. Er was een huurmoordenaar nodig omdat Messaadia naar Parijs zou komen. De in Europese MDA wilde hem vermoorden op de Champs-Élysées, bij een van de meest prestigieuze nachtclubs van Parijs, de Fouquet. Ze namen de opdracht aan voor een bedrag van 12 miljoen Belgische frank (2 miljoen dollars).

Het was vooraf bepaald dat de huurmoordenaar Messaadia zou vermoorden voor de bar, met een scherpschuttersgeweer, op het moment dat hij zijn auto zou verlaten. De huurmoordenaar zou een laag kaliber jachtgeweer gebruiken om op afstand te schieten. De huurmoordenaar, een handlanger van de bende, zou een kaliber .22 met een kijker gebruiken omdat dit wapen erg nauwkeurig is en dat hij dit had kunnen gebruiken om de Algerijnse politici te vermoorden zonder dat iemand een link kon leggen tussen de moord en het wapen, zelfs áls het wapen gevonden zou worden. Het was bekend dat de Bende van Nijvel een kaliber .22-geluidsdemper in het bezit had die ze op de Kriko konden gebruiken. Ze zouden Messaadia kunnen vermoorden op een afstand van meer dan tweehonderd meter, waardoor de moordenaar op veilige afstand zou zijn, ver genoeg weg van de bodyguards van Messaadia. De Bende dumpte het geweer in het kanaal doordat het contract voor de moord verbroken was.

Als Messaadia de aanval had overleefd, dan zou een handlanger van de opdrachtgever waarschijnlijk een granaat in de Fouquet hebben gegooid. Toevallig is er een granaat gevonden in Ronquières. De Kriko en de granaat zijn ook de enige twee wapens die verder niet aan de aanvallen van de Bende van Nijvel gekoppeld kon worden.

Er zouden drie mannen die zich voordeden als rijkswachters opgedaagd zijn om een tas op te pikken vlak voor de ontdekking in Ronquières van november 1986. Deze mannen ontvingen van de chauffeur een jute tas en verdwenen dan in een beige Renault 4. We weten dat de bende van Bouhouche in deze periode met een Renault 4 rondreed.

De kleine opbrengsten van de tweede golf zijn meer gekoppeld aan de belachelijke risico's die ze namen en de moorden en slachtpartijen. Dit versterkt het idee dat motieven van terrorisme en diefstal onnauwkeurig en onlogisch zijn. De reden voor deze ongelijkheid in beide golven is dat het grootste deel van hun geld afkomstig was uit twee verschillende frauduleuze praktijken. De buit van de overvallen op de supermarkten was kleingeld voor hen. In de eerste golf was het doel het geld dat ze zouden afpersen bij de supermarktketen, terwijl het doel van de tweede golf het opstrijken van de beloning was die ze zouden krijgen voor informatie over de bende waarvan ze zelf het imago zorgvuldig gecreëerd hadden.

Het motief is een nuttig hulpmiddel om een onopgeloste misdaad op te lossen. Hoewel dit niet essentieel is om de schuld te bewijzen, werd een rechtszaak tegen de Bende van Nijvel altijd moeilijk gemaakt door de afwezigheid van een coherent motief. De daders hebben hier hun voordeel uit gehaald. De afzonderlijke bewijsstukken op andere manieren samenbrengen werd een bijna onmogelijke taak en dit heeft zeker bijgedragen aan de vertragingen in de zaak zoals die er nu voor staat.

Het andere cruciale element is het vinden van de juiste verdachten. Dat is onontbeerlijk. Als men daarin slaagt, kan men deze kennis gebruiken om het ontbrekende bewijs te vinden. Sinds 2018 heeft de regering de onderzoekers een belangrijk voordeel gegeven om hun kansen te verbeteren: de wet op de spijtoptanten van 2018. We hopen van harte dat dit het mogelijk maakt om de moordenaars die nog in leven zijn voor eens en voor altijd voor het gerecht te brengen.

Kaarten

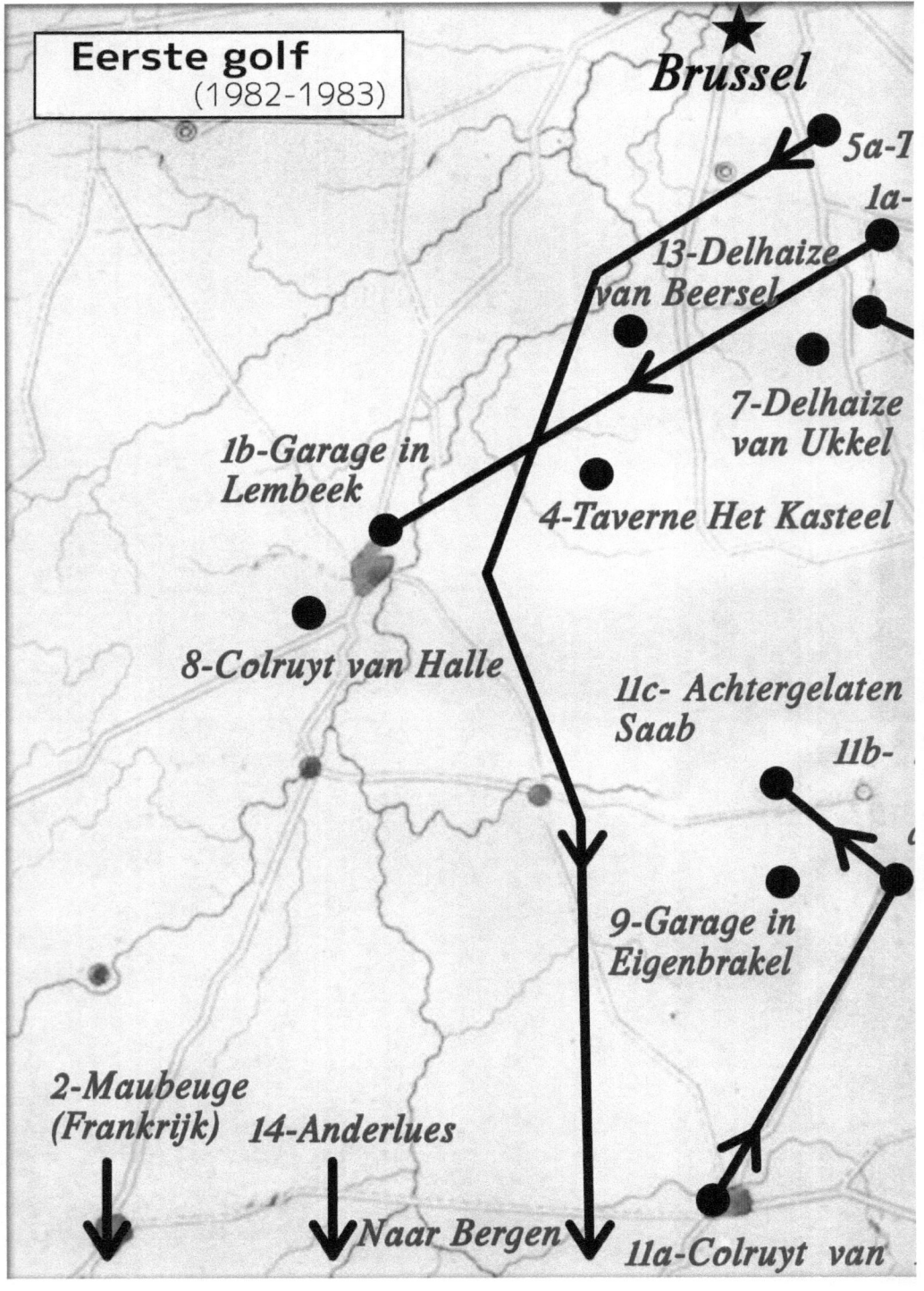

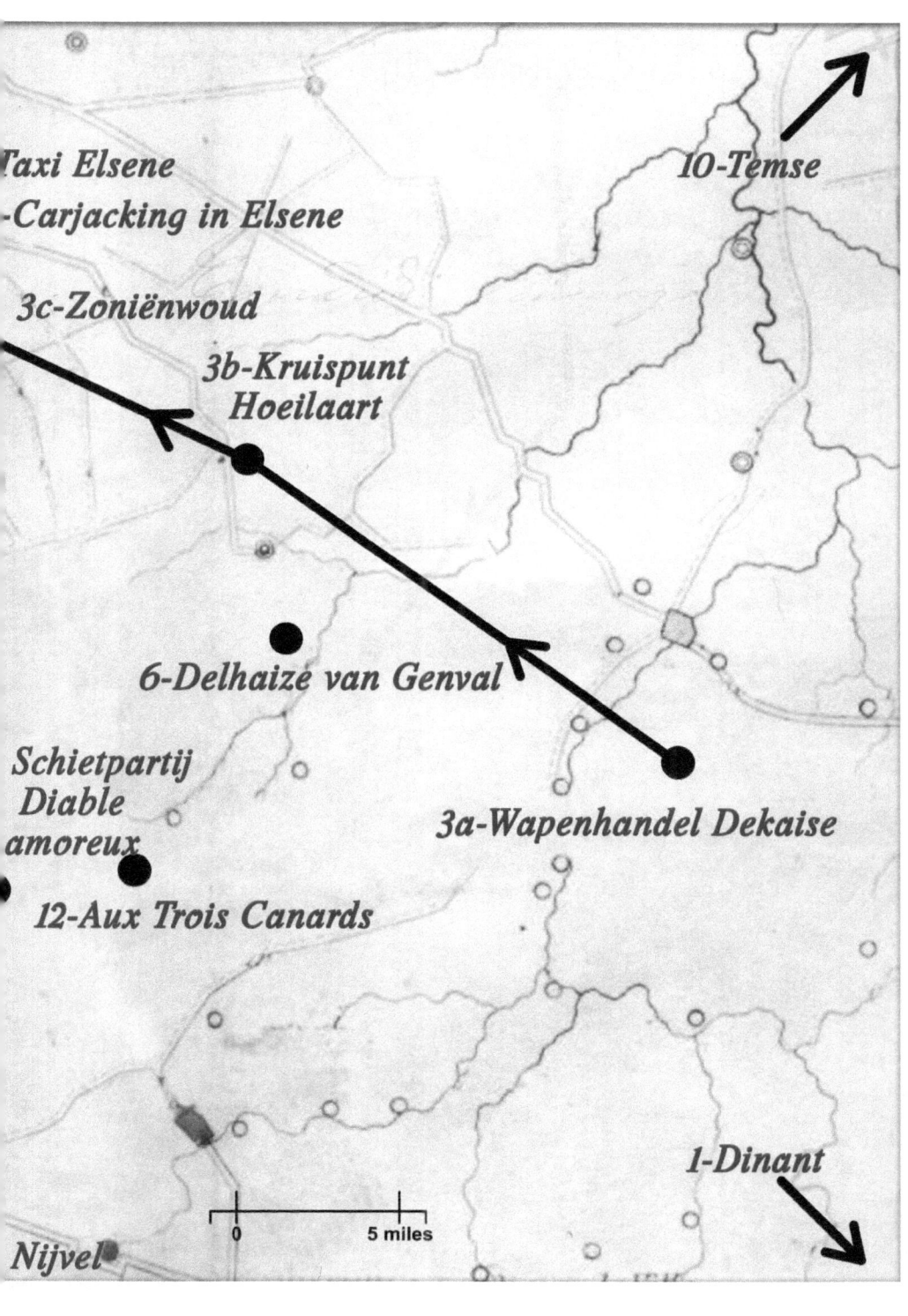

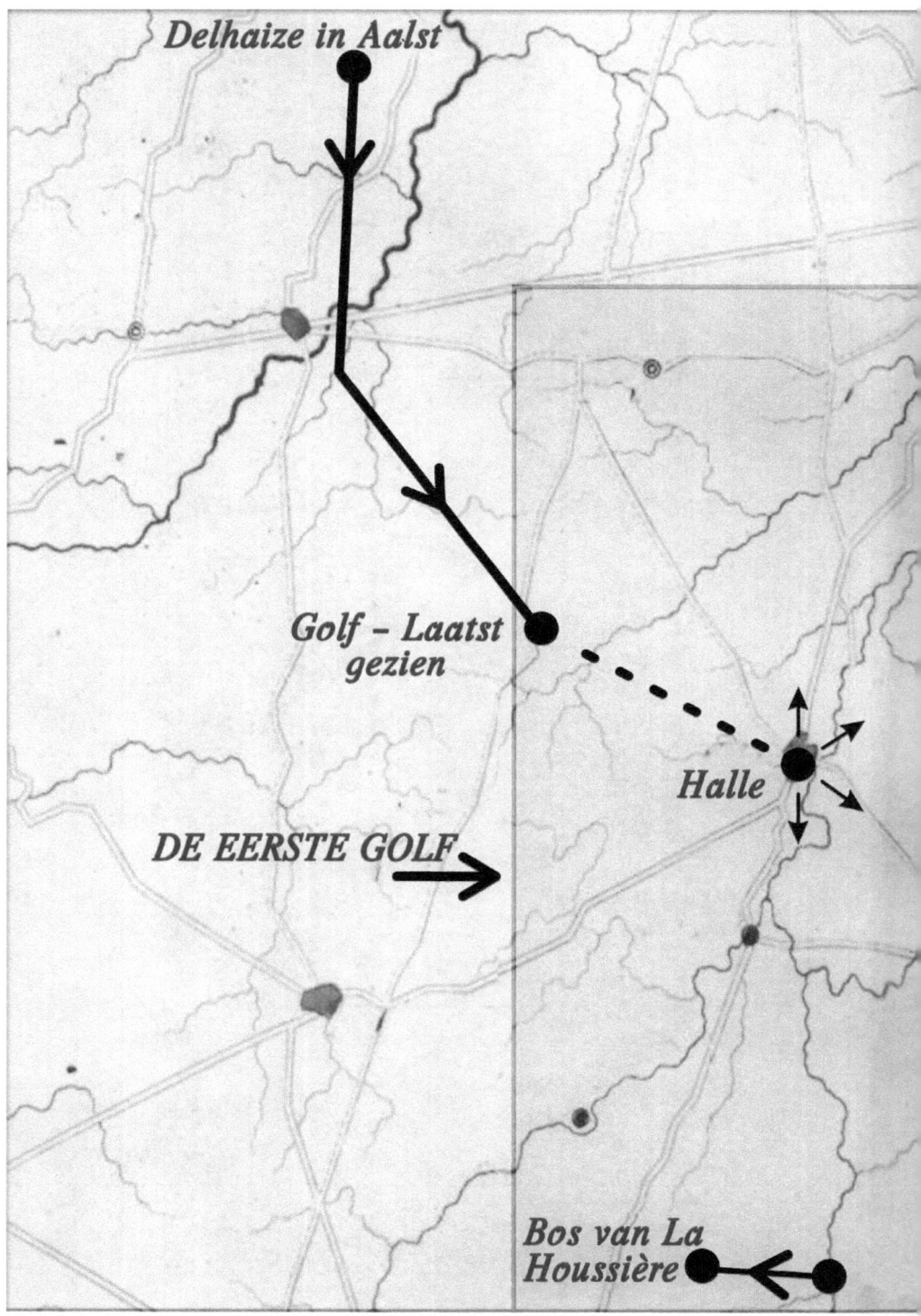

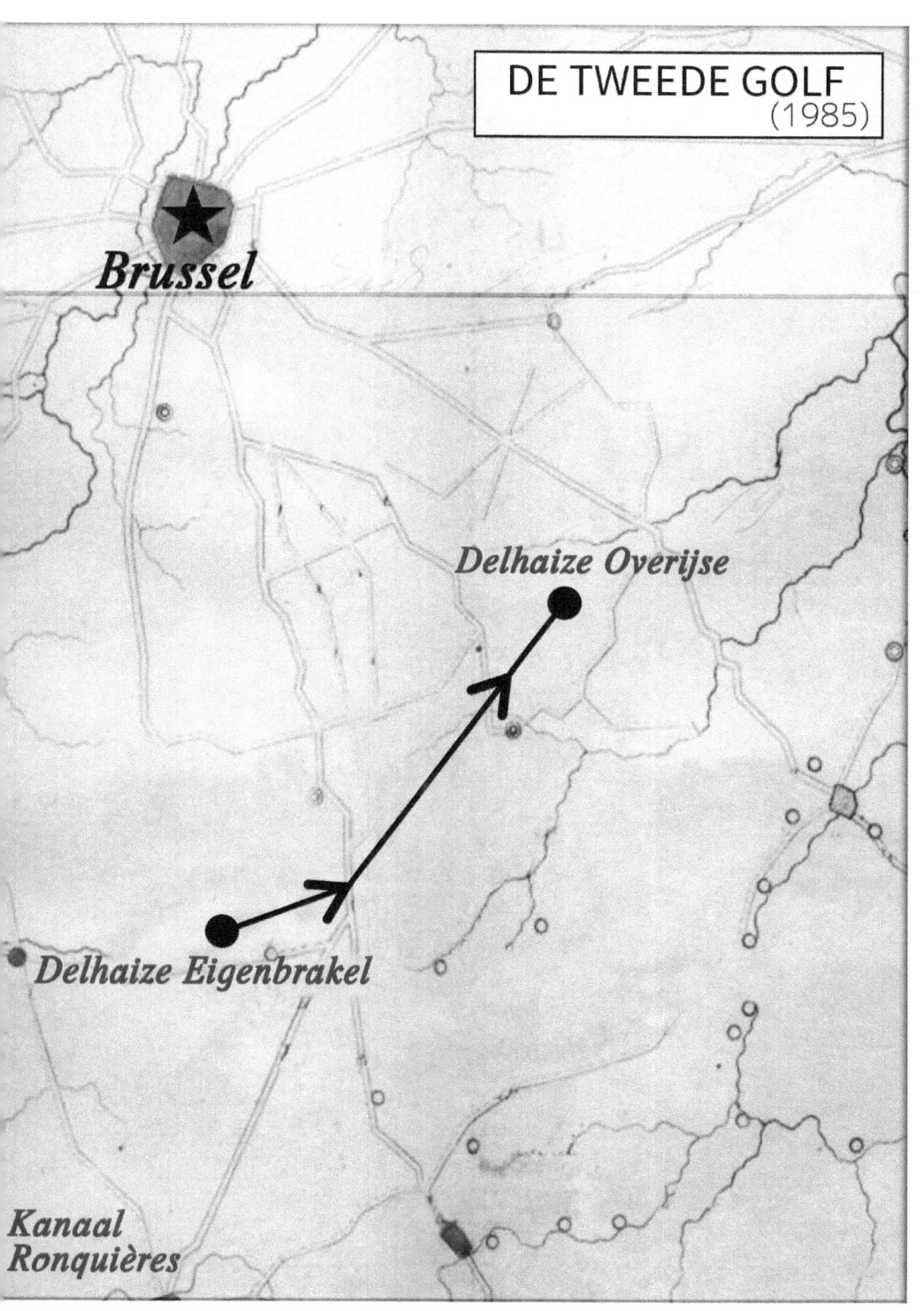

Audiovisuele bronnen

1. Goldilock (Shutterstock)
2. 2Bbs Ferrari (Getty images)
3. Lm Ladris 01 (Getty images)
4. Zozifoto (Getty images)

EINDNOTEN

Inleiding

1. Daniele Ganser, *Les Armées secrètes de l'OTAN,* Paris, Demi-Lune, 2005.
2. Robert C. Davis, Carl J. Jensen, Lane Burgette, et Kathryn Burnett, "Working Smarter on Cold Cases: Identifying Factors Associated with Successful Cold Case Investigators," *Journal of Forensic Sciences,* 59, no. 2 (2014), p. 375-382. https://doi.org/10.1111/1556-4029.12384
3. J.E. Douglas et C. Munn, "Violent Crime Scene Analysis: Modus Operandi, Signature, and Staging", *FBI Law Enforcement Bulletin,* 61, no. 2 (1992), p. 1-10.
4. *Ibid.*

Hoofdstuk 1: Winkeldiefstal, Autodiefstal en Inbraak (Maart-Mei 1982)

5. Federale Politie, "Toonbankdiefstal in de wapenhandel Bayard", http://killersbrabant.be/facts/1982/bayard-nl.html, De bronnen die geraadpleegd werden, spreken elkaar soms tegen wat betreft kleine, onbelangrijke details. Om ervoor te zorgen dat de tekst leesbaar bleef en om het gemakkelijker te maken voor de lezer om het grotere geheel te begrijpen, hebben we een van de details verkozen boven de andere details.
6. Gilbert Dupont en Paul Ponsaers, *Les tueurs six années d'enquête,* 1988, p. 11-12.
7. *Ibid.*
8. Hilde Geens, *Beetgenomen,* Manteau, 2013, p. 19.
9. "Warenhuis overvallen: 100.000 frank.", *Het Nieuwsblad,* 8 mei 1982, online gezet door Merovinger op https://www.bendevannijvel.com/forum/viewtopic.php?id=2135
10. Federale Politie, "Gewapende diefstal van een Austin Allegro ", http://killersbrabant.be/facts/1982/austin-nl.html
11. Geens, *Beetgenomen, op.cit.,* p. 20.
12. Gilbert Dupond, "Il y a 35 ans commencaient les tueries du Brabant.", *DHnet.be.,* http://www.dhnet.be/actu/faits/il-y-a-35-ans-commencaient-les-tueries-dubrabant-59135d5fcd70022542bf0c37

[13] Federale Politie, "Diefstal met braak van een Volkswagen Santana in de garage BRICHAU." http://killersbrabant.be/facts/1982/brichau-nl.html
[14] Dupond, "Il y a 35 ans commencaient les tueries du Brabant. », *op.cit.*
[15] Belgische Kamer van Volksvertegenwoordigers, Parlementair onderzoek naar de wijze waarop de bestrijding van het banditisme en het terrorisme georganiseerd wordt, 59/8 - 1988, p. 103.

Hoofdstuk 2: Kruidenierszaak in Maubeuge (14 Augustus 1982)

[16] Federale Politie, "Diefstal met braak in de kruidenierswinkel Piot gevolgd door een schietpartij met de Franse politie.", http://killersbrabant.be/facts/1982/piot-nl.html
[17] Dupont en Ponsaers, *op.cit.*, p. 13.
[18] Luyten, Anna, "Hoe het spoor van de Bende van Nijvel naar Lembeek en Maubeuge leidt", *Knack*, 16 mei 2007, https://www.knack.be/nieuws/belgie/hoe-het-spoor-van-de-bende-van-nijvel-naar-lembeek-en-maubeuge-leidt/article-longread-916205.html
[19] *Ibid.*
[20] *Ibid.*
[21] Michel Leurquin en Patricia Finné, *L'histoire vraie des tueurs fous du Brabant »*, la manufacture de livres, 2012, p. 18.
[22] Dupont en Ponsaers, *op.cit.*, p. 14.
[23] *Ibid.*
[24] *Ibid.*, p. 14-15.
[25] "Drame mystérieux à Soignies - Le père d'un garagiste blessé d'un coup de feu", *La Dernière Heure*, 20 September 1982, online gezet door Merovinger op https://www.bendevannijvel.com/forum/viewtopic.php?id=1558

Hoofdstuk 3: Wapenhandel Dekaise in Waver (30 September 1982)

[26] Belgische Kamer van Volksvertegenwoordigers, *op.cit.*, 59/8 -1988, p. 97.
[27] *Ibid.*, p. 98.
[28] *Les tueurs du Brabant Wallon,* RTBF, 1985, Televisiedocumentaire.
[29] *Ibid.*
[30] Belgische Kamer van Volksvertegenwoordigers, *op.cit.*, 59/8 - 1988, p. 98.
[31] *Ibid.*
[32] *Ibid.*, p. 99.
[33] *Ibid.*
[34] *Ibid.*

35 Federale Politie, "Schietpartijen te Waver en te Hoeilaart.", http://killersbrabant.be/facts/1982/wavre-hoeilaart-nl.html
36 Belgische Kamer van Volksvertegenwoordigers, *op.cit.*, 59/8 - 1988, p. 100.
37 *Ibid.*
38 *Ibid.*
39 *Ibid.*
40 *Ibid.*
41 Federale Politie, "Schietpartijen te Waver en te Hoeilaart."
42 Geens, *Beetgenomen, op.cit.*, p. 22.
43 *Ibid.*, p. 48-49.
44 Federale Politie, "Gewapende overval in de wapenhandel DEKAISE.", http://killersbrabant.be/facts/1982/dekaise-nl.html
45 Leurquin en Finné, *op.cit.*, p. 21.
46 Geens, *Beetgenomen, op.cit.*, p. 29-45.
47 Dupond, Gilbert, « 18km aux trousses des tueurs » *DHnet.be*, 28 september 2007, http://www.dhnet.be/actu/faits/18-km-aux-trousses-des-tueurs-51b7be68e4b0de6db98b462e
48 Belgische Kamer van Volksvertegenwoordigers, *op.cit.*, 59/8 - 1988, p. 103-104.
49 Geens, *Beetgenomen, op.cit.*, p. 49.
50 Guy Bouten, *Tueries du Brabant: le Dossier, le Complot, les Noms*, Brussel, De l'arbre, 2009, p. 49.
51 Belgische Kamer van Volksvertegenwoordigers, *op.cit.*, 59/8 - 1988, p. 104.
52 *Ibid.*
53 Geens, *Beetgenomen, op.cit.*, p. 24.
54 Belgische Kamer van Volksvertegenwoordigers, *op.cit.*, 59/8 - 1988, p. 104.
55 Geens, *Beetgenomen, op.cit.*, p. 24.
56 *Ibid.*

Hoofdstuk 4: Herberg "Het Kasteel" (23 December 1982)

57 Haquin, René, "Le concierge de l'auberge du château de Beersel tué pour quelques bouteilles… ", *Le Soir*, 26 december 1982.
58 Belgische Kamer van Volksvertegenwoordigers, *op.cit.*, 59/8 - 1988, p. 111.
59 *Ibid.*
60 *Ibid.*, p. 112.
61 "Gruwelijke afslachting in restaurant van domein van Beersel", *Het Laatste Nieuws*, 27 december 1982, online gezet door Merovinger, https://www.bendevannijvel.com/forum/viewtopic.php?pid=51443#p51443.
62 Geens, *Beetgenomen, op.cit.*, p. 65.

63 Belgische Kamer van Volksvertegenwoordigers, *op.cit.*, 59/8 - 1988, p. 111.
64 Geens, *Beetgenomen, op.cit.*, p. 66.

Hoofdstuk 5: Taxirit van Elsene naar Bergen (9 Januari 1983)

65 Federale Politie, "Moord op ANGELOU Constantin.", http://killersbrabant.be/facts/1983/angelou-nl.html
66 Belgische Kamer van Volksvertegenwoordigers, *op.cit.*, 59/8 - 1988, p. 114.
67 Federale Politie, "Moord op ANGELOU Constantin."
68 Belgische Kamer van Volksvertegenwoordigers, *op.cit.*, 59/8 - 1988, p. 113.
69 Geens, *Beetgenomen, op.cit.*, p. 71.
70 *Ibid.*, p. 70.
71 Belgische Kamer van Volksvertegenwoordigers, *op.cit.*, 59/8 - 1988, p. 114.
72 Brewaeys, Philippe en Deliège, Jean-Frédéric, *De Bonvoisin et Cie*, 1992, p. 143.
73 Belgische Kamer van Volksvertegenwoordigers, *op.cit.*, 59/8 - 1988, p. 115.
74 *Ibid.*
75 "Interview Pierre Dumont," *Humo,* geraadpleegd op 15 november 2018, https://bendevannijvel.com/motief/afpersing/interview-pierre-dumont/
76 René De Witte en Dirk Selleslagh, "Delhaize niet zes, maar mogelijk zeven keer slachtoffer van Bende van Nijvel", *De tijd,* 1 april 1997.
77 Akte van beschuldiging, Borains. p. 51-52.
78 *Ibid.*
79 Gilbert Dupont, "Le témoin n'avait jamais été réinterrogé - Retrouvée par la DH, la veuve de Raymond Dewee a maintenant 90 ans." *La Dernière Heure*, 2 februari 2013.

Hoofdstuk 6: Delhaize Supermarkt in Genval (11 Februari 1983)

80 Akte van beschuldiging, Borains.
81 Federale Politie, "Hold-up op de DELHAIZE te Genval.", http://killersbrabant.be/facts/1983/ delhaize-genval-nl. html
82 *Ibid.*
83 Akte van beschuldiging, Borains.
84 Federale Politie, "Hold-up op de DELHAIZE te Genval."
85 Akte van beschuldiging, Borains
86 *Ibid.*
87 *Ibid.*
88 Belgische Kamer van Volksvertegenwoordigers, *op.cit.*, 59/10 - 1988, p. 390.
89 *Ibid.*, p. 429.
90 Federale Politie, "Diefstal van een Volkswagen GOLF met nummerplaat DTX 079 te Plancenoit.", http://killersbrabant.be/facts/1983/plancenoit-nl.html

[91] Akte van beschuldiging, Borains. p. 14.
[92] Bouten, *Tueries du Brabant: le Dossier, le Complot, les Noms, Bruxelles, op.cit.*, p. 76.
[93] Federale Politie, "Diefstal van een witte Audi 100 met nummerplaat DKC 329 in de garage VAG te Waterloo." http://killersbrabant.be/facts/1982/waterloo-nl.html
[94] *Ibid.*
[95] Gilbert Dupont, "Un fait élucidé sur le site officiel des tueries du Brabant," *DHnet.be*, laatst gewijzigd op 5 december 2017, http://www.dhnet.be/actu/faits/un-fait-elucide-sur-le-site-offi ciel-des-tueries-du-brabant-5a25a71dcd70b488f-b052a83.

Hoofdstuk 7: Delhaize Supermarkt in Ukkel (25 Februari 1983)

[96] Federale Politie, "Hold-up op de DELHAIZE te Ukkel.", http://killersbrabant.be/facts/1983/delhaize-ukkel-nl.html
[97] *Ibid.*
[98] Akte van beschuldiging, Borains. p. 17.
[99] Geens, *Beetgenomen, op.cit.*, p. 73-74.
[100] *Ibid.*, p. 73.
[101] Federale Politie, "Diefstal van een witte Audi 100 met nummerplaat DKC 329 in de garage VAG te Waterloo."

Hoofdstuk 8: Colruyt Supermarkt in Halle (3 Maart 1983)

[102] Federale Politie, "Hold-up op de Colruyt te Halle.", http://killersbrabant.be/facts/1983/colruyt-halle-nl.html
[103] Guy Bouten, *De Bende van Nijvel. Verrad, Manipulatie, Geheime Diensten*, Leuven, Van Halewyck, 2015, p. 137.
[104] Bouten, *Tueries du Brabant: le Dossier, le Complot, les Noms, Bruxelles, op.cit.*, p. 77.
[105] Roland Planchar « La profileuse contre les tueurs fou », *Lalibre.be*, 9 oktober 2007, https://www.lalibre.be/actu/belgique/la-profileuse-contre-les-tueurs-fous-51b895bae4b0de6db9b09db6
[106] Akte van beschuldiging, Borains. p. 17.
[107] Hugo Gijsels, *L'enquête, 20 années de déstabilisation en Belgique*, Brussel, La Longue Vue, 1989, p. 60.
[108] Bouten, *Tueries du Brabant: le Dossier, le Complot, les Noms, Bruxelles*, p. 77-78.
[109] Jeroen Wils, *Bloed zonder tranen: het gangsterleven van Patrick Haemers*, Antwerp, Manteau, 2008, p. 183.
[110] Denise Tyak, *Ma Vie avec Patrick Haemers*, 2012, e-boek. À la rue. p. 6.
[111] *Ibid.*
[112] *Ibid.*
[113] *Ibid.*

114 *Ibid.*
115 *Ibid.*
116 Jos Vander Velpen, *Guère civil: de la gendarmerie à la police unique*, Brussel, 1998, p. 71.
117 Geens, *Beetgenomen, op.cit.*, p. 316.
118 *Ibid.*, p. 318.
119 *Ibid.*, p. 345.
120 *Ibid.*, p. 295.
121 Gijsels, *op.cit.*, p. 28.
122 Belgische Kamer van Volksvertegenwoordigers, *op.cit.*, 59/10 - 1988, p. 496.
123 *Ibid.*, p. 499.
124 "De moordaanslag: 26 Oktober 1981", www.bendevannijvel.com, https://bendevannijvel.com/daders/bouhouche-beijer/feiten/
125 *Ibid.*
126 Vander Velpen, *op.cit.*, p. 65.
127 "Interview met Arsène Pint", *bendevannijvel.com*, geraadpleegd op 15 november 2018. https://bendevannijvel.com/onderzoek/belgische-rijkswacht/interviews-arsene-pint/
128 *Ibid.*
129 Vander Velpen, *op.cit.*, p. 67.
130 Jean-Paul Collette, « Affaire Swarts : de nouvelles questions dérangeantes à la Sabéna et à la Justice », *Le soir*, 7 februari 1984.
131 Gilbert Dupont, "Un nouveau fait attribué aux tueurs du Brabant!", *La dernière Heure*, 28 september 2015.

Hoofdstuk 9: Autohandelaar in Eigenbrakel (8 Juni 1983)

132 Federale Politie, " Diefstal van een SAAB 900 TURBO in garage DENUIT te Eigenbrakel.", http://killersbrabant.be/facts/1983/brainelalleud-nl.html

Hoofdstuk 10: Textielfabriek in Temse (10 September 1983)

133 Federale Politie, "Diefstal gewapenderhand in de fabriek Wittock-Van Landeghem te Temse.", http://killersbrabant.be/facts/1983/temse-nl.html
134 Dupont en Ponsaers, *op.cit.*, p. 38.
135 *Ibid.*, p. 37.
136 *Ibid.*

Hoofdstuk 11: Colruyt Supermarkt in Nijvel (17 September 1983)

137 *Ibid.*, p. 41.

¹³⁸ Federale Politie, "Diefstal gewapenderhand in de COLRUYT te Nijvel.", http://killersbrabant.be/facts/1983/nivelles-nl.html
¹³⁹ Dupont en Ponsaers, *op.cit.*, p. 41.
¹⁴⁰ *Ibid.*, p. 42.
¹⁴¹ *Ibid.*
¹⁴² Leurquin en Finné, *op.cit.*, p. 45.
¹⁴³ Federale Politie, "Schietpartij te Eigenbrakel in « Diable amoureux", http://killersbrabant.be/facts/1983/diable-nl.html
¹⁴⁴ *Ibid.*
¹⁴⁵ Dupont en Ponsaers, *op.cit.*, p. 44.
¹⁴⁶ Federale Politie, "Schietpartij te Eigenbrakel in « Diable amoureux".
¹⁴⁷ Dupont en Ponsaers, *op.cit.*, p. 45.
¹⁴⁸ Geens, *Beetgenomen, op.cit.*, p. 78
¹⁴⁹ Belgische Kamer van Volksvertegenwoordigers, *op.cit.*, 59/10 - 1988, p. 402.
¹⁵⁰ *Ibid.*, 59/9 - 1988, p. 86.
¹⁵¹ *Ibid.*
¹⁵² *Ibid.*, 59/10 - 1988, p. 402.
¹⁵³ Informatie over de formatie en bijhorende grafieken vindt u in de handleiding MCWP 3-11.3 van het U.S. Marine Corps 17 April 2000 met de titel "Scouting and Patrolling".
¹⁵⁴ Volgens de handleiding: "Deze formatie zorgt ervoor dat de vijand geconfronteerd wordt met zowel enfileervuur als spervuur. De V-formatie werkt het beste op een vrij open terrein, maar kan ook gebruikt worden op een gesloten terrein. Wanneer de formatie gevormd wordt op een gesloten terrein, dan zullen de benen van de "V" zich sluiten terwijl de hoofdelementen van de vijandelijke strijdkrachten de tip van de "V" benaderen en vanop korte afstand het vuur openen." Ibid
¹⁵⁵ Bouten, *Tueries du Brabant: le Dossier, le Complot, les Noms, Bruxelles, op.cit.*, p. 455.
¹⁵⁶ Charlie Hedo, *Het Rattenkwartier : Een Blik in het Nest va de Bende van Nijvel*, Smashwords, 2015, e-boek.

Hoofdstuk 12: Restaurant Aux Trois Canards in Ohain (2 Oktober 1983)

¹⁵⁷ Jean Mottard en René Haquin, *Les tueries du Brabant: enquête parlementaire sur la manière dont la lutte contre le banditisme et le terrorisme est organisée*, Brussel, Complexe, 1990, p. 116.
¹⁵⁸ Federale Politie, "Moord op Jacques Van Camp en diefstal van Volkswagen Golf in het restaurant "het restaurant"." http://killersbrabant.be/facts/1983/canards-nl.html
¹⁵⁹ Leurquin et Finné, *op.cit.*, p. 68.
¹⁶⁰ Mottard en Haquin, *op.cit.*, p. 116.

[161] Dupont en Ponsaers, *op.cit.*, p. 51.
[162] Belgische Kamer van Volksvertegenwoordigers, *op.cit.*, 59/9 - 1988, p. 356.
[163] Federale Politie, "Moord op Jacques Van Camp en diefstal van Volkswagen Golf in het restaurant "het restaurant".
[164] Mottard en Haquin, *op.cit.*, p. 117.
[165] Federale Politie, "Moord op Jacques Van Camp en diefstal van Volkswagen Golf in het restaurant "het restaurant".
[166] *Ibid.*
[167] Hilde Geens, "Interview with Catherine Van Camp," *Humo*, Oktober 2004, www.bendevannijvel.com
[168] *Ibid.*
[169] Bouten, *Tueries du Brabant: le Dossier, le Complot, les Noms, Bruxelles*, *op.cit.*, p. 60-61.
[170] Haquin, René, *Des taupes dans l'extrême-droite*, EPO, 1984, 216 pages.

Hoofdstuk 13: Delhaize Supermarkt in Beersel (7 Oktober 1983)

[171] Dupont en Ponsaers, *op.cit.*, p. 54.
[172] Ibid, p. 56.
[173] Federale Politie, "Hold-up op de DELHAIZE te Beersel.", http://killersbrabant.be/facts/1983/delhaize-beersel-nl.html
[174] Dupont en Ponsaers, *op.cit.*, p. 56.
[175] *Ibid.*, p. 54.
[176] Federale Politie, "Hold-up op de DELHAIZE te Beersel."
[177] Dupont en Ponsaers, *op.cit.*, p. 54-55.
[178] "Les mystérieux tueurs fous", *Temps présent*, RTS, geregisseerd door Paul Seban, 16 oktober 1986.
[179] Dupont en Ponsaers, *op.cit.*, p. 55.
[180] Federale Politie, "Hold-up op de DELHAIZE te Beersel."
[181] *Ibid.*
[182] Dupont en Ponsaers, *op.cit.*, p. 55.
[183] Federale Politie, "Hold-up op de DELHAIZE te Beersel."
[184] *Ibid.*
[185] Gijsels, *op.cit.*, p. 143.
[186] Gilbert Dupont, "L'inconnu des Trois canards - Tueurs du Brabant: un nouveau portrait-robot est dressé d'après le témoignage d'un carrossier" *La Dernière Heure*, 31 oktober 2002.
[187] Vander Velpen, *op.cit.*, p. 71.
[188] Verklaring van Pierre Beduwe, PV, Jumet, 17 february 1988.
[189] Verklaring van Mohamed Asmaoui, PV 21165, CBW, 27 januari 1988.

190 Verklaring van Daniel Choquet, PV 21244, Jumet, 11 februari 1988.
191 « Dossier Noir, Les Tueurs fous du Brabant », geregisseerd door Daniel Remi en Jean-Michel Dehon, *RTBF*, 19 december 2007.
192 Bouten, *Tueries du Brabant: le Dossier, le Complot, les Noms, Bruxelles, op.cit.*, p. 454.
193 « Dossier Noir, Les Tueurs fous du Brabant », *op.cit.*
194 Vander Velpen, *op.cit.*, p. 70.
195 *Ibid.*, p. 74.
196 Belgische Kamer van Volksvertegenwoordigers, *op.cit.*, 59/9 - 1988, p. 87.
197 Ilegems D. en Sauviller R., Willems J. R., *De Bendetapes*, 1990, p. 14.
198 *Ibid.*, p. 15.
199 Belgische Kamer van Volksvertegenwoordigers, *op.cit.*, 59/9 - 1988, p. 86.
200 *Ibid.*, 59/10 - 1988, p. 389.
201 *Ibid.*
202 Ilegems, Sauviller et Willems, *op.cit.*, p. 11.
203 Belgische Kamer van Volksvertegenwoordigers, *Parlementair onderzoek naar de noodzakelijke aanpassingen van de organisatie en de werking van het politie- en justitiewezen op basis van de moeilijkheden die gerezen zijn bij het onderzoek naar de "Bende van Nijvel"*, 573/8 - 95/96, p. 125.
204 *Ibid.*, p. 26.
205 Vander Velpen, *op.cit.*, p. 75.

Hoofdstuk 14: Juwelier in Anderlues (1 December 1983)

206 Federale Politie, "Diefstal gewapenderhand en dubbele moord in een juweliers-zaak te Anderlues.", http://killersbrabant.be/facts/1983/anderlues-nl.html
207 Leurquin et Finné, *op.cit.*, p. 80.
208 Geens, *Beetgenomen, op.cit.*, p. 89.
209 *Ibid.*, p. 87.
210 Belgische Kamer van Volksvertegenwoordigers, *op.cit.*, 573/11 – 95/96, p. 72.
211 *Ibid.*
212 Belgische Kamer van Volksvertegenwoordigers, *op.cit.*, 59/10 - 1988, p. 429.
213 Gilbert Dupont, "Qui a voulu faire taire Pierre Romeyer," *La Dernière Heure*, 18 juli 2016.
214 Geens, *Beetgenomen, op.cit.*, p. 59.
215 *Ibid.*, p. 83.
216 Bendevannijvel.com. online gezet door sitebeheerder Ben op https://www.bendevannijvel.com/forum/viewtopic.php?id=1064
217 Ilegems, Sauviller en Willems, p. 35.
218 Panorama, *RTBF*, 1995, televisiedocumentaire, november 1995.

Hoofdstuk 15: Afpersing en de Bende van Bouhouche

[219] Geens, *Beetgenomen, op.cit.*, p. 349.
[220] *Ibid.*
[221] Bouten, *Tueries du Brabant: le Dossier, le Complot, les Noms, Bruxelles, op.cit.*, p. 455.
[222] Geens, *Beetgenomen, op.cit.*, p. 350
[223] *Ibid.*
[224] Guy Bouten, *De bende van Nijvel en de CIA*, Leuven, Van Halewyck, 2011, p. 259.
[225] Verklaring van Christian Amory, PV 21184, 30 januari 1988.
[226] Bouten, *Tueries du Brabant: le Dossier, le Complot, les Noms, Bruxelles, op.cit.*, p. 455.

Hoofdstuk 16: De Dood van Paul Latinus

[227] Belgische Kamer van Volksvertegenwoordigers, *op.cit.*, 59/8 - 1988, p. 83.
[228] « Spéciale Tueries du Brabant » Devoirs d'Enquête, *RTBF*, 22 oktober, 2014, televisiedocumentaire.
[229] Haquin, *op.cit.*, p. 22.
[230] Tim Weiner, *Legacy of Ashes: The History of the CIA*, London, Penguin, 2011, p. 346-348.
[231] "Operation Gladio: The Foot Soldiers," Timewatch, geregisseerd door Allan Francovich, *BBC*, 24 juni 1992.

Hoofdstuk 17: Moeilijkheden voor de Bende van Bouhouche

[232] Geens, *Beetgenomen, op.cit.*, p. 351.

Hoofdstuk 18: De Nieuwe Bendes van Haemers en De Staerke

[233] Tyak, *op.cit.*, À la rue, p. 5.
[234] *Ibid.*, L'île Maurice, p. 7.
[235] *Ibid.*
[236] "Enquête : Patick Haemers", *L'autre vérité*, uitgezonden in 1989, https://www.youtube.com/watch?v=Zy8j9tWZsYE&t=3s., televisiedocumentaire.
[237] De bende De Staerke heeft in werkelijkheid veel meer leden, maar dit is de harde kern die de golf van overvallen zal plegen in 1985.
[238] Léopold Van Esbroek, *Lettre ouverte aux tueurs du Brabant Wallon*, 1998, p. 114.
[239] Geens, *Beetgenomen, op.cit.*, p. 112.
[240] Van Esbroek, *op.cit.*, p. 67.

Hoofdstuk 19: Pretpark Walibi

[241] Geens, *Beetgenomen, op.cit.*, p. 95.

²⁴² *Ibid.*
²⁴³ *Ibid.*
²⁴⁴ *Ibid.*
²⁴⁵ Belgische Kamer van Volksvertegenwoordigers, *op.cit.*, 573/11 – 95/96, p. 59.
²⁴⁶ *Ibid.*, p. 16.
²⁴⁷ *Ibid.*, 573/10 – 95/96, p. 121
²⁴⁸ *Ibid.*, 573/11 – 95/96, p. 60-61.
²⁴⁹ *Ibid.*, 573/10 – 95/96, p. 130.
²⁵⁰ *Ibid.*, p. 127.

Hoofdstuk 21: Delhaize Supermarkten in Eigenbrakel en Overijse (September 27, 1985)

²⁵¹ Federale Politie, "Hold up op de Delhaize te Eigenbrakel.", http://killersbrabant.be/facts/1985/delhaize-brainelalleud-nl.html
²⁵² Dupont en Ponsaers, *op.cit.*, p. 69.
²⁵³ Geens, *Beetgenomen, op.cit.*, p. 95.
²⁵⁴ *Ibid.*
²⁵⁵ Dupont en Ponsaers, *op.cit.*, p. 69
²⁵⁶ « Dossier Noir, Les Tueurs fous du Brabant », *op.cit.*
²⁵⁷ *Ibid.*
²⁵⁸ "Het naspelen van de overvallen in Eigenbrakel en Overijse", *France television*, RTL-TVI, geregisseerd door Patrick Volson, 2001.
²⁵⁹ Leurquin en Finné, *op.cit.*, p. 68.
²⁶⁰ Dupont en Ponsaers., *op.cit.*, p. 69.
²⁶¹ *Ibid.*
²⁶² *Ibid.*, p. 70.
²⁶³ Leurquin et Finné, *op.cit.*, p. 69.
²⁶⁴ Geens, *Beetgenomen, op.cit.*, p. 95.
²⁶⁵ Federale Politie, "Hold up op de Delhaize te Overijse.", http://killersbrabant.be/facts/1985/delhaize-overijse-nl.html
²⁶⁶ *Ibid.*
²⁶⁷ *Ibid.*
²⁶⁸ Geens, *Beetgenomen, op.cit.*, p. 96.
²⁶⁹ *Ibid.*
²⁷⁰ *Ibid.*
²⁷¹ *Ibid.*
²⁷² Belgische Kamer van Volksvertegenwoordigers, *op.cit.*, 59/10 - 1988, p. 528.
²⁷³ "Zoeken naar 'rode draad,'" *Het Nieuwsblad*, 14 oktober 1983, https://www.bendevannijvel.com/forum/search.php?search_id=1707453473&p=3.

[274] Geens, *Beetgenomen, op.cit.*, p. 95.
[275] Vander Velpen, *op.cit.*, p. 89.
[276] *Ibid.*
[277] "Beveiliging supermarkten in het week-end," Panorama, *VRT,* 21 november 1985.
[278] Verklaring van Christian Amory, PV 21184, 30 januari 1988.
[279] Van Esbroeck, *op.cit.*, p. 106.
[280] Belgische Kamer van Volksvertegenwoordigers, *op.cit.,* 59/10 - 1988, p. 418.
[281] Raf Sauviller en Hilde Geens. "Interview with José Mendez", *Humo,* september 1997, www. bendevannijvel.com.
[282] Vander Velpen, *op.cit.*, p. 90.

Hoofdstuk 22: Delhaize Supermarkt in Aalst (9 November 1985)

[283] Federale Politie, " Ontdekking van een uitgebrande Volkswagen Golf in het bos van La Houssière in 's Gravenbrakel." http://killersbrabant.be/facts/1985/la-houssiere-nl.html
[284] Dupont en Ponsaers, *op.cit.*, p. 76.
[285] Geens, *Beetgenomen, op.cit.*, p. 105-106.
[286] Dupont en Ponsaers, *op.cit.*, p. 76.
[287] Gérald Damseaux, *Les Années noires vous intéressent?,* Société des Écrivains, Paris, 2014.
[288] "De Slachtpartij in Aalst", *Panorama,* speciale editie, 1985, online gezet op https://www.bendevannijvel.com/forum/viewtopic.php?id=1031
[289] David Van den Steen en Annemie Bulté, *Ne tirez pas c'est mon papa! Un survivant des tueries du Brabant raconte,* Paris, Jourdan, 2011, p. 17.
[290] *Ibid.*, p. 16.
[291] "Aalst beleefde zijn meest tragische nacht.", *De Voorpost,* 15 november 1985.
[292] Geens, *op.cit., Beetgenomen,* p. 101.
[293] *Ibid.*
[294] Leurquin en Finné, *op.cit.*, p. 81.
[295] Federale Politie, "Hold up op de Delhaize te Aalst.", http://killersbrabant.be/facts/1985/delhaize-aalst-nl.html
[296] Belgische Kamer van Volksvertegenwoordigers, *op.cit.*, 59/9 - 1988, p. 35-36.
[297] *Ibid.*, p. 36.
[298] "Interview with René De Witte", geraadpleegd op 15 november 2018, https://sites.google.com/site/tueriesdubrabant/interviewren%C3%A9dewitte
[299] Belgische Kamer van Volksvertegenwoordigers, *op.cit.*, 59/9 - 1988, p. 36.
[300] *Ibid.*, p. 112.
[301] *Ibid.*, 59/10 - 1988, p. 420.

[302] *Ibid.*, p. 419.
[303] "De Slachtpartij in Aalst" *Panorama, op.cit.*
[304] *Ibid.*
[305] *Ibid.*
[306] Geens., *Beetgenomen, op.cit.*, p. 99.
[307] Belgische Kamer van Volksvertegenwoordigers, *op.cit.*, 573/15 – 95/96, p. 67.
[308] Bouten, *Tueries du Brabant: le Dossier, le Complot, les Noms, Bruxelles, op.cit.*, p. 293-297.
[309] *Ibid.*, p. 293.
[310] Geens, *Beetgenomen, op.cit.*, p. 107.
[311] *Ibid.*
[312] PV 525, Gendarmerie.
[313] Geens, *Beetgenomen, op.cit.*, p. 106.
[314] Dupont en Ponsaers, *op.cit.*, p. 77.
[315] Geens, *Beetgenomen, op.cit.*, p. 104.
[316] Belgische Kamer van Volksvertegenwoordigers, *op.cit.*, 59/8 - 1988, p. 102.
[317] *Ibid.*, p. 27.
[318] Belgische Kamer van Volksvertegenwoordigers, *op.cit.*, 573/11 – 95/96, p. 121.
[319] Geens, *Beetgenomen, op.cit.*, p. 153.
[320] Van Esbroeck, *op.cit.*, p.104.
[321] Belgische Kamer van Volksvertegenwoordigers, *op.cit.*, 59/10 - 1988, p. 419.
[322] *Ibid.*, 59/9 - 1988, p. 27.
[323] Ilegems, Sauviller en Willems, *op.cit.*, p. 91.
[324] Terzake
[325] PV 100198 Termonde Gendarmerie

Hoofdstuk 23: De Moord op Juan Mendez

[326] Geens, *Beetgenomen, op.cit.*, p. 325.
[327] Raf Sauviller en Hilde Geens,"Interview with José Mendez", *Humo*, september 1997, https://bendevannijvel.com/daders/bouhouche-beijer/interviews/
[328] Belgische Kamer van Volksvertegenwoordigers, *op.cit.*, 573/11 - 95/96, p. 276.
[329] Belgische Kamer van Volksvertegenwoordigers, *op.cit.*, 59/10 - 1988, p. 478.

Hoofdstuk 24: De Ontdekking in Ronquières (November 1986)

[330] "Het web rond de Bende van Nijvel," Panorama, *BRT,* 8 januari 1990.
[331] Van de Steen en Bulté, *op.cit.*, p. 142.
[332] Belgische Kamer van Volksvertegenwoordigers, *op.cit.*, 59/10 - 1988, p. 391.
[333] Geens, *Beetgenomen*, op.cit., p. 386.

334 « Dossier Noir, Les Tueurs fous du Brabant », *op.cit.*
335 Geens, *Beetgenomen, op.cit.*, p. 314.

Hoofdstuk 25: Terrorisme en Gladio

336 Vander Velpen, *op.cit.*, p. 93.
337 Van de Steen et Bulté, *op.cit.*, p. 233.
338 *Ibid*, p. 234.
339 Belgische Kamer van Volksvertegenwoordigers, *op.cit.*, 573/9 – 95/96, p. 73.
340 Christian Carpentier en Frédéric Moser, *La Sûreté de l'état*, 1993, p. 187-189.

Hoofdstuk 26: De Rijkswacht

341 Vander Velpen, *op.cit.*, p. 93.
342 Dupont, Gilbert, *Derniere heure*, 19 juli 2016.
343 Hilde Geens, *Het Nieuwsblad*, 11 oktober 1983.
344 Geens, *Beetgenomen, op.cit.*, p. 86.
345 Geens, *op.cit.*, p. 86, geciteerd door sitebeheerder Ben, bendevannijvel.com https://www.bendevannijvel.com/forum/viewtopic.php?id=29&p=2
346 Vander Velpen, Jos, *Guère civil*, 1990, p. 94.
347 Kris Daels, *Alpha 20 – Un agent secret belge raconte*, PIX, 2014.
348 "Interview met Arsène Pint", *www.bendevannijvel.com, op.cit.*
349 *Ibid*.
350 Adam Plantinga, *400 things cops know*, 2014, 24.
351 Arnold Wielenga, "Contacten Politie met Bende van Nijvel", *Het Nieuwsblad van het Noorden*, 15 november 1985.
352 Dupond, « 18km aux trousses des tueurs », *op.cit.*
353 Belgische Kamer van Volksvertegenwoordigers, *op.cit.*, 59/10- 1988, p. 375.
354 *Ibid*.
355 *Ibid.*, p.477 .
356 *Ibid*.

Hoofdstuk 27 : Het Opzetten van een Rechtszaak

357 Akte van beschuldiging, Bouhouche
358 Er zijn personen die beweren dat de Audi niet gestolen werd door de Bende van Nijvel. De onderzoekers die de zaak vandaag onderzoeken gaan er nog steeds van uit dat dit toch het geval was.
359 René Haquin, « Tueries: un lien avec un hold-up à Wavre en 1985? Walibi: des similitudes troublantes... », *Le Soir*, 14 april 1998, online gezet door *tueriesdubra-*

bant sitebeheerder Michel, http://tueriesdubrabant.winnerbb.com/t309p50-walibi-le-15-08-1985

360 De bende van Bouhouche werd nooit aangeklaagd voor de moord in het pretpark Walibi. De indirecte bewijzen in de zaak zijn echter overweldigend en wijzen erop dat de bende betrokken was bij de moord.

Hoofdstuk 28 : Bewijs

361 *Ibid.*
362 Leurquin et Finné, *op.cit.*, p. 213.
363 Questions Magnee, online gezet door Boomerang op www.bendevannijvel. com, https://www.bendevannijvel.com/forum/viewtopic.php?id=1083&p=4
364 *Le Vif,* online gezet door www.bendevannijvel.com sitebeheerder Ben, https:// www.bendevannijvel. com/forum/viewtopic.php?id=76

Hoofdstuk 29 : Met Wapens, met Geweld, met Haat

365 Bouten, *Tueries du Brabant: le Dossier, le Complot, les Noms, Bruxelles, op. cit.,* p.455.
366 *Ibid.*
367 *Ibid.*

Hoofdstuk 30 : Zoeken naar de Echte Moordenaars

368 *Ibid.*
369 Geens, *Beetgenomen, op.cit.*, p. 351-352.
370 Belgische Kamer van Volksvertegenwoordigers, *op.cit.,* 573/11 - 95/96, p. 276.

INDEX

A

Aalst Delhaize, 207-233, 243, 246, 251-8, 262, 268, 295-301, 305-7, 309, 318, 345-7
Agence de Recherche et d'Information (ARI), 69-70
Alain W., 178-9, 279
Al Ajjaz, Faez, 180-1
Ali, Suleiman, 264-6
Ali, Said, 264-5
Ali, Bassam, 264-5
Amory, Christian, 4, 68-9, 128-32, 198-9, 244, 247. 257-8
Anderlecht, 19-20, 45, 311, 314
Anderlues, 136-46, 224, 250, 262, 328-9, 336-8
André D., 180-1
Angelou, Constantin, 46-9, 67, 124, 255, 268, 289
Antwerp, 139, 182, 264, 268
Asmaoui, Mohammed, 5, 68, 128-9

Aux Trois Canards, restaurant, 56, 114-119, 123, 125-6, 138, 140, 143, 193-4, 223, 262, 289, 313, 332-5

B

Baasrode, 1, 172-3, 182-3, 200-2, 204, 225-7, 237, 246, 253, 255, 304-8, 310, 330
Barbier, Marcel, 3, 91, 113, 119, 141, 156, 271, 280-2, 285-8
Barbier, Robert, 91
Baroudi, Hamou, 92
Baudet, Michel, 2, 133-5
Bayard, wapenhandel, 18-19
Becker, Balou, 99, 117
Beduwe, Pierre, 68, 127-8, 130
Beersel Delhaize, 120-35, 141, 145-6, 193-4, 197, 250, 292, 298, 300-1, 334-6, 342
Beersel, 15, 42, 49, 88, 223, 312

Beijer, Robert, 4, 69, 154, 263-6
Bennekens, Luc, 191-2
Bergen, 67, 90, 347
Bergen, taxi, 46-49, 55, 60, 64, 67, 88, 96, 108, 140, 224, 326, 334
Bergen, Rijkswacht, 4, 68, 124, 127-8, 130-2, 198-9, 255, 257, 262-3, 324, 340
Bernaert, Robert 301
Bernier, André, 103
Bihay, Gerard, 4, 177
Boeve, Luc, 220
Bologna treinstation, 10, 269
Borains, 2, 5, 67-8, 84, 127, 129-32, 134-5, 139, 199, 253, 255, 257, 262-3, 305, 316, 318-9, 327, 333, 335, 337-8, 340-1, 344
Borinage, 26, 46-7, 67-8, 90, 127, 132, 323, 333-4, 338
Bouaroudj, Kaci, 2, 128, 133-4

Bouhouche, Madani, 2, 37-9, 44, 56, 60, 68-76, 78-84, 99, 111, 130, 145, 149-55, 165-9, 175-6, 178-84, 199-200, 202-5, 224, 230-1, 237-45, 247-9, 257-66, 279, 287, 292, 304-6, 309-32, 335-8, 340-1, 343-49
Broeders, Jozef, 94–5
Brouwers, Antoine, 81-2
Bultot, Jean, 5, 201-2, 208-9, 241-2
Busiau, Jean-Pierre, 192, 195

C

CCC (Cellules Communistes Combattantes), 162-4, 169, 203-4, 232-3, 267, 298, 337, 341
Campine, Roland, 31, 37
Cappelle, Jan, 215
Carette, Pierre, 233
Casine, 40
Centaure, 19, 250
Choquet, Daniel 128-33
Christian Phalange, 34
Cocu, Michel, 2, 67-8, 127-8, 132-4, 262
Coesens, Alain, 240
Colfontaine, 68, 127-8
Collard, Évance, 80
Coulon, 68, 129
Culot, Jacques, 53

D

Damseaux, Gérald, 155
De Bock, Walter, 215
De Bruyne, Josiane, 68, 127-8, 132
de Eend, 4, 118-9, 157-8, 177, 199, 271-2, 278-83, 285, 287
Deerlijk, 66, 307
de Hond, 4, 118, 283
Dekaise, wapenhandel, 28-41, 44, 47, 48, 54-5, 60, 64, 82, 88, 96, 98-9, 108-9, 118, 142, 144, 176-8, 181, 182, 223, 241, 243, 244, 250-1, 262, 277, 290, 302-3, 326
Dekaise, Daniel, 28-41, 142, 176-7, 181
Delacourt, Christian, 24-5
Demanet, Georges, 194
Dery, Claude, 4, 37, 78, 124, 126-7, 129-32, 245, 248-9, 263-4
De Saeger, G., 201, 216, 227
De Smet, George, 211, 214
De Staerke, Berthe, 89
De Staerke, Johnny, 1, 89-90, 112, 170-3, 182, 201, 204, 225-30, 237, 245-6, 253, 255, 262, 305-9
De Staerke, Léon, 89-90
De Wee, Raymond, 49-50
Dewit, Elise, 100-1, 289
Diable amoureux, 109, 222, 317, 331
Dial-Budget, 19-21
Diegem, 83
Dinant, 17–21, 32, 59, 223, 250
Djurovski, Bozidar, 188, 256

Dominique S., 1, 172, 200, 225-6, 307
Doom, Germaine, 115
Dossogne, Francis, 92, 201-2, 287
Dramaix, Jean-Louis, 129-30, 133
Duinslaeger, Patrick, 75
Dupont, Gilbert, 22

E

Eaton, Frank, 293
Eigenbrakel, 100, 111, 147, 221
Eigenbrakel doe-het-zelfzaak, 85-6, 107
Eigenbrakel, autohandelaar, 87-93, 96, 107-8
Eigenbrakel, Delhaize, 188-208, 213-4, 221-2, 225, 256, 289, 299-300, 310, 315, 343-4, 346
Elsene, 21-3, 30, 36-40, 46-51, 55-6, 61, 69, 72, 79, 89, 106, 127, 141, 152, 154, 180, 184, 205, 207, 260-1, 268, 310-4
Engelbienne, Roger, 189, 301
Estiévenart, Jean-Claude, 2, 67-8, 124, 127-32, 135
Erps-Kwerps, 187, 219, 314-5

F

Farkas, Istvan, 88-9
Finné, Léon, 191, 256, 289

Flageyplein, 37, 46, 60-1, 268, 323
Frankrijk consulaat, 46
Fourez, Jacques, 100-1, 106, 289
Francis V., 3, 33-4, 42-3, 92, 104, 109-10, 133, 269-70, 3, 35, 44-5, 98-9, 111, 116-8, 144, 290-1
Freches, Carl, 160
Front de la Jeunesse, 92-3, 144, 157, 178-80, 201, 272, 277-8, 280-1, 286-7, 291-2

G

Genet, Henriette, 206
Genval, Delhaize, 52-7, 60, 64, 109, 122, 124, 129, 132, 138, 145, 196, 223, 325, 334
Giannikis, Constantin, 37
Gilbert, Maurice, 124
Goffinon, Guy, 4, 74-8, 81, 99, 155, 179, 231, 260-2, 265, 287, 325, 330-1
Gol, Jean, 163, 202, 232, 283
Grandhenri, R., 130
's-Gravenbrakel, 27, 40-1
GSG-9, 80

H

Haemers, Achille, 65-67
Haemers, Éric, 66

Haemers, Patrick, 3, 64-8, 84, 170-3, 199, 205-6, 224-5, 227-8, 237, 247, 304, 306-10
Halle, Colruyt, 62-65, 109, 122, 124, 129, 132, 146, 223, 325, 334
Halle 120-1, 276-7, 124, 129-30, 297-8
Haulotte, Claude, 29
Het Kasteel, herberg, 42-45, 47-8, 50, 55, 60, 64, 85, 87, 96, 107-8, 117, 122, 140, 142, 223, 255, 262, 289, 312, 323-4, 326
het Konijn, 4, 118, 283
Hoeillart, 30-2, 37, 221, 323
Hourpes, bos, 90, 126, 137, 140-1, 187
Huenens, Robert, 75, 78

I

International Security Associates (ISA), 34

J

Jean-Claude D., 205

K

Kellens, Robert, 223, 227
Kirschen, 81-2, 84

L

Lacroix, J-M., 102-3
Lacroix, J-C., 134, 257
Laeken, 92-3
La Houssière, bos, 207, 209, 218-9, 228, 243, 263, 297, 302, 309
Lallemand, Roger, 163
Lambiet, Yves, 206
Lammers, Éric, 3, 113, 119, 156, 159, 179, 198, 271, 280, 282, 286-8
Lasnes, 55-6, 86, 88, 90, 141
Latinus, Paul, 3, 92-3, 113, 118-9, 141, 156-160, 177-8, 180, 199, 272, 277-88, 341
Lekeu, Martial, 2, 4, 36, 99, 118, 144-5, 178, 251-2, 290-5, 309
Lemal, Marc, 103-4, 111
Lembeek, 21–22
Libanon, 117, 177
Libert, Michel, 3, 118-9, 156, 198, 279-87
Lorang, 175
Lucien M., 178

M

MI6, 9, 177
Mad Max, 19
Mahieu, Albert, 145-6, 153, 231
Maroun, Hage, 99, 117
Martens, Wilfried, 232

Maubeuge, Frankrijk,
  25-27, 32, 43, 46, 48,
  54, 60, 64, 67, 82,
  85, 88-9, 96, 107-8,
  142, 223, 262, 323,
  326, 334
Mechelen, 81-2, 84, 198,
  323
Mendez, Juan, 5, 72-3,
  166-8, 202-3, 224,
  237-249, 257-66, 322,
  347-8
Messaadia, Sherriff, 348-9
Moerman, Jean-Paul, 106,
  108, 132-3
Morlet, Pierre, 259
Morue, Marcel, 102-3,
  109, 289
Mulder, Andy, 212
Mulder, Marie-Jeanne,
  212
München, 82
München, Oktoberfeest,
  10, 269

N

Nardella, F. 130, 133
NAVO, 8-9, 91-3, 118-9,
  156, 160-2, 164, 168-9,
  203-4, 233, 267, 269-
  70, 279-80, 283, 307
Nijs, Dirk, 211
Nijs, Elsie, 211
Nijvel, 198, 221-2, 247,
  248, 255, 275, 299,
  347
Nijvel, Colruyt, 100-113,
  116-7, 122, 126, 133-
  4, 138, 142, 170, 194,
  197, 224, 250, 255,
  289, 292, 313, 317,
  328-33, 336-7

Notté, Stefaan 191, 196

O

Ohain, 114, 193, 223,
  332-5
Overijse, 30, 167
Overijse, Delhaize, 188-
  208, 213-4, 221-2,
  225, 230, 256, 289,
  299, 301, 310, 315,
  343-4, 346

P

Pans, Willy, 174-5
Paris-XL, 38-9
Parijs, 100, 238, 293, 348
Pasterman, Jan, 211
Perk, 81
Philippe L., 3, 170, 205-6,
  247, 308
Pilori, 40-1
Pinon, dokter 272-8, 288
Pint, Arsène, 79-80, 299-
  301
Piot, kruidenierszaak,
  24-6
Pirlot, Jean-François, 206
Platane, Ghislain, 189,
  195
Poelman, Francis, 303
Pour, krant, 157, 274-9,
  281, 288
Pourtois, Willy, 5, 34-5,
  98

R

Raes, Albert, 4, 119, 157,
  177, 270, 281-3

Reagan, Ronald, 232
Reyniers, Frans, 298
Roelandt, Donald, 211
Roelandt, Philip, 211
Ronquières, 218-9, 235,
  250-66, 295, 302,
  309, 349
Rousseau, J., 247, 257,
  259
Rusland, 10, 269
Ruys, Ben, 103-4

S

SIE (Speciaal Interventie
  Eskadron), 78-81,
  131, 152, 166-8, 239,
  243,
  258-61, 263, 266, 287,
  299-301, 311
Sabena, 82-3, 116
Sartillot, Bernard, 31-2,
  302
Sassoye, Bertrand, 161-2
Schlicker, Jean-Marie,
  106, 108, 115, 143
Sint-Genesius-Rode, 43
Sint-Lambrechts-Woluwe,
  39, 49-50, 83, 184
Sint-Stevens-Woluwe, 217
Stereo P., 1, 172-3, 200-1,
  204, 225, 229, 246
Szymuzik, juwelier, 136-
  46, 336
Szymuzik, Sylvie, 136,
  138
Szymuzik, Carine, 136,
  138
Szymuzik, Jean, 136-46
Szymuzik, Marius, 143
Szymuzik, Maria
  Krystina, 136-46

T

Temse, 27, 94-99, 106, 108-9, 117-8, 144, 197, 223, 251, 253, 255, 262, 290, 309, 328-9
Tenneville, 36
Thierry S., 3, 170, 205-6, 247
Thompsin, Charles 32, 38
Tinck, Jean-Marie, 57

U

UCL (Université catholique de Louvain), 39, 83, 176, 184, 200
Ukkel 37, 72
Ukkel, Delhaize, 58-61, 64, 109, 122, 124, 129, 145-6, 223, 325, 334

V

Van Camp, Catherine, 115
Van Camp, Jacques, 114-7, 125-6, 143, 289
Van den Abiel, Albert, 256
Van den Abiel, Marie-Thérèse, 210, 214
Van Den Boeynants, Paul, 247
Van Den Eynde, Jose, 42-5, 289
Vander Meulen, Fons, 284-5
Van de Steen, David, 210, 214, 228, 256
Van de Steen, Rebecca, 210, 214, 256
Van de Steen, Gilbert, 210, 214
Vandeuren, B., 36, 277
Van Esbroek, Léopold, 1, 112, 172-3, 200-2, 208, 225-6
Van Huffelen, Linda, 94-5
Van Kildonck, Rosa, 192, 195
Van Lierde, Philippe, 247, 303
Van Lidth, Geneviève, 55-6, 325
van Outrive, Lode, 302
Vermaelen, Freddy, 121, 123, 298, 301
Vernaillen, Herman, 4, 74, 76-8, 81, 179-81, 200, 257, 265-6, 287, 318, 322, 325
Vernaillen, Magda, 77
Verviers, 205-6
Vicky V., 3, 35, 118
Vincent L., 2, 3, 35, 44-5, 98-9, 111, 116-8, 290
Vittorio, Adriano, 2, 133-4, 257, 341, 344, 346, 348

W

Washington, 8-9
Walibi, pretpark, 174-183, 313-4, 316, 339
Washuisstraat, 149-50, 239, 313, 322
Waver 28, 30, 55, 82, 84, 98, 181, 221, 241, 299, 302, 317, 323, 325-6
Waver, Rijkswacht, 33-6, 144, 176-9, 181-2, 243-4, 292,
Westland New Post (WNP), 3, 91-93, 112-3, 118-9, 140-1, 144, 156-160, 177-80, 198-9, 270-2, 277-288, 290, 292, 341
Wezel, Guy, 54, 127-8, 130, 135, 142
Woluwe, 39, 70, 72, 83, 176, 184, 200, 217, 260, 311-4, 326

Z

Zaventem, 81-4, 183, 201, 265, 323
Zoniënwoud, 38-41, 106, 309, 324
Zurich, 82, 84
Zwarts, Francis, 82-3, 176, 183, 265, 287, 318, 322-4

BIBLIOGRAFIE

Beijer, Robert. *Le dernier mensonge*. Brussel: Éditions Luc Pire, 2010.
Bouten, Guy. *De Bende van Nijvel en de CIA*. Leuven: Van Halewyck, 2011.
⎯⎯⎯⎯. *De Bende van Nijvel. Verraad, Manipulatie, Geheime Diensten*. Leuven: Van Halewyck, 2015.
⎯⎯⎯⎯. *Tueries du Brabant: le dossier, le complot, les noms*. Vertaald en aangepast door A. Jourdan en E. Timmermans. Brussel: Les éditions de l'arbre, 2009.
Brewaeys, Philippe en Jean-Frédéric Deliège. *De Bonvoisin et cie: de Liège à Bruxelles, les prédateurs et l'État*. Brussel: Éditions EPO, 1992.
Bultot, Jean. *Le livre que personne n'osa publier*. E-Boek online gezet 7 mei 2008 op http://mozsnake.skyrock.com/1741484384-Le-livre-que-personne-n-a-ose-publier.html.
Candidus, P.S. *Les Tueurs du Brabant wallon*. Scaillet, 1988.
Carpentier, Christian en Frédéric Moser. *La Sûreté de l'État: Histoire d'une déstabilisation: le service secret belge dans tourmente*. Ottignies: Quorum, 1993.
Daels, Kris, *Alpha 20 – Un agent secret belge raconte*, PIX, 2014.
Damseaux, Gérald. *Les années noires vous intéressent?* Paris: Société des écrivains, 2015.
Davis, Robert C., Jensen, Carl J. Burgette, Lane, en Burnett, Kathryn, "Working Smarter on Cold Cases: Identifying Factors Associated with Successful Cold Case Investigators," *Journal of Forensic Sciences* 59, no. 2 (2014): 375-382. https://doi.org/10.1111/1556-4029.12384.
De Witte, René en Dirk Selleslagh. «Delhaize niet zes, maar mogelijk zeven keer slachtoffer van Bende van Nijvel", *De tijd*, 1 april 1997.
Douglas J.E. en Munn C., "Violent Crime Scene Analysis: Modus Operandi, Signature, and Staging," *FBI Law Enforcement Bulletin* 61, no. 2 (1992): 1-10
Dupont, Gilbert en Paul Ponsaers. *Les tueurs: six années d'enquête*. Antwerp : Éditions EPO, 1988.
Dupont, Gilbert. "18km aux trousses des tueurs." *La Dernière Heure*, 28 september 2007. http://www.dhnet.be/actu/faits/18-km-aux-trousses-des-tueurs-51b7be68e4b0de6db98b462e
⎯⎯⎯⎯. "Il y a 35 ans commençaient les tueries du Brabant." *La Dernière Heure*, 10 mei 2017. http://www.dhnet.be/actu/faits/il-y-a-35-ans-commencaient-les-tueries-du-brabant-59135d5fcd70022542bf0c37.

_____. "Un nouveau fait attribué aux tueurs du Brabant!" *La Dernière Heure*, 28 september 2015.

_____. "Un fait élucidé sur le site officiel des tueries du Brabant," *DHNET.be*, laatstelijk gewijzigd 5 december 2017, http://www.dhnet.be/actu/faits/un-fait-elucide-sur-le-site-officiel-des-tueries-du-brabant-5a25a71dcd70b488fb052a83.

_____. "Le soir de la tuerie d'Alost, qui était Gudule?" *La Dernière heure*, 19 juli 2016.

_____. "Qui a voulu faire taire Pierre Romeyer," *La Dernière Heure*, 18 juli 2016.

_____. "Le témoin n'avait jamais été réinterrogé - Retrouvée par la DH, la veuve de Raymond Dewee a maintenant 90 ans." La dernière Heure, 2 februari 2013.

_____."L'inconnu des Trois canards - Tueurs du Brabant: un nouveau portrait-robot est dressé d'après le témoignage d'un carrossier" La Dernière Heure, 31 oktober 2002.

Ganser, Daniele. *NATO's Secret Armies: Operation Gladio and Terrorism in Western Europe* London: Frank Cass, 2005.

Geens, Hilde. *Beetgenomen: zestien manieren om de bende van Nijvel nooit te vinden* Antwerp: Manteau, 2013.

_____. "Catherine Van Camp Interview." *Humo*, Oktober 2004. Bendevannijvel.com

Gijsels, Hugo. *L'enquête, 20 années de déstabilisation en Belgique.* Brussel: La Longue Vue, 1989.

Haquin, René en Stéphany, Pierre. *Les grands dossiers criminels en Belgique.* Brussel: Racine, 2005.

Haquin, René. *Des taupes dans l'extrême-droite.* Brussel: Éditions EPO, 1983.

_____. "Le concierge de l'auberge du château de Beersel tué pour quelques bouteilles... " *Le Soir*. 26 december 1982.

_____. "Tueries: un lien avec un hold-up à Wavre en 1985? Walibi: des similitudes troublantes... ", *Le Soir*, 14 april 1998 online gezet op http://tueriesdubrabant.winnerbb.com/t309p50-walibi-le-15-08-1985 door sitebeheerder Michel.

Havaux, Pierre en Pierre Marlet. *Sur la piste du crocodile: VdB de 1919 à nos jours.* Brussel: La Longue Vue, 1994.

Hedo, Charlie. *Het Rattenkwartier : Een Blik in het Nest va de Bende van Nijvel*, Smashwords, 2015.

Hermanus, Merry, *L'ami encombrant* (Luik : Pire, 2013).

Ilegems, Danny, Sauviller, Raf en Willems., Jan *De Bende-tapes.* Leuven: Kritak, 1990.

Leurquin, Michel en Patricia Finné. *L'histoire vraie des tueurs fous du Brabant.* Paris: Manufacture de livres, 2012.

Luyten, Anna. "Hoe het spoor van de Bende van Nijvel naar Lembeek en Maubeuge leidt" *Knack*, 16 mei 2007. https://www.knack.be/nieuws/belgie/hoe-het-spoor-van-de-bende-van-nijvel-naar-lembeek-en-maubeuge-leidt/article-longread-916205.html.

Massart, Victor. *Les dés étaient pipés: conspirations à la sûreté de l'état.* Ottignies: Quorum, 1997.

Masset, Adrien. *L'enquête criminelle sur les «tueurs du Brabant»: enquête parlementaire sur les adaptations nécessaires en matière d'organisation et de fonctionnement de l'appareil policier et judiciaire, en fonction des difficultés surgies lors de l'enquête sur les «tueurs du Brabant.»* Leuven: Presse Universitaire de Louvain, 1997.

Mottard, Jean en René Haquin. *Les tueries du Brabant: enquête parlementaire sur la manière dont la lutte contre le banditisme et le terrorisme est organisée.* Brussel: Éditions Complexe, 1990.

Offergeld, Jacques en Christian Souris. *Euroterrorisme, la Belgique étranglée.* Paris: Scaillet, 1985.

Plantinga, Adam. *400 Things Cops Know: Street-smart Lessons from a Veteran Patrolman.* Fresno, CA: Quill Driver Books, 2014.

Sauviller, Raf en Geens, Hilde. "Interview with José Mendez", *Humo*, september 1997. www. bendevannijvel.com.

Tyak, Denise. *Ma Vie avec Patrick Haemers.* Brussel: Racine, 2012. E-boek.

U.S. Marine Corps. "Scouting and Patrolling." *U.S. Marine Corps Manual MCWP 3-11.3*, 17 april 2000.

Van de Steen, David and Annemie Bulté. *Ne tirez pas c'est mon papa! Un survivant des tueries du Brabant raconte.* Paris: Éditions Jourdan, 2011.

Van Esbroeck, Léopold. *Lettre ouverte aux tueurs du Brabant wallon, Texte imprimé souvenirs d'un ex-gangster.* Brussel: La Longue Vue, 1998.

Vander Velpen, Jos. *Guère civil: de la gendarmerie à la police unique.* Brussels: EPO, 1990.

Weiner, Tim, *Legacy of Ashes: The History of the CIA* (London: Penguin, 2011).

Wezel, Guy. "Mons 8 April 1988." *De Morgen*, 9 april 1988.

Wielenga, Arnold. "Contacten Politie met Bende van Nijvel", *Het Nieuwsblad van het Noorden*, 15 november 1985.

Wils, Jeroen. Bloed zonder tranen: het gangsterleven van Patrick Haemers (Antwerp: Manteau, 2008), 183.

" Drame mystérieux à Soignies - Le père d'un garagiste blessé d'un coup de feu" *La Dernière Heure, September* 20, 1982" online gezet door Merovinger op https://www.bendevannijvel.com/forum/viewtopic.php?id=1558

"Interview met Pierre Dumont", *Humo*, geraadpleegd op 15 november 2018. https://bendevannijvel.com/motief/afpersing/interview-pierre-dumont/

"Interview met Arsène Pint," geraadpleegd op 15 november 2018. https://bendevannijvel.com/onderzoek/belgische-rijkswacht/interviews-arsene-pint/

"Interview met René De Witte", geraadpleegd op 15 november 2018. https://sites.google.com/site/tueriesdubrabant/interviewren%C3%A9dewitte

"Aalst beleefde zijn meest tragische nacht". *De Voorpost*, 15 november 1985. https://aalst.courant.nu/issue/DVP/1985-11-15/edition/0/page/2?query=

"Gruwelijke afslachting in restaurant van domein van Beersel", *Het Lasste Nieuws*, 27 december 1982, gepubliceerd op 29 october 2018 by Merovinger at https://www.bendevannijvel.com/forum/viewtopic.php?pid=51443#p51443.

"Zoeken naar 'rode draad,'" *Het Nieuwsblad*, 14 oktober 1983, gepubliceerd op https://www.bendevannijvel.com/forum/search.php?search_id=1707453473&p=3.

"Warenhuis overvallen: 100.000 frank"*Het Niewsblad*, 8 mei 1982 gepubliceerd door Merovinger op https://www.bendevannijvel.com/forum/viewtopic.php?id=2135

OFFICIËLE DOCUMENTEN

Belgische Kamer van Volksvertegenwoordigers, Parlementair onderzoek naar de wijze waarop de bestrijding van het banditisme en het terrorisme georganiseerd wordt, 1988.

Belgische Kamer van Volksvertegenwoordigers, Parlementair onderzoek naar de noodzakelijke aanpassingen van de organisatie en de werking van het politie- en justitiewezen op basis van de moeilijkheden die gerezen zijn bij het onderzoek naar de "Bende van Nijvel", 1996.

Killersbrabant.be, officiële website van de federale politie, geraadpleegd op 15 december 2018, http://killersbrabant.be/index-nl.html

Verklaringen (processen-verbaal) van de Cellule Brabant Wallon (CBW), Dendermonde (Delta), Cellule Info (CI) en andere wetshandhavingsinstanties.

Akte van beschuldiging, Vittorio et al. (Borains)

Akte van beschuldiging, Bouhouche et al.

VIDEO'S

"Les Tueurs fous du Brabant." *Dossier Noir*, RTBF, 19 december 2007..

« Spéciale Tueries du Brabant » Devoirs d'Enquête, (RTBF), 22 oktober 22, 2014.

"Het onderzoek: De Bende van Nijvel," *Panorama*, uitgezonden op 1995, VRT NWS. https://www.youtube.com/watch?v=9mhPAGwQr5Y

"Het web rond de Bende van Nijvel," *Panorama*, uitgezonden op 8 januari 1990, VRT NWS. https://www.youtube.com/watch?v=yJVUJOqpGAE

"Les mystérieux tueurs fous", *Temps présent*, RTS, geregisseerd door Paul Seban, oktober 1986

"Operation Gladio: The Foot Soldiers," Timewatch, geregisseerd door Allan Francovich, BBC, 24 juni 1992.

"Enquête : Patrick Haemers", *L'autre vérité*, uitgezonden op 1989 https://www.youtube.com/watch?v=Zy8j9tWZsYE&t=3

www.ingramcontent.com/pod-product-compliance
Lightning Source LLC
Chambersburg PA
CBHW060349080526
44583CB00012B/227